DWIE DROGI

Prezydent Rzeczypospolitej Polskiej Lech Kaczyński
3 maja 2007 r. w uznaniu zasług dla Rzeczypospolitej Polskiej
odznaczył pośmiertnie Pawła Jasienicę
Krzyżem Wielkim Orderu Odrodzenia Polski

W 2007 roku Paweł Jasienica
został laureatem – przyznanej po raz pierwszy pośmiertnie –
Nagrody Kustosz Pamięci Narodowej
ustanowionej przez Prezesa IPN

PAWEŁ JASIENICA

DWIE DROGI

O POWSTANIU STYCZNIOWYM

WSTĘP
ANDRZEJ SZWARC

Prószyński i S-ka

Koncepcja graficzna i projekt okładki
Maciej Sadowski

Ilustracje
Biblioteka Narodowa w Warszawie, Muzeum Niepodległości w Warszawie
Muzeum Wojska Polskiego w Warszawie, Janusz Rosikoń

Mapa z zasobów Demart Sp. z o.o.
ul. Poczty Gdańskiej 22a, 02-495 Warszawa

Indeksy
Maria Domańska

Redakcja
Maria Domańska

Korekta
Ewa Nyk-Głowacka

Redakcja techniczna
Elżbieta Urbańska

Łamanie
Małgorzata Wnuk

ISBN 978-83-89325-28-0

Warszawa 2009

Wydrukowano na Munken Print Cream 15 80 g/m²

Munken
BY ARCTIC PAPER
www.arcticpaper.com

Wydawca
Prószyński Media Sp. z o.o.
ul. Garażowa 7, 02-651 Warszawa
www.proszynski.pl

Wyłączny druk i oprawa Dzieł Pawła Jasienicy
Drukarnia Wydawnicza im. W. L. Anczyca S.A.
ul. Wrocławska 53, 30-011 Kraków

POWSTANIE STYCZNIOWE W OCZACH PAWŁA JASIENICY

Nie wszyscy zawodowi historycy (w środowiskowym żargonie zwani badaczami) akceptują prawa, które przysługują publicystom i eseistom. Naukowa rozprawa powinna uwzględniać wszystkie dostępne źródła i poddawać je wnikliwej krytyce. Jej autor musi znać całą „dotychczasową literaturę przedmiotu". Powinien prezentować najważniejsze poglądy i oceny odnoszące się do wybranego tematu. Wszystkie hipotezy trzeba starannie uzasadniać, a w razie wątpliwości lepiej nie formułować kategorycznych sądów. Należy też unikać mieszania spraw współczesnych z dawniejszymi, wystrzegać się kuszących, a często pozornych analogii, no i oczywiście stronić od uwikłania w bieżące spory polityczne. W rezultacie wyraziste sądy mogą utkwić w gęstwinie szczegółów, bezstronne zaś w zamierzeniu konkluzje zamienić się w zbiór banalnych oczywistości. Ale za to, gdy dojdzie do dyskusji nad solidną monografią, autorowi nie grożą ani publiczne ataki, ani nadmierna popularność.

Z publicystyką i eseistyką historyczną rzecz się ma inaczej. Wyrazistość sądów jest tu cnotą, rozwlekłość narracji i nadmiar obszernie udokumentowanych szczegółów – wadą. Aluzje do współczesności są jak najbardziej pożądane, bowiem przeciętnego czytelnika można zainteresować historią głównie wtedy, gdy przekona się go o związku dawnych czasów z otaczającym światem. Często zatem mamy do czynienia z narracją pełną aluzji do współczesności, z ubranym w kostium historyczny głosem w dyskusji nad bieżącymi sprawami politycznymi. Dzieje się tak zwłaszcza wówczas, gdy artykuł lub książka „historyczna" powstaje w kraju pozbawionym demokratycznych praw, gdzie cenzura ogranicza swobodę wypowiedzi, jak na ziemiach polskich pod zaborami lub w epoce PRL. Od autora eseju wymaga się ponadto talentu literackiego i umiejętności nawiązywania kontaktu z czytelnikiem.

Pisarstwo Pawła Jasienicy to eseistyka najwyższej próby. Autor wykorzystuje swą wiedzę absolwenta studiów historycznych na Uniwersytecie Stefana Batorego w Wilnie; w jego pracach dochodzą do głosu rozległe lektury, widać gruntowną znajomość zarówno źródeł, jak i opracowań. Nie ukrywa jednak swych sympatii, antypatii i poglądów (które określiłbym jako demokratyczno-republikańskie, choć niektórzy dzisiejsi czytelnicy uznają je zapewne za nadspodziewanie lewicowe). Chętnie polemizuje z utartymi sądami, argumenty czerpiąc głównie z tych prac naukowych, z których autorami się zgadza. Potrafi pisać sugestywnie o emocjach swoich bohaterów, czego badaczom robić nie wolno. Domysły i hipotezy formułuje niekiedy zbyt kategorycznie. Nade wszystko jednak urzeka walorami języka i stylu.

Wszystkie te cechy są widoczne wyraźnie w *Dwóch drogach*, książce niesłusznie odsuniętej w cień przez inne dzieła pisarza. Jej przedmiot – powstanie styczniowe – nie prowokuje już dziś do burzliwych dyskusji. Choć nadal od czasu do czasu ujawnia się spór, w którym jedni uznają wszystkie zrywy narodowe za bezmyślne i szkodliwe, inni zaś za nieuniknione i w ostateczności pożyteczne, to jego temperatura w odniesieniu do XIX wieku jest raczej letnia. Sprawia to przede wszystkim dystans czasowy. Pamiętać jednak należy, że kiedy powstawała pierwsza wersja niniejszej książki, od powstania styczniowego upłynęło mniej niż sto lat, tyle mniej więcej, ile dzieli współczesnych ludzi od pierwszej wojny światowej. Żyli jeszcze niektórzy synowie powstańców, a wielu ich wnuków trzymało się całkiem krzepko. Lata 1863–1864 nie należały już co prawda do historii najnowszej, ale wciąż budziły zainteresowanie, tym bardziej że słusznie uchodziły za nie do końca zbadane przez uczonych. Przecież dopiero w 1972 roku, już po śmierci Jasienicy, ukazała się fundamentalna synteza Stefana Kieniewicza *Powstanie styczniowe*. Wiele lat trzeba było jeszcze poczekać na zakończenie w 1985 roku 25-tomowej serii wydawnictw źródłowych *Powstanie styczniowe. Materiały i dokumenty*, która przyniosła m.in. przedruk cennych, często nieznanych przedtem rękopisów, zwłaszcza z archiwów ówczesnego Związku Radzieckiego oraz całej zachowanej prasy tajnej z lat 1861–1864. W ciągu ostatnich dziesięcioleci XX wieku otrzymaliśmy biografie przywódców politycznych i dowódców partyzanckich, a także lepsze lub gorsze monografie na temat kwestii szczegółowych; najwartościowsze dotyczą składu społecznego uczestników powstania, pieczęci powstańczych, wreszcie walk partyzanckich w poszczególnych prowincjach, np. w Augustowskiem, na Litwie i Białorusi czy w rejonie Gór Świętokrzyskich. Powiedzmy jednak od razu, że jeśli chodzi o najważniejsze wątki niniejszej książki Pawła Jasienicy, nie sposób wskazać jakichś naprawdę rewelacyjnych ustaleń.

Dwie drogi są w znacznej mierze kontynuacją i rozwinięciem *Białego frontu*, wydanego jeszcze w 1953 roku. W obu książkach głównym tematem jest konflikt między Białymi i Czerwonymi, w którym autor przyznaje rację zwolennikom radykalnego programu połączenia walki o wyzwolenie narodowe i społeczne. Ten sam jest też główny bohater: 23-letni Stefan Bobrowski, potomek ziemiańskiej rodziny z Kijowszczyzny, czołowy działacz Czerwonych, członek Komitetu Centralnego Narodowego i Tymczasowego Rządu Narodowego, zdolny organizator i faktyczny przywódca w pierwszych tygodniach powstania, którego autor nieco na wyrost nazywa powstańczym premierem. W kwietniu 1863 roku Bobrowski zginął w pojedynku od kuli stronnika Białych, co poprzedziła seria politycznych intryg. W ich wyniku do władzy w „podziemnym państwie polskim" doszli ci, którzy uprzednio byli przeciwni wybuchowi walki, a przyłączyli się do niej, widząc jej szeroki zasięg, oraz w nadziei na propolską interwencję zbrojną mocarstw zachodnich, wreszcie w obawie przed społecznym radykalizmem zagrażającym interesom ziemiaństwa i finansjery.

Jasienica broni nie tylko bohaterstwa i poświęcenia Czerwonych, ale przede wszystkim ich linii politycznej. Stwierdza, że powstańcze uwłaszczenie chłopów zapoczątkowało ich przekształcanie w obywateli i zmusiło Rosję do dalszych koncesji na rzecz polskiej wsi. Polemizując z krytykami narodowych zrywów, wskazuje na znaczenie powstania dla umocnienia się polskiej tożsamości narodowej, której zagrażały jego zdaniem postawy ugodowe i konserwatywne.

No cóż, jak napisał swego czasu wspomniany już Stefan Kieniewicz, najwybitniejszy chyba historyk tej epoki, „książka jest wierna faktom, za to dość swobodna w komentarzu [...], napisana z publicystyczną pasją [...] zmusza do myślenia i zachęca do pogłębienia studiów nad przedmiotem"[1]. Autor nie przestrzega porządku chronologicznego i często operuje dygresjami – ale jakże smakowitymi! Trafiają mu się i aluzje do współczesności. Można przypuszczać, że gdy pisze o „odwilży sewastopolskiej" z pierwszych lat panowania Aleksandra II jako nieudanej próbie reformy systemu skazanego na zagładę, myśli w gruncie rzeczy o gomułkowskim odwrocie od „odwilży" z 1956 roku. A może nawet przepowiada ostateczny zmierzch komunistycznych rządów?

Niektóre opinie wypowiedziane na kartach *Dwóch dróg* należy uznać za mocno kontrowersyjne. Czy salwa rosyjskiego wojska do demonstrantów warszawskich z 27 lutego 1861 roku rzeczywiście „rozstrzygnęła o przyszłości", bo: „Żadna siła ludzka nie mogła już odwrócić zbrojnej rozprawy"? Brak również potwier-

[1] S. Kieniewicz, *Jasienica o powstaniu styczniowym*, „Nowe Książki" 1961, nr 3, s. 164–165. Notabene tylko po pierwszym wydaniu *Dwóch dróg* ukazało się co najmniej dziesięć recenzji, w tym trzy pióra zawodowych historyków. Rzecz w dzisiejszych warunkach niebywała.

dzenia tezy, że w pierwszych tygodniach walk powstańczych dowódcy carscy celowo sabotowali rozkazy tłumienia „buntu", chcąc doprowadzić do cofnięcia ograniczonych ulg politycznych dla Królestwa Polskiego. Tak przypuszczali niektórzy pamiętnikarze, ale nie znajduje to potwierdzenia w innych źródłach i budzi wątpliwości wielu historyków; tymczasem Jasienica uznaje tę kwestię za pewną. Ponadto chyba zbyt optymistycznie wypowiada się autor *Dwóch dróg* na temat perspektyw chłopskiego buntu w Rosji oraz na ziemiach polskich, i to już w roku 1861. Jest to echo dawnej oficjalnej tezy o „sytuacji rewolucyjnej" i przesadnego eksponowania ówczesnych rozruchów wiejskich w historiografii lat pięćdziesiątych i sześćdziesiątych XX wieku. Wątpliwe również, czy bardzo śmiałe plany Jarosława Dąbrowskiego opanowania Cytadeli i twierdzy w Modlinie można uznać za realistyczne.

Można by znaleźć jeszcze kilkanaście podobnych przypadków. W większości dotyczą one jednak spraw do dziś dyskusyjnych i bardzo trudnych lub nawet niemożliwych do rozstrzygnięcia. A Paweł Jasienica naprawdę potrafi wciągnąć w dyskusję.

Andrzej Szwarc

DWIE
DROGI

SAMODZIERŻCY

Trudno wykryć prawdę, kiedy chodzi o życiorysy osób stojących na świecznikach. Sprawozdawcy, naoczni świadkowie, czasem zanadto się troszczą o zbudowanie potomnych.

Ludwik XIV miał podobno wygłosić przed śmiercią całe przemówienie do następcy tronu:

> Moje drogie dziecko, zostaniesz najpotężniejszym królem na świecie, nie zapomnij o obowiązkach względem Boga. Nie naśladuj mej wojowniczości; staraj się zachowywać pokój, dawaj swemu ludowi tyle ulg, ile tylko możesz, czego ja niestety nie zdołałem uczynić ze względu na konieczności państwowe. Idź zawsze za dobrymi radami i pamiętaj, że wszystko, czym jesteś, zawdzięczasz Stwórcy...

Niekiedy dydaktyka w żaden sposób nie może przybrać formy pouczeń. Istnieją jednak, na szczęście, inne sposoby wyrażania wzniosłych treści. August Mocny dziwnie wyglądałby w roli moralisty, nawet na łożu śmierci. Toteż zachował się inaczej:

> Całe moje życie było jednym nieustannym grzechem – wyznawał. – Panie! zmiłuj się nade mną.

Szerokość geograficzna oraz klimat nie wywierają widać wpływu na kanony pedagogiki politycznej. Jeśli wierzyć nadwornym historiografom, ostatnia mowa Mikołaja I do syna brzmiała tak:

Służ Rosji! Chciałem wziąć na swoje barki wszystkie trudne i ciężkie sprawy, pozostawić ci państwo spokojne, urządzone i szczęśliwe. Opatrzność zadecydowała inaczej.

Pewien pamiętnikarz był zwolennikiem obrazków bardziej marsowych. Według niego Mikołaj, przykryty prostym płaszczem żołnierskim, powiedział do Aleksandra: „Ucz się umierać".

Pedagogika doznała uszczerbku, odkąd w pobliże świeczników zaczął się przepychać cyniczny, pozbawiony zasad element inteligencki. Miał słuszność Szczedrinowski wielkorządca miasta Głupowa, kiedy twierdził, że morderca i złodziej to przestępcy podrzędnej kategorii, a prawdziwym złoczyńcą jest dopiero bezbożny wolnomyśliciel. Relacje o śmierci Mikołaja I pochodzące z kół lekarskich dość znacznie różnią się od obu wyżej wspomnianych. Cesarz zażądał od doktora Mandta trucizny. Gdy zaczęła działać, kazał sobie dać antidotum. Na to Mandt skłonił się i, milcząc, bezradnie rozłożył ręce.

W każdym razie nie można chyba wątpić, że Mikołaj dobrowolnie szukał śmierci. Podczas ciężkich mrozów petersburskich jeździł na przeglądy pułków, ubrany w sposób wyzywająco lekki. Organizm człowieka, który nigdy w życiu nie chorował, zmógł przeziębienie.

Zgon przyszedł szybko, przez nikogo nieoczekiwany... zaraz po wieści o klęsce pod Eupatorią, zadanej wojskom carskim przez pogardzanych Turków. Agonia była bardzo ciężka.

Mikołaj I odszedł w chwili wyjątkowo mrocznej. Anglicy i Francuzi zdecydowanie brali górę w wojnie, nazwanej krymską. Potęga armii rosyjskiej, przed którą od czasu pokonania Napoleona drżała Europa, okazała się mitem. Zbliżała się upokarzająca chwila podpisania układu. Ostatnie dokumenty skreślone ręką Mikołaja to szkice obrony na wypadek spodziewanego wystąpienia Austrii. Car przewidywał konieczność opuszczenia bez walki rozległych, urodzajnych ziem na południu. Zamierzał połączyć się z armią w Brześciu nad Bugiem.

Pomimo aż tak ciemnych kolorów położenie było o wiele mniej straszne od pozorów. Koalicja ani myślała o rozbijaniu

Rosji czy o naruszaniu jej ustroju. Temu państwu od zewnątrz nie zagrażało właściwie nic, a trudności wywoływała jego własna zaborcza i prowokująca polityka. Całe niebezpieczeństwo mieściło się wewnątrz granic imperium. Było naprawdę wielkie i wzrastało z każdym rokiem. Na razie jednak miała nadejść chwila umożliwiająca rozładowanie napięć...

Mikołaj I umarł w lutym* 1855 roku. W dwa lata później Mikołaj Dobrolubow pisał w recenzji literackiej:

Jeden z naszych uczonych profesorów, analizując rosyjską literaturę narodową, z nadzwyczajną przenikliwością przyrównał nasz naród do Ilii Muromca, który przez trzydzieści lat siedział jak kamień, aż nagle, wypiwszy czaszę mocnego piwa, poczuł przypływ sił bohaterskich i ruszył do zadziwiających czynów. W istocie, cała nasza historia odznacza się jakąś porywistością: nagle powstało u nas państwo, nagle przyszło chrześcijaństwo... momentalnie dogoniliśmy Europę, a nawet prześcignęli ją... Porwiemy się raptem do czegoś, a potem siądziemy znów i siedzimy jak Ilia Muromiec, w doskonałej obojętności wobec wszystkiego, co się dzieje na białym świecie. Dwa lata temu rozruszała nas wojna... Jakbyśmy się obudzili z ciężkiego snu, otworzyli oczy na swe własne domowe oraz społeczne porządki i zauważyli, że nam tego i owego brak... Jakich wtedy problemów nie poruszono, do jakich zakamarków się nie dobrano! „Od Permu do Taurydy" przeleciał jeden wielki głos: Spiesz, kto możesz, ratować Ruś od wewnętrznego zła! Wszystko się poruszyło, odezwało głosem silnym, twardym, rozumnym. Starcy jakby się pozbyli poprzedniej ociężałości, wystąpili też młodzi działacze, którzy ze świeżymi siłami zabrali się do roboty. Literatura – jak zawsze – pierwsza stała się wyrazicielką powszechnych dążeń... Toteż, jak się zdaje, uzyskała w społeczeństwie znaczenie: zajęła się niemal wyłącznie sprawami, na które obrócona była uwaga ogółu... Poeci i prozaicy, uczeni i dyletanci, teoretycy i praktycy – wszyscy z samozaparciem i demaskatorskim zapałem rzucili się na mroczne bagna nieuctwa i nadużyć... Literatura dalej rzetelnie prowadzi rozpoczęte dzieło: służbę sprawie doskonalenia społeczeństwa uważa za swe najświętsze powołanie. Raz na zawsze wyszła z powijaków i bez względu na to, co się stanie, już w niej nie uzyskają

* Właśc. 2 marca (albo 18 lutego starego stylu – wg kalendarza juliańskiego obowiązującego w Rosji do 1918 roku) (przyp. red.).

prawa obywatelstwa ani dworackie komplementy z okazji podniosłych uroczystości, ani lokajskie ody na okoliczność obdarowania takiego to pana owaką godnością, ani karczemne dytyramby na cześć byle obchodu z iluminacją i fajerwerkami. Literatura nadal demaskuje, nadal wzywa do rzeczy dobrych i szlachetnych[1]...

To wszystko zostało napisane w samej Rosji i wydrukowane w roku 1857. Równo dziesięć lat wcześniej, w lutym 1847 roku, w okolicach Taurogów przekroczył granicę sławny później Aleksander Hercen.

Kilku lat bezowocnych marzeń oraz usilnych starań trzeba było, by nareszcie uzyskać paszport i wyrwać się za granicę. Nie była ona też rajem, ale bądź co bądź tylko tam rozkwitnąć mógł wielki talent pisarski „niekoronowanego cara Rosji". Hercen nie uprawiał sztuki przeznaczonej tylko dla znawców. Zadanie literatury pojmował w tym duchu, którym tchną przytoczone przed chwilą słowa Dobrolubowa. Ale za Mikołaja I nie wolno było „demaskować, wzywać do rzeczy dobrych i szlachetnych".

W kilka lat po wyjeździe Hercena, w roku 1855, Mikołaj Czernyszewski w auli uniwersytetu petersburskiego publicznie wygłosił rozprawę magisterską *O stosunku estetycznym sztuki do rzeczywistości*. Prelekcja nie wzbudziła entuzjazmu w ówczesnym świecie oficjalnym i nie przyniosła autorowi pożądanego tytułu naukowego.

– Zdaje się, że nie to panom wykładałem – z przekąsem zauważył profesor Pletniow, przewodniczący komisji.

Zupełnie inaczej ustosunkowała się do rzeczy szeroka opinia publiczna. O referacie Czernyszewskiego było w Petersburgu głośno na wiele dni przed jego datą. Przyjaciele mówcy zawczasu zapoznali się z treścią wykładu. W samym dniu prelekcji obszerna aula uniwersytetu zapełniła się do ostatniego miejsca. Ludzie tłoczyli się w przejściach, stali na parapetach okien. Wśród studenckich uniformów widniały liczne ubrania cywilne oraz mundury oficerskie. Audytorium to głośno i bez ceremonii wyrażało zadowolenie.

[1] N.A. Dobrolubow, *Izbrannyje soczinienija*, Moskwa–Leningrad 1947, s. 7–9.

Znawcy historii Rosji twierdzą, że owo publiczne wystąpienie Czernyszewskiego rozpoczynało w życiu inteligencji rosyjskiej i całego kraju zupełnie nową kartę. Otwierało okres, zwany wówczas „odwilżą" lub inaczej „wiosną posebastopolską".

Nie warto w tej chwili wszczynać teoretycznego sporu o znaczenie jednostki w dziejach. Poprzestańmy na faktach. W 1855 roku śmierć okrutnika i tyrana Mikołaja I zamknęła rozdział historii. Nowy zapoczątkowało samo społeczeństwo. Nastało powszechne przekonanie, że zmiany są nieuniknione. Zabrakło człowieka, który potrafił kierować systemem strasznym w każdym szczególe, ale logicznym jako całość.

Nieco później Otto von Bismarck, pełniący obowiązki posła Prus w Petersburgu, donosił swemu monarsze:

> Jak się zdaje, nie ma ani jednej partii, ani jednego wpływowego męża stanu, który by uważał za pożądane lub możliwe zachowanie istniejących urządzeń państwa rosyjskiego; wszyscy żądają zmian.

Przyszły „żelazny kanclerz" wdawał się w bardziej szczegółowe analizy:

> Czynnikiem ruchu jest nie tyle waga osób, które usiłują ruch popierać, lub wartość bałamutnych i niewykonalnych projektów, stawianych jako ideał przyszłości, ile powszechne, podzielane również przez monarchę i przez najwyższe koła rządowe przeświadczenie, iż stan teraźniejszy nie może w Rosji nadal trwać, iż gruntowne zmiany polityczne są nieodzowne; jednocześnie zaś nie ma nikogo, kto potrafiłby nadać określony wyraz, w kształcie jasnych i konkretnych projektów, temu głuchemu dążeniu do lepszego stanu rzeczy[1].

Rozważania nad tym, czy Bismarck słusznie ocenił „ruch" i kierujące nim osoby, za daleko by nas odciągnęły od tematu. W awangardzie „odwilży" szła inteligencja, na czele z Mikołajem Czernyszewskim. Ona nadawała ton, formułowała żądania.

[1] *Die politischen Berichte des Fürsten Bismarck von Petersburg und Paris*, t. II, Berlin 1920, s. 55, 185 (według J. Kucharzewskiego, [*Od białego caratu do czerwonego*, t. III:] *Lata przełomu*, Warszawa 1928, s. 88).

Ale i tłum nie milczał. W ostatnim dziesięcioleciu panowania Mikołaja I wybuchło trzysta czterdzieści osiem buntów chłopskich. W następnym pięcioleciu – w latach 1855–1860 – było ich czterysta siedemdziesiąt sześć.

„Sto dwadzieścia tysięcy ziemian jest w Rosji, kto może, przenosi swe ruchome kapitały za granicę. Mówię z każdym człowiekiem, kto tylko może o tym coś wiedzieć: wszyscy widzą rzeczy na czarno..." – meldował do Berlina pruski przedstawiciel wojskowy, Kurt von Schlözer[1].

Wnętrze imperium kipiało, lecz ustrój trwał. Prawo decyzji nadal niepodzielnie należało do jednego człowieka.

Aleksander II wstąpił na tron w wieku już całkiem dojrzałym, liczył sobie trzydzieści siedem lat. Był wysoki, postawny, znakomicie jeździł konno, miał błękitne oczy, nie wymawiał spółgłoski „r" i od amorów wcale, ale to wcale nie stronił. Trudno zdać sobie sprawę z rysów jego twarzy. Portrety pokazują bowiem oblicze ozdobione prawdziwym arcydziełem sztuki fryzjerskiej. Bujne, daleko na podbródek zachodzące baki oraz długie, lecz w zdyscyplinowanej linii utrzymane wąsy jakoś jednak nie pasują do oczu, zdradzających zdumienie, a może i słabość.

Zachował się wizerunek Aleksandra jako następcy tronu. Młody, gładko wygolony człowiek w mundurze stoi bokiem, wsparty na szabli. Jego profil o miękkiej linii cofniętego podbródka i czoła sprawia wrażenie zdecydowanie nierosyjskie. Takie samo zgrabne książątko mogłoby żyć w którymś z dworów niemieckich lub skandynawskich. Matka Aleksandra była Niemką, król pruski wypadał mu rodzonym dziadem. Uchodzi za pewnik, że na tronie Rosji już od XVIII wieku zasiadali nie Romanowowie, lecz Holstein-Gottorpowie. Zawiła historia. Kto właściwie był ojcem Pawła I? Jego oficjalny rodzic, Piotr III, podobno bardzo się zdumiał na wiadomość o ciąży małżonki, Katarzyny II. Był impotentem. Jedno pewne: rdzennie germańskie pochodzenie

[1] *Ibidem*, s. 361.

Katarzyny, urodzonej w Szczecinie księżniczki Anhalt-Zerbst-Dornburg.

Aleksander przyszedł na świat pod wyjątkowo dobrą wróżbą. Urodził się 17 kwietnia (starego stylu) 1818 roku w Moskwie, na Kremlu. Wśród wszystkich cesarzy rosyjskich miał w tym względzie tylko jednego poprzednika – samego Piotra Wielkiego.

Panujący podówczas cesarz stryj, Aleksander I, bawił w Warszawie. Na radosną wiadomość odpowiedział mianowaniem noworodka szefem pułku huzarów lejbgwardii. Epoka monarchii jest już bardzo odległa i dzisiaj śmieszy to, co było wtedy chlebem powszednim, normą. Król pruski nie pozostawał w tyle. Natychmiast odznaczył pierworodnego wnuka Orderem Czarnego Orła, a konny kurier zdążył przywieźć insygnia do Moskwy na sam dzień chrztu. Latem tegoż roku Fryderyk Wilhelm III osobiście wybrał się do Rosji. Chciał własnymi oczyma obejrzeć nowy produkt berlińsko-petersburskiej symbiozy tronów.

Pierwsze polityczne wystąpienie Aleksandra odbyło się w chwili szczególnej, wnoszącej zupełnie nowy ton w życie imperium. Było to 14 grudnia 1825 roku, w sam dzień buntu dekabrystów.

Mikołaj kazał przywieźć syna do Pałacu Zimowego. Na zewnątrz wierne carowi pułki tłumiły powstanie, a na wewnętrznym dziedzińcu uszykował się batalion saperów gwardii. Dworzanie przynieśli małego księcia. Zwracając się do żołnierzy, Mikołaj obwołał go następcą tronu. Rozpoczęła się uroczystość, którą nadworni historycy opisywali z namaszczeniem. Gwardzistów ogarnął entuzjazm. Książę przechodził z jednych rąk żołnierskich na drugie, całowano mu nie tylko dłonie, lecz i stopy. W czterdzieści pięć lat później, 2 sierpnia 1870 roku, król pruski odwiedził na polu bitwy swoją gwardię, wykrwawioną w ciężkich bojach z Francuzami. Hindenburg, którego starsi z nas przecież pamiętają, był wtedy młodym oficerem i rozpływał się w pamiętniku nad chwilą powitania. Nie dało się utrzymać wojska w ordynku. Żołnierze otoczyli monarchę, całowali go po wszystkich czterech kończynach. Tak na dalekim zachodzie Europy zachowywali się nie żadni niepiśmienni carscy saperzy, lecz członkowie narodu, który na długo przedtem wydał Immanuela Kanta. Wiele czasu musiało upłynąć, zanim Europa od biedy nauczyła się wyznaczać władzy politycznej właściwe miejsce, widzieć w niej tylko funkcjonariusza społeczeństwa.

Aleksander wzrastał pod czujnym okiem pedagogów. Zaliczał się do nich poeta Żukowski, który w pewnym liście do cesarzowej matki stwierdzał wśród mnóstwa zachwytów, że wszystko będzie jak najlepiej, jeśli tylko następca tronu zrozumie znaczenie słowa „obowiązek". Nawet carosławny dziejopis Szumacher nie mógł pominąć w relacji takich cech osobowości Aleksandra, jak słabość woli i brak umiejętności skupiania uwagi.

Losy nie poskąpiły Aleksandrowi II dobrych wróżb, ale bardzo słabo go wyposażyły na spotkanie z chwilą nad wyraz trudną. Początek jego panowania zapowiadał się niemal promiennie. Poddani darzyli nowego władcę zaufaniem, słali mu swe pragnienia pod nogi. Sam Hercen pisał w Londynie:

> Cesarzu, panowanie Twoje rozpoczyna się pod gwiazdą wyjątkowo szczęśliwą. Nie masz na sobie plam krwawych, nie masz wyrzutów sumienia... nie miałeś potrzeby przejścia przez plac zbroczony krwią rosyjską, by zasiąść na tronie... Kroniki domu Twego nie dają bodaj przykładu tak czystego początku... Od Ciebie oczekują ludzie łagodności, oczekują serca ludzkiego. Jesteś niezwykle szczęśliwy...

Koniunktura istotnie musiała uchodzić za wyjątkową, jeśli nawet Hercen aż do tego stopnia przesadzał. W rzeczywistości bowiem od Aleksandra oczekiwano nie tyle może odruchów dobroci, co działania... w zupełnie określonym kierunku.

W 1959 roku minęło sto lat od chwili śmierci wielkiego historyka francuskiego, Aleksego de Tocqueville. Obecnie – zwłaszcza na Zachodzie – wspomina się go często jako tego myśliciela, który w roku 1834 przewidywał, że w przyszłości Rosja i Stany Zjednoczone zajmą pierwsze miejsce w świecie. Że mówił o Rosji, to mniej dziwne. Już wtedy była ona pierwszorzędnym mocarstwem. Lecz czymże były Stany Zjednoczone sto dwadzieścia pięć lat temu? Kiedy w 1917 roku przystąpiły do wojny, Niemcy się śmiali. Aleksy de Tocqueville był historykiem i czynnym politykiem: przez pewien czas piastował godność ministra spraw zagranicznych. Jego diagnoza pochodziła pewnie od połączenia olbrzymiej wiedzy naukowej z doświadczeniem praktycznym. Książka *L'Ancien Régime et la Révolution Française* zawiera pewną genialną diagnozę. Cytuje się ją często, ale powtórzenie na pewno nie zawadzi.

Francuzi uważali położenie swe za tym nieznośniejsze, im bardziej się ono poprawiało. Wydaje się to niepojęte, lecz historia pełna jest podobnych przykładów. Bynajmniej nie zawsze doprowadza do rewolucji przejście od złego stanu do gorszego. Częściej zdarza się, że naród, który znosił bez skarg i jakby nieczule najbardziej gnębiące ustawy, gwałtownie zrzuca z siebie ich jarzmo, właśnie gdy staje się ono lżejsze. Stan rzeczy, który sprowadza rewolucję, bywa prawie zawsze lepszy od tego, który go bezpośrednio poprzedził, i doświadczenie uczy, że dla rządu złego najgroźniejszą staje się ta chwila, gdy zaczyna się on poprawiać. Zło, które się znosiło cierpliwie, jako coś nieuniknionego, staje się nieznośne na myśl, że można się odeń uwolnić. Wówczas, ilekolwiek nadużyć by się usunęło, wyraźniej jeszcze niejako wystąpią na jaw nadużycia pozostałe: zło wprawdzie zmniejszyło się, lecz za to wzmogła się wrażliwość[1].

Wywód dotyczył Francji za Ludwika XVI i bez wiedzy autora, lecz jak najdokładniej, malował główną trudność rządów Aleksandra II w Rosji. Nowy cesarz od razu na początku dał poddanym kilka ulg. Życie stało się lżejsze i nie pomimo, ale właśnie dlatego spadek po starych porządkach dokuczał niemiłosiernie, z wolna przeistaczał się w śmiertelne niebezpieczeństwo dla ustroju. Tymczasem Aleksander, zamiast gruntownie przebudowywać, poprzestał na retuszu. Istotę dawnego systemu zachował.

[1] A. de Tocqueville, *L'Ancien Régime et la Révolution Française*, Paris 1859, s. 291–292.

Jeden z piszących dzisiaj publicystów polskich pochwala Aleksandra II za to, że dał swemu narodowi samorząd ziemski i miejski oraz nowoczesne sądownictwo, „z państwa policyjnego i stanowego przeobraził Rosję w nowoczesne państwo praworządne".

Nieporozumienie o wymiarach rzadko spotykanych. Tamtemu ustrojowi aż do końca było bardzo daleko zarówno do nowoczesności, jak i do praworządności. Pomińmy już takie powszechnie znane drobiazgi, jak brak konstytucji i parlamentu. Mniej utrwalona jest wiadomość, że carska Rosja nie miała również rządu. Ministrowie istnieli, owszem. Każdy z nich składał raporty bezpośrednio cesarzowi i od niego otrzymywał decyzje. Z kolegami niczego nie musiał uzgadniać. Rządzenie zaś polega między innymi na harmonizowaniu potrzeb i dążeń rozmaitych działów pracy państwa oraz społeczeństwa. Jeśli się tego warunku nie spełnia, powstaje zajadła i nieprzebierająca w środkach walka resortów, zapatrzonych w swoje partykularne interesy. I tak właśnie było w Rosji, gdzie poszczególne ministerstwa szpiegowały się nawzajem niczym wrogie mocarstwa.

Rząd działający na zasadzie kolegialnej najwcześniej zaprowadziła u siebie Anglia, w Europie stanowi on regułę już od XVIII wieku. Nawet Polska u schyłku owego stulecia zdobyła się na ten system (w postaci Rady u boku Jego Królewskiej Mości Nieustającej). W Rosji pierwszym prezesem gabinetu ministrów został Sergiusz Witte w roku 1905. Reformy zaprowadzane pod przymusem, po klęskach poniesionych w wojnie japońskiej i po pierwszej rewolucji, można śmiało uznać za musztardę po obiedzie. Nic nie mogło już ocalić systemu. Właśnie epoka Aleksandra II skrzętnie zabezpieczyła zarodki jego śmierci.

Dane statystyczne zbierało się w Cesarstwie dopiero od roku 1883. Podziw bierze, że państwo tak źle, tak bezmyślnie zarządzane przetrwało w całości, zachowało nawet rangę wielkiego mocarstwa. Cóż, już wtedy było „częścią świata", zajmowało około jednej szóstej suchej powierzchni globu. Taka władza jak carska mniejszy kraj uśmierciłaby szybko. Nieprzebrane zasoby pozwalały na fantastyczne marnotrawstwo środków, ludzi, czasu. Przestrzeń broniła, zwłaszcza że najgroźniejszy potencjalny przeciwnik – Prusy – oprócz przymierza niczego właściwie od Rosji nie żądał.

Aleksander II metody kolegialnego rządzenia nie zaprowadził, prawdziwej rady ministrów nie ustanowił. Za to w pełnej krasie zachował ośrodek władzy, którego istnienie oraz przywileje należy uznać za zło naczelne.

Odrębnych stanów istniało w państwie sporo: szlachta, duchowieństwo, *poczotnoje grażdanstwo* – stanowiące samą śmietankę tak zwanych sfer gospodarczych – kupiectwo, mieszczaństwo, *dworowyje ludi*, czyli proletariat miejski, no i chłopi. Osobno trzeba liczyć Kozaków, zgrupowanych w dwunastu europejskich i azjatyckich „wojskach", obdarzonych pewnym samorządem. Ich głównym atamanem bywał zawsze następca tronu (lokalnymi zaś mogli zostawać tak rdzenni Kozacy, jak nasz rodak, generał Bronisław Grąbczewski, który przez czas pewien dzierżył buławę w Astrachaniu). Aż do zniesienia poddaństwa Kozak mógł być właścicielem pańszczyźnianych chłopów, wystawiać ich na sprzedaż.

Granice pomiędzy stanami nie były szczelnie zamknięte, możliwości awansu istniały (chociaż niektórzy badacze utrzymują, że za Katarzyny było o to łatwiej niż za Mikołaja II). Oficer i każdy człowiek z wyższym wykształceniem uzyskiwał szlachectwo osobiste, mniej wartościowe od dziedzicznego. Ale wszystko to w niczym nie naruszało niezmiernych przywilejów i wpływów sfery dworskiej.

Stanowisko ministra wcale nie zawsze otwierało do niej dostęp, ale nie brakło w owej sferze ludzi, których jedno tylko łączyło z Rosją: żłób. W niedalekiej przyszłości Aleksander III, uniesiony nacjonalistycznym zapałem, miał skasować tradycyjne stroje o kosmopolitycznym wyglądzie. Odtąd barankowe czapki generałów świty oraz ich bufiaste szarawary żyły w symbiozie z tytułami fligeladiutantów, kamerpaziów, kamerjunkrów, frejlin, z całym tym obrzydliwym niemieckim żargonem pamiętającym czasy genialnego samouka Piotra I. (W carskiej armii podoficer gospodarczy nazywał się kaptenarmus).

Zresztą kariery u dworu robili nie tylko Niemcy. W początkach XX wieku fatalną rolę odegrały dwie przybłędy z Czarnogóry, księżniczki Anastazja i Milica. Sergiusz Witte wyraził się o tych damach w sposób zasługujący na uwagę: *„Nu eti suki Czernogorki, zadali onie Rossii..."*.

Za Aleksandra II wybiła się w Petersburgu niejaka pani Minna von Burghof, zwana potocznie Minnawanna, a to od *otczestwa*: Minna Iwanowna. Była przyjaciółką hrabiego Włodzimierza Adlerberga, ministra dworu carskiego. Osoba jej tudzież działalność zwróciły na siebie nie byle czyje oczy. Sam Bismarck pisywał o niej w listach do Berlina:

> Za jej pośrednictwem popierane są prośby u Adlerberga i przez niego. Wielki tutejszy dom handlowy Brandt ogłosić miał w tych dniach upadłość, gdyby nie otrzymał był sześciuset tysięcy rubli; zapłacił on dwadzieścia tysięcy Minnie i otrzymał ową sumę ze szkatuły cesarza, a właściwie poręczenie jego, gdyż pieniądze w gotówce nie mogły być przez cesarza dostarczone... Ta pani utrzymuje pod innym nazwiskiem paryski magazyn mód, gdzie ludzie, którzy mają prośbę do dworu, płacą za parę rękawiczek sto do pięciuset rubli[1].

Jedno tylko było niedostępne wpływom Minnawanny – Ministerstwo Spraw Zagranicznych, którym kierował Aleksander Gorczakow. Bismarck otwarcie przyznawał, że gdyby nie ta okoliczność, musiałby prosić Berlin o duże fundusze tajne.

Za to koncesje na budowę kolei stanowiły przedmiot handlu, któremu patronował brat cesarski, Konstanty Mikołajewicz, przez czas pewien wielkorządca warszawski. Łapówka za prawo budowy jednej tylko linii potrafiła wynosić półtora miliona rubli.

[1] J. Kucharzewski, [*Od białego caratu do czerwonego*, t. V:] *Terroryści*, Warszawa 1931, s. 316.

Powszechnie znane jest rozczulające opowiadanko o pewnej bajecznie luksusowej sukni, z której kupna Mikołaj I zrezygnował ze względu na cenę. Zaraz potem nabył ją urzędnik Ministerstwa Skarbu. Po śmierci Aleksandra II w jego kasie znalazło się około sześćdziesięciu milionów rubli, w tym trzy złotem, papiery wartościowe, akcje rozmaitych towarzystw słynnych z nadużyć. Interesy tych spółek protegowała przy dworze morganatyczna żona cesarza, księżna Jurjewska. Nic za darmo...

Mikołaj cuchnął krwią, Aleksander trupem.

Niedawno wydano u nas przekład pamiętnika Aleksego Ignatjewa[1]. O machinacjach jego rodzinki rozmaite pogłoski krążyły po Rosji, ale mniejsza z tym. Pełniąc funkcję wojskowego przedstawiciela caratu w Danii, był Ignatjew świadkiem wizyt, składanych w Kopenhadze przez rosyjską cesarzową wdowę, Marię Teodorownę. Za każdym razem ładownie jachtu „Gwiazda Polarna" wypełniały się tysiącami skrzyń z winem, najdroższymi konserwami paryskimi, na które w Danii nie było cła, i tak dalej. Wszyscy członkowie świty mieli w bankach duńskich otwarte konta. Nabierano tyle towaru, że statek zanurzał się poniżej linii bezpieczeństwa i fala hulała po pokładzie. Cesarzowa kategorycznie odrzucała prośby kapitana o umiar. W Petersburgu cały ten ładunek załoga jachtu – marynarze gwardii, sam kwiat młodzieży rosyjskiej! – musiała na własnych barkach przenosić przed nosem bezradnych urzędników celnych jako osobisty bagaż *Jej Wieliczestwa*. Wysoko postawione osoby kupowały za granicą nie dla siebie. Działały w charakterze agentów firm handlowych. Widocznie łapówki wynosiły mniej niż cło.

Brudne interesy z kupcami uchodziły, nie dyskwalifikowały, ale oficer gwardii, który by się ożenił z córką kupca, wylatywał z pułku.

Maria Teodorowna, matka ostatniego cesarza Rosji Mikołaja II – była Dunką, rodzoną siostrą królowej angielskiej, Aleksandry.

[1] A. Ignatjew, *Pięćdziesiąt lat w szeregu*, Warszawa 1957.

W jej właściwej ojczyźnie zasad uczciwości przestrzegano święcie. Ten sam Ignatjew opowiada o zabawnym wypadku króla duńskiego, który o zmroku najechał rowerem na stragan, przeprosił właścicielkę i zapłacił dziesięć koron odszkodowania. Nazajutrz gazety roztrząsały, czy król rzeczywiście jest tak ubogi, że nie mógł dać przekupce więcej. To petersburskie środowisko dworskie pozbawiło Dunkę poczucia najprostszej przyzwoitości.

Ryba od głowy cuchnie. Bernard Singer (Regnis) w swym niezwykle ciekawym i sympatycznym pamiętniku *Moje Nalewki* mówi o Warszawie w początkach XX wieku:

> Brano, według specjalnej taryfy, od góry do dołu. Kupić można było wszystko. Pomocnik generał-gubernatora wraz z policmajstrem brali okup za tolerowanie nielegalnej loterii cadyka z Góry Kalwarii, która konkurowała z rządową loterią klasową. W kancelarii policmajstra można było za łapówkę załatwić koncesję, wyrobić tani paszport zagraniczny, otrzymać świadectwo prawomyślności.

Wywodom tym ktoś mógłby zarzucić odbieganie od tematu i brak szacunku dla chronologii. Relacje o panowaniu Aleksandra II beztrosko przeplatają się z wiekiem XX. Ależ właśnie istota rzeczy na tym polega, że Aleksander zachował system, który przetrwał do końca. Chwila decydująca, kiedy opierając się na obudzonych przez „odwilż" siłach społecznych, można było ów system zmienić, a chociażby tylko zapoczątkować rzetelną zmianę, bezpowrotnie przeminęła w początkach lat sześćdziesiątych. Dzwon pogrzebowy zaczął bić w roku 1904. Czterdzieści zim, czas zupełnie niedługi. Dzielenie go na jeszcze krótsze okresy byłoby czystej wody formalistyką. Stanowczo lepiej patrzeć z perspektywy, ponieważ już w Piśmie Świętym powiedziano: „A po owocach ich poznacie je".

Biadania nad bagnem moralnym można by rozwodzić bez końca. Opowiadać chociażby o wielkich książętach, dumnych z tego, że wille ich nie zawierają ani jednego gwoździa rosyjskiego, wszystko w nich angielskie. Pora jednak na wnioski natury głównej.

Środowisko dworskie stanowiło świat zamknięty i faktycznie dzierżyło pełnię władzy politycznej. Państwo było właściwie jego prywatną własnością. Aleksander II dał narodowi pewne ulgi, lecz nie podporządkował rządzącego ośrodka jego kontroli. Wszystko zostało po staremu, było tylko wykonywane łagodniej. Żadna z dziedzin życia społecznego nie uzyskała autonomii. Uprzywilejowani nie chcieli z niczego ustąpić, zdecydowanie odmawiali prawdziwego kompromisu, jedynej metody ratującej przed przelewem krwi. Wobec tego ustrój czekały rzeczy ostateczne, próba na śmierć i życie. Półśrodkami można było tylko odwlec jej termin.

Jedną z najbardziej postępowych reform angielskich XIX stulecia przeprowadził konserwatywny gabinet Roberta Peela. Był to słynny bill zbożowy. Stronnictwo reprezentujące interesy wielkich właścicieli ziemskich obniżyło, potem w ogóle zniosło cło wwozowe na zboże, bo tańsza żywność była potrzebna ludności miast fabrycznych. Robotnicy wystąpiliby czynnie, gdyby nie spełniono ich najbardziej podstawowych postulatów. Tylko skutkiem takich metod polityki wewnętrznej Anglia do dzisiejszego dnia jest monarchią. Ustępstwo, nawet dotkliwe dla doraźnych interesów konserwatystów, pozwalało zachować istotę ustroju.

Aleksandrowi III przedłożono kiedyś prośbę szlachty guberni moskiewskiej, która upraszała o pozwolenie zabierania głosu w sprawach swego okręgu, i to tylko raz na rok. *„Isz, czego zachotieli!"* – napisał cesarz na marginesie.

Carat uchodzi za wyraziciela interesów ziemiańskiej szlachty. W zasadzie słusznie, ale uproszczeń należy się zawsze wystrzegać. Kto dzierży władzę polityczną, a zwłaszcza jej pełnię, ten winien być traktowany w rachunku jako czynnik odrębny. Niepodobna uważać go tylko za czyjąkolwiek ekspozyturę. W samych początkach panowania Aleksandra II wybuchł ostry konflikt pomiędzy nim a częścią szlachty, której przewodziło ziemiaństwo guberni twerskiej.

Były, zresztą nieliczne, fakty zesłań, osadzania ludzi w więzieniu. Uchwalano rezolucje, przemawiano. Szlachta oznajmiała nawet gotowość zrzeczenia się przywilejów politycznych na rzecz narodu. Pomińmy to jako wyraz stanowisk skrajnych, których nie należy brać dosłownie. Pomimo wszystko konflikt pomiędzy caratem a częścią ziemiaństwa dotyczył sprawy bardzo istotnej. Chodziło o to, jak zostaną przeprowadzone zamierzone reformy, kto będzie uczestniczył w ich stanowieniu. Aleksander II i jego otoczenie uznawali wyłącznie drogę odgórną. Ich zdaniem, przedstawiciele szlachty mogli być najwyżej powoływani na rzeczoznawców. Autonomia jakiegokolwiek czynnika społecznego, dopuszczenie go do udziału we władzy ustawodawczej i kontroli, w ich oczach równała się herezji. „*Isz, czego zachotieli!*". To tylko przypadek, że słowa te napisał syn, Aleksander III, który był gruboskórny i lubił dosadne wyrażenia. Dokładnie to samo myślał ojciec, Aleksander II.

Uprawnienia dla przedstawicielstwa szlacheckiego nie stanowiłyby jeszcze parlamentarnej demokracji, ale stworzyłyby precedens, wyłom w systemie. Naruszyłyby monopol władzy. W ślad za ziemianami poszłyby pozostałe stany. Inne państwa europejskie od dawna poznały to doświadczenie: skoro feudałowie odjęli monarsze część władzy, tron reasekuruje się, popierając kupców, nawet chłopów. Zaczyna się ruch, w ostatecznym obrachunku wiodący do utrwalenia praworządności. Szlacheckie wysiłki z lat sześćdziesiątych na lekceważenie na pewno nie zasługują.

Nieufności cara dotkliwie doświadczyli polscy ziemianie z tak zwanych guberni północno-zachodnich. W dobie „odwilży" zaczęła się tam tworzyć półlegalna Organizacja Obywatelska, z centralą w Wilnie, nosząca charakter stanowy. Projekty dopuszczenia do niej przedstawicieli inteligencji (patriarchalnie i wcale nie ze względu na wiek zwanej „młodzieżą") napotykały sprzeciwy. Przywódcami jej byli: Jakub Gieysztor, Aleksander Oskierka, Franciszek Dalewski – ludzie nie tylko ożywieni dobrymi chęciami i wykształceni, ale odznaczający się też wyjątkową prawością osobistą. Pod tym względem zespół wileńskich działaczy politycznych był prawdziwym unikatem (dla uniknięcia nieporozumień trzeba wyjaśnić, że szefowie organizacji nie oponowali przeciwko udziałowi „młodzieży", czynił to szlachecki tłum). Odżegnywali się oni od myśli o powstaniu. Pragnęli podnieść kraj pod względem cywilizacyjnym, zabiegając o instytucje kredytowe, oświatę ludu, rolnictwo, o to, słowem, bez czego żadne społeczeństwo nie może żyć przyzwoicie. Odpowiedź Petersburga była zawsze jedna i ta sama: *„Nie łzia! wosprieszczajetsia"*. Działacze Organizacji Obywatelskiej w 1863 wylądowali w powstaniu, utworzyli w Wilnie Komitet Zarządzający Prowincjami Litwy. Potem znaleźli się w pobliżu Irkucka.

Czytajmy *Dom* Zofii Starowieyskiej-Morstinowej i porównujmy ze *Szczenięcymi latami* Melchiora Wańkowicza. Te same czasy, ta sama klasa społeczna – polskie ziemiaństwo – a różnica dwóch światów. Galicyjski dziedzic był wolnym człowiekiem i miał do czynienia z wolnymi. Mógł działać w swojej parafii i w powiecie, zostać posłem. Nikt mu nie bronił zakładać biblioteki, organizacyjnie pracować w rozmaity sposób. Polski ziemianin „spod czapki Monomacha" jadł, pił, polował. Objeżdżał wioski na białym koniu i psuł dziewki. Na nic więcej mu nie pozwalano, carat pragnął siłą przetworzyć go w absolutnego pasożyta. Wymagało tego dobro i bezpieczeństwo systemu politycznego. W XX wieku przemocą konserwowano wiek XVII. Zostały pozory feudalnej samowoli, ale władza rozstrzyga, w jakim języku śpiewać się będzie nad trumną zmarłego dziedzica.

Dyskusje i spory między dworem carskim a ziemiaństwem obracały się wokół sprawy usamodzielnienia włościan. Zapomniano już, że najpierwsza odezwała się na ten temat polska szlachta guberni kowieńskiej, grodzieńskiej i wileńskiej. Ułożyła ona petycję o zniesienie poddaństwa, którą wileński generał-gubernator Nazimow – człowiek tępy, nawet głupi, ale uczciwy – wręczył cesarzowi we wrześniu 1857 roku. Bodziec poskutkował. 20 listopada ukazał się dekret monarchy, zaliczający kwestię chłopską do programu prac państwowych.

Dnia 3 marca 1861 roku Aleksander II wydał „najwyższy manifest" o oswobodzeniu włościan.

Rząd zupełnie trafnie przewidział charakter entuzjazmu, jaki ogarnie ludność po zapoznaniu jej z artykułami nowego prawa. W przeddzień jego ogłoszenia wszystkie komisariaty policji w Petersburgu zaopatrzono w odpowiedni zapas rózeg. Na każdy z cyrkułów wypadło po kilka wozów. Stróże domów otrzymali rozkaz donoszenia pod karą chłosty o wszelkich niepokojących objawach. Każdy komisariat obsadziła rota piechoty z nabitą bronią, dowodzona przez oficera. Na pierwsze żądanie policji wojsko miało otwierać ogień. W Pałacu Zimowym, w gmachu Admiralicji oraz w koszarach ustawiono działa.

W roku 1861, uświetnionym manifestem o zniesieniu pańszczyzny, zdarzyły się w Rosji i na Ukrainie siedemset osiemdziesiąt cztery bunty chłopskie. W czterystu dziewięćdziesięciu dziewięciu wypadkach trzeba je było tłumić siłą zbrojną.

Wiedział Kurt von Schlözer, co pisał. I wiedzieli, co czynią, ci spośród ziemian rosyjskich, którzy na wszelki wypadek lokowali swe ruchome kapitały za granicą. Zanosiło się na powszechną rebelię agrarną.

Chłop rosyjski w ogóle nie rozumiał i nie uznawał prawa dziedzica do ziemi, na której ten ostatni sam przecież nie pracuje. Uważał całą ziemię za swoją naturalną i niepodzielną własność. Tymczasem carskie rozporządzenie kazało mu wykupywać ziemię za bardzo drogie pieniądze, dawało przeważnie mniej roli, niż miał jako poddany, i nie tylko zostawiało *pomieszczika* w jego majątku, lecz zobowiązywało włościanina do odbywania przez dwa lata dotychczasowych powinności, czyli pańszczyzny. Przewidywano, że po upływie tych dwóch lat wieś zbuntuje się na dobre. Moment krytyczny miał więc nadejść w roku 1863.

Uwłaszczenie chłopów rosyjskich przez Aleksandra II rozumiane bywa w Polsce w sposób jak najbardziej fałszywy. Trudno nawet wskazać inny problem, wokół którego narosłoby tyle nieporozumień. Opinia skłonna jest sądzić, że po reformie wieś nad Wołgą upodobniła się do Lipiec Macieja Boryny. W rzeczywistości było zupełnie inaczej.

W warszawskiej Bibliotece Narodowej znajduje się pojedynczy egzemplarz pewnej zapomnianej książki. Jest to praca Ludwika Cybulskiego *Przyczyny upadku rolnictwa i głodów w Rosji*, tłoczona czcionkami Uniwersytetu Jagiellońskiego w Krakowie, w roku 1904. Data i miejsce wydania na pewno zasługują na podkreślenie.

Ludwik Cybulski w książce wydrukowanej pięćdziesiąt sześć lat temu przedstawia się czytelnikom jako zdecydowany zwolennik „uspołecznionej organizacji stosowania pracy do ziemi". Nie wie jeszcze – nic zresztą dziwnego! – „jaka kolektywna forma użytkowania i władania ziemią lub też jaka kooperacja rolników stanie się formą właściwą, przeważającą, ogólnie przyjętą". Ale stanowczo stwierdza istnienie tej tendencji.

Jeśli chodzi o manifest z roku 1861, czytamy:

> Sprawa uwłaszczenia dotyczyła dwu warstw społecznych, lecz jedna tylko miała obrońców, toteż należy przyznać, że w stosunkowo krótkim czasie szlachta zrobiła wszystko, by tę operację znieść z najmniejszym bólem.

Cytat ten popada w pozorną sprzeczność z poprzednimi wzmiankami o szlachcie, trzeba więc niektóre rzeczy ustawić na właściwych pozycjach. Nie brakowało oczywiście wśród niej ludzi, do których odnoszą się słowa z pamiętnika Tarasa Szewczenki: „Przy okazji – o ziemianach. Mnóstwo ich zjechało do Niżnego na wybory. Wszyscy bez wyjątku są brodaci i wąsaci, wszyscy w huzarskich, ułańskich i innych kawaleryjskich mundurach. Oficerów piechoty i marynarki nie widać. Rozmawiają między sobą tylko po francusku. Piją, hałasują w teatrze i podobno tworzą opozycję przeciwko zniesieniu pańszczyzny. Prawdziwi Francuzi"[1]. Ci oczywiście nie dążyli do zmiany stosunków. Przeważali jednak wśród ziemiaństwa bądź zwolennicy zamiany pańszczyzny na czynsze, bądź też wykupu przez chłopów za pieniądze części roli uprawianej przez nich w poddaństwie.

[1] T. Szewczenko, *Pamiętnik*, Warszawa 1952, s. 171.

Ten program, który ostatecznie wziął górę, w żaden sposób nie oznaczał samobójstwa szlachty. Wręcz przeciwnie – dostarczał jej kapitału potrzebnego do unowocześnienia folwarków, a nawet je powiększał.

Bo w rezultacie uwłaszczenia chłop otrzymał przeciętnie o jedną szóstą mniej ziemi, niż uprawiał poprzednio na użytek swej rodziny. Musiał spłacać bardzo wysokie raty wykupne, z których ostatnie miały być wniesione w roku 1932! Toteż jego zadłużenie osiągnęło rozmiary przerażające. Doszło wkrótce do tego, że obciążenie drobnych gospodarstw w Rosji wynosiło od stu pięćdziesięciu do pięciuset sześćdziesięciu procent ich dochodu rocznego.

Ale nawet nie to jeszcze było najważniejsze. W rdzennie rosyjskich guberniach chłop po reformie właściwie wcale nie został samodzielnym właścicielem roli, jego prawne „przypisanie" do ziemi bynajmniej nie ustało. Jeszcze w początkach XX wieku osiemdziesiąt procent pól włościańskich w rdzennej Rosji znajdowało się we władaniu ni to wspólnym, ni prywatnym. W tym samym czasie carski minister rolnictwa prawo chłopa do ziemi nazwał krótko „prawem do cierpienia głodu".

Reforma Aleksandra II utrzymała wspólnotę gromadzką, tak zwany mir, będący prawnym właścicielem gruntów, uprawianych przez jego członków jako użytkowników i solidarnie odpowiedzialny za podatki. Aż do roku 1903 było niezmiernie trudno wypisać się z miru, uzyskać niezależność. Olbrzymia większość napływających do fabryk robotników nadal prawnie pozostawała członkami mirów, od których zależało pozwolenie na przyjęcie pracy w mieście i możność otrzymania paszportu, niezbędnego przy wszelkich podróżach wewnątrz kraju. Mir mógł zresztą zalegającego w podatkach członka przymusowo wysłać na roboty, zabierając oczywiście jego zarobki.

Reforma Aleksandra II chciała uczynić chłopa wypłacalnym podatnikiem i utrzymać go pod policyjnym nadzorem. Do tego celu doskonale nadawał się mir, będący kontynuacją nie żadnych tam sielsko-anielskich wspólnot prasłowiańskich, lecz etatystycznych zabiegów dawnych carów moskiewskich. Nie miał on w ogóle nic wspólnego z prawdziwą spółdzielczością rolniczą, której przewagę głosił Ludwik Cybulski. Carscy prawodawcy, tworzący ów mir, nie mieli na oku celów gospodarczych i społecznych, lecz polityczne. Chodziło tylko i wyłącznie o dobro ustroju, a nie chłopa.

Co jakiś czas – później określono, że nie częściej niż raz na dwanaście lat – odbywała się w każdym mirze ceremonia nowego podziału gruntów. Wszystko przeprowadzano we własnym niepiśmiennym zakresie. Za jedyne narzędzia pomiarów służyły drągi i powrozy. Cały obszar ziemi dzielono na prostokąty, potem na mniejsze działki i następowało losowanie. Skrawki niemieszczące się w prostych formach geometrycznych wydzierżawiano osobno, pieniądze kolektywnie przepijając. Taki system stwarzał wprost nieograniczone pole do nadużyć. Można było w najrozmaitszy, a łatwy do odgadnięcia sposób wpływać na komisje dzielące grunta. Toteż rychło wyrosła po wsiach specjalna warstwa pasożytów, potocznie zwanych „kułaki" lub „mirojedy". Byli to bogaci chłopi, którzy osiągnęli dostatek nie pracą na roli, chociażby przy pomocy najemników, lecz oszustwami – lichwą, przekupstwem oraz wyszynkiem. Po rewolucji 1905 roku minister Piotr Stołypin dążył do likwidacji wspólnot wiejskich. Fundamentem samodzierżawia chciał uczynić kułaka. Na wszystko było wtedy już za późno, lecz niezależnie od tego wolno wątpić, czy pasożyt nadaje się na uzdrowiciela jakiegokolwiek ustroju.

Zagrodę oraz przyległy do niej ogród miał chłop na własność. Przepisy zabraniały ją naruszać. Ale zerwanie słomy z dachu chałupy nie było uważane za rzecz zdrożną, jeśli chodziło o represje za zaległości podatkowe.

Mir uniemożliwiał porządną pracę na roli. Nie opłacały się melioracje, nawet nawożenie gruntu. Działka starannie uprawiana mogła wszak obudzić pożądliwość kułaka, który umiał wpływać na wyniki losowania. Oszczędności pieniężne należało taić, udawać żebraka, bo mir solidarnie odpowiadał za podatki.

Gmina wiejska – *wołost'* – miała własne sądy, których wyroki były bezapelacyjne. Taki trybunał szafował przede wszystkim karą chłosty, wymierzaną zarówno mężczyznom, jak kobietom. Rózgi groziły chłopu za wykroczenia, za które członkowie innych stanów podlegali tylko aresztowi lub grzywnie. Chłop i mieszczanin stanowili w Rosji carskiej *siekomoje sosłowje* – warstwę podlegającą chłoście. Tak trwało aż do XX wieku.

Nadzór nad wsią sprawowali tak zwani naczelnicy ziemscy, rekrutujący się przeważnie z dymisjonowanych oficerów. Samowola ich była okrutna. Spór z takim panem prowadził chłopa pod rózgi.

W „zreformowanym" przez Aleksandra II, rzekomo nowoczesnym państwie trwały obok siebie dwa zamknięte światy. Na górze sfera dworska, stojąca właściwie ponad prawem, na dole chłostany, głodujący chłop. Retusze ustroju dokonane przez „cara oswobodziciela" śmiertelną rozprawę między nimi tylko odroczyły, na czas zresztą niedługi.

Rosyjscy robotnicy wywodzili się ze wsi. Cybulski podaje ciekawe dane, dotyczące moskiewskiej fabryki „Emil Sindel" w roku 1898 (nie stanowiła ona wyjątku; o identycznych statystykach pisali historycy zarówno radzieccy, jak zachodni). Na dwa tysiące dwustu osiemdziesięciu ośmiu jej robotników przeszło dziewięćdziesiąt cztery procent było członkami mirów. Co prawda tylko siedemdziesięciu ośmiu spośród nich znało rozmiary swych parcel, reszta je wydzierżawiała lub nie dbała o nie. Mir bowiem zawsze dzielił ziemię między wszystkich zapisanych w rejestry. Od roku 1900 do 1913 globalna produkcja przemysłu rosyjskiego wzrosła o siedemdziesiąt cztery procent. Równolegle zwiększała się rekrutacja robotników ze wsi.

Aleksander II dał znaczne ulgi uniwersytetom, drukowanemu słowu, naprawdę poprawił sądownictwo, wzorując się na belgijskim. Od czasu tej reformy carskie trybunały stanęły na wysokim poziomie, i to nie tylko fachowym. Godna zapamiętania jest scena z rozprawy przeciwko litewskim chłopom z Kroż. Adwokat zwrócił się do zeznającego gubernatora, nazywając go zwyczajnie – świadkiem. Dostojnik wezwał sąd do pouczenia palestranta, że ma przed sobą nie jakiegoś tam świadka, lecz generał-gubernatora, księcia, kawalera orderów... Na to przewodniczący: „Sąd zna tylko oskarżonych, świadków i ławę obrony; proszę odpowiedzieć na pytanie pana przysięgłego obrońcy".

Ale cóż stąd?... Trybunały sądziły sprawiedliwie, szanując ludzką godność swych klientów, a tuż obok administracja bez gadania wysyłała podejrzanych do odległych guberni i doraźnie, w bramie cyrkułu, „biła po mordzie". Wprowadzenie stanu wyjątkowego lub wojennego – do czego wcale nie potrzeba było wojny – zawieszało wszelkie swobody na kołku. Uniwersytety cieszyły się ogromnym autorytetem, profesorowie umieli bronić swej niezależności. Za domowe nauczanie groziły surowe kary. Dopóki zajmowała się tym administracja, winowajcy mogli trafić na Syberię. Potem oddano rzecz sądom, które potraktowały ją po swojemu. Rodziców ucznia skazywały na pięćdziesiąt kopiejek grzywny, nauczyciela zaś o wiele bardziej surowo – na całego rubla.

Retusze sprawiły, że okropności ustroju wystąpiły tym wyraźniej, same na każdym kroku rzucały się w oczy. System Mikołaja był straszny, ale logiczny i zwarty. Twór Aleksandra pozwalał łatwiej żyć i był, jako całość, jednym wielkim absurdem.

Społeczeństwo rosyjskie zgotowało wstępującemu na tron Aleksandrowi przywitanie wyjątkowo serdeczne. Każdą ulgę przyjmowano z wdzięcznością, widząc w niej zapowiedź nie lada czego. Nowe wydania dzieł Puszkina i Gogola uznano za wydarzenie wielkiej wagi politycznej. Dobrolubow świadczy, że wzbudziły one „powszechny zachwyt". Sam Czernyszewski w 1856 roku sławił cesarza, „który kocha swój naród i jest przezeń kochany".

W dziesięć lat później student Karakozow strzelił do Aleksandra z bliska. W 1881 roku uśmierciła cara bomba Hryniewieckiego. Zamachem kierowała Zofia Perowska, córka gubernatora.

Aleksander duszą i ciałem należał do sfery dworskiej. Mogąc wybierać, wybrał nie społeczeństwo, lecz ją, i sposobność do kompromisu nie miała już nigdy powrócić. Osobiste losy cesarza dobrze ilustrują zwrot, który po chwilowym zamęcie „odwilży" dokonał się w Rosji. Epoka *Martwych dusz* minęła. Nastała atmosfera *Biesów*.

STATYŚCI
Z WYKOPALISK

Aleksander II od dawna znał Warszawę. Po raz pierwszy odwiedził ją jako mały chłopiec w roku kordianowskim – 1829. Carscy historiografowie opisywali tę podróż, przedstawiali czułe sceny powitań z rosyjskimi garnizonami na ziemiach polskich, ale zapominali dodać, że książę śpieszył nad Wisłę na koronację ojca.

W dwadzieścia lat później Aleksander znowu stanął w Warszawie. Pomagał Mikołajowi kierować stąd ruchami armii interweniującej na Węgrzech. Po kapitulacji powstańców pod Világos ruszył do Wiednia powinszować Franciszkowi Józefowi zwycięstwa. Poufna instrukcja polecała mu podobno prosić o łaskę dla tych przywódców węgierskich, którzy poddali się pułkom rosyjskim.

25 maja 1856 roku przybył do Warszawy już jako cesarz. Od razu na wstępie zetknął się z tymi samymi objawami, których pełno było w Rosji. Sama jego osoba budziła nadzieje lepszej przyszłości. Tłum wiwatował na ulicach.

Przyjmując nazajutrz w Łazienkach marszałków szlachty, Aleksander przemówił do nich po francusku, lecz aż trzykrotnie rzucił twarde: „żadnych marzeń".

> A więc, panowie, żadnych marzeń. Potrafię poskromić tych, którzy by zachowali marzenia... Pomyślność Polski zawisła od zupełnego zlania się jej z innymi ludami mojego Cesarstwa...

Marszałka szlachty lubelskiej, Jezierskiego, który miał odpowiedzieć monarsze, w ogóle nie dopuszczono do głosu. Na trzeci dzień, zupełnie nieoczekiwanie, wypłynął jeszcze jeden projekt wypowiedzi strony polskiej. Podczas balu na Zamku miał być odczytany adres, pod względem politycznym zredagowany zręcznie. Przypominano w nim monarsze lojalność polskiej szlachty w okresie po powstaniu listopadowym oraz ofiarowywano jej współudział w pracach rządu.

Namiestnik Michał Gorczakow przestudiował adres zawczasu i kategorycznie zabronił go odczytywać. W Królestwie miała nadal panować ta sama zasada, która święcie obowiązywała w Cesarstwie: tylko rząd może działać, społeczeństwo winno słuchać i milczeć. Autorem odrzuconego projektu był Aleksander hrabia Wielopolski margrabia Gonzaga Myszkowski.

Zgodnie z metodą działania odgórnego tylko cesarz wygłosił w Warszawie orację. Odkładając na bok wszelkie emocje, trzeba zwrócić pilną uwagę na jego zwrot o „zupełnym zlaniu się" Polski z innymi ludami imperium. Jeśli posunąć się skrajnie daleko i przyjąć, że nie zapowiadało to polityki wynaradawiania, to trudno jednak nie usłyszeć autorytatywnego wezwania do kroczenia po wspólnej drodze ustrojowej. Szkicowe uwagi poprzedniego rozdziału przypominały, że w Rosji pomimo uroków „odwilży" zaczynał się okres nader mroczny.

31 maja 1857 roku minister spraw zagranicznych, Aleksander Gorczakow, pisał do jednego z rosyjskich dyplomatów, że Polsce nie można dawać „jakiejkolwiek autonomii, nawet wzorowanej na Finlandii". List ten wydobył z moskiewskiego archiwum profesor W.G. Riewunienkow i opublikował jego ciekawy fragment:

> Uwzględniając doświadczenie oraz lekcje przeszłości – pisał Gorczakow o autonomii – nie waham się twierdzić, że to byłoby niebezpieczne dla Rosji. Polską trzeba zarządzać sprawiedliwie i, ośmielę się rzec, z szacunkiem. Ale pozwolić jej na samodzielność, nawet w ograniczonej formie, znaczyłoby, według mnie, ośmielić ją do większych żądań, do wymagania tego, czego nie możemy jej dać[1].

[1] W.G. Riewunienkow, *Polskoje wosstanije 1863 g. i jewropiejskaja dipłomatija*, Leningrad 1957, s. 78.

Oświadczenia cesarza i ministra były co do treści zgodne; możliwe są tylko ulgi. Jakoż ogłoszono amnestię dla emigrantów, zezwolono na powrót zesłańców z Syberii oraz na założenie Towarzystwa Rolniczego. Dano lżej dyszeć, lecz poza tym wszystko miało zostać po staremu. Polityka Rosji, wielkiego mocarstwa, wobec sprawy polskiej była więc ustalona sztywno.

Żadne godne tej nazwy kierownictwo polityczne nie prowadziło tłumów, które 25 lutego 1861 roku – w trzydziestolecie bitwy pod Olszynką Grochowską – i w dwa dni potem, 27 lutego, demonstrowały w Warszawie.

Akcja plebsu niezmiernie irytowała wodza szlachty, Andrzeja Zamoyskiego, bardzo popularnego w całym społeczeństwie i powszechnie zwanego „panem Andrzejem". Ulica domagała się od Towarzystwa Rolniczego uchwały o uwłaszczeniu chłopów, którą też ostatecznie wymusiła. Ale jej żądania szły dalej. Tyczyły kwestii wystosowania adresu do cara, wyliczającego najbardziej palące postulaty kraju. Nie zawierało się w nich absolutnie nic rewolucyjnego. Prośba miała dotyczyć sprawy włościańskiej, nowej ustawy cechowej, ustawodawstwa miejskiego i zrównania w prawach ludności żydowskiej. Tylko tyle. Zamoyski jednak stanowczo odmówił współudziału. Oświadczył, że raczej zrzeknie się stanowiska prezesa Towarzystwa, niż poda adres. O tej jego decyzji Warszawa dowiedziała się 25 lutego rano.

A 26 lutego wieczorem zgromadzeni w Resursie co zamożniejsi mieszczanie zaczęli się zastanawiać, czyby jednak nie wysłać adresu... z pominięciem szlachty. Impuls do tego rodzaju planów dali Leopold Kronenberg i Ksawery Szlenkier.

27 lutego lud warszawski znowu ruszył na demonstrację. Nie przestraszyły go poprzednie represje, aresztowania, nahajki ani szarże konnicy.

Andrzej Zamoyski zawiadomił namiestnika, że odpowiada za porządek tylko na sali obrad i wewnątrz gmachu. Batalion carskiej piechoty stanął więc za kratami Pałacu Namiestnikowskiego. Strzegł porządku od zewnątrz.

Podniecony nastrój ulicy i zdenerwowanie wśród wojska doprowadziły do starcia. Kozacy poszli do ataku, generał Zabołocki kazał dać ognia w zbity tłum na Krakowskim Przedmieściu. Poległo pięciu demonstrantów.

Jeśli się bezstronnie patrzy z perspektywy czasu i bierze pod uwagę fakty, a nie pobożne życzenia, widać wyraźnie, że chwila owej salwy właściwie rozstrzygnęła o przyszłości. Żadna siła ludzka nie mogła już odwrócić zbrojnej rozprawy. Narodowe i socjalne problemy, pod których ciężarem uginało się Królestwo, miały być rozstrzygnięte w walce. Współczesnym pozostawała tylko decyzja, jak i kiedy tę walkę stoczyć.

Po strzałach tłum się rozbiegł. Plac Zamkowy i Krakowskie Przedmieście opustoszały. Nie całkiem jednak. Od Zamku zbliżała się truchtem linia konnych harcowników, Czerkiesów i dońskich Kozaków. Kilkunastu cywilów rzuciło się do kupy kamieni ułożonych przed Resursą i zaczęło bombardować jeźdźców. Co to byli za jedni? Pamiętnikarze zanotowali nazwisko tylko jednego spośród nich. Ksawery Szymanowski był zahukanym, ciężką biedę klepiącym urzędniczkiem. Wiecznie potulny i zastrachany, teraz wykazywał dziką zaciekłość. Chwytał brukowce i prał nimi w zbrojnych kawalerzystów. Nie cofnął się on ani nikt z jego towarzyszy. Zrejterowali Kozacy.

W tym samym czasie Stare Miasto, Solec, Rybaki oraz inne plebejskie dzielnice zbroiły się – „jakie kto miał pod ręką, takie chwytał żelastwo". Ostrzono siekiery, topory rzeźnickie.

Wieczorem zebrani w Resursie przedstawiciele patrycjatu wysłali na Zamek deputację. Michał Gorczakow nie kazał jej aresztować, czego jeszcze w przeddzień nie omieszkałby uczynić. Przyjął ją i rozmawiał bardzo grzecznie. Wysłuchał oracji starszego Zgromadzenia Kupców, Ksawerego Szlenkiera.

– Lud zraniony w najświętszych prawach nie ma wiary w rządzie. Nie sądź, wasza książęca mość, że policja, bagnety, żandarmy dzisiaj lud zastraszą...

Gorczakow wcale tak nie sądził. Był natomiast potężnie przestraszony. Parę godzin wcześniej przyjął arcybiskupa Fijałkowskiego oraz Zamoyskiego. Podczas rozmowy z nimi wykręcał się od odpowiedzialności za wypadki, zwalał winę na Zabołockiego (aczkolwiek zaraz po salwie raport jego skwitował słowami: „*parfaitement fait*"). Działając na własną rękę, zgodził się nawet przyjąć adres do cara. Ten sam adres, którego wysłania Zamoyski jeszcze tegoż dnia rano tak energicznie odmawiał!

Namiestnik przyjął wszystkie żądania reprezentantów miasta. Policja i wojsko miały ustąpić z ulic, odpowiedzialność za utrzymanie porządku wzięła na siebie Delegacja Miejska, jeszcze przed północą wybrana w Resursie Kupieckiej. Zezwolił na uroczysty pogrzeb poległych, obiecał wypuścić aresztowanych oraz usunąć oberpolicmajstra Trepowa – który właściwie nazywał się Trephoff i był Niemcem – bohatera znanej piosenki: „Na Starym Mieście przy wodotrysku pułkownik Trepow dostał po pysku", upamiętniającej wypadek prawdziwy.

Zaraz po wyborze Delegacji Leopold Kronenberg, pierwszy bankier i finansista Królestwa, zaprosił do siebie kilka osób. Na samych peryferiach ówczesnej Warszawy, na rogu Hożej i Marszałkowskiej, w gabinecie potentata zasiedli przy cygarach: Józef Ignacy Kraszewski, lekarz Ignacy Baranowski i Jakub Natanson oraz przedstawiciele umiarkowanego kierunku „pracy od podstaw", czyli tak zwanych „millenerów" – Edward Jurgens i Karol Ruprecht. Reputacja i sam nawet wygląd tego ostatniego nadawały zebraniu cechę rady moralnych przedstawicieli narodu. W roku 1846 Ruprecht stał pod szubienicą. W ostatniej chwili ułaskawiono go i zesłano do Nerczyńska. Po powrocie miał w Warszawie mir powszechny. Wysoki, o ascetycznym typie, z długimi włosami i bujnym zarostem, zawsze ubrany w czarny surdut po kostki, wyglądał na apostoła, misjonarza czy nawet świętego (który to tytuł, jako protestantowi, nie należał mu się żadną miarą).

Oprócz gospodarza uświetniał zebranie znany w Warszawie prawnik, mecenas Dominik Zieliński. Różnił się on zasadniczo od dawnych szlacheckich jurystów. Przed sądem występował rzadko, był natomiast ceniony jako radca prawny licznych tworzących się wtedy towarzystw przemysłowych. Sam należał do wielu zarządów kolei i fabryk. On właśnie wraz z Kronenbergiem, a nie majestatyczny Ruprecht i sławny Kraszewski, w istocie reprezentowali polityczny sens zgromadzenia.

Wolno płynęły godziny ciepłej nocy zimowej. Luty owego roku przypominał przedwiośnie.

Najpierw omawiano skład wyłonionej niedawno Delegacji, potem sprawę pogrzebu pięciu poległych. Poważny nastrój urozmaicały uwagi Zielińskiego na temat czynnych wtedy person. Kiedy mówiono o sławnym nadrabinie Meiselsie, cięty mecenas rzucił:

– Poczciwy bo poczciwy, ale to mózg Talmudem przesiąknięty.

O braciach Piotrowskich, bogatych właścicielach nieruchomości:

– Niedołęgi, więcej mają kamienic niż klepek w głowie.

Nikt nie brał prawnikowi za złe jego kąśliwych dowcipów. Potrzebowali wszak jakiejś rozrywki ludzie „obciążeni wielkim niepokojem myśli". Wszedł bowiem właśnie pod obrady punkt ostatni i najważniejszy. Zaczęto wymieniać spostrzeżenia o wzburzeniu miasta i możliwości dalszych manifestacji. Nie pragnęli ich wcale ci przedstawiciele mieszczańskiej plutokracji i sprzymierzeni z nimi inteligenci.

27 lutego 1861 roku górne mieszczaństwo warszawskie dokonało ogromnego kroku naprzód. Zaczęło zdobywać pozycje. Jeśli użyć francuskiej terminologii XVIII wieku, stawało się *quelque chose*. Namiestnik przyjął jego delegatów, rozmawiał z nimi o adresie do cara, dozwolił objąć w mieście władzę porządkową. W państwie absolutnym, gdzie nawet szlachta musiała pokornie upraszać o pozwolenie przedłożenia petycji, ustępstwa te oznaczały bardzo wiele. Należało je utwierdzać i rozszerzać. Ale nie w drodze zbrojnej akcji robotników i plebsu miejskiego, którzy też mają własne żądania, i to w dodatku sprzeczne z interesami właścicieli fabryk.

Ruprecht, Kraszewski, Baranowski, Jurgens, Natanson – ci byli zwolennikami pracy od podstaw, szerokich działań uświadamiających i wychowawczych, co razem wzięte miało kiedyś doprowadzić do niepodległości. Kronenberg i Zieliński chcieli rzeczy konkretnych: spokoju, wstrzymania rozruchów. Zebranie nie doprowadziło do żadnych rozdźwięków między nimi. Podobne rzeczy zdarzały się wiele razy przedtem i potem. Inteligent to ten, który może wywierać wpływ na masy. Potrzebny więc bywał jako cenny pomocnik przy urzeczywistnianiu postanowień, powziętych przez czynniki naprawdę decydujące.

Wtedy chodziło o to, że mieszczaństwo bardzo pragnęło poprawy swych pozycji. Jego życzenia w stosunku do ziemiaństwa dawały się streścić w słowach: posuńcie się odrobinę, szlachta dobrodzieje, i zróbcie nam miejsce obok siebie. Maratami wcale nie jesteśmy.

Jedna myśl zasępiała czoła obecnych. Żaden z nich nie znał właściwie miasta, w którym mieszkał, Warszawy. „Mniemano, że lud miejski jest religijny, ale wiedziano, że jest bardzo surowy" – zapisał w swym pamiętniku doktor Ignacy Baranowski.

Stolica liczyła wtedy około dwustu tysięcy mieszkańców. Były w niej warsztaty kolejowe, kilkanaście fabryk z parowym napędem, mnóstwo rzemiosł, tysiące szewców... Od razu przypłynęło wspomnienie o pewnym majstrze z Podwala, który niespełna siedemdziesiąt lat wcześniej porwał do walki lud Warszawy. A jeszcze ten liczny i potężny cech rzeźników, burzliwych, niespokojnych, skłonnych do noża. O tradycyjnym patriotyzmie warszawskich rzemieślników nie trzeba było wspominać. Nawet władze carskie nigdy o nim nie wątpiły.

Decyzja zapadła. Postanowiono spośród młodzieży akademickiej i szkolnej powołać Straż Obywatelską, która zajmie się utrzymaniem spokoju. Patronem jej zostanie szanowany powszechnie, uważany za męczennika sprawy narodowej, Karol Ruprecht.

Tej samej nocy w mieszkaniu pana Andrzeja naradzała się elita Towarzystwa Rolniczego. Chodziło o rzecz bardzo pilną. O adres do cara.

Wypłynęły dwa projekty. Jeden z nich pochodził od Aleksandra Wielopolskiego. Niepopularny wśród szlachty „markgraf" nie przyniósł go sam. Użył za posła swego szwagra, Tomasza Potockiego, który uchodził za jednego z najbardziej liberalnych szlachciców, opowiadał się za zniesieniem pańszczyzny i wskutek tego ciążył na nim zarzut chłopomaństwa i słowianofilstwa.

Nasi współcześni historycy oceniają jednak tę postać nieco inaczej. Profesor Stefan Kieniewicz twierdzi na przykład: „Tomasz Potocki był, jak się zdaje, na gruncie Królestwa najbardziej inteligentnym konserwatystą swojego czasu i właśnie dlatego rozumiał nieodpartą konieczność uwłaszczenia, które chciał tak urządzić, aby szlachta jeszcze na nim zyskała". W ten sam sposób zapatruje się na Potockiego profesor Kazimierz Wyka[1].

Inteligentni konserwatyści to jednak coś lepszego od konserwatystów głupich. Przekonywają o tym chociażby dzieje Anglii. W Królestwie, niestety, zdecydowaną przewagę miała ta druga odmiana.

O Potockim pisało się dawniej jako o inwalidzie, który utracił nogi w roku 1831 podczas szarży ułańskiej. W rzeczywistości Potocki tylko nie władał nogami. Mówiło się, że to skutek rany spod Długosiodła.

Projekt Wielopolskiego bez żadnych niedomówień i zastrzeżeń uznawał władzę cesarza rosyjskiego nad Królestwem. W zamian żądał powrotu do głównych zasad konstytucji 1815 roku, wyjąwszy takie instytucje jak sejm, senat i odrębna armia. Domagał się całkowitego spolszczenia administracji i szkolnictwa wszystkich stopni, w ogóle autonomii Królestwa w granicach po Bug. Był jak najbardziej odległy od niepodległościowych i socjalnych postulatów burzącej się Warszawy. Ale jako akt polityczny odznaczał się tą wielką zaletą, że był konkretny.

Autor drugiego projektu, Edmund Stawiski, wybrał metodę wręcz przeciwną. To znaczy niczego wyraźnie nie formułował.

[1] K. Wyka, *Teka Stańczyka na tle historii Galicji w latach 1849–1869*, Wrocław 1951, s. 30.

Uskarżał się na pozbawienie narodu „tych koniecznych warunków bytu, bez których żadna społeczność dojść nie może do poznania celów, dla których ją Opatrzność do życia powołała". Pragnął, by przeprowadzone zostały „zasady, płynące z ducha narodu, z jego tradycji i historii... w Kościele, w prawodawstwie, w wychowaniu publicznym, zgoła w całym społecznym organizmie".

Ten właśnie projekt uzyskał gorące poparcie pana Andrzeja, który upatrywał w nim olbrzymią zaletę, że „nic nie żądając, żąda jednak wszystkiego", bo „prosić o nic nie możemy, a żądać nie mamy prawa". Uchwalony jednomyślnie elaborat Stawiskiego został pięknie wykaligrafowany w dwu językach, polskim i francuskim, i w południe 28 lutego doręczony Michałowi Gorczakowowi.

Uchwalenie tak mętnej, wszelkiej precyzji pozbawionej rezolucji uważano za dowód zwykłej szlacheckiej tępoty. Ksawery Pruszyński pisał:

> ...tłum notablów Towarzystwa Rolniczego nie składał się z Kołłątajów, Czartoryskich i Staszików, ale Hreczkosiejskich, Poczciwińskich i Mociumpańskich. Aby doróść do swojej roli, „sejm *de facto*" musiałby być senatem mędrców. Tymczasem nie był nie tylko senatem, nie tylko nie był sejmem, ale nie był nawet sejmikiem. Był po prostu odpustem[1].

Czyżby tylko tyle? Hreczkosiejscy, Poczciwińscy i Mociumpańscy to przecież nie tylko herbowi Polacy, zatroskani o losy ojczyzny. Każdy z nich był właścicielem znacznej połaci ziemi uprawianej przez pańszczyźnianych chłopów, którzy już-już mieli się zacząć buntować. Zaburzenia w Warszawie wynikły i z tego powodu, że plebs miejski – inteligencki tudzież rękodzielniczy – bardzo gwałtownie domagał się, by Hreczkosiejscy, Poczciwińscy i Mociumpańscy zwrócili chłopom ziemię. Wspomniani mężowie pod presją tłumu uchwalili niedawno projekt uwłaszczenia. Ale w gruncie rzeczy byli temu przeciwni, pragnęli pozostawić

[1] K. Pruszyński, *Margrabia Wielopolski*, Warszawa 1957, s. 84.

wszystko po staremu. W tych warunkach jedno wydawało się najlepsze: zwlekać.

Tymczasem zmuszono ich do debat nad programem reform politycznych! Z m u s z o n o – innego słowa użyć tu nie wolno. Przecież dwa dni wcześniej Towarzystwo Rolnicze odmówiło zgody na podanie adresu. I oto stało się coś, czego dotychczas jeszcze nad Wisłą nie oglądano i co stanowczo przekraczało pojęcia ówczesnej szlachty: ulica zniewoliła panów braci do zmiany decyzji w pierwszorzędnej sprawie politycznej.

27 lutego 1861 roku zaszedł w Warszawie akt najzupełniej rewolucyjny. Można go śmiało zaliczyć do zdarzeń tej samej kategorii, co zachowanie się delegatów stanu trzeciego we Francji w roku 1789, w dobie obrad Stanów Generalnych. Złamany został ziemiański monopol na kierowanie losami kraju. Plebs warszawski przelał krew w starciu z wojskiem carskim. A rezultatem tego wypadku była polityczna rejterada zarówno namiestnika Rosjanina, jak i reprezentanta polskiej magnaterii, Zamoyskiego, wraz z całą kohortą jego stanowych towarzyszy. Okoliczność niezmiernie znamienna dla historii narodu, który przeprowadzał rewolucję, nie posiadając własnej państwowości. Na wojsko miotało się kamienie – do Zamoyskiego przemawiało w imię miłości ojczyzny. Cel obu wymienionych zabiegów był właściwie jeden i ten sam: realizacja politycznych i społecznych żądań „warstw narodu ujemnych", czyli tych Polaków, którzy nie mieli folwarków.

Towarzystwo Rolnicze pod presją zgodziło się na adres. Pod tą samą presją Edmund Stawiski układał swój projekt. Okoliczności, wśród których działał, predysponowały go do poprzestawania na ogólnikach pływających w sosie patriotycznej frazeologii. Dotychczasowe pilnie przestrzegane wytyczne większości ziemiaństwa brzmiały prosto: w sprawie agrarnej zwlekać, w kwestiach politycznych – żadnej akcji na zewnątrz ani na wewnątrz.

W ciągu jednego dnia zagrożony został sam byt tych pryncypiów.

Projekt Edmunda Stawiskiego, pełen górnolotnych frazesów, skrzętnie wymijający konkretne problemy, projekt, który „niczego nie żądając, żądał jednak wszystkiego", stwarzał na razie wcale wygodne wyjście z pogmatwanej sytuacji. Pozwalał nadal zwlekać. A zarazem nie pozbawiał ziemiaństwa tytułu moralnego współuczestnika, nawet przewodnika w walce o wolność.

Nie istnieją zatem podstawy do pomawiania pana Edmunda o zupełny brak inteligencji (chociaż nadmiarem jej mąż ten istotnie chyba nie grzeszył, bo konserwatywny polityk z prawdziwego zdarzenia byłby niewątpliwie poparł wniosek Wielopolskiego).

Margrabia działał w warunkach odmiennych. Nie wywierała nań wpływu żadna presja. On swój projekt adresu obmyślał już od dłuższego czasu. Zresztą pan z Chrobrza społecznej problematyki chwili w ogóle nie dostrzegał. Dla niego egzystowała tylko szlachta, reszta to była mierzwa i śmiecie. Uznawał jedną metodę reformowania: odgórną. Uważał się też za dostatecznie silnego, by swój program po prostu narzucić, jeżeli zajdzie potrzeba – przemocą. O popularność nie dbał, opinią publiczną gardził.

Inaczej Towarzystwo Rolnicze. Inaczej jego przywódca, pan Andrzej. Ten swoją „bezgraniczną popularność" uważał za skarb narodowy, którego nie wolno trwonić.

Noc z 27 na 28 lutego przyniosła zatem dwie decyzje. Jedną powzięto w mieszkaniu bankiera Kronenberga, drugą w pałacu wielkiego magnata, Zamoyskiego. Doraźny sens polityczny obydwu uchwał był ten sam. Polegał na zwichnięciu warszawskiej rewolucji lutowej, co się wtedy nazywało chęcią zapobieżenia przedwczesnemu powstaniu.

Wprowadzenie tego zamiaru w czyn przyszło tym łatwiej, że rewolucja nie miała głowy, w dosłownym sensie tego wyrazu. Patronem ówczesnego ruchu wciąż jeszcze pozostawał Ludwik Mierosławski, który snuł głęboko nieinteligentne rojenia o pomocy cesarza Francuzów Napoleona III, o tworzeniu gdzieś tam jakiegoś polskiego legionu i tryumfalnym jego marszu do Polski.

Pogrzeb pięciu poległych odbył się bardzo uroczyście i wśród największego spokoju. Delegacja Miejska sprawowała w Warszawie rządy, nie bardzo wiedząc, co z tym fantem zrobić. Nie próżnował za to Leopold Kronenberg, przeprowadzając szereg reform nie tylko dla bogatego mieszczaństwa, ale i dla ogółu pożytecznych, nowoczesnych, usuwających rozmaite pozostałości średniowiecza. Zreformowano więc organizację kupiectwa oraz Trybunał Handlowy, do których dopuszczeni zostali Żydzi. Uległy zmianie stosunki w giełdzie warszawskiej. Aż dotychczas była ona filią berlińskiej i urzędowała po niemiecku. Obecnie personel jej oczyszczono z nieodpowiednich elementów, uporządkowano archiwum i wprowadzono język polski. W tym samym czasie cechy rzemieślnicze postanowiły przyjmować na członków Żydów. Ogólnie znać było zdecydowane dążenie do emancypacji mieszczaństwa i do pełnej realizacji zasad Kodeksu Napoleona, czyli do formalnej równości wszystkich wobec prawa. Królestwo wyzyskało chwilę politycznej ulgi, natychmiast choć trochę zmniejszając dystans, jaki je dzielił od państw Zachodu i od dwu pozostałych dzielnic Polski, Galicji oraz Poznańskiego.

Na Zamku namiestnik Michał Gorczakow nie odczuwał najmniejszych wyrzutów sumienia, że zabrał z ulic Warszawy wojsko, żandarmów i Kozaków. Straż Obywatelska utrzymywała spokój i zapobiegała wszelkim „nieporządkom" bez porównania skuteczniej, niżby to w danej chwili mogła uczynić siła zbrojna. Zdarzyło się raz, co prawda, że tłum rzemieślników prowadzony przez inteligenckich „demagogów" naszedł lokal Delegacji, wyrzucając jej bezczynność i tchórzliwe umiarkowanie. Manifestanci ustąpili jednak wobec powagi Ruprechta.

Patrole Straży Obywatelskiej przebiegały miasto. Działały z gorliwością, która wielu współczesnym wydawała się przesadna i wprost śmieszna. Każdy przechodzień wracający do domu w porze nieco spóźnionej bywał szczegółowo rozpytywany i w razie najmniejszego podejrzenia odprowadzany do Resursy... skąd, po przesłuchaniu, najczęściej wypuszczano go z przeprosinami. Zatrzymywano każdego, kto tylko się odezwał o chwili sposobnej do powstania lub ataku na Cytadelę. Wciąż szukano broni, odbierano nawet noże rzeźnickie. Patrol przyłapał raz niejakiego Krzyżanowskiego, przy którym znaleziono pistolety. Jako agenta, „sprzedanego Moskwie", wydano go żandarmom. „Moskwa" zaś tego „sprzedanego sobie" osobnika wyekspediowała niestety z aresztu nieco dalej. Na Syberię.

Główną troską Delegacji było, czy kto aby nie uzbraja i nie podburza do akcji ludu warszawskiego. Książę Michał Gorczakow mógł spokojnie dożywać swoich dni, które w maju tegoż roku miały się zakończyć w Belwederze.

Delegacja i jej konstable to była pierwsza władza polska, jaką od lat trzydziestu Warszawa oglądała. Posłuch znajdowała nadzwyczajny. Tłumy podporządkowywały się poleceniom każdego studenta, który za wstążkę kapelusza miał zatkniętą kartę pełnomocnictwo. Władza ta zaszczepiła narodowi fatalne, zgubne przekonanie, że bierny opór i tak zwana moralna rewolucja mogą doprowadzić do odzyskania wolności. W tym samym roku rozmaici statyści z nieprawdopodobnego zdarzenia zalecać zaczęli takie oto programy polityczne:

> Nawrócenie nieprzyjaciół, rozbudzenie ducha w nas samych, otwarcie walki nieznanej od pierwszych chrześcijaństwa wieków. Jak... natchniona ludność warszawska odpychała [?] podrzucane jej oręże i w ręce katów upadające oddawała bagnety, myśmy broń, którą dziś walczy rząd rosyjski, odtrącać powinni, bo ona nie jest jeszcze naszą bronią[1].

W 1876 roku ukazała się w Paryżu napisana po francusku praca Juliana Klaczki, *Dwaj kanclerze: książę Gorczakow, książę Bismarck*. Przetłumaczono ją później na język polski i wydano w Krakowie. Oto fragment odnoszący się do wydarzeń przedwiośnia 1861 roku:

[1] Wg A. Gillera, *Historia powstania narodu polskiego*, t. II, Paryż 1868, s. 184.

Było istotnie coś wzniosłego i poetycznego w tych pierwszych manifestacjach Warszawy, gdy naród tak długo i okrutnie wypróbowany zebrał się na klęczkach przed Pałacem Namiestnikowskim z niemą skargą, a zbrojny jedynie w krzyż Chrystusowy nie domagał się niczego innego, jak tylko „Boga swego i Ojczyzny!". Namiestnik, a był nim bohater spod Sebastopola, książę Michał Gorczakow, wzdrygnął się przed walką nierówną a tak dziwną i zaapelował do Petersburga. I, o cudo miłosierdzia boskiego, przyszło słowo łagodności i odwrócenia krzywd[1].

I tak dalej, i tak dalej.

Ckliwo się robi od tej lektury. Tak pisywali ludzie, uważający się za realistów w polityce! Można się też poważnie zastanowić nad umiejętnością swoistej interpretacji faktów jeszcze za życia naocznych świadków. Przecież ten wywód został opublikowany zaledwie w piętnaście lat po wypadkach, których dotyczy.

Żałosne deklamacje dowodzą jednak pewnej wielkiej prawdy. Na przedwiośniu 1861 roku lud warszawski zbuntował się spontanicznie, żądając przemian wprost niezbędnych dla życia narodu. Zbuntował się i wykazał zdumiewający umiar. Zgodził się na objęcie kierownictwa przez tych, którym z racji ich wykształcenia, wypróbowanego patriotyzmu czy nienagannego trybu życia ufał. Twierdzenie, że z tym ludem nie można było dojść do ładu, to absurd lub zwyczajna nieuczciwość.

Ostatnia dekada marca pełna była sensacji. 21 marca Michał Gorczakow rozwiązał delegację i straż konstablów. Ale nazajutrz ustąpił, zmuszony przez namiestnika do dymisji, powszechnie znienawidzony kurator szkolny, Muchanow. Kocia muzyka towarzyszyła mu aż do samej granicy. 26 marca car podpisał w Petersburgu reskrypt o reformach w Królestwie Polskim. Z projektów Wielopolskiego mało pozostało. On sam uzyskiwał stanowisko dyrektora Rządowej Komisji Wyznań Religijnych i Oświecenia Publicznego, katolickich biskupów oraz innych przedstawicieli społeczeństwa dopuszczono do mającej się utworzyć Rady Stanu.

[1] J. Klaczko, *Dwaj kanclerze: książę Gorczakow, książę Bismarck*, Kraków 1905, s. 79–80.

Zapowiedziano powołanie obieralnych rad miejskich, powiatowych i gubernialnych. Niewiele. Jeśli się jednak uwzględni konkretną sytuację, trzeba przyznać, że sprawy kraju nareszcie ruszyły z martwego punktu. Nadwerężona została maksyma o unifikacji ustrojowej z Cesarstwem. Do funkcji rządzenia dopuszczony został Polak nienależący do sfery dworskiej i niepiastujący przedtem żadnego stanowiska w biurokracji. Już to jedno sprzeciwiało się święcie dotychczas przestrzeganej doktrynie o niedopuszczaniu żadnych sił społecznych do działania politycznego.

Poczynione przez cara ustępstwa wolno uznawać za minimalne, trzeba jednak pamiętać, że początkowo Aleksander wcale nie zamierzał paktować z Polakami i kazał nawet Gorczakowowi wstrzymać wysyłkę adresu. Ostatecznie jednak zreflektował się i zatwierdził pojednawczy sposób postępowania namiestnika. W Petersburgu spodziewano się groźnych rzeczy, skoro przyszła stamtąd depesza: „Warszawy nie oddać za żadną cenę. W razie potrzeby bombardować ją z Cytadeli".

Jeszcze 14 marca minister Aleksander Gorczakow pisał do stryjecznego brata Michała, namiestnika Królestwa: „Nie dopuści się do żadnych istotnych zmian w sposobie rządzenia, ponieważ nie odpowiadałoby to interesom imperium, jak również dobrze pojętym interesom Królestwa!". W dwa tygodnie później car podpisał dekret o reformie.

Byłoby dużą naiwnością przypuszczać, że to projekty Wielopolskiego zdołały ruszyć sprawy kraju z martwego punktu. Pięć lat wcześniej nie dopuszczono go w ogóle do przemówienia na Zamku. Wtedy ulica wiwatowała na cześć Aleksandra. Tym razem tłum ścierał się z wojskiem i właśnie ta okoliczność radykalnie zmieniła położenie. Aleksander ustąpił wobec groźby zaburzeń. Energiczne wystąpienie warszawskiej ulicy zniewoliło Petersburg do zrobienia pierwszego kroku, za którym miały przyjść dalsze.

W ostatnich czasach wielu piszących szuka laurów, krytykując tak zwaną „bohaterszczyznę" (cóż za przepiękne słówko, jakim niezrównanym znawcą, Chopinem naszej mowy był ten, kto je wymyślił!). Surowo potępia się rozmaite nierozumne porywy. Kozłem ofiarnym z reguły bywa pewne starcie kawaleryjskie o jeden z hiszpańskich wąwozów. A tymczasem historia uczy nas, że udział Polaków w owej wojnie to była (pod przymusem zresztą wybrana) zapłata za korzyści, które Napoleon już wcześniej dał Polsce. Jednakże ci z krytyków, którzy i w wypadkach lat sześćdziesiątych widzą samą tylko jałową ofiarność, biją wszelkie rekordy. Składają dowód, że zamiast myśleć, ulegli manii prawienia kazań.

Dzień 27 lutego 1861 jest unikatem. W całej naszej historii brak drugiego przykładu zdobycia tak poważnych korzyści politycznych równie małym kosztem. Straty – pięciu poległych. Korzyści – światowej rangi mocarstwo zaczyna zmieniać postępowanie wobec małego i bezbronnego kraju, nad którym panuje.

8 kwietnia 1861 roku znowu strzelano w Warszawie. Okoliczności były bardzo szczególnę i warto na nie spojrzeć.

Poprzedniego dnia Rada Administracyjna uchwaliła nową, opracowaną przez Wielopolskiego „ustawę o zbiegowiskach". Odesłano ją do druku, stawiając datę 8 kwietnia. Prawo to, wzorowane na przepisach angielskich, przynosiło niewątpliwe korzyści. Winowajcy mieli być odtąd karani przez sądy polskie, a nie przez rosyjską administrację. Wywózka na Sybir przestawała grozić.

Namiestnik Gorczakow zachował się lojalnie: 8 kwietnia rano kazał wojsku zastosować się do nowego, jeszcze nieogłoszonego prawa. Uderzono w bębny. Miało to oznaczać wezwanie do rozejścia się, o czym nikt jeszcze w Warszawie nie wiedział. Dotychczas bywało odwrotnie, bębnem zwoływano publiczność. Nie bez przyczyny czasownik „obębnić" znaczy w naszej mowie to samo, co „ogłosić", „opublikować" (jeszcze w latach dwudziestych naszego wieku można było na rynkach małych miasteczek usłyszeć werble, a w przerwach głos woźnego: „Wszystkie matki, ino z dziećmi, do magistratu, do szczepienia ospy!"). Toteż przed Zamkiem zebrał się liczny tłum, a generał Chrulew kazał piechocie dać ognia. Kilkuset ludzi poległo lub odniosło rany.

Warto się zastanowić nad umysłowością namiestnika Gorczakowa. Wielki pan, człowiek wykształcony, to znaczy władający językiem francuskim o wiele lepiej niż ojczystym – rosyjskim, nie wie nawet tego, że prawo obowiązuje dopiero od chwili jego ogłoszenia.

Wielopolski zachował się nadzwyczaj odważnie. Wraz z synem Zygmuntem oraz doktorem Tytusem Chałubińskim dotarł na Zamek, przedzierając się przez rozwścieczony, obrzucający go kamieniami tłum, i wstrzymał masakrę. Normalnie rzeczy biorąc, powinna ona była stanowić kres jego kariery. Car uzyskał wszak pretekst do cofnięcia ustępstw. Stało się przeciwnie. Tego samego dnia, 8 kwietnia, Wielopolski, zachowując poprzednie stanowisko, objął też urząd dyrektora Komisji Sprawiedliwości, a więc znacznie rozszerzył zakres swej władzy. Rozruchy w Królestwie w dalszym ciągu okazywały się skuteczną metodą presji. Tylko... coraz drożej trzeba było płacić za polityczne zdobycze.

Warszawskie niepokoje zaczęły się 27 lutego, czyli niemal w przeddzień ogłoszenia w Cesarstwie manifestu o oswobodzeniu włościan. Widzieliśmy, jakie obawy żywiono w związku z tym w Petersburgu. I słusznie je żywiono. Zaczynał się bowiem okres w całym XIX stuleciu najbardziej krytyczny dla caratu. W przeciągu kilkunastu najbliższych miesięcy ustrój nie był zdolny do przeciwnatarcia. Znany nam już Kurt von Schlözer, pruski przedstawiciel wojskowy, tak oceniał armię carską: „Od generała do majora wszystko jest pewne, ale bardzo ograniczone. Od majora do feldfebla wszystko jest niepewne. Zwykły szeregowiec jest nieobliczalny, pójdzie za tym, kto na niego wpływ wywrze"[1]. W tymże 1861 roku chłopi rosyjscy zbuntowali się siedemset kilkadziesiąt razy.

[1] J. Kucharzewski, *Lata przełomu*, s. 361.

Ani jedno z polskich powstań nie wybuchło w momencie tak pomyślnym jak rewolucja lutowa 1861 roku. Ani jedno nie miało przed sobą perspektywy owych kilkunastu miesięcy rejterady cara, który nie znajdował nigdzie oparcia.

U schyłku tegoż roku konsul austriacki w Warszawie pisał do swoich mocodawców: „Rosja i Polska, to pytanie przestało być, jak przed sześcioma miesiącami, zagadnieniem siły. Wówczas mogłaby rewolucja energicznym zamachem wypędzić słabą i źle dowodzoną armię z kraju"[1].

Nie potrzebujemy na ślepo wierzyć temu dyplomacie. Zgódźmy się nawet, że grubo przesadził. Odzyskanie niezawisłości państwowej zaliczało się wtedy do zadań w ogóle niewykonalnych. Górny i dolny bieg Wisły znajdował się przecież w ręku Austriaków i Prusaków. Zjednoczenie i niepodległość Polski musiały być poprzedzone obaleniem caratu i klęską tych dwu państw, na co się w latach sześćdziesiątych jeszcze nie zanosiło. Położenie kraju należy jednak poprawiać nawet wtedy, gdy stosunki międzynarodowe nie mogą ulec zmianie.

Wśród licznych zarzutów przeciwko całemu ruchowi lat sześćdziesiątych widnieje jeden szczególnie efektowny. Jest tym groźniejszy, że jak gdyby umyślnie obliczony na ludzi o szerszych horyzontach umysłowych, niechorujących na nacjonalizm. Mówi się, że niewczesne poczynania Polaków poszły na rękę najgorszej reakcji w Rosji, a nawet zepchnęły samego Aleksandra II z drogi zamierzonych reform. Przeciwnicy postępu wyzyskali polskie odruchy, by rozpalić w Rosji szowinizm, w którym utonęło wszystko. Znajdziemy jeszcze okazję do omówienia tej sprawy. W tym miejscu zasługiwała ona na wzmiankę jedynie z tego powodu, że wolno się zastanawiać, czy wczesny i energiczny zryw Polaków nie dopomógłby narodom Cesarstwa, a zwłaszcza samym Rosjanom. Carat chwiał się na nogach, to nie ulega kwestii. Rok 1861 był dla niego

[1] A. Szelągowski, *Dzieje Polski 1849–1914*, w: *Polska, jej dzieje i kultura*, t. III, Warszawa [b.r.], s. 350.

najbardziej krytyczny. Silny bodziec potrafiłby może zmusić Aleksandra do decydującego kroku, czyli do nadania konstytucji.

Wiele w tych rozważaniach trybu warunkowego i dlatego nie warto snuć ich dalej. Pozostańmy przy faktach. Wydają się one świadczyć, że odwlekanie rozgrywki w Polsce nie wyszło jej na dobre. Wskutek niewyzyskania warszawskiej rewolucji lutowej uczyniliśmy ogromny krok w kierunku krwawej tragedii 1863 roku. Zapowiedź, że koszty będą coraz większe, można wcześnie wyczytać: w lutym 1861 roku było pięciu poległych, w dwa miesiące później już kilkuset.

Zaszedł wtedy nad Wisłą wypadek z pozoru oryginalny, ale zdarzający się częściej, niż myślimy: zwykli przechodnie z ulicy okazali się lepszymi statystami od polityków. Tłum warszawski żądał uwłaszczenia chłopów. To było główne z haseł, z którymi poszedł na ulicę. Chciał więc rozwiązania najważniejszej kwestii, jaka w ogóle istniała w Królestwie. Spełnienie tego postulatu uczyniłoby walkę zbrojną zbędną i niemożliwą. Po uwłaszczeniu zabiegi o autonomię stałyby się jedynym słusznym działaniem. Bez uwłaszczenia uzyskiwane reformy były zamkiem na lodzie.

W 1861 roku Wielkanoc przypadła na 31 marca. Natychmiast po świętach ogarnął Królestwo wielki strajk rolny. Ulica warszawska uprzedziła więc wypadki. Nie ma w tym nic nadzwyczajnego. Tłum manifestantów składał się z ludzi znających życie kraju od strony praktyki. Wcale mu nie było tajne, co najbardziej hamuje wszelki rozwój Królestwa. Hasło uwłaszczenia chłopów od czasu ogłoszenia *Manifestu* Towarzystwa Demokratycznego stanowiło też dogmat dla wszelkich poczynań niepodległościowych w Polsce.

Ruchu chłopskiego nie poprzedziła żadna akcja, nie był on przygotowany, obmyślony, nie wysuwał skonkretyzowanych żądań i celów. Fala podniosła się na samą głuchą wieść o manifeście carskim z 3 marca, który nie odnosił się do Królestwa. Zaczęło się we wsiach położonych blisko wschodniej, południowej i zachodniej granicy. Bo wszędzie tam chłop patrzył za kordon i zazdrościł. Lub zaczynał zazdrościć.

Nie jest ważne, czy całkiem słusznie. Ukaz carski wcale nie stwarzał rosyjskiemu chłopu lepszych warunków od tych, jakie miał polski. Wielkie znaczenie propagandowe i polityczne miał ten fakt, iż w stosunki pomiędzy wsią a dworem wtrącił się rząd. O tym wiedzieli ci spośród polskich wieśniaków, którzy, nie mogąc dogadać się z miejscowymi władzami, zapowiadali, że pójdą do samego cara. Z punktu widzenia polskich interesów narodowych takie wypadki przedstawiały się w najwyższym stopniu groźnie.

Od 2 kwietnia do połowy maja 1861 roku opór chłopski przeciwko pańszczyźnie i innym powinnościom objął ponad tysiąc wsi. Przeszło sto osiemdziesiąt tysięcy chłopów wystąpiło w obronie swojej doli. Po ukazie z dnia 16 maja, znoszącym pańszczyznę i w Królestwie, burza zaczęła przycichać, by w październiku zerwać się znowu.

Ogółem w roku 1861 wzięło udział w buncie ćwierć miliona ludzi. Jak na niezorganizowany, spontaniczny ruch chłopski, była to liczba bardzo duża. Całe Królestwo liczyło wtedy niespełna pięć milionów mieszkańców, z czego na wieś przypadało trzy miliony sześćset kilkadziesiąt tysięcy osób.

W tym samym roku chłop rosyjski buntował się także. Królestwo posiadało obszar bardzo mały – Cesarstwo ogromny. A więc ruch chłopski u nas był stosunkowo jeszcze szerszy niż w Rosji. Możliwe, że tam wszystko odbyło się w sposób bardziej gwałtowny. Ale oto słowa nie byle jakiego świadka, bo samego Wielopolskiego: „W Miechowskiem kilkunastu włościan miano okuć w kajdany. W niektórych okolicach Kaliskiego... oburzenie włościan przeciwko właścicielom doszło do tego stopnia, iż spowodowało użycie kar cielesnych przechodzących wszelką miarę, a nawet zbiorowe wystąpienie siły zbrojnej"[1]. Słowa te pochodzą nie z żadnej rozmowy prywatnej, lecz z raportu do cara.

[1] H. Grynwaser, *Pisma*, t. III: *Sprawa włościańska w Królestwie Polskim w latach 1861–1862*, Wrocław 1951, s. 56.

Obyczajem wieku porządek i posłuch przywracało wojsko. Właśnie przy tej okazji wyszła na jaw okoliczność szczególna. Tu i ówdzie wpłynęły do urzędów skargi na żołnierzy, oficerów, a nawet na Kozaków, którzy zamiast przywracać karność – zachęcali do oporu.

Mużyk pod karabinem nie życzył dobra polskiemu dziedzicowi, życzył go natomiast polskiemu chłopu. Niestety jednak, sam kiepsko przeważnie zorientowany, a w dodatku jeszcze niepiśmienny, kolportował nad Wisłą obiegające całą Rosję pogłoski o dobroczynnym monarsze, który chce rozdać ziemię za darmo. Okoliczność ta miała być w przyszłości wyzyskana przez carat.

W każdym razie ogromny ówczesny zryw energii chłopskiej zdawał się nie posuwać sprawy narodowej ani o jeden cal naprzód. Nikt wtedy nie potrafił tak ustawić jej żagli, by w nie uchwycić wiosenny podmuch 1861 roku. Od kilku lat rozporządzamy dziełem profesora Stefana Kieniewicza *Sprawa włościańska w powstaniu styczniowym*, gdzie zawiera się wyczerpująca wiedza o wypadkach. Lecz przeglądnijmy tylko dawniejsze książki o epoce. Dowiemy się z nich wielu rzeczy istotnych, a także mnóstwa charakterystycznych szczegółów. Zostaniemy uświadomieni, jakie broszki w formie koron cierniowych nosiły damy warszawskie. Nie przejdziemy obojętnie obok żadnej świeczki zapalonej przed Bernardynami lub przed figurą na Krakowskim Przedmieściu. I to nawet nie ujdzie naszej uwagi, że razu pewnego pani Lucyna Ćwierciakiewiczowa (znana autorka podręczników gastronomicznych i ofiarna działaczka powstańcza) publicznie rzuciła w katedrze warszawskiej wielką klątwę na arcybiskupa Felińskiego. O tym wszystkim nas uczono. Tylko wiadomości o strajku chłopskim 1861 roku odszukać w tych pismach dość trudno. Zanotował ją Grabiec, a szczegółowo przedstawił dopiero Hipolit Grynwaser w książce ogłoszonej po raz pierwszy w roku 1937. Zupełnie tak jakby walki i dążenia chłopów nie mieściły się w zakresie sprawy narodowej. Bo też tak właśnie było wtedy naprawdę. Masa chłopska w skład narodu wejść jeszcze nie zdążyła.

A ściślej mówiąc – wejść jej nie dano. Dla olbrzymiej większości naszego włościaństwa katolicyzm stanowił namiastkę poczucia narodowego, pozwalając odróżnić swojego od Rosjanina czy Niemca. Jak na drugą połowę XIX wieku to mało, przerażająco mało. Zmiana tego stanu rzeczy, dokonana nawet za największą cenę, była niezbędna dla dalszego egzystowania narodu.

Tymczasem zaś ówczesne szczyty społeczne zupełnie inaczej zapatrywały się na położenie.

W szlachcie zawierała się synteza idei narodowej i cała summa inteligencji kraju, gdyż do szlachty liczyło się eo ipso wszystko, co stało nieco wyżej stanowiskiem i wykształceniem, lecz poza nią leżały same wartości ujemne. Stan trzeci nie istniał, bo materiału nań nie starczyło; urzęda zapełniali synowie urzędników albo ludzie szukający chleba, i tak powstała kasta biurokratyczna, wątpliwa, szlachcie niechętna, rządowi wierna, o ile jej interes tego wymagał, na dobro kraju obojętna i pozbawiona poczucia obowiązku. Chłop, ciemny i nieokrzesany, nieświadom pojęcia własności i prawa, stał za progiem budowy społecznej, z którą wiązał go tylko przymus i której wnętrze było mu obcym[1].

W całym tym wywodzie to tylko odpowiada prawdzie, że chłop był ciemny i że z ówczesną „budową społeczną" wiązał go jedynie przymus. Diagnozę, którą przytoczyłem, już po powstaniu wygłosił jeden z chwalców Wielopolskiego, a treści jej odpowiadała przedpowstaniowa praktyka.

Towarzystwo Rolnicze, silnie naciskane przez tłum warszawski, powzięło demonstracyjną i czysto teoretyczną uchwałę na temat uwłaszczenia za pośrednictwem skomplikowanej i korzystnej dla ziemiaństwa operacji kredytowej. Była to decyzja, a raczej manifestacja wymuszona.

Towarzystwo nie reprezentowało zresztą poglądów całej szlachty, lecz tylko jej szczytów. Pomiędzy panami bracią nie brakło bowiem i takich, którzy bali się wszelkiego uwłaszczenia. Perspektywa przejścia do gospodarki parobczańskiej budziła w nich

[1] H. Lisicki, *Aleksander Wielopolski*, t. I, Kraków 1878, s. 179–180.

niechęć. Trzeba by przecież wznosić po folwarkach nowe budynki, starać się o sprzęt i sprzężaj, godzić parobków, planować, wysupłać ładny grosz i fatygować się myśleniem. Czyż nie lepiej zatem, tak jak dotychczas, poprzestać na dobrym ekonomie, który już dopilnuje, by chłop w porę zaorał, zabronował, zawłóczył, zasiał, zebrał, zwiózł, wymłócił i jeszcze odstawił ziarno do miasta? A wszystko, rzecz jasna, własnymi środkami i sprzężajem.

Pan Andrzej Zamoyski godził się chłopa oczynszować i chciał upodabniać Polskę do Anglii z jej systemem długoterminowych dzierżaw. Margrabia Wielopolski też godził się na oczynszowanie i poza tym pragnął kopiować w Polsce wzory pruskie. Obaj byli całkowicie zgodni ze sobą i resztą szlachty, że ziemia ma pozostać wyłączną własnością obszarników. Ten i ów dziedzic najbardziej by chciał niczego nie ruszać, niczego nie zmieniać, pozostać przy pańszczyźnie tudzież przy swoim wyłącznym prawie do tytułu obywatela kraju. W tym ostatnim względzie panowała wśród szlachty całkowita jednomyślność.

> Starsze pokolenie przywykło do takiego pojmowania życia – pisał Tomasz Burzyński, uczestnik spisków i powstaniec – my, młodzi... bez żadnych widomych i wyrozumowanych powodów, a wprost instynktownie, wskutek gwałtowniejszego obiegu krwi i zapasu energii życiowej, nie mogliśmy się z tym stanem pogodzić... szukaliśmy upustu dla młodych sił – nam było ciasno i duszno w tym olbrzymim karmniku, w którym nahajka i *byt' po siemu* miały regulować wszelkie interesa, sprawy i potrzeby[1].

Na ogromny plus tej młodzieży zapisuje historia weto powiedziane przez nią „olbrzymiemu karmnikowi". Boleje tylko nad tym, iż wszystko to działo się aż zanadto odruchowo, „instynktownie" i z wyraźnym lekceważeniem „wyrozumowanych powodów". Ale nie mogło być inaczej na intelektualnej pustyni, w którą przetworzyły Królestwo poprzednie lata rządów carskich.

[1] *Wydawnictwo materiałów do historii powstania 1863–1864*, t. IV, Lwów 1894, s. 95–96.

9 listopada 1831 roku zamknięty został Uniwersytet Warszawski. 10 stycznia następnego roku ten sam los spotkał korpus kadetów w Kaliszu. Kursy prawne w Warszawie, założone po zamknięciu uniwersytetu, zwinięto w roku 1845. Z uczelni najbliższych Królestwu: uniwersytet w Wilnie przestał istnieć w maju 1832 roku, Liceum Krzemienieckie – w listopadzie roku 1833. Z uczelni galicyjskich – zniemczonych i reprezentujących wtedy niski poziom – carskim poddanym nie wolno było korzystać.

W Warszawie funkcjonowały: Akademia Duchowna oraz Szkoła Rolnicza w Marymoncie. Poza tym za przodujące zakłady naukowe uchodziły: realne gimnazjum warszawskie i sześcioklasowa szkoła realna w Kielcach. Bez najmniejszej przesady wolno stwierdzić, że w XIV wieku, przed założeniem Akademii Kazimierzowskiej, oświata stała w Polsce na poziomie znacznie wyższym. Dopiero w dobie bezpośrednio przedpowstaniowej uruchomiono w Warszawie Akademię Medyczną oraz – w roku 1852 – Szkołę Sztuk Pięknych. Od kandydatów do tej ostatniej – z wyjątkiem wydziału budownictwa – wymagano tylko domowego wykształcenia (w wyliczeniu tym pominięta została Szkoła Główna, czyli uniwersytet, otwarta w Warszawie u schyłku 1862 roku, ponieważ na poziom umysłowy Królestwa przed powstaniem wpłynąć już nie miała czasu).

Ponura statystyka uwidacznia najboleśniejszy cios zadany narodowi przez Mikołaja I po powstaniu listopadowym. W decydującej, przełomowej dobie lat sześćdziesiątych, kiedy Aleksandrowi II grunt naprawdę kołysał się pod nogami, Królestwo stało wobec własnych losów najzupełniej bezradne pod względem intelektualnym. Pierwsi przywódcy krajowego ruchu ograniczali swą działalność przede wszystkim do manifestacji po kościołach. Impuls do jakiejś rzeczywistej akcji politycznej mieli dać dopiero ci Polacy, którzy przeszli przedtem przez uniwersytety lub wojsko w głębi Cesarstwa.

Od roku 1851 do 1858 przez uniwersytet w Dorpacie, gdzie językiem wykładowym był niemiecki, przewinęło się dwustu studentów Polaków. Z tego kilkunastu mieszczan i czterech ziemian z Królestwa. Reszta to byli ziemiańscy synowie z Litwy, Białorusi i Ukrainy. Toteż wśród działaczy kresowych było znacznie łatwiej o człowieka z wyższym wykształceniem niż nad Wisłą, bo i na uniwersytetach rdzennej Rosji studiowało parę tysięcy Polaków. W początkach lat sześćdziesiątych w Królestwie mało kto w ogóle wiedział, co to jest i do czego służy uniwersytet.

Niższe i średnie szczeble szkolnictwa wcale nie większym jaśniały blaskiem.

Przed powstaniem pracowało w Królestwie tysiąc pięciuset sześćdziesięciu sześciu pedagogów wszelkich stopni (dla porównania dodać warto, że w tym samym czasie było tu około pięciu tysięcy świeckich i zakonnych duchownych). Nauczyciel szkoły ludowej pozostawał w całkowitej zależności od dziedzica i proboszcza. Posługi w kościele oraz pilnowanie robotników w polu zaliczały się do jego powinności.

Statystyka z roku 1860 poucza, że ludzi ze średnim i wyższym wykształceniem było wówczas w całym Królestwie sto czterdzieści tysięcy siedmiuset siedemdziesięciu ośmiu – wobec trzech milionów siedmiuset dziewięćdziesięciu czterech tysięcy analfabetów.

W latach czterdziestych, w epoce bezpośrednio poprzedzającej Wiosnę Ludów, wśród mieszczańskiej ludności Królestwa rozwinął się niebywały dawniej pęd do oświaty. Szkoły średnie spęczniały. Każdą klasę wypadło podzielić na dwa równoległe oddziały. W tylnych ławkach tłoczyli się wyrośnięci drągale, młodzi rzemieślnicy, którzy porzucili warsztaty majstrów, aby się uczyć. I niemal wszyscy uczyli się dobrze. Taki stan rzeczy nie trwał jednak długo i został pohamowany *administratiwnym pariadkom*. Wyszło rozporządzenie, że młodzież plebejska ma płacić za naukę taksę pięciokrotnie wyższą od tej, jaka obowiązywała szlachtę (trzysta złotych zamiast sześćdziesięciu). Rok 1847 przyniósł zakaz przyjmowania nieszlachty do gimnazjów. Zastrzeżono je wyłącznie dla dzieci urzędników oraz dla „urodzonych", którzy wcale nie zanadto byli spragnieni światła wiedzy. Syn szlachecki uważał zazwyczaj, że wystarczy mu pięć, najwyżej sześć klas gimnazjalnych. Większość stroniła nawet od studiów rolniczych w Marymoncie, poprzestając na praktyce u doświadczonych „empiryków", to znaczy u ojcowskich ekonomów.

Po ukończeniu szkoły średniej młody nieposesjonat stawał wobec niezbyt różowych perspektyw, a może nawet wobec zupełnego braku takowych. Rzemiosło i handel, jako procedery „godne hołoty i Żydów", były dlań zamknięte pod grozą utraty pozycji socjalnej. Przemysł – ten wymagał kwalifikacji, jakich klasyczne wykształcenie nie dawało. Pozostawało wojsko lub kariera biurokraty. Toteż urzędy były wprost zapchane aplikantami. Doszło do tego, że niektóre z nich, jak na przykład Komisja Skarbu, w ogóle zamknęły wrota przed młodymi kandydatami na posady. W innych wytworzyła się oryginalna kategoria pracowników zwanych „aplikantami na aplikantów". Wyglądało to w ten sposób, że po trzech czy czterech latach pracy darmowej, „bez żadnych widoków", uzyskiwało się prawo do pracy nadal darmowej, ale już „z widokami"... otrzymania w końcu posady kancelisty z roczną pensją od stu do dwustu rubli srebrem. Pomimo bardzo niskich kosztów utrzymania, tak niskich, że Warszawę zaliczano do najtańszych miast w Europie, żyć jednak trzeba było. Popyt na wszelką pracę zarobkową panował ogromny. Naturalną rzeczy koleją wynagrodzenie za nią, za takie na przykład korepetycje, spadało do minimum.

Od dawna wiadomo, że przed powstaniem listopadowym podchorążowie burzyli się także i z powodu braku perspektyw życiowych, które szczelnie zamykał tłum starszych wiekiem oficerów, zajmujących stanowiska w armii. Ten sam problem, tylko w rozmiarach bez porównania szerszych, obejmujących niemal całą młodzież inteligencką, dławił Królestwo i przed powstaniem styczniowym. Nie było wtedy urzędów zatrudnienia, nie było nawet pojęcia utajonego bezrobocia. Ale treść, którą ono zawiera, istniała w całej pełni.

Oświata ogółu przedstawiała się więc w Królestwie gorzej niż smutno. Ale dowody najgorszego, najgroźniejszego zacofania złożyli ludzie ze szczytów, tacy, którzy doskonale znali zachód Europy, studiowali w jego wspaniałych uniwersytetach. Raz jeszcze się okazało, że postępu znikąd importować nie można. Ta roślinka nie wytrzymuje przenosin. Do lepszych form życia trzeba się zawsze samemu dopracować.

Poczynając od roku 1861, losy kraju znalazły się w ręku jednego człowieka. Był nim Aleksander Wielopolski. Wyprzedzając nieco bieg tego opowiadania, trzeba przypomnieć, że w roku następnym objął on stanowisko szefa rządu cywilnego Królestwa. Tezy o jego decydującej roli wolno z powodzeniem używać jako argumentu przeciwko tym wszystkim, którzy wypisywali bardzo grube tomy oskarżające Czerwonych o spowodowanie nieszczęścia. Powstania mogło nie być. Wystarczyło, gdyby Wielopolski spełnił główny postulat chwili i jął się uwłaszczenia chłopów. Czyli – by przestał być sobą. „Przeciwstawienie się Wielopolskiego ruchowi włościan i wysuwanemu przez nich hasłu uwłaszczenia zmiotło Wielopolskiego i uczyniło zbędnym wysiłek jego pracy dwuletniej. Powstanie styczniowe podjęło hasło uwłaszczenia nie tylko przez tradycję programu demokratycznego, ale również pod wpływem trwającego prawie od dwóch lat ruchu włościan"[1] – pisze arcysłusznie Hipolit Grynwaser.

Każdego autora wolno podejrzewać o stronniczość. Jest to dobre prawo czytelnika. Cóż jednak począć wtedy, kiedy sztandarowy przedstawiciel polskiego konserwatyzmu przemawia w sposób zbliżony do tonu Grynwasera, i to w dodatku wcześniej? Trzeci tom sławnych *Dziejów Polski w zarysie* Michała Bobrzyńskiego ukazał się w roku 1931. O Wielopolskim czytamy:

> ...do rządów Królestwa dostał się człowiek, który podjął się zatamować prąd rewolucyjny, ogarniający społeczeństwo, i przeprowadzić je na drogę pracy i rozwoju. Mógł to zadanie podjąć z widokiem powodzenia,

[1] H. Grynwaser, *Pisma,* t. III, s. 108–109.

ujmując w swoje ręce sprawę włościańską. Ona jedna mogła zapanować nawet nad prądem rewolucyjnym, bo wszakże prąd ten od dawna w uwłaszczeniu włościan widział środek i warunek zbrojnego powstania... Tego jednak nie pojmował Wielopolski. Zamiast prąd rewolucyjny okiełznać, postanowił go złamać.

Wielopolski, wznosząc się ponad otaczające go społeczeństwo pojęciem władzy państwowej, niezbędnej dla prawidłowego rozwoju narodu, zwolennik drogi legalnej, a nieprzyjaciel spisków i konspiracji, nie wznosił się ponad, lecz tkwił głęboko w pojęciach społecznych warstwy, do której należał. Zasłaniając się kodeksem cywilnym napoleońskim, ignorując całą historię stosunków poddańczych w Polsce, nienauczony strasznym wstrząśnieniem, wśród którego uwłaszczenie włościan w Galicji się dokonało, uznawał tylko oczynszowanie dobrowolne, i to w ciasnym zakresie[1].

Margrabia zabrał się, owszem, do porządkowania spraw włościańskich. Jego w tym względzie trudy dają Grynwaserowi okazję do bardzo istotnych uwag. W przeciągu pięćdziesięciu lat szlachta rozprawiała o zniesieniu pańszczyzny. Wystarczyło masowe poruszenie się chłopów na wiosnę 1861 roku, by sprawę załatwiono w przeciągu dwóch tygodni. 4 maja Wielopolski wniósł projekt do Rady Administracyjnej, 16 maja podpisał go car. Od 1 października pańszczyzna miała ustać. Przymusowe oczynszowanie chłopów było na przestrzeni lat siedemdziesięciu przedmiotem ożywionych debat. Wielopolski zabrał się energicznie do układania konkretnych projektów dopiero wtedy, gdy chłopi jeszcze energiczniej upomnieli się o uwłaszczenie.

A teraz znowu Michał Bobrzyński: „Sam Aleksander zwrócił uwagę Wielopolskiego na to, że projekt nie jest korzystny dla włościan, ten jednak się zaciął"[2]. Przeforsował swój punkt widzenia. Sprawił, że niektórzy z ziemian zaczęli się wycofywać z tych pozycji, jakie zajęli w lutym, pod presją ulicy.

5 czerwca 1862 roku prawo o oczynszowaniu było już gotowe i zostało ogłoszone, zupełnie nie zadowalając chłopów, którzy

[1] M. Bobrzyński, *Dzieje Polski w zarysie*, t. III, Warszawa 1931, s. 206–207.
[2] *Ibidem*, s. 214.

chcieli tylko i wyłącznie uwłaszczenia. Żądali zwolnienia swoich gruntów od wszelkich ciężarów na rzecz dziedziców, nie tylko od pańszczyzny, ale i od czynszów, domagali się nietykalności użytków pastwiskowych i leśnych. „Lud zaczął głosić, że powinien być obecnie uwolniony od wszelkich powinności w stosunku do dziedziców i że dziedzice obowiązani są oddać mu na własność grunta, które obecnie posiada, gdyż taka jest wola Najjaśniejszego Pana"[1] – raportował swym władzom naczelnik żandarmów ze Stopnicy. Groźny błąd chłopów polegał na tym, że nie najjaśniejszy pan, ale podziemny komitet niepodległościowy popierał program uwłaszczenia.

We włościańskich reformach Wielopolskiego rzuca się w oczy ta okoliczność, że zmierzały one między innymi do pozbawienia chłopów korzyści, jakie im dawał ukaz carski z 7 maja 1846 roku. Prawo to w artykule pierwszym ogłaszało nietykalność gruntów i dogodności włościan, czyniło więc z nich wieczystych użytkowników ziemi. Tymczasem Wielopolski, tak samo zresztą jak Towarzystwo Rolnicze i Andrzej Zamoyski, zasad tych nie uznawał i uważał całą ziemię za niepodzielną własność dziedzica. Planując swoje reformy, nie tylko nie interesował się losem ogromnej masy chłopów bezrolnych, ale pomijał także korzyści, jakie gospodarze zamożniejsi otrzymali w roku 1846, cofał się do wzorów roku 1807, do klasowo ziemiańskich formuł Feliksa Łubieńskiego. Margrabia ciągle głosił lojalność i poszanowanie dla prawa, ale w danym wypadku obowiązujące ustawy łamał. „Wielopolski uznawał prawo w granicach jego zgodności z interesami i dążeniami klasy, do której należał"[2].

Przekreślanie korzyści, jakie polskim chłopom dał wszechrosyjski imperator, który działał naturalnie z pobudek własnego dobra politycznego, zasługuje na bardzo pilną uwagę. Skoro tylko po wojnie krymskiej carat się trochę zachwiał, w Królestwie,

[1] H. Grynwaser, *Pisma*, t. III, s. 34.
[2] *Ibidem*, s. 75.

w granicach resztek jego odrębności, doszły poniekąd do głosu elementy konserwatywne – Zamoyski, Towarzystwo Rolnicze, Wielopolski. W działaniach tego ostatniego może i zaczynała kształtować się przyszła Polska pod rządami jednego z dynastii Romanowów, Polska taka, przy której nie tylko Prusy i Austria, ale sama nawet carska Rosja mogła się raptem wydać przystanią postępu. To było wpychanie wrogowi atutów do rąk.

Nic może nie charakteryzuje lepiej straszliwego zacofania kraju jak ten właśnie awans polityczny rozmaitych margrabiów oraz panów Andrzejów. Rosja i wśród arystokracji miała ludzi takich, jak minister spraw zagranicznych Aleksander Gorczakow, który nie był ani lepszy, ani gorszy od współczesnych sobie angielskich czy francuskich mężów stanu. Normalny statysta liberalnej Europy. U nas... oto pan Andrzej – przywódca polityczny z nieprawdziwego zdarzenia, człowiek, któremu górnolotne frazesy patriotyczne w zupełności zastępowały proces myślenia, antagonista margrabiego, nieustępujący mu wcale pod względem społecznej reakcyjności. Interesy własnych dóbr prowadził umiejętnie, na ekonomice się znał, osobiście był na pewno prawy, ale to wszystko razem wzięte jeszcze nie pasuje na wodza narodu.

Wiadomość o nominacji margrabiego pan Andrzej powitał kwaśno. Jego zdaniem przodownictwo w narodzie należało się członkowi rodziny Zamoyskich, a nie Wielopolskich.

Rzecz wygląda na ponurą anegdotę, lecz odpowiada prawdzie. W drugiej połowie XIX wieku dużą rolę odegrał w Polsce antagonizm wywodzący się ze stulecia XVII. Za Jana Kazimierza sławny Sobiepan Zamoyski zwalczał Jana Wielopolskiego, „na Wielopolu i Pieskowej Skale dziedzica", właściwego fundatora potęgi rodu. Tradycja magnackiego sporu przetrwała.

Andrzej Zamoyski, w oczach niektórych uchodzący za coś w rodzaju sztandaru narodowego, wcale nie był obcy myśli o konieczności przyszłej unii polsko-rosyjskiej.

Aleksander Wielopolski... Przedpotopowy nosorożec ze Staruni, gdyby zmartwychwstał, bardziej by pasował do fauny obecnej niż „markgraf" do współczesnej sobie epoki. Przecie ten człowiek już w dobie Sejmu Czteroletniego stanowiłby u nas anachronizm! Dosłownie tak! Gdzieżby on ścierpiał działalność takiego Kołłątaja i jego Kuźnicy, takiego Jezierskiego, taką „czarną procesję"! On przecie i Juliana Ursyna Niemcewicza za napisanie *Powrotu posła* próbowałby oddać „w sołdaty". Wielopolski byłby pewnie znakomitym ministrem – na dworze Ludwika XV czy Katarzyny II. Za dni tak zwanego oświeconego absolutyzmu i ani trochę później. Przede wszystkim społeczna, a potem dopiero narodowa treść jego programu sprawiała, że konflikt z Czerwonymi niepodległościowcami stawał się nieuchronny.

Nie umiemy cenić własnej niepodległej przeszłości. Lekceważymy wiek XVIII, który nam dał naprawdę wielki „przewrót umysłowy". Działacze Stronnictwa Patriotycznego z doby Sejmu Czteroletniego to politycy, których nie potrzebujemy się wstydzić. Zostali pobici w grze międzynarodowej przez wytrawne dyplomacje i przytłaczające siły. Ale Konstytucję 3 maja ułożyli i wprowadzili, co wymagało przewidującego działania. Im by się w głowie nie pomieściło, że można nie zauważać istnienia w państwie chłopów i mieszczan. Tej sztuki miał dokazać dopiero człowiek, który urodził się w roku 1803, niepodległej Polski nie pamiętał, skończył prawo w Paryżu, a doktorat filozofii zdobył w Getyndze...

Wielopolski w szybkim tempie uzyskiwał zdobycze bardzo godne uwagi. Spolszczył całą administrację Królestwa, pozbywał się znad Wisły *obrusitielej* i *czynownikow*, których falangi w poszukiwaniu kariery napłynęły tu z oddalonych guberni Cesarstwa. Władzę Aleksandra II uznawał bez zastrzeżeń – ale widział w nim króla polskiego i ten swój pogląd odważnie demonstrował w samym Petersburgu.

Szczególnie w dziedzinie szkolnictwa akcja margrabiego przynosiła skutki bezwarunkowo korzystne. Już jesienią 1862 roku zaczął w Warszawie funkcjonować uniwersytet, zwany Szkołą Główną, Instytut w Puławach, gimnazja i szkoły powiatowe w całym kraju, rozległe prace nad organizacją sieci nauczania na szczeblu podstawowym, sprowadzanie profesorów i nauczycieli Polaków, skąd się tylko dało – robota szła w tempie niebywałym.

Za drugi wielki atut pana z Chrobrza uchodzi stosunek jego programu do zawiłej dziedziny stosunków międzynarodowych. To, co się od roku 1861 zaczynało dziać na linii Warszawa–Petersburg, w najwyższym stopniu niepokoiło dyplomację obu germańskich zaborców, Prus i Austrii. Program Wielopolskiego ułatwiał zbliżenie cesarskiej Rosji z cesarską Francją. Wielki książę Konstanty Mikołajewicz, mianowany w połowie 1862 roku namiestnikiem Królestwa, uchodził za przedstawiciela liberalnego, słowiańskiego, zdecydowanie antygermańskiego kursu. Wydawało się, że ostrze polityki carskiej zaczyna mierzyć w Berlin (w rzeczywistości jednak godziło tylko w Wiedeń). Nad Sprewą obawiano się, że Wielopolski nie podnosi pretensji do ziem zabużańskich, ponieważ zaświtała mu nadzieja rekompensaty nad Odrą.

A jednak nadzieje, wiązane z tym wszystkim, stanowiły nieporozumienie.

Po wojnie krymskiej nastąpiło zbliżenie między Paryżem a Petersburgiem. Jakież cele przyświecały każdej ze stron? Te, o których dawno temu pisał u nas Henryk Wereszycki[1], a które ostatnio potwierdził W. G. Riewunienkow. Carowi zależało na uchyleniu klauzul traktatu paryskiego, zabraniającego Rosji trzymania floty wojennej na Morzu Czarnym, oraz chodziło mu o swobodną rękę na Bałkanach. Napoleon III chciał gruntownych zmian na mapie Europy, a w szczególności granicy Renu dla Francji.

Wkrótce po podpisaniu porozumienia między dwoma mocarstwami, w marcu 1859 roku, Napoleon przez swego ministra zaproponował Rosji, by skupiła armię na granicy nie tylko Galicji, lecz także i Wielkopolski. Na marginesie raportu ambasadora

[1] H. Wereszycki, *Austria a powstanie styczniowe*, Lwów 1930; *Anglia a Polska w latach 1861–1863*, Lwów 1934.

widnieje własnoręczna notatka cara: „Stanowiłoby to groźbę, której pożytku nie widzę". W tym samym roku Napoleon III osobiście zapytał carskiego fligieladiutanta Szuwałowa, czy Rosja uderzy na Prusy, jeśli te wystąpią przeciwko Francji.

– Za nic na świecie – z miejsca odpalił Rosjanin.

Zabiegając o korzyści dla siebie, Francja obiecywała carowi Galicję. Aleksander odmówił. Nie chciał Galicji, Lwowa i Krakowa, chciał Morza Czarnego i Bałkanów.

Profesor Riewunienkow utrzymuje, iż porozumienie Rosji z Francją od marca 1859 roku nieustannie słabło i już w roku następnym tylko kunsztowne zabiegi napoleońskiej dyplomacji powstrzymywały cara od udziału w antyfrancuskiej koalicji. Zwolennikiem porozumienia był nadal Gorczakow, któremu jednak przyświecał cel sojuszu państw kontynentalnych przeciwko Anglii. Prus nie tylko nie chciał atakować, ale zamierzał je do wzmiankowanego sojuszu zaprosić. Aleksander zaś nigdy, ani przez chwilę, nie przestał być prawdziwym, szczerym, nawet jakby bezinteresownym przyjacielem Berlina i jego władcy, a własnego wuja. Sentyment ów był zawsze do wygrania przez takiego mistrza jak Bismarck.

Dla bezstronności przypomnijmy jeszcze, co dziennik paryski „Le Siècle" pisał w roku 1866, kiedy tenże Bismarck tłukł Austrię: „Niech wszyscy to dobrze wiedzą: być za Prusami i za Italią – to znaczy chcieć tryumfu najbardziej słusznej sprawy".

Trzeba rozstać się ze złudami i przyznać, że Wielopolski nie mógłby zmienić polityki wielkich mocarstw.

O rzekomych czy też prawdziwych walorach działalności margrabiego dyskutowano obszernie. Spór można toczyć w nieskończoność – jeżeli się przedtem nie ustali kryterium oceny. Takim sprawdzianem może być tylko jedno: stosunek omawianego programu do głównego, naczelnego problemu epoki. Tym zaś problemem była niewątpliwie sprawa zasadniczej zmiany ustroju społecznego Królestwa w sensie demokracji, wywodzącej się z ducha Wielkiej Rewolucji Francuskiej. Tego wymagało najwyższe dobro naszej historii. Poznańskie i Galicja, aczkolwiek należały do monarchów, w stronę tamtego typu demokracji już poszły. Teraz musiało pójść Królestwo, jeśli Polska miała zachować swoją duchową jedność.

Dalsze losy narodu nie od tego zależały, czy uda się uniknąć wojny z armią rosyjską, wyroków, zesłań i konfiskat. Nie od tego nawet, w jakim języku na razie urzędować będą magistraty nad Wisłą i Pilicą. Przyszłość narodu zależała od radykalnej zmiany takiego stanu rzeczy, iż większość mieszkańców kraju nie poczuwa się do narodowej wspólnoty, jest trzymana „za progiem budowy społecznej". Można to było osiągnąć wyłącznie w drodze uwłaszczenia i takiego przewrotu, który by nareszcie upowszechnił pojęcie obywatela kraju. Uwolniony od pańszczyzny, uwłaszczony i równouprawniony chłop, włączając się w życie gospodarcze i społeczne, w stosunkowo szybkim czasie musiał dojść do poczucia narodowego, które już stanowiło własność robotników i drobnego mieszczaństwa. Samodzielność włościanina przyśpieszała rozwój ogólny, a to przez rozszerzenie i pogłębienie rynku wewnętrznego, bez którego żadna nowoczesna społeczność egzystować nie może.

Osiągnięcia Wielopolskiego mogłyby przynieść błogosławione skutki, gdyby główną problematykę wieku rozstrzygnięto u nas pomyślnie wcześniej. „Markgraf" w akcji swej napotykał przeszkody, których istnieniu sam był winien. Gdyby na przykład w roku 1831... Ale o tym za chwilę.

Tylko powierzchowni ludzie uważali margrabiego za „sługę Moskali". Było powszechnie wiadomo, że odważny ordynat nie boi się Rosjan ani trochę, korzysta z każdej okazji do pokazania im swojej polsko-magnackiej pychy, w iście sadystyczny sposób potrafi moralnie poniewierać generałami najwyższych stopni. Pan z Chrobrza paktował tylko z samodzierżcą, Rosjanami gardził. Snuł nawet marzenia, że Polacy mogą odegrać w imperium rolę podobną do tej, jaką już tam grali Niemcy bałtyccy. To znaczy, że mogą się stać czymś w rodzaju narodu *de facto* panującego. Ileż treści w jego słowach skierowanych do Zamoyskiego: „Cóż powiesz, panie Andrzeju, szlachcic polski doprowadził rzeczy do tego, że z samym imperatorem traktuje!".

Koła niepodległościowe, lecz dalekie od socjalizmu czy jakiejkolwiek intensywnej lewicowości, zapatrywały się na Wielopolskiego w sposób zanotowany przez Włodzimierza Milowicza:

> Chociaż Wielopolski był ogólnie nielubiany, opinia publiczna nie miała go wcale za stronnika moskiewskiego, lecz tylko za arystokratę, nierozumiejącego innej Polski jak tylko taką, w której by arystokracja rządziła i miała wszystkie dawne przywileje, i za przeciwnika namiętnego wszystkich zasad wolnomyślnych i postępowych[1].

To samo głosił inny niepodejrzany świadek, Otto von Bismarck, osobisty znajomy Wielopolskiego. Według „żelaznego księcia" we wszystkim, co margrabia mówił, znać było stałą troskę o „wyłączny interes magnacki, stanowy", a siły rosyjskiego cesarza miały posłużyć do jego realizacji. Bismarck przewidywał też klęskę człowieka, który pogardliwie traktuje wszystkie inne warstwy społeczne i wskutek tego nie utrzyma się w odrodzonej Polsce (*in einem regenerierten Polen*).

W ten sam ton co Polak i Niemiec uderzył również Rosjanin, Dymitr Milutin, minister wojny: „Ideałem jego była dawna Polska, szlachecka i klerykalna. We wszystkich swoich projektach Wielopolski przede wszystkim systematycznie chronił interesy oraz wpływy wielkiej arystokracji i katolickiego duchowieństwa"[2]. (Wywody Milutina trzeba jednak trochę sprostować. Wielopolski, katolik gorliwy, od razu w kwietniu 1861 popadł w konflikt z klerem. Olbrzymi rozgłos uzyskała jego mowa: „...tę moją życzliwość utrzymam na wodzy... żadnych rządów w rządzie nie uznam...". J. Grabiec w książce *Ostatni szlachcic*, wydanej trzydzieści sześć lat temu i najniesłuszniej w świecie zapomnianej, zwięźle maluje przyczyny konfliktu: „..walka margrabiego z klerem była tak czy

[1] *Wydawnictwo materiałów do historii powstania 1863–1864*, t. IV, s. 21.
[2] W.G. Riewunienkow, *Polskoje wosstanije 1863 g. i jewropiejskaja diplomatija*, s. 89.

inaczej koniecznością. Państwo i Kościół katolicki są to instytucje skazane na walkę ze sobą zawsze i wszędzie"[1]).

Jeśli Milutin trochę fantazjował, to Bismarck i polska opinia publiczna nie mylili się wcale. Pamiętano, że ilekroć tylko ktokolwiek u nas chciał wejść na drogę społecznego postępu, wśród tych, co mu nogę podstawiali i za połę w tył ciągnęli, nieodmiennie znajdował się Aleksander hrabia Wielopolski margrabia Gonzaga Myszkowski. Nie zapomniano jeszcze procesu o ponowne powołanie do życia ordynacji pińczowskiej, co oznaczało obalenie wszystkich liberalnych reform, jakie we wsiach tamtejszych zaprowadził były kanonier napoleoński, warszawski adwokat, Jan Olrych Szaniecki. Było wiadomo, że wśród tych, co w roku 1831 gardłowali w sejmie przeciwko uwłaszczeniu chłopów, najgłośniejsze i najbardziej wsteczne arie wyśpiewywał – Wielopolski. Reformator, przed którym – jak chcą pewni pisarze – winni byli ukorzyć się Czerwoni, ponosił pełną współodpowiedzialność za najcięższy błąd powstania listopadowego, za rzecz w skutkach swoich okropną, bez porównania gorszą niż wszystkie generalskie niedołęstwa razem wzięte. I on też ponosi odpowiedzialność za konflikt ze społeczną treścią ruchu lat sześćdziesiątych.

Znowu wybiegnijmy trochę naprzód, co zresztą nie raz jeden w tym rozdziale robiliśmy. 17 czerwca 1862 roku Wielopolski, jako nowo mianowany naczelnik rządu cywilnego (przy boku namiestnika), przyjmował w pałacu Brühlowskim przedstawicieli władz i społeczeństwa. Stawiło się duchowieństwo, Rada Stanu, Komitet Towarzystwa Kredytowego, Rada Miejska (Towarzystwo Rolnicze już rok przedtem Wielopolski rozwiązał). Margrabia pojawił się w mundurze spolszczonym, odmiennym od rosyjskiego. Towarzyszyli mu synowie. Postąpił ku arcybiskupowi Felińskiemu, chyląc głowę.

[1] J. Grabiec [Józef Dąbrowski], *Ostatni szlachcic. Aleksander hrabia Wielopolski margrabia Gonzaga Myszkowski na tle dziejów*, t. I, Warszawa 1924, s. 247.

– Czyniąc tutaj krok pierwszy dla dobra kraju, proszę naprzód waszą ekscelencję o błogosławieństwo.

Potem przywitał późniejszego biskupa Popiela. Radzie Miejskiej rzucił na odczepne parę słów i zaraz ruszył w tę stronę, gdzie wśród członków Komitetu Towarzystwa Kredytowego widniała szczupła, wyniosła, jak gdyby na brytyjski ład skrojona postać pana Andrzeja.

– Miło mi widzieć tutaj pana hrabiego, a gdy mnie hrabia odwiedzi znowu, pragnę mu odczytać plan mój urządzenia stosunków włościańskich, co mi tym przyjemniej będzie uczynić, że go hrabia znajdziesz zupełnie zgodnym z tymi poglądami, które w swobodnych chwilach rozbieraliśmy podczas moich odwiedzin w Klemensowie – powiedział i wyciągnął rękę, której Zamoyski nie przyjął.

Nie doszło do zgody między dwoma wielmożami. Przede wszystkim ze względu na wspomniany już antagonizm rodem z XVII wieku.

Z Radą Miejską margrabia nie rozmawiał. A przecież właśnie wśród bogatszego mieszczaństwa, które tak skutecznie pohamowało rewolucję lutową, powinien był szukać sojuszników. Tak by uczynił każdy inny mąż stanu w ówczesnej Europie. Ale nie Wielopolski. On nie rozumiał emancypacyjnych dążeń liberalnych mieszczan ani ich roli w XIX stuleciu. Nie pojmował skutków rozwoju przemysłu. Pojmował jedno: że o polityce można rozmawiać tylko i jedynie na szczeblu biskupio-hrabiowskim.

Wielopolskiemu przypisuje się powiedzenie, że dla Polaków można czasem coś zrobić, z Polakami nigdy. Trudno o większy fałsz. Doskonale można i z Polakami, trzeba tylko wiedzieć – jak.

Kronenberg i Zieliński w lot pojęli, że powszechnie szanowany Ruprecht łatwo dokaże rzeczy, której nigdy nie osiągną Kozacy – uspokoi warszawską ulicę. Wielopolski w przededniu powstania wypędził z Polski Józefa Ignacego Kraszewskiego, który był do pozyskania i nawet szukał zbliżenia z margrabią. Do pozyskania była większość społeczeństwa, które złożyło niezbite dowody skłonności do umiaru i kompromisu... ale nie za każdą cenę. W Polsce metody brutalne do niczego dobrego nie prowadzą, kopią tylko przepaści.

Jeżeli stawiać problem winy, to trzeba stwierdzić, że za krew przelaną w 1863 roku w Polsce odpowiada ten sam czynnik, który zatrzymał Cesarstwo rosyjskie w cywilizacyjnej depresji: opór uprzywilejowanych, odmowa zaspokojenia oczywiście słusznych żądań tłumu.

MAŁA OMYŁKA POLICJI

Druga połowa lutego 1862 roku. Na Ukrainie panowały w tym czasie silne mrozy.

Pewnego poranku traktem wiodącym na południowy zachód wyjechały z Kijowa dworskie sanki, zaprzężone w parę dzielnych koni. Na tylnym siedzeniu tkwiły dwie niepokaźne figury, opatulone w futra. Powoził rosły, szczupły mężczyzna w sile wieku. Kierował zaprzęgiem z wprawą zawodowego koniarza.

Podróżni mijali ulice miasta, nie zwracając niczyjej uwagi. Była akurat pora sławnych kijowskich kontraktów. Jak co roku, gród św. Włodzimierza zapełniali przyodziani w sute szuby szlachcice, przybyli tu dla załatwiania najrozmaitszych interesów. Większość domów miejskich przemieniała się w *ad hoc* zaimprowizowane hotele. W ciasnych pokoikach kupców, urzędników i kramarzy gęsto stawały zielone stoły. Co prawda, zamiast przysłowiowego brzęku przegrywanego w karty złota słyszeć się raczej dawał szelest rubli „asygnacyjnych", ponieważ, wobec wprowadzenia przez rządy papierowych banknotów, twarda moneta należała już na Ukrainie do zjawisk rzadszych. Ale bądź co bądź po dawnemu trawiaste sukno oglądało przelewanie się istnych fortun.

Codzienna, a właściwie conocna orgia karciana trwała aż do południa. Tym bardziej niepostrzeżenie mogły sobie mimo okien tych zaściankowych jaskiń gry przejechać niczym specjalnym niewyróżniające się sanki.

Żandarmi i policjanci na rogatce także nie zwrócili na nie uwagi. Podobnie działo się w innych miejscowościach, które ów wehikuł mijał podczas długiej, dziewięciodniowej wędrówki. W karczmach i zajazdach wszystko odbywało się według tradycją uświęconej normy. Panowie szli do izby gościnnej, kazali rozpakowywać toboły, podawać sobie gorącą strawę. Furman obrządzał konie, potem zjawiał się z powinnym raportem, czapkował i kłaniał się dziedzicom w pas, po kozacku. Pomimo mrozów nocował w saniach, zagrzebany w słomie.

Dziewiątego dnia pokazał się Dniestr i położone nad nim budynki szlacheckiego dominium Tropowej. Po rzece płynęła gęsta kra. Mrozy nieoczekiwanie skręciły kark, Dniestr ruszył.

Tropowa należała do Edwarda Jełowickiego. Posesor nie mieszkał w swoich dobrach, ale też nie do niego wcale kwapili się podróżni. Mieli interes do rządcy, Szczęsnego Miłkowskiego, rodzonego brata Zygmunta Fortunata, znanego w literaturze polskiej pod pseudonimem Teodora Tomasza Jeża.

Nagła powódź uniemożliwiła dalszą peregrynację i przybyli musieli spędzić w Tropowej kilka nudnych dni. Dniestr ciągle unosił krę. Dalej, za Prutem, leżały ziemie, nad którymi nie rozpościerało się już panowanie imperatora Wszechrosji.

Któregoś wieczoru zjawił się w Tropowej główny w tych zapadłych stronach pomocnik monarchy, noszący skromny tytuł „stanowego prystawa". Godność ta odpowiadała mniej więcej naszemu przedwojennemu urzędowi powiatowego komendanta policji państwowej. Szczęsny Miłkowski po staropolsku zaprosił dostojnika do kompanii, utraktował, przedstawił swym gościom. Po kolacji, przy samowarze i płonącym kominku, prystaw rozkleił się zupełnie.

– Ot i teraz – narzekał na psią służbę i wieczne uganianie po błocie, słocie, wertepach – szukam wiatru w polu, jakiegoś studenta zbiegłego z Kijowa przed kilkunastu dniami. On już pewnie za dziesiątą granicą siedzi, a ja muszę się tłuc, z góry wiedząc, że na próżno. Ale rozkaz!

Nazajutrz łapacz odjechał, wioząc do władz gubernialnych meldunek o bezowocności poszukiwań. Tego samego dnia rządca Tropowej zauważył, iż kra na Dniestrze rzednie, spływa. Jeszcze jedna noc i obaj przybyli panicze mogli się bezpiecznie przeprawić na wołoski brzeg.

Dziarski furman ruszył w powrotną drogę. Na pożegnanie nie czapkował i nikomu już w pas się nie kłaniał. W Kijowie długo nie popasał i zaraz wybrał się do wsi Biłki, położonej w powiecie lipowieckim, a „*cum boris, lasis, graniciebus*" stanowiącej jego dziedziczną własność.

Nazywał się Antoni Syroczyński i – jak na ukraińskiego szlagona – miał wcale znaczne wykształcenie. Ukończył wydział matematyczny liceum odeskiego, a ponadto jeszcze studiował w Kijowie medycynę. W kilka miesięcy po opisywanych tu wypadkach, w drugiej połowie 1863 roku, emigrował na zawsze. Bywał w Paryżu robotnikiem, stawał do politycznych pojedynków, w których odnosił ciężkie rany, potem prowadził we Lwowie internat dla chłopców. To ostatnie ze względów ideologicznych, nie zaś dla zdobycia środków na utrzymanie, bo pieniądze miał, ale wydawał je na rozmaite narodowe cele. Umarł w Galicji w roku 1888, wiecznie nierad z siebie samego, że niczego istotnego w życiu dokonać nie zdołał, oraz z ludzi, którzy się do niczego ważnego namówić nie dawali.

Na wspomniane kontrakty kijowskie 1862 roku przybył nie dla interesów. Chciał rozpytać, co słychać i czy przypadkiem nie ma czego do roboty. A właśnie przytrafiło się zajęcie. I to w sam raz dla niego, bo wymagające wielkiego ryzykanctwa i odwagi. Sprawa bowiem zdecydowanie pachniała białymi niedźwiedziami. Zamiast podróży za Ural wszystko skończyło się jednak szczęśliwie na wyprawie do Tropowej.

Na kontraktach był wtedy również obecny niejaki Tadeusz Bobrowski, ziemianin średniozamożny, lecz w hierarchii szlacheckiej zajmujący dość widne stanowisko jako człowiek z wyższym wykształceniem, co wówczas należało w tej sferze do rzadkości. Tytuł magistra praw może by zresztą nie przysporzył Bobrowskiemu zbytniego rozgłosu. Ale szlachta znała go jako bardzo czynnego uczestnika prac tak zwanej komisji do spraw włościańskich, gdzie jurysta odważnie wypowiadał się za burzycielską teorią uwłaszczenia chłopów. To znacznie bardziej zasługiwało na uwagę niż dyplom petersburskiego uniwersytetu.

Pewnego pięknego dnia u Tadeusza Bobrowskiego zjawił się mało mu znany inny Bobrowski, imieniem Aleksander, student kijowskiej akademii, i w tajemnicy opowiedział zastanawiającą historię. Poprzedniej nocy zwaliła mu się do kwatery policja, dokonała szczegółowej rewizji, jego zaś samego aresztowała i niezwłocznie stawiła przed obliczem oberpolicmajstra, pułkownika Iwensena.

– Ależ to nie ten, tamtego znam osobiście – burknął Iwensen i kazał zatrzymanego natychmiast wypuścić.

Oto niedoświadczone XIX stulecie! Światły, z duchem czasu idący policjant XX wieku byłby pana Aleksandra bezwarunkowo zamknął, jako takiego, co trafił w sprawę niczym Piłat w Credo, ale już przez to samo coś wie, a jeszcze ciekawszych rzeczy może się domyślać. Nie trzeba wszak było zbytniej przenikliwości, by odgadnąć, że policja chce złapać w Kijowie studenta, który się nazywa Bobrowski. Jakoż Aleksander wiedział, że na wydziale filologicznym jest taki jeden, imieniem Stefan. Zaraz po uwolnieniu pośpieszył więc uprzedzić jego rodzonego brata, magistra Tadeusza. A ten od razu zrozumiał, o co chodzi. Nie mógł żywić wątpliwości, bo pułkownik Iwensen znał całą jego dość liczną rodzinę.

Należało ratować brata. Ale przedtem trzeba go było w Kijowie odnaleźć. Stefan Bobrowski bowiem, widocznie zawczasu ostrzeżony, zdążył się już starannie ukryć. Okazało się w końcu, że kryjówka znajduje się w mieszkaniu studenta Leszka Świejkowskiego, który jako tak zwany chłopoman, czyli zwolennik niechętnego Polakom ukraińskiego ruchu narodowego, nie był podejrzany o udział w polskich knowaniach.

Tadeusz Bobrowski dowiódł, że jest lepszym detektywem niż kijowska policja, i obaj bracia mogli wkrótce odbyć pierwszą od dłuższego czasu zupełnie szczerą rozmowę.

Tadeusz Bobrowski był przeciwnikiem działań konspiracyjnych i – po niezbyt dawnej śmierci ojca – głową rodziny. To, czego się teraz dowiedział o poczynaniach najmłodszego z jej członków, zmartwiło go bardzo.

Okazało się, że Stefan tkwi w samym centrum sprawy, którą właśnie przejmował się cały Kijów. W ostatnim dniu stycznia niebywałą sensację wywołały w mieście numery tajnego pisma polskiego „Odrodzenie", które ukazały się jednocześnie z przedrukami rosyjskiej proklamacji „Wielkorusa". 2 lutego policja już zareagowała. Aresztowano niejakiego Gustawa Hoffmana, drukarza z Radomia rodem, i tego samego dnia dokonano rewizji w słynnej Ławrze Peczerskiej. Tam, w fortecy caro- i prawosławia, w bezpośrednim sąsiedztwie podziemi kryjących „cudonośne ikony i głowy grobożywotne, i relikwie cielesne", znalazła policja nielegalną literaturę oraz cały tajny warsztat litograficzny.

Stefan Bobrowski przyznał się do udziału w tej robocie. Podobno nawet powiedział bratu, że ubiegłej jesieni sam przywiózł z Warszawy aparaturę oraz sprowadził do Kijowa Hoffmana. Jeśli Tadeuszowi Bobrowskiemu nie poplątały się wspomnienia i Stefan rzeczywiście tak powiedział, to widocznie w celu zatarcia śladów. Dzieje tajnej drukarni w Ławrze wyglądały bowiem nieco inaczej, o czym będzie jeszcze mowa.

Wielu interesujących rzeczy dowiedział się podczas tej rozmowy Tadeusz Bobrowski, nie poznał jednak całej prawdy. Nie domyślał się nawet, że wstępny artykuł „Odrodzenia" wyszedł spod pióra jego brata. Wysłuchał za to jego zwierzeń na temat przyczyn wykrycia drukarni. Bez zastrzeżeń uwierzył opinii Stefana, w przyszłości powtórzył ją w swym pamiętniku i mimo woli wyrządził straszliwą krzywdę niewinnemu człowiekowi. Dopiero w dziewięćdziesiąt pięć lat po tych wypadkach, dzięki archiwalnym badaniom ukraińskiego historyka Grzegorza Marachowa, stało się wiadome, że Ludwik Bernstein, student kijowskiego uniwersytetu, nie był szpiclem ani zdrajcą, nikogo i niczego nie wydał. Był takim samym konspiratorem jak Stefan Bobrowski. Kiedy 2 lutego policja zjawiła się u Hoffmana, mieszkający w sąsiednim domu Bernstein spostrzegł się w porę. Uciekł za granicę, do Heidelbergu, wymknąwszy się poszukującym go władzom. Być może, nie zawiadomił kolegów, ściągając osławę na własne imię. Podejrzenia przeciwko niemu wynikły z poszlak, pozornie wiążących się w sposób logiczny. I takie ofiary bywają w konspiracji.

Niezależnie od powodów wsypy młodszy Bobrowski musiał uchodzić. Stefan przyjął od brata setkę złotych półimperiałów, podarowanych przez stryja dziwaka, który nie ufał papierowym banknotom. Przyjął również cenny pamiątkowy zegarek złoty i obiecał niezwłocznie Kijów opuścić. Tego jednak nie można było tak od razu wykonać. Istniało bowiem pewne ważne zobowiązanie natury zarówno politycznej, jak osobistej.

Podczas ostatnich świąt Bożego Narodzenia, kiedy rodzina spodziewała się, że Stefan zgodnie z własną zapowiedzią pojechał do Warszawy, do matki i zamężnej siostry, przedsiębiorczy konspirator bawił znacznie bliżej – w Żytomierzu. Występował wtedy w tym mieście wcale nie po raz pierwszy. Na przykład w 1861 roku brał bardzo czynny udział w manifestacyjnym nabożeństwie żałobnym za duszę Joachima Lelewela. Tym razem zaś walnie przyczynił się do zubożenia żytomierskiego pułku piechoty o jednego szeregowca. Był nim Aleksander Kryłowski, prawosławny Rosjanin z „popowiczów", przez matkę, Zdunkiewiczównę, mający w żyłach także i polską krew. Młodzieniec ten, za udział w manifestacjach skazany „w sołdaty", przy pomocy Bobrowskiego zdezerterował z szeregów i ukrył się w Kijowie. Teraz, kiedy zagrożony Sybirem Stefan sam musiał uciekać, sprawa kolegi, którego nie chciał porzucić, spowodowała zwłokę. Wyszukanie dróg oraz środków wyjazdu też stanowiło cały problem. Z przyczyn łatwo zrozumiałych nie można było korzystać z usług normalnej karetki pocztowej ani z najemnego zaprzęgu. W trudnej chwili nawinął się romantyk Syroczyński ze swoją nieukojoną żądzą czynu tudzież pytaniem: „Czy nie ma czego do roboty?".

Kiedy nienagabywany przez nikogo Syroczyński wrócił do Kijowa i do swoich dziedzicznych Biłek, drogi obydwu zbiegów za Dniestrem rozeszły się całkiem. Ale tylko w geograficznym, nie w politycznym znaczeniu.

Kryłowski na razie osiadł w Galicji. W kilka miesięcy później ten wnuk prawosławnego batiuszki, syn arcylojalnego nauczyciela gimnazjum, znajdzie się w szeregach polskich powstańców. Uczestnicząc w wypadach oddziałów zbrojnych na teren Królestwa, będzie zużytkowywał wiedzę wojskową nabytą w koszarach żytomierskiego regimentu carskiej piechoty. Ciężko ranny, powróci do Galicji. Wieść niesie, że tutaj, we Lwowie, po kilku latach umarł na suchoty.

Przed Stefanem Bobrowskim po przekroczeniu Prutu otwarły się daleko i wysoko wiodące, aczkolwiek mocno karkołomne szlaki. O nich to przyjdzie szerzej porozmawiać w tej książce.

Dotychczasowa jej treść wiodła stopniami w dół. Najpierw było o cesarzach, których osobistości siłą faktu wywierały wpływ na losy ogółu. Potem o Zamoyskim i Wielopolskim, ludziach urodzonych na takich wyżynach, że łatwo im było coś znaczyć. No, a teraz jesteśmy w towarzystwie młodego człowieka, szlachcica wprawdzie i wcale nie nędzarza, ale bądź co bądź jednego z bezimiennej masy. Losy takich jak on zależały czasem od życzliwości znajomych, kilkaset rubli i złoty zegarek wiele dla nich ważyły. Gdyby kijowska policja działała nieco sprawniej, wcale niebłahy rozdział dziejów Polski ukształtowałby się inaczej.

Tadeusz Bobrowski, wkrótce po powrocie do domu na wieś, otrzymał od brata list wysłany aż z Paryża. Pismo utrzymane było w tonie oschłym. Stefan przepraszał za brak otwartości, przyznawał się do udziału w sprawie drukarni oraz do zaciągania długów na hipotekę wspólnego majątku. Postronny czytelnik tej epistoły musiałby dojść do wniosku, że bracia nie widzieli się co najmniej od kilku miesięcy.

W razie potrzeby miało to pewnie stanowić w oczach władz carskich alibi dla pozostałej na Ukrainie rodziny.

Istnieją poważne względy, dla których warto się przyjrzeć tej familii.

W BUJNEJ UKRAINIE

Wśród polskiego ziemiaństwa na Ukrainie istniała pewna specjalna kategoria. Zaliczały się do niej rodziny, których bliżsi lub dalsi przodkowie zubożeli, potracili majątki gdzieś w Małopolsce czy na Mazowszu i potem postanowili wyruszyć nad Dniepr. Cel takiej peregrynacji bywał zawsze jeden i ten sam. Wcale trafnie określają go słowa, często ongi używane w politycznej terminologii Wielkiego Księstwa Moskiewskiego: „*na kormlenije*".

Istotnie, bez specjalnego trudu i w czasie stosunkowo krótkim można było odpaść się na ukraińskiej ziemi, która troszkę tylko zradlona rodzi stokrotny plon, w kraju, gdzie na przedwiośniu trudno podróżować wozem, bo koła aż po same osie grzęzną w bezdennym czarnoziemie, a latem bielone ściany chat chłopskich nikną w gęstwinie owocowych sadów.

Do polskich szlachciców szukających w ojczyźnie Tarasa Szewczenki dobrobytu i kariery należał Józef Bobrowski herbu Jastrzębiec. W myśl nie tylko na Litwie obowiązującej zasady, że „pies bez ogona jest jak szlachcic bez urzędu", znajomi grzecznie tytułowali go sędzią. Co prawda, Józef Bobrowski nigdy w żadnym trybunale koronnym nie zasiadał, ale kiedyś tam, coś na dziesięć lat przed powstaniem listopadowym, w starokonstantynowskim powiecie raz jeden powołano go na arbitra w sporze granicznym.

„Pan sędzia" dorabiał się pomału dzierżawami. W karty nie grał. Nie procesował się. W hierarchii ziemiańskiej postąpił bardzo znacznie, kiedy ożenił się z Teofilą Biberstein-Pilchowską, córką grubszego posesjonata, dziedziczką Terechowej w powiecie berdyczowskim.

Dobra te leżały niemal pod samym Berdyczowem. Należało zatem prowadzić dom otwarty i przestrzegać staroszlacheckich pojęć o gościnności. Toteż razu pewnego stary famulus rodzinny, Grzegorz Wesołowski, przyszedł do pana z projektem przeniesienia się na stałe do miasta.

– Bo tam – wywodził – karmilibyśmy tylko panów, a teraz karmimy oprócz nich ich sługi i konie.

Samego tylko owsa wychodziło w Terechowej półtora tysiąca korcy rocznie.

Bobrowscy wcale nie zaliczali się do magnatów. Można im było najwyżej przyznać rangę szlachty średniozamożnej.

W 1843 roku sędzia Józef kupił od Pułaskich część miasteczka Oratowa oraz wioskę Kazimierówkę i sam się tam przeniósł wraz z rodziną. Nabyte włości należały ongi do Antoniego Pułaskiego, rodzonego brata sławnego Kazimierza. Antoni był najpierw zagorzałym barszczaninem, a na starość marszałkiem Targowicy.

Od czasu przeniesienia rezydencji do Kazimierówki rodzina Bobrowskich może trochę szybciej obrastała w dobra doczesne, sama jednak już się więcej nie pomnażała. Pomimo to, wedle dzisiejszych pojęć, niepodobna jej uznać za nieliczną. Oto imiona dzieci, którymi „sędziostwo" kolejno obdarzali świat: Stanisław, Tadeusz, zmarły w dzieciństwie Michał, Ewelina, Teofila (która też wcześnie rozstała się z życiem), Kazimierz oraz Stefan.

Zachowała się jeszcze w źródłach nikła wiadomość o pewnym hajduczku dworskim, który był uderzająco podobny do małego Stefana. Ale to mniej ważne. Warto natomiast poświęcić trochę miejsca charakterystycznemu i bardzo typowemu nieporozumieniu w kwestii daty urodzin najmłodszego z legalnych Bobrowskich.

Uchodziło za pewnik, że Stefan przyszedł na świat 22 kwietnia 1841 roku. Datę tę podaje *Polski słownik biograficzny* oraz Mała

Encyklopedia. Oba wydawnictwa miały po temu poważną podstawę – świadectwo brata Tadeusza, zawarte w jego pamiętniku.

Mała dygresja: profesor Stanisław Kościałkowski, który ongi wdrażał mnie w kunszt dziejopisarski, co roku poddawał początkujących studentów interesującemu doświadczeniu. Polegało ono – rzecz w praktyce uniwersyteckiej ogromnie rzadka – na wyrażaniu opinii przez głosowanie. Sprawa przedstawiała się tak. W 1863 roku sąd wojenny w Wilnie skazał pewnego młodego powstańca na śmierć przez powieszenie. W dniu egzekucji matka skazańca widziała się z nim. Jej pisemna relacja stanowiła dla badaczy niepodlegające dyskusji źródło wiedzy. Kiedy po pierwszej wojnie światowej udostępniono archiwum Murawjowowskie, wyszło na jaw, że matka pomyliła się w dacie tragicznej śmierci syna. Profesor zwięźle przedstawiał słuchaczom fakty, po czym zarządzał głosowanie. Niemal z reguły wszystkie studentki opowiadały się za wiarogodnością świadectwa matki. Większość studentów wolała ufać dacie widniejącej w służbowym raporcie o wykonaniu wyroku.

Grzegorz Marachow, wspomniany już badacz ukraiński, dwóch rzeczy niezbicie zatem dowiódł: po pierwsze – swej płci, a po drugie – dobrej znajomości metodologii historii. Poszperał w archiwum parafii machnowieckiej, gdzie znalazł odpis metryki. Tadeusz Bobrowski pomylił się o rok z okładem. Stefan przyszedł na świat w Terechowej 17 stycznia 1840 roku. W trzy dni później ochrzczono go z wody. Coś nietęgo musiało być ze zdrowiem noworodka, a może i matki, skoro prowizorycznej ceremonii dopełnił ksiądz, machnowiecki wikary, a ojcem chrzestnym był lekarz.

Krótka, ale treściwa rozprawa Marachowa: *Stefan Bobrowski i tajna drukarnia w Kijowie (1861–1862)*, została wydrukowana w „Przeglądzie Historycznym" w roku 1958. Następne wydania *Słownika biograficznego* oraz Encyklopedii będą musiały uwzględnić poprawkę. A szersza publiczność posiadła jeden dowód więcej, ile wagi trzeba przywiązywać do spisywanych na starość memuarów, zwłaszcza zaś do rozmaitych zapewnień w stylu: „doskonale sobie przypominam", „pamiętam, jakby to wczoraj było...".

Józef Bobrowski zmarł w roku 1850. Sprawujący odtąd pieczę nad rodem Tadeusz musiał się borykać ze znacznymi trudnościami materialnymi. Majątek tej średniozamożnej familii obejmował wtedy cztery tysiące dwieście pięćdziesiąt morgów ziemi, gorzelnię, dwa młyny wodne; ponadto osiemset rubli wpływało rocznie z propinacji. Koni zwykłych było kilkadziesiąt i jeszcze tabun wschodniej rasy, liczący łbów czterdzieści. Ale ze stu wołów roboczych siedemdziesiąt padło owego roku z księgosuszu. Pomór zabrał też kilkadziesiąt krów oraz osiemset owiec, których tysiąc dwieście jednak ocalało. Majątek obciążały długi: dwadzieścia sześć tysięcy rubli należało się bankom, osiem tysięcy wierzycielom prywatnym.

Tadeusz Bobrowski musiał się tęgo nagłowić, skąd wziąć pieniądze na procenty, zakup wołów, no i na utrzymanie rodziny do najbliższych zbiorów. Ziarno na siew w dostatecznej ilości leżało w spichrzach. Nienaruszony był też główny „nakład" gospodarstwa. Bobrowscy władali trzystu sześćdziesięciu duszami męskimi na stu dwudziestu chłopskich zagrodach pańszczyźnianych. Ta okoliczność rozstrzygała o stopniu zamożności dziedziców, jak i o tym, że nadwątlony chwilowo stan ich finansów dał się rychło podreperować.

W majątku Bobrowskich i w dobrach ich polskich sąsiadów nad Dnieprem „duszami" byli wyłącznie Ukraińcy.

Przed powstaniem styczniowym i w samych jego początkach godność kijowskiego generał-gubernatora piastował uchodzący za liberała, ludzki i względnie kulturalny książę Iłłarion Iłłarionowicz Wasilczikow. Ale nie sczezła jeszcze zmora-wspomnienie o poprzednich długoletnich rządach generała Bibikowa. Kiedy w roku 1848 mąż ten został również kuratorem szkolnym, zaczął oświatową działalność od rozkazu przesadzenia roślin w ogrodzie botanicznym nie według klasyfikacji naukowej, lecz według wzrostu.

Bibikow odnosił się do oświaty i własnych obowiązków nieco inaczej niż pamiętny administrator miasta Głupowa, major Archistratig Stratiłatowicz Pieriechwat-Zalichwatskij, który „*wjechał w gorod na biełom konie, sżeg gimnazju i uprazdnił nauki*". Inaczej, ale tylko odrobinę.

Zdaniem Bibikowa do najlepszych i absolutnie nieodzownych środków wychowawczych zaliczały się „smotry", czyli wojskowe przeglądy młodzieży szkolnej. Generał-gubernator sam chętnie nimi komenderował. Razu pewnego, po ulewnym deszczu, rozkazał musztrującej się kolumnie:

– Padnij!

Kilkuset uczniaków posłusznie rozciągnęło się na błocie.

– Spać! Chraa...pać!

Nad placem jęło się miarowo podnosić i opadać zgodne, rytmiczne chrapanie.

Z promienną twarzą obrócił się gubernator ku asystującym przy ceremonii marszałkom szlachty.

– Oto – rzekł – oto, w jaki sposób należy słuchać władzy!

Łatwo pojąć, że władza tego typu, nawet powierzona delikatniejszym dłoniom księcia Wasilczikowa, nader energicznie spełniała swoje zadania.

Wielc słusznych rzeczy napisano o nieubłaganym kursie antypolskim, jaki zapanował zaraz po powstaniu styczniowym. Bibikow przekraczał granice ponurej humorystyki, osobiście pomagał policjantom pilnować, by nikt nie śmiał stroić koni w krakowskie chomąta. Ale za jego rządów polski ziemianin kazał sługom schwytać dokuczliwego prystawa, rozebrać, związać własną bielizną i gołego wrzucić między pokrzywy przy opuszczonej karczmie w lesie. Wybryk stał się głośny w całym kraju i uszedł bezkarnie. W tej samej epoce tysiące Polaków z Ukrainy poszło na przymusowe osiedlenie w głąb Cesarstwa lub na Kaukaz, między Kozaków.

Polityka carska godziła w zupełnie określone warstwy polskiego społeczeństwa – w uboższą lub w ogóle niemajętną szlachtę oraz w inteligencję. Sybir czekał oczywiście i karmazyna, który wdawał się w konspiracje, ale osoby skreślone z ksiąg heroldii, tak zwanych *odnodworcow* i *grażdan*, prześladowano z samego tytułu ich społecznej przynależności. Podolski gubernator, Teodor Łubianowski, pisał na przykład o inteligencji: „Adwokaci i dependenci, wzbogacając się z obywateli zwłoką procesów przez nich prowadzonych, tym większy wpływ na nich mają i należy życzyć dla samej korzyści kraju tutejszego, ażeby liczba tych, równie jak i innych... była zmniejszona"[1]. Redukcja liczby to w języku ówczesnej biurokracji termin oznaczający przymusowe wysiedlenie na wschód. Zaraz po powstaniu listopadowym los taki spotkał mnóstwo drobnej szlachty z Ukrainy.

Henryk Mościcki przytoczył w swych studiach petycję, którą w roku 1840 podolskie ziemiaństwo zamierzało przesłać do cesarza:

> Prosząc za tymi, co z ubóstwa i niezłomnych przeszkód nie zdołali usprawiedliwić swej rodowitości, błagamy teraz o wstrzymanie rozporządzeń wywożenia na dalekie osady rodzin nie z ich prośby ani za ich przewinienia. Wszędzie są oni poddani Waszej Cesarskiej Mości, lecz i najubożsi lubią ziemię, na której odebrali życie. Ten instynkt powszechny, łzami tysiąca rodzin poświadczony, ośmiela nas prosić za nimi!... Z obłąkanym wzrokiem liczne rodziny szukają dzieci i krewnych swoich w ich niedostępnym pobycie, tułają się drudzy od ziemi rodzinnej oddaleni[2].

Wacław Lasocki był ziemianinem z Wołynia. W pamiętniku pisał szczerze o stosunku swojej sfery do szlacheckiego drobiazgu:

> Ze szlachtą zagonową stosunek był również smutny, obchodzono się z nimi gorzej jeszcze niż z włościanami, bo byli dworom mniej materialnie potrzebni. Nie dbano więc o nich zupełnie i lekceważono, zapominając, że to byli jednoplemienni i jednego z nami wyznania osadnicy, krew z krwi, kość z kości naszych[3].

[1] H. Mościcki, *Pod berłem carów*, Warszawa 1924, s. 35.
[2] *Ibidem*, s. 39.
[3] W. Lasocki, *Wspomnienia z mojego życia*, t. I, Kraków 1933, s. 55.

Tzw. biżuteria sentymentalna, medalion z kosmykiem włosów. Muzeum Wojska Polskiego w Warszawie

Wisiorek pamiątkowy.
Muzeum Niepodległości
w Warszawie

Delegacja Miejska, powołana w lutym 1861,
fot. Karol Beyer, 1861.
Biblioteka Narodowa w Warszawie

Portret Aleksandra Wielopolskiego,
fot. Karol Beyer, 1861–1863.
Biblioteka Narodowa w Warszawie

Szarża Czerkiesów na Krakowskim Przedmieściu w Warszawie,
27 lutego 1861, drzeworyt wg obrazu Wojciecha Kossaka
Wspomnienie lat dziecinnych, 1898.
Biblioteka Narodowa w Warszawie

Pogrzeb pięciu poległych w Warszawie, 2 marca 1861, akwarela, gwasz Władysława Bakałowicza. Muzeum Niepodległości w Warszawie

Portret Stefana Bobrowskiego,
fot. A. i F. Zeuschner w Poznaniu,
ok. 1862.
Biblioteka Narodowa w Warszawie

Portret Zygmunta Padlewskiego,
fot. przed 1863.
Biblioteka Narodowa w Warszawie

Generał Bibikow rozdarłby chyba na sztuki każdego, kto by go nazwał sprzymierzeńcem polskiego ziemiaństwa na Ukrainie. To ostatnie też poczułoby się bardzo dotknięte takim posądzeniem. Poddało wszak ostracyzmowi pewną szlachciankę, która wyszła za Rosjanina, została generałową i, będąc gorliwą katoliczką, wychowała syna na prawosławnego popa. Wzajemne niechęci były głębokie i najzupełniej szczere, ale przymierze istniało w dziedzinie faktów materialnych, które mają tę niemiłą właściwość, że się zawsze liczą.

Pomimo wszystkich antypolskich represji i ustaw wyjątkowych ziemiaństwo polskie na Ukrainie aż do roku 1917 utrzymało się na pozycji społecznie górującej. Tamtejszy chłop nie czekał nawet na rewolucję październikową, rzucił się na dwory zaraz po przewrocie marcowym.

Niejakie w tej mierze prognostyki dawały się spostrzec grubo wcześniej.

W roku 1847 od samego przedwiośnia obiegały Ukrainę pogłoski o zamierzonej na Wielkanoc rzezi szlachty. Akurat przed świętami wędrował do domu na ferie syn jednego z dzierżawców, młody Zygmunt Fortunat Miłkowski. W Ordijówce koło Humania zaprzęg zatrzymał się koło karczmy, przed której gankiem widniał gęsty tłum chłopów. Furman zlazł z kozła i poszedł na kieliszek.

– A ot, paniczu – oświadczył po powrocie – powiadają, że my was rżnąć będziemy.

Na te słowa „dusze" zaczęły się pomału zbliżać. Po chwili bryczka była już nimi szczelnie otoczona.

– Cóż wy na to? – nie tracąc animuszu, zapytał uczniak.

– A cóż? Słuchamy...

– Rżnęlibyście, ale nie ma kogo...

W chłopskiej ciżbie odezwały się znaczące śmiechy. Kiwając ze zrozumieniem głowami, gospodarze rozchodzili się do chałup.

Hasło *„rizaty paniw"* stało się bowiem zupełnie niewykonalne. Dziedzice, wszyscy jak jeden mąż, zawczasu porzucili dwory i przenieśli się do miast. Bogatsi nie oparli się aż w Odessie. Ubożsi poprzestać musieli na Granowie, Hajsyniu, Humaniu –

metropoliach niewielkich, zawszeć jednak zaopatrzonych w „przemożenie zbrojne".

W roku 1855 ukraińscy chłopi ulegli zbiorowej mistyfikacji. Dali posłuch puszczonej przez prowincjonalnego popa wieści, że kto tylko zapisze się do fikcyjnych pułków kozackich na wojnę z Turkami, tego car obdarzy ziemią i wolnością. Ruch był masowy, ale nacechowany spokojem. Bito najwyżej i pławiono w stawach Bogu ducha winnych popów, których pomawiano o utajenie manifestu monarchy – dla dobra panów. Wysłane wojsko zaprowadziło porządek, szafując ogniem karabinowym oraz przerażającymi ilościami rózeg. Dopiero wtedy, po *usmirienji*, zaczęli z powrotem ściągać do swoich dóbr ziemianie. Bo i tym razem pierwsza pogłoska o rebelii wymiotła ich do miast.

Tak oto papistowska szlachta polska skorzystała z usług prawosławnego *woinstwa*, które broniło obowiązującego porządku socjalnego przed współwyznawcami uniesionymi nadmiarem zapału do tego, by – jak się wyrażał carski rozkaz do *opołczenija* – „z żelazem w dłoni i krzyżem na sercu jak jeden mąż stanąć w szeregach przeciwko niewiernym".

Zwróćmy tylko pilną uwagę, że Polakom – bardziej obcym wiarą, językiem i kulturą – zapamiętano grzechy jeszcze lepiej niż samemu carowi.

Polaków płci obojej i wszelkich stanów było wtedy na Ukrainie około czterystu tysięcy. Kto by pragnął używać w stosunku do nich określenia „społeczeństwo polskie", temu nie wolno się uchylić od bliższych wyjaśnień. Panowało bowiem zhierarchizowanie najzupełniej fantastyczne.

Same szczyty zajmowali utytułowani właściciele kluczów folwarcznych, zamieszkałych przez dziesiątki tysięcy dusz. Oni nadawali ton. Wacław Lasocki pisze o możnych rodach, że

> zamki ich, pałace, uczty, bale i cugi budziły mimowolnie w szlachcie okolicznej każdej pańskiej rezydencji chęć naśladownictwa, niczym nieusprawiedliwionego, następstwem zaś tego było życie nad stan, zakończone zwykle ruiną i sprzedażą ojcowizny. Domy szlacheckie, w których

hasłem była praca, życie zastosowane do środków, rozumna oględność i oszczędność, zaliczały się do niesympatycznych wyjątków dla ówczesnej większości. Kończenie wyższych zakładów naukowych przez synów szlacheckich uważało się również za zbyteczne. Do wykwalifikowanych agronomów zaś żywiono uprzedzenia, które wypowiadano bez żadnych ogródek. Przyszli posiadacze znacznych dóbr przygotowywali się do swych ważnych obowiązków, próżnując, zbijając bąki i pędząc życie koczowników, przelatujących olbrzymie przestrzenie kraju, by się przenosić z balu na bal, z polowania na polowanie. Wśród tych szalonych zabaw szukano zwykle bogatego ożenku, by posagiem panny popłacić kawalerskie długi i zaciągać nowe na rachunek spadku po rodzicach swoich i żony. Podróże za granicę bez wyraźnego celu, dla rozrywki i zabawy, przeważnie do domów gry, takież wycieczki do Petersburga, Warszawy, Kijowa i połączone z tymi podróżami zadłużanie się bez miary i granic – wszystko to razem pochłaniało codziennie piękne fortuny szlacheckie, a często i pańskie[1].

Pamiętnikarz może łatwo poprzekręcać konkretne fakty czy daty, ale bez jego pomocy nie odtworzymy atmosfery dawnych dni. Dlatego warto było wysłuchać głosu człowieka urodzonego w roku 1837.

Ze wspomnianych wojaży zagranicznych przywożono najczęściej rozgłos niebywałych afer i skandali. Zdarzyło się, że wcześnie owdowiała Potocka wróciła z Paryża w towarzystwie morganatycznego małżonka, lokaja Francuza, który w dniach galowych przyjęć w domu połowicy nie siadał do stołu, lecz marszałkował służbie. Plebejusz ten dowiódł, że jego pojęcia o uczciwości i honorze o całe niebo przewyższają zasady osób krwi błękitnej. Nie dybał na majątek żony, wspomagał ją nawet, kiedy zubożała, własny uciułany kapitalik rzetelnie podzielił pomiędzy siebie i dwoje dzieci.

Urodzeni rang rozmaitych walczyli zazwyczaj o spadki i dobra tak, jak – zdaniem Londona – głodne rekiny walczą o zardzewiałą puszkę od konserw. Chudopachołek, który by się poważył

[1] *Ibidem*, s. 54.

w najmniejszej nawet mierze sprzeciwiać planom wielmożnego, mógł od jednego zamachu utracić wszystko. Tak się zdarzyło ojcu Teodora Tomasza Jeża, niezamożnemu dzierżawcy. Mikołaj Potocki kazał całą jego „krescencję" powyrzucać ze stodół na śnieg i zrujnował go doszczętnie.

Cóż tu zresztą mówić o Potockich i im podobnych? Administrator włości Branickich w Białej Cerkwi – i ten był potęgą, z której protekcją bardzo się liczyli rosyjscy urzędnicy.

Zasadniczo człowieka klasyfikowano wtedy tak: należy do „towarzystwa" czy nie? Towarzystwo było pojęciem określonym dość ściśle. Zaliczali się doń wszyscy ziemianie oraz dzierżawcy. Ci ostatni zajmowali uprzywilejowaną pozycję, ponieważ „mieli do czynienia z pańszczyzną i chłopstwem, co już im pewną dozę pańskości dawało" – tak przynajmniej interpretował kwestię Tadeusz Bobrowski. Dzierżawca mógł też nabyć wioskę i zostać pełnym obywatelem. Oprócz tego do towarzystwa należeli szlacheccy urzędnicy obieralni, a z państwowych: gubernatorzy, wicegubernatorzy, czasami prokuratorzy i prezesi sądów kryminalnych. Z wojska – generałowie i pułkownicy. Innych oficerów niekiedy dopuszczano na bale i tym podobne imprezy. Ograniczenia nie mogły się oczywiście odnosić do oficerów gwardii.

Cała reszta inteligencji, z wyjątkiem niektórych adwokatów, była z towarzystwa stanowczo wykluczona. Degradowało ją to, że „bezpośredniej remuneracji z rąk dobrodziejów swoich, tj. «obywateli», doznaje", czyli zarabia na życie pracą. *„Er ist kein Gentleman, er arbeitet"* – mawiało się w c.k. Austrii. Trzeba zresztą wspomnieć, że lekarza nie zapraszało się podówczas i nawet nie wzywało do dworu. Jego się tam „używało".

Pogardliwy stosunek do inteligencji nie był żadną polską specjalnością. Podczas przyjęć u kijowskich generał-gubernatorów profesorowie uniwersytetu zasiadali do kart w przedpokoju.

Jakże odmienne opinie mogły się utrzymywać o jednym i tym samym człowieku! Wszystko zależało od tego, czy postępki jego podlegały ocenie od strony towarzystwa, czy też plebsu.

Ziemianin miał w stosunku do swoich „dusz" uprawnienia bardzo rozległe. Spełniał niektóre funkcje państwowe, na przykład oddawanie w rekruty... na lat dwadzieścia pięć. (Lasocki: „Pamiętam w dzieciństwie moim wstrząsające sceny, które spełnienie tej powinności przez gospodarzy na rozkaz dworu wywoływało. Porywanie, więzienie, kucie w kajdany lub drewniane klamry zwane dybami były na porządku dziennym. Płacz i błagania kandydatów, ich żon i dzieci rzadko uwzględnić się mogące, blada i smutna twarz ojca mego, który spełnienie tego nakazu władz zawsze przebolał i odchorował..."[1]).

Dziedzic szafował karą chłosty. Wymiar jej zależał od niego. Prawo stawiało w tym względzie tylko jedno ograniczenie, i to traktowane nader „liberalnie": wolno bić, byle nie zabić. Oprócz przywileju korzystania z darmowej pracy szlachcic cieszył się też wcale znaczną swobodą w stosunku do kobiet ze stanu poddańczego. Nikogo specjalnie nie dziwiło, jeżeli w razie wyjazdu pani jedna z pokojówek bez rozkazu stawiała się na służbę w sypialni pana. To już szło poniekąd automatycznie.

Korzystanie ze wszystkich tych tradycją i kodeksem uświęconych uprawnień bynajmniej w oczach towarzystwa nie poniżało.

W domu Józefostwa Bobrowskich częstym gościem bywał jeden z sąsiadów, niejaki Teodor Kumanowski. Zwano go „poczciwym człowiekiem". Żył ze szlachtą zgodnie, długi karciane płacił – czegóż chcieć więcej? W 1853 roku tego „poczciwego człowieka" uśmiercili jego właśni chłopi, ukręcając mu genitalia. Miała to być kara za nazbyt już swobodne postępki wobec włościańskich żon i córek. Wyrok wykonano w sypialni skazanego. Pani domu słyszała odgłosy, ale nie zwróciła uwagi, „mniemając, że to zwyczajne zajścia...".

Historykowi wprost wypada zapytać o obyczaje, które były chlebem powszednim w domu „poczciwego człowieka", skoro

[1] *Ibidem*, s. 107.

odgłosy wywołane tak wyrafinowanym morderstwem mogły uchodzić za echa zajść normalnych.

„Takie były zabawy, spory w one lata...".

Zdarzały się jednak i poglądy polityczne. Nie wszyscy je mieli. Większości szlachty wystarczał istniejący porządek, okraszony bałagulskim chamstwem, kontraktami kijowskimi oraz rozmaitymi rozkoszami wsi spokojnej. Byli wszakże wśród ziemian i tacy, co stawali na szafocie ze stryczkiem na szyi.

W 1835 roku grono szlachty zawiązało na Wołyniu Towarzystwo Patriotyczne*, które później pozostawało w styczności ze sławnym Szymonem Konarskim, rozstrzelanym w Wilnie w roku 1839. Organizatorzy Towarzystwa dostali się do więzienia, byli sądzeni, otrzymali wyroki śmierci. Z typowym dla epoki Mikołaja I sadyzmem postanowienie o zmianie wymiaru kary przeczytano im wtedy, gdy kat już pozakładał powrozy. Poszli do ciężkich robót na Syberię.

Po powrocie jeden z głównych działaczy owego związku, Gaspar Maszkowski, człowiek wielkiej prawości osobistej, napisał komentarz do działań i celów Towarzystwa. Było to w roku 1882. Oto fragmenty:

Ustawa Towarzystwa

...jest to pomnik naszych pojęć, uczuć i działań, a zarazem kodeks dla każdego Polaka na zawsze... W kilkanaście miesięcy po założeniu Towarzystwa przybył z emigracji emisariusz Konarski i przypadkiem zapoznał się z nami... W emigracji nauczył się języków, naczytał się St. Simona i innych ekonomistów, których teorie żadnego zastosowania u nas mieć nie mogły i były nawet zgubne.

(O emigrantach):

Gdy przyszli do Francji, dowiedzieli się, że jest na świecie jakaś arystokracja i demokracja, ponauczali się tych nazw i tych wyrazów i po-

* Taką nazwę podano w nagłówku cytowanej niżej ustawy, ale autor biogramu Maszkowskiego w PSB (t. XX/1, 1975), Bolesław Łopuszański, pisze, że był on jednym z założycieli związku o nazwie Towarzystwo Filodemiczne (przyp. red.).

wciskali się do tamtejszych demokratycznych towarzystw. Katechizm demokratyczny jest bardzo łatwy, przystępny dla nieuków; ponauczali się go i nazwali się demokratami, a innych ludzi oświeconych, zasłużonych nazwali arystokratami. Toczyła się tam walka między nimi we Francji... Jak głupie było to, co Konarski przywiózł, pisać się o tym nie chce. „Prawo człowieka i obywatela" trochę innymi słowy, jak w Wielkiej Rewolucji Francuskiej, tylko u nas to „ni przypiął, ni przyłatał"... wskutek tego, że słuchano gadań Konarskiego, weszły do kraju wyrazy: demokracja i arystokracja, najniepotrzebniejsze, mające swoje znaczenie i zastosowanie we Francji, ale u nas zgubne, dzielące nas na stronnictwa, kiedy my tylko jeden patriotyczny program mieć powinniśmy.

Towarzystwo posiadało własny organ – „Przyjaciel Prawdy". Numery przepisywano ręcznie i kolportowano konspiracyjnie. Ukazało się ich cztery. Głównym publicystą był Antoni Beaupré, z zawodu nauczyciel, syn Francuza, który przybył jako ochotnik do konfederacji barskiej, ożenił się w Polsce i pozostał w niej na stałe.

„Uczenie, po mistrzowsku Beaupré wyjaśnił – pisze Maszkowski – że u nas nie było ani arystokracji, ani demokracji, a tylko szlachta i chłopi..."[1].

Nie można twierdzić, że dom „sędziego" Józefa Bobrowskiego był jakąś niezłomną rafą, ze szczególną siłą opierającą się falom powszechnej barbarii. Ale w domu tym panowały jednak... obyczaje troszkę odmienne od ogólnie przyjętych. Pierwszy lepszy obserwator mógł tam zauważyć pewne zjawisko, a nawet zgorszyć się nim po trosze: u Bobrowskich, obok szlachty wszelkich stopni – od wielkich panów do dzierżawców – można było napotkać lekarzy, nauczycieli, muzyków... Ci „panowie nauki i sztuki" zasiadali do stołu na równi z posesjonatami, jednakowo z nimi byli traktowani. Zjawisko w ziemiańskim dworze całkiem naówczas wyjątkowe.

[1] List G. Maszkowskiego zamieszczony w „Dodatkach i przypisach" do książki W. Lasockiego, *Wspomnienia z mojego życia*, s. 127–129.

Józef Bobrowski ani orłem, ani Farysem nie był. W powstaniu listopadowym, mając wtedy lat czterdzieści jeden, udziału nie wziął, nazywając je „szczytnym szaleństwem". Przez całe życie skrzętnie pomnażał majętność, a kariery dzieci obmyślał starannie. Cechował go trzeźwy oportunizm życiowy.

W młodości ukończył konwikt dominikański. Resztę wykształcenia zdobył w żytomierskiej palestrze i nauczył się gdzieś biegle języka francuskiego, co w jego sferze zaliczało się do zjawisk raczej normalnych. Nadzwyczajną rzadkością było natomiast, że do końca dni swoich pozostał miłośnikiem książek. Szczególnie lubował się we francuskiej literaturze filozoficznej drugiej połowy XVIII wieku.

Cnotliwi hreczkosieje z nabożnym zgorszeniem pokazywali sobie w Żytomierzu dom przy ulicy Małej Berdyczowskiej, w którym ongi mieściła się loża masońska. Za dawnych lat, kiedy wielkim mistrzem miejscowych farmazonów był Wacław Hański, w poczet jej uczniów wchodził także Józef Bobrowski. Bohaterski okres masonerii już przeminął. W czasach, które tu nas interesują, należeli do niej znaczniejsi lub bardziej pod względem umysłowym rozbudzeni obywatele ziemscy. Józef Bobrowski dorabiał się dopiero dzierżawami, winien więc być zaliczony do tych ostatnich.

Tak oto coś niecoś z osiemnastowiecznej „filozofii *recentiorum*" zakotwiczyło się pod dachem właściciela Kazimierówki. Człowiek urodzony w roku 1790 nie mógł pamiętać niepodległej Polski ani żywego ruchu umysłowego doby Stanisława Augusta. Należał za to do pierwszego pokolenia spadkobierców tradycji, której rozbiory nie zniszczyły, bo były wobec niej bezsilne. Dorobek Jezierskich, Kołłątajów i Stasziców nie przepadł.

Fakty przemawiają wyraźnie. W Kazimierówce wątły strumyczek krajowego wolterianizmu nie rozpłynął się w morzu szlagońskiego kołtuństwa, sprawił, że dzieci „sędziego" Józefa czymś jednak od otoczenia się różniły, a poprzez uczynki najmłodszego z Bobrowskich użyźnił nawet spieczoną w tym czasie glebę historii ojczystej.

Na razie nieco wiadomości o starszym rodzeństwie Stefana.

Jak się wspomniało, ojciec starannie obmyślał przyszłe kariery synów. Najstarszego, Stanisława, skierował do stolicy, do grodzieńskich huzarów lejbgwardii. Pierworodny jednakże poniekąd zawiódł oczekiwania i nie zrobił kariery w tej świetnej kawalerii. A nawet miał dane: pełen talentów towarzyskich, dobry oficer, jeden z najlepszych jeźdźców w gwardii, osobisty znajomy Aleksandra II... Cóż, kiedy nie umiał koło swoich spraw chodzić! Był właśnie jakoś od otoczenia inny. Dwukrotnie zrzekł się proponowanego mu stanowiska generalskiego adiutanta, za każdym razem dlatego, że funkcji tej pragnął obarczony rodziną kolega.

Za to własna familia miała ze Stanisławem znaczne kłopoty. Od czasu do czasu zjawiał się w domu ojcowskim, za cały niemal bagaż mając parę wspaniałych butów huzarskich, do których były specjalne futerały, takiego bowiem fantu nikt brać nie chciał. Cała reszta gwardyjskiego ekwipunku – mundury, konie – wszystko szło w zastaw.

W 1859 roku Stanisław Bobrowski umarł w Petersburgu wskutek niefortunnej kuracji u jakiegoś znachora.

W wojsku także szukał chleba inny z braci, Kazimierz. Służył w Białej Cerkwi jako skromny oficer saperów, egzaminu do Akademii Sztabu nie zdał i w roku 1863 poprosił o dymisję.

Okoliczności nie pozwoliły się rozwinąć wielkim zdolnościom znanego nam już Tadeusza Bobrowskiego. W innych warunkach człowiek ten może by przeszedł do historii jako mąż stanu. Epoka liberalizmu otwierała szerokie horyzonty przed takimi jak on. Ale to gdzie indziej. W ukraińskim partykularzu Tadeusz Bobrowski zyskał rozgłos przede wszystkim dzięki pamiętnikom, które wyszły w kilka lat po śmierci autora i wywołały grzmiący skandal. Było to w roku 1900. Sprawująca podówczas rząd dusz konserwa zawyła z oburzenia, że ktoś śmiał bez osłonek przedstawić jej domowe sprawy, a jeszcze bardziej, że wszystko to w popularnej książce udostępniono plebsowi. Bo w pamiętniku tego ziemianina nie ma ani cienia mociumpańskiej poczciwości.

Można się tam raczej doszukać charakterystycznej zjadliwości człowieka, który od dzieciństwa był trochę ułomny, raczej tylko skłonny do kalectwa, i już przez to jedno dość obcy środowisku ceniącemu tężyznę.

Historia obyczajów i literatury wspomina Tadeusza Bobrowskiego z wdzięcznością. Nie tylko z powodu owego pamiętnika. Na wielki plus zanotowano mu również opiekę nad pewnym literackim obieżyświatem. Dzięki tej funkcji nazwisko jego zyskało sławę na całym globie.

Tadeusz Bobrowski ukończył I Gimnazjum Kijowskie, zakład uprzywilejowany, dostępny wyłącznie dla szlachty. Ojciec tęgo nadwerężał kasę rodzinną, płacąc za sam internat tysiąc rubli rocznie. Łożył jednak niezmordowanie, marząc, iż syn poświęci się karierze dyplomaty, a może nawet trafi do kancelarii cesarskiej. Nie wiemy, ile kosztowały lekcje prywatne, modne w tej ekskluzywnej uczelni. Na naukę języków obcych, muzyki, jazdy konnej nikt grosza nie szczędził. Nie zdarzyło się jednak, by ktokolwiek z uczniów I Gimnazjum Kijowskiego pobierał prywatne lekcje polskiego, który nie figurował w oficjalnym programie. A żył nawet wtedy w mieście dobry polonista, niejaki Niwiński, nauczyciel z Instytutu Panien.

Po zdaniu matury Tadeusz Bobrowski wstąpił na wydział prawa uniwersytetu petersburskiego. Ukończył go właśnie, kiedy wieść o śmierci ojca sprowadziła go z powrotem na Ukrainę. I już tam pozostał, siejąc i orząc wedle odwiecznej trójpolówki, aczkolwiek rozumiał, że pora zacząć gospodarzyć inaczej. Na arenie publicznej miał wystąpić tylko raz jeden, w komisji do spraw włościańskich, gdzie należał do najbardziej postępowej grupy zwolenników uwłaszczenia chłopów. Teorie jego respektowały oczywiście interesy ziemian. Ale w zestawieniu z poglądami przeciętnego hreczkosieja mogły uchodzić za wręcz heroiczne.

Jedna z pierwszych decyzji Tadeusza jako opiekuna rodu dotyczyła losów najmłodszego z braci, Stefana.

Na kilka miesięcy przed śmiercią „sędziego" w domu jego zjawił się jeden z ukraińskich karmazynów, Nepomucen Giżycki. Wielki to był pan, szeroko znany w sferach towarzyskich. Stosunki z Bobrowskimi to utrzymywał, to zrywał, po pewnym czasie przyjeżdżając znowu w odwiedziny, jak gdyby nigdy nic. Podczas wspomnianej wizyty upodobał sobie małego Stefana i wymógł, że rodzice oddali mu go na wychowanie.

Rok cały spędził Stefan we dworze w Mołoczkach. Aż zjawił się tam z kurtuazyjną wizytą brat. Arystokratyczna atmosfera nie przypadła do gustu petersburskiemu magistrowi. Toteż grzecznie, ale stanowczo odmienił decyzję zmarłego rodzica. Stefan powrócił do domu i zaczął się przygotowywać do zwykłych szkół. Przedmiotów klasycznych uczył go brat, języków oraz religii siostra. Domorośli pedagogowie nie mieli zbytnich trudności ze zdolnym i pojętnym chłopcem. Znacznie więcej kłopotu było z przyuczaniem do towarzyskiej poprawności. Naturę jego od wczesnego dzieciństwa cechowała skłonność do odruchu, który moralnie jest niewątpliwie cenny, ale doprowadzony do przesady bywa nieznośny. Stefan cierpiał na niepohamowaną pasję mówienia prawdy w oczy, z miejsca negował każdy pogląd, który wydawał mu się błędny. Ilekroć powaga osoby błądzącej uniemożliwiała spór, twarz orędownika prawdy wykrzywiały nerwowe skurcze. Z biegiem czasu odruch dał się opanować, wygładzić. Dezaprobatę wyrażało już tylko silne wydmuchiwanie papierosowego dymu.

W 1852 roku młody Bobrowski poszedł do gimnazjum w Niemirowie, a w dwa lata później był już w Petersburgu w internacie, pod obcą opieką, jako że mieszkający w tym mieście huzarski porucznik Stanisław nie bardzo się na wychowawcę nadawał.

Początkowo zamierzano wysłać Stefana do tak zwanej Szkoły Prawa. Ale dyrektor „pensji" przekonał rodzinę, że szkoda marnować tak wielkie zdolności. Lepiej poczekać jeszcze ze dwa lata, aż młodzian osiągnie wiek przepisany, przygotować go dobrze do egzaminu i skierować na uniwersytet. Stało się to w roku 1856.

Stefan czytać bardzo lubił, a umiłowaną jego dziedziną była historia. Książkę, która go zajęła, potrafił przez długi czas nosić przy sobie i otwierać przy każdej okazji. Został studentem wydziału filozoficznego.

Byłoby krzyczącą niesprawiedliwością poprzestać na omówieniu losów męskich przedstawicieli rodziny. Należały wszak do niej i dwie siostry – Teofila oraz Ewelina. Pierwsza zmarła w dzieciństwie, druga – urodzona w roku 1832 – żyła dłużej, dochodząc jednak do tej tylko granicy wieku, którą współcześni określali jako „lat niewieścich południe". Nigdy też nie stąpała po różach.

Słynna z urody Ewelina Bobrowska od dawna miała konkurenta. Był nim młody człowiek noszący rzadkie imię Apollo, a pomimo ultrademokratycznych przekonań podpisujący się zawsze: Nałęcz Korzeniowski.

Rodzice panny nie zanadto pragnęli mieć go za zięcia. Pan Apollo miał sławę zdolnego literata, ale to w ziemiańskim świecie nie bardzo imponowało. Wiadomo też było, że niczym „konkretnym" się nie trudni, a gada tylko, pisze, jeździ... Brzydki jak siedem grzechów głównych, tą brzydotą, która szczególnie pociągająco działa na kobiety, złośliwy niezmiernie, ku powszechnej zgrozie ostrze swego dowcipu kierował wyłącznie przeciwko wielkim tego padołu. Zarzucano mu, że w ogóle stosuje w życiu „dwie miary" – jedną, bardzo surową, do potentatów, drugą, pełną miłości i wyrozumienia, wobec „maluczkich". Z takiego stanu rzeczy wynikała opinia o skrajnej czerwieni przekonań Korzeniowskiego. Jeden tylko sceptyczny i wykształcony Tadeusz Bobrowski miał w tym względzie inne zdanie. Nie negował szczerości demokratycznej postawy konkurenta siostry. Twierdził tylko, że wszystko to oparte jest nie tyle na ugruntowanych, przemyślanych motywach, ile na porywach poczciwego serca „dobrze urodzonego Nałęcza".

W każdym razie państwo Bobrowscy nie chcieli Apollona za zięcia. Lubili go bardzo, ale woleli czynić to z daleka. Stary „sędzia" poczynał sobie w pomysłowy sposób: osobiście woził Korzeniowskiego do dworów, w których były posażne panny na wydaniu. Wszystko na nic! Zachodził bowiem ten szczególny wypadek, że „dwoje chciało naraz", to znaczy zarówno Ewelina, jak i Apollo.

Niewydarzona to jakaś rodzina ci Nałęcze Korzeniowscy.

Senior rodu, ojciec zalotnika, kapitan Teodor Korzeniowski, był utopistą i łgarzem, z kategorii tych, co wierzą we własne kłamstwa. Szlify oficera jazdy zdobył uczciwie, walcząc w szeregach polskich za Napoleona i w roku 1831. Aż do śmierci był zawsze gotów siadać na koń i wypędzać najeźdźcę szablą. Zaliczał się do zapalonych polityków i sam siebie uważał za pierwszego wojownika w Europie. Posagową wioskę żony zmarnował szczególnymi metodami gospodarki, resztę zasobów utopił w dzierżawach. Znajomi lubili go i wybaczali mu wszystko. Pamiętano, że swojego czasu bił się naprawdę dobrze.

Synowie. Było ich trzech. Średniego, Apollona, już poznaliśmy. Pierworodny, Robert, karciarz i alkoholik, poległ w roku 1863. Najmłodszy, Hilary, dostał się za politykę do więzienia już przed wybuchem powstania. Skazany na *posielenije* do Tomska, tam żył, gospodarzył, poszukiwał złota, zadłużył się i umarł.

W roku 1864, kiedy Hilary Korzeniowski siedział jeszcze w areszcie w Dubnie, umarł w tymże mieście kapitan Teodor, który usiłował „pilnować" sprawy syna i cierpiał nędzę. Dowódca rosyjskiego garnizonu uczcił pamięć starego wojaka, przysyłając mu na pogrzeb pułkową orkiestrę.

Polityczna burza lat sześćdziesiątych nie ominęła i Apollona Korzeniowskiego. Stał się on nawet jedną z jej najwcześniejszych ofiar. Ale przedtem osiągnął poeta cel swych wieloletnich marzeń. 26 kwietnia 1856 roku odbył się jego ślub z Eweliną Bobrowską. Według nowego kalendarza był to już maj, miesiąc, w którym prastary przesąd polski zakazuje się żenić.

W roku 1861 Korzeniowscy przenieśli się na stałe z Żytomierza do Warszawy, gdzie zamieszkali przy Nowym Świecie 45. Oficjalnie chodziło o możność podjęcia szerszej pracy literackiej. Jaka była istotna przyczyna pobytu szwagra w stolicy Królestwa, o tym z całej rodziny wiedział tylko jeden jej członek – Stefan.

Można przypuszczać, że wtedy – w roku 1861 – Apollo Korzeniowski przeżył „szczytowy moment swego istnienia", chwilę, którą się aż do śmierci wspomina jako tę, co nadała sens całemu życiu.

Korzeniowski był jednym z głównych, jeśli nie głównym po prostu organizatorem wczesnej fazy prac niepodległościowych w Królestwie Polskim. Uchodził za duszę ruchu. Zaraz po przyjeździe nawiązał ścisły kontakt z rozmaitymi grupami konspirującej młodzieży. Dążył do złączenia ich w jedno stowarzyszenie, co mu się zdecydowanie wiodło. Zamierzał wydawać „Dwutygodnik", pomyślany dość oryginalnie. Czasopismo miało być niejako legalnym organem spisku.

Obydwoje Korzeniowscy jeszcze w Żytomierzu czynnie uczestniczyli w manifestacjach. Panią Ewelinę współczesna fotografia pokazuje w czarnej sukni o skromnym, lecz wytwornym kroju. Apollo nie przywdział stroju przyjętego przez manifestantów jego sfery – czarnej, szamerowanej czamary ani żałobnego pasa. Też demonstrował ubiorem, ale inaczej – biała sukmana, czapka kurpiowska, długie buty.

Tak przybrany zasiadł 23 września w małej kawiarence obok kościoła św. Krzyża, szykując się do czynnego wystąpienia. Towarzyszył mu student Stanisław Szachowski. Mieli blisko do Pałacu Staszica, przed którym od rana gromadziła się publiczność.

Tego dnia w dwóch cyrkułach Warszawy odbywały się wybory do rady miejskiej, potem miało nastąpić głosowanie w całym kraju, także do rad powiatowych i gubernialnych. Jak widzimy, przystępowano do akcji ostrożnie, macając grunt urzędową stopą. Ordynacja dawała czynne prawo wyborcze tylko niektórym warstwom – właścicielom nieruchomości, zamożniejszym kupcom i rzemieślnikom tudzież osobom płacącym określony czynsz mieszkaniowy – i nie zadowalała lewicy. Apollo Korzeniowski postanowił porwać za sobą miejską biedotę i do głosowania nie dopuścić. Stanisław Szachowski zawczasu buńczucznie zapowiadał, że wyborców rozpędzi lub powyrzuca oknami.

Ukazały się dwie odezwy wzywające do bojkotu: *Co mamy robić z tym fantem, co go trzymamy w ręku?* oraz *Mandat ludu do swoich wyborców*.

Relacje o wydarzeniach różnią się w przedstawieniu szczegółów, ale zgodne są co do najważniejszej sprawy. Wybory odbyły się, usiłowania spiskowców zawiodły. W Pałacu Staszica mieściła się wtedy Akademia Medyczna. Przeciwko burzycielom wystąpili między innymi jej studenci, czyniąc to jednak spokojnie, bez bójek i awantur. Kiedy Korzeniowski czytał *Mandat*, z tłumu padały okrzyki na cześć... Zamoyskiego. Jemu też wręczył podobno Korzeniowski przeczytaną proklamację, mówiąc: „Lud przynajmniej wypełnił swój obowiązek".

Cała Warszawa poszła śladem X cyrkułu, gdzie odbyły się opisane wypadki, i głosowała spokojnie. Fakt ten należy dobrze zapamiętać jako charakterystyczny dla nastrojów społeczeństwa stolicy, z którym margrabia Wielopolski w żaden sposób nie potrafił się dogadać.

Apollo Korzeniowski zdążył dokonać jednego już tylko czynu, ale bardzo ważnego. 17 października ostatecznie połączył różne kółka spiskowe w tajny oczywiście Komitet Miejski. W cztery dni później został aresztowany i osadzony w Cytadeli.

Poszczęściło mu się ponickąd. Prezesem komisji śledczej roztrząsającej jego sprawę był generał Rożnow, który poprzednio służył w grodzieńskich huzarach. Okazał on niejakie względy szwagrowi niedawno zmarłego kolegi. Oficerowie każdego pułku gwardii poczuwali się do obowiązku solidarności. Korzeniowskiego skazano więc na osiedlenie „w oddalonych guberniach". Wywieziony z Warszawy 8 maja 1862 roku, oparł się aż w Wołogdzie, dokąd dobrowolnie towarzyszyła mu żona wraz z synem.

Latem 1863 roku Ewelina Korzeniowska, już wtedy ciężko chora, przyjechała z Czernihowa, dokąd przeniesiono zesłańców, do brata Tadeusza. Na dłuższy pobyt nie zezwolił jednak kijowski gubernator. Orzekł, że jeżeli koniecznie potrzeba kuracji, policja ma pacjentkę zabrać ze wsi i odstawić do lazaretu więziennego w Kijowie. Ewelina ruszyła więc znowu na wschód, skąd już więcej nie miała powrócić. Zmarła w Czernihowie 18 kwietnia 1865 roku.

Wrócił natomiast – ale nie do Warszawy, lecz do Krakowa – Apollo Korzeniowski. 23 maja 1869 roku umarł w tym „mieście sławnych grobów i tragicznych wspomnień". Zostawił w Krakowie syna, który nosił imiona Józef Konrad Teodor.

Można twierdzić, że wszystkie awanturnicze skłonności rodu Korzeniowskich, wszystkie intelektualne niepokoje Bobrowskich rozkwitły w tym chłopaku, który – po wielu latach wędrówek wzdłuż, wszerz i w poprzek ciepłych mórz całego globu – zajął w światowej literaturze wysokie miejsce jako Joseph Conrad.

Jak się już wspominało, Stefan Bobrowski wyjechał do Petersburga w 1854 roku. Władze śledcze, które po nakryciu kijowskiej drukarni długo jeszcze prowadziły w tej sprawie dochodzenie, ustaliły, że Bobrowski już jako uczeń w Niemirowie nasiąkł buntowniczym duchem. Pod żadnym pozorem nie wolno lekceważyć i tych predyspozycji, które wywiózł z domu. Skłonność do krytycznej oceny otoczenia – to minimum możemy uznać za pewne.

Najlepsze zadatki mogły się jednak łatwo zmarnować w tej atmosferze moralnej, jaka panowała w Petersburgu. Nad Newą nie brakowało wtedy Polaków. Wielu z nich zajmowało nawet niezłe stanowiska. Posiadali legalny ośrodek organizacyjny – polską parafię św. Katarzyny. Ale te „petersburskie katoliki" odznaczały się wtedy przede wszystkim oportunizmem oraz manifestacyjną lojalnością wobec władzy. Każdy myślał tylko o karierze i o uniknięciu cienia podejrzenia o *niebłagonadiożnost'*. W tchórzostwie celowali zwłaszcza księża i wyżsi urzędnicy. Popłoch siała wśród nich sama myśl o jakiejkolwiek akcji o charakterze narodowym. Nie chce się wierzyć, jakie indywidua kształciło wtedy stołeczne kolegium rzymskokatolickie. Wyhodowało między innymi biskupa, który kazał chłostać zakonnice, a przy konfesjonałach sprawdzać penitentom paszporty.

Jedyne niemal wyjątki wśród „petersburskich katolików" to doktor Józef Mianowski, profesor Iwanowski i generał inżynier Stanisław Kierbedź.

Na uniwersytet poszedł Bobrowski w roku 1856, w najcieplejszej chwili „odwilży". Należał do tych szczęśliwców, którzy natrafili na historyczną szansę.

Okres petersburski zalicza się do najmniej wyjaśnionych rozdziałów jego biografii. Rodzina dość późno zorientowała się, że najmłodsza jej latorośl miewa konszachty z rebeliantami. Tadeusz Bobrowski nie wątpił później o współpracy Stefana z rosyjskimi rewolucjonistami. Na pewno miał słuszność. Na parę miesięcy przed powstaniem styczniowym, poszukiwany przez policję, a nawet przez władze centralne, za fałszywym paszportem jeździł nasz bohater do Moskwy. Z pewnością nie uczynił tego dla przyjemności zwiedzenia „białokamiennej" i wysłuchania koncertu jej dzwonów.

Temat zmusza do wybiegnięcia daleko naprzód. W 1880 roku ukazała się książka Antoniego Wrotnowskiego: *Porozbiorowe aspiracje polityczne narodu polskiego*. Była kilkakrotnie wznawiana i uzyskała znaczny rozgłos. Autor opowiada, że jesienią 1862 roku osobiście widział się w Warszawie ze Stefanem Bobrowskim, który mu wyłożył cele i całą polityczną strategię podziemia. Chodziło o sprowokowanie walki z góry przegranej, ale obliczonej na wykopanie przepaści między Polską a Rosją. Oto cytowane przez Wrotnowskiego słowa Stefana:

> Wywołując powstanie, do którego czynimy przygotowania, spełniamy ten obowiązek w przekonaniu, iż dla stłumienia naszego ruchu Rosja nie tylko kraj zniszczy, ale nawet będzie zmuszoną wylać rzekę krwi polskiej; ta zaś rzeka stanie się na długie lata przeszkodą do wszelkiego kompromisu z najeźdźcami naszego kraju, nie przypuszczamy bowiem, aby nawet za pół wieku naród polski puścił tę krew w niepamięć i aby wyciągnął rękę do nieprzyjaciela, który tę rzekę wypełnił krwią polską[1].

[1] A. Wrotnowski, *Porozbiorowe aspiracje polityczne narodu polskiego*, Kraków 1898, s. 335.

Rewelacja uznana została za prawdziwą i weszła nawet do literatury naukowej.

Wrotnowski szczegółowo przedstawił okoliczności swego spotkania z Bobrowskim. Bliższe badanie niezbicie wykazuje, że wszystkie te szczegóły – co do jednego! – są fałszywe. A najważniejsze – późną jesienią 1862 Bobrowski, jeśli nawet bawił w Warszawie, co więcej niż wątpliwe, to chwilowo, i nie miał najmniejszego prawa przemawiania w imieniu podziemia. Żadną miarą nie mógł być delegowany do rozmów.

W książce Wrotnowskiego Bobrowski przemawia akurat tak, jak to było wygodne ugodowcom z doby popowstaniowej (używa nawet charakterystycznego zwrotu „kompromis z Rosją"; w roku 1863 tak się nie wyrażano). Pożyteczne było dla nich odmalowywanie lewicowców jako Herostratesów, którzy każdej chwili dla jakiejś fantasmagorii gotowi są podpalić kraj, pokryć go ruinami i zalać krwią.

Publicystyczna książka Wrotnowskiego zmierzała do określonych celów politycznych w epoce, od której upłynęło już osiemdziesiąt lat. Rzekoma wypowiedź Bobrowskiego odczytywana później – w „dwudziestoleciu" lub dzisiaj – może go pokazać w najzupełniej nieprawdziwym świetle jako nacjonalistę. Tymczasem cała jego rzeczywista działalność zaprzecza temu kategorycznie. Ani śladu w niej prób kopania przepaści między narodami.

Kijowska drukarnia razem z polskim „Odrodzeniem" wypuściła w świat odezwę „Wielkorusa". Ustalono, że stało się to na polecenie Bobrowskiego. On sam wręczył drukarzowi tekst rosyjski. Fakt stwierdzony przez carskie władze śledcze, którym wcale na tego rodzaju odkryciach nie zależało.

Nie znamy szczegółów petersburskiej działalności Bobrowskiego. Wiadomości o niej może istnieją, ale w archiwalnych aktach, do których nikt jeszcze nie dotarł. Dopóki Grzegorz Marachow nie przewertował centralnego archiwum ukraińskiego, nie wiedzieliśmy, że Stefan powrócił w rodzinne strony jako emisariusz polskiej konspiracji w stolicy Cesarstwa. Dawniej domyślano się jego znajomości z Zygmuntem Sierakowskim. Teraz wiemy, że przyszły wojewoda wileński był mocodawcą panicza z Kazimierówki. Dochodzeń w dziedzinie historii nigdy nie można uważać za zakończone. To bardzo sympatyczna właściwość.

W dobie „odwilży" zebrał się w Petersburgu wcale niezły zespół Polaków, którzy pod względem poglądów i całej postawy życiowej stanowili istne zaprzeczenie od dawna tam zamieszkałych „katolików": Zygmunt Sierakowski, Wiktor i Konstanty Kalinowscy, Jarosław Dąbrowski, Zygmunt Padlewski. Ściągnął ich najnormalniejszy w świecie magnes stołeczny – wyższe szkoły cywilne i wojskowe. Jak w każdym centralistycznie zarządzanym państwie, tak i w ówczesnej Rosji stosunkowo najwięcej swobody było w samej centrali. Grupa petersburska mogła sobie pozwalać na rzeczy niemożliwe w stłamszonej Warszawie. Ale także do pewnych granic...

2 stycznia 1859 roku ukazał się pierwszy numer „Słowa". Naczelnym redaktorem pisma był Jozafat Ohryzko, duszą zespołu, liczącego kilkanaście osób, Sierakowski. W Polsce rozchwytywano numery, których treść była śmielsza, bardziej żywa od nieszczęsnej prasy prowincjonalnej. Ukazało się ich tylko piętnaście, redakcja bowiem przeciągnęła strunę. Pozwoliła sobie wydrukować listy Michała Czajkowskiego i Joachima Lelewela. Nie chodziło nawet o ich zawartość. Nazwisko Lelewela okazało się absolutnie trefne. Cenzor, który puścił numer, poszedł do więzienia, naczelny redaktor także.

Stolicę obiegł dwuwiersz, doraźnie skomponowany przez Niekrasowa podczas jakiegoś obiadu literackiego:

Płocho, bratcy, bieda blisko,
Ariestowan uż Ohryzko!

Prawdziwa bieda miała jednak nastąpić dopiero w roku 1863, kiedy Ohryzko dostał dwadzieścia lat katorgi za swą działalność pełnomocnika Rządu Narodowego. Na razie wypuszczono go po dziesięciu dniach i nawet nie usunięto z posady. Był wicedyrektorem departamentu dochodów niestałych w Ministerstwie Skarbu. Oto praworządne państwo Aleksandra II: wyższego urzędnika można zamknąć pod klucz, zaraz potem wypuścić i powiedzieć, że właściwie nic się nie stało...

Wiele napisano o działalności polskich kół demokratycznych w Petersburgu, o ich stosunku do rewolucjonistów rosyjskich i wzajemnych wpływach. Wydobyto dużo nieznanych faktów, lecz pomimo to wydaje się, że sprawa nie jest jeszcze do końca przedyskutowana, i to w punkcie być może głównym. Chodzi o rolę tych Polaków. Czym oni właściwie byli? Rosja jest państwem ogromnym, wszystko, co się w niej dzieje, ma doniosłe znaczenie i ta sugestywna okoliczność może wpływać na diagnozy dotyczące historii.

Mickiewicz i Słowacki już wtedy nie żyli. Ich zamknięta, skończona twórczość stanowiła ideowy rynsztunek każdego Polaka, który się przyznawał do programu demokratycznego. „Słowo" zostało zamknięte za wydrukowanie listu Joachima Lelewela. Polski nurt postępu reprezentował wielki, europejskiej klasy uczony. Stroniąc od przesady, wolno jednak powątpiewać, czy wiele narodów kontynentu mogło wtedy wylegitymować się taką trójką. A przecież pozostajemy ciągle na samiuteńkich szczytach. Zszedłszy niżej, natrafimy na Mochnackiego, Goszczyńskiego... A cofnąwszy się nieco w czasie – na Kuźnicę Kołłątajowską. Oczywiście *Manifest* Towarzystwa Demokratycznego Polskiego też zasługuje tu na wzmiankę. Przytaczam tylko przykłady, na wyrywki...

Zygmunt Sierakowski rozwijał w Petersburgu ożywioną działalność mającą na celu reformę wojskowego kodeksu karnego. Chodziło mu o zniesienie kar cielesnych w armii. Wywierał wpływ na generałów i samego ministra wojny, reprezentował Rosję na międzynarodowych kongresach, dla studiów nad zagadnieniem jeździł nie tylko do Anglii, lecz i do Algieru. Jemu się zawdzięcza, że rosyjskich żołnierzy zaprzestano pędzać przez pałki. Sierakowski walczył więc dla carskiej Rosji o to, co w Polsce już kiedyś było. Legiony i wojsko Księstwa Warszawskiego nie znały kary cielesnej. Józef Poniatowski, rozumujący kategoriami austriackiego oficera zawodowego, chciał ją wprowadzić, ale napotkał gwałtowny sprzeciw Jana Henryka Dąbrowskiego, wyrażony w formie pełnej szlachetnego patosu. Legiony przejęły oczywiście obyczaje rewolucyjnej armii francuskiej, zniesione dopiero w Królestwie Kongresowym przez Aleksandra I.

Upadek niepodległej Polski był widowiskiem tak tragicznym, że wiele rzeczy idzie w zapomnienie. Między innymi to, że Wielka Rewolucja Francuska już przed drugim rozbiorem wywierała rzeczowy wpływ na stosunki nadwiślańskie. Nie brakuje chętnych do wypominania ówczesnym Polakom, że tego i owego nie zrobili. Trzeba więc może przypomnieć, iż niektórzy z tych Polaków stanęli w pierwszej kolejce do brania dobrego przykładu.

Największym radykałem w całej grupie petersburskiej był Konstanty Kalinowski. Również Litwini, a zwłaszcza Białorusini słusznie uważają go za swego bohatera narodowego, czemu wcale nie przeszkadza jego rdzennie polskie pochodzenie. Mostowlany, rodzinna wieś Kalinowskiego, leżą na obecnym terytorium Polski. Kształcił się w Świsłoczy, której szkoła wywodziła się z ducha i tradycji Komisji Edukacyjnej. Uczniami jej przed Kalinowskim byli między innymi Wiktor Heltman i Józef Ignacy Kraszewski, że wymienię tylko dwóch. Ojciec Kalinowskiego był właścicielem folwarku oraz fabryki sukna, obsługiwanej przez pańszczyźnianych chłopów. Atmosfera szkoły, obok innych czynników, musiała się przyczynić do przezwyciężenia nawyków domowych.

Zasługuje na uwagę, że ówczesną Polskę, pomimo jej bardzo trudnego położenia, stać było na dawanie wartości innym narodom.

Grupa skupiona w Petersburgu wokół Zygmunta Sierakowskiego była spadkobierczynią najpiękniejszych i najstarszych tradycji wolnościowych w naszej połaci Europy. Siłą tego faktu musiała ona odgrywać dużą rolę w ówczesnej „odwilży" nad Newą. Carski katechizm wojskowy, uznający Polaków za naturalnych wewnętrznych wrogów imperium, chyba nie mijał się z prawdą.

Jan Staniewicz, serdeczny przyjaciel Sierakowskiego, twierdzi w swym sympatycznym pamiętniku[1], że nieoficjalna działalność tego ostatniego odnosiła się tylko do Polaków i nie była obliczona na burzenie w umysłach Rosjan. Raczej niepodobna temu uwierzyć. Pisząc, pozostawał Staniewicz pod wrażeniem tragicznej śmierci Sierakowskiego i pragnął jak najdobitniej podkreślić niesprawiedliwość wyroku. Może dlatego posunął swe tezy za daleko.

Wiemy o przyjaźni łączącej Sierakowskiego z Czernyszewskim. W powieści Rosjanina *Prolog* Sierakowski występuje jako Bolesław Sokołowski. Każąc mu na kartach książki uczestniczyć w zebraniu rosyjskich liberałów, autor mówi: „Miła kompania! Mówię wam, że jeden Sokołowski to człowiek, jak się należy. Ma swoje dziwactwa, może się mylić, ale to człowiek, a nie diabli wiedzą co".

Czernyszewski miał Sierakowskiemu za złe jego skłonność do reformatorstwa, czyli do takiego czy innego kompromisu. Nie zamierzam wdawać się w spory o pryncypia i pozostaję przy konkrecie: carat miał jeszcze potrwać przeszło pięćdziesiąt lat, rosyjskiemu żołnierzowi wcale nie było obojętne, kiedy przestaną go tłuc pałkami – zaraz czy za pół wieku.

Żywy, impulsywny, całą duszą oddany sprawie Sierakowski musiał wywierać wpływ na Rosjan... skoro potrafił rozruszać rygorystycznych Anglików. Staniewicz opowiada ciekawe rzeczy o jego wyczynach w Londynie. W zapale dyskusji Sierakowski ukręcił kiedyś Palmerstonowi guzik od fraka. Jeszcze gorszego nietaktu dopuścił się innym razem. Na nic nie zważając, wpadł do apartamentów, w których zgromadzone były wyłącznie damy, i wyciągnął stamtąd panią domu, lady Russell. Potrzebna mu była jako koronny

[1] J. Staniewicz, *Wspomnienie o Zygmuncie Sierakowskim, naczelnym wodzu powstania na Litwie i Żmudzi*, Kowno 1939.

świadek w sporze z lordem małżonkiem, utrzymującym, że nie można wychowywać dzieci bez rózgi (dla sprawiedliwości trzeba wyjaśnić, że kara cielesna obowiązywała wtedy nie tylko w armii carskiej, lecz i angielskiej; w austriackiej utrzymała się do pierwszej wojny światowej, a w rumuńskiej – do drugiej).

Anglicy darowali Sierakowskiemu wszystkie jego ekstrawagancje. Królowa Wiktoria miała wkrótce protestować u cara przeciwko wyrokowi na wojewodę wileńskiego.

Nie da się chyba obronić tezy, że działalność polskiej grupy pozostawała bez wpływu na demokratycznie usposobionych Rosjan. Odgrywano wspólny koncert, ale polskie akcenty musiały być słyszane wyraźnie.

1 marca 1861 roku odbyła się w Petersburgu potężna manifestacja ku czci poległych w Warszawie. Kiedy zagroziły represje, trzystu Rosjan i Ukraińców stwierdziło własnymi podpisami swój czynny udział. Wystąpienie było więc solidarne, ale impuls przyszedł z Krakowskiego Przedmieścia.

W gorącej atmosferze spędził Stefan Bobrowski cztery lata studiów uniwersyteckich, które wyszkoliły go także i politycznie. O zasadach, jakie mu wpojono, świadczy jego późniejsza działalność.

Na wiosnę 1860 roku zjawił się w stolicy Kazimierz Bobrowski, oficer saperów z Białej Cerkwi. Pragnął zdawać egzamin do Akademii Sztabu Generalnego. Odwiedził młodszego brata i znalazł go w kiepskim stanie zdrowia. Stefan był nieswój, podniecony i zdenerwowany. Lekarze stanowczo zalecali odpoczynek i kąpiele morskie. Upłynęło jednak podobno sporo czasu, zanim uparty młody człowiek dał się namówić do wyjazdu. Spędził wakacje nad morzem, w Odessie, i na wsi u Tadeusza. Do Petersburga już nie wrócił. Z początkiem nowego roku akademickiego został rzekomo wpisany na listę studentów Uniwersytetu św. Włodzimierza w Kijowie.

Rodzina nie znała pewnej tajemnicy. Już w marcu tegoż roku Stefan bawił w Kijowie, lecz nielegalnie. Nocował u znajomych studentów, co parę dni zmieniając kryjówkę. Tak się zaczęła jego rola emisariusza polskiej konspiracji w Petersburgu.

Grzegorz Marachow utrzymuje, że przez najbliższe dwa lata Bobrowski przebywał w Kijowie nielegalnie, koczując po różnych kwaterach i tylko udając studenta. Teza ta wydała mi się nieprawdopodobna i zakwestionowałem ją w poprzednim wydaniu książki. Przecież najbliższa rodzina nie żywiła najmniejszych wątpliwości, nie ma ich wcale w pamiętniku Tadeusza Bobrowskiego ani w innych memuarach. A jednak Grzegorz Marachow ma słuszność. Przekonał mnie o tym podczas osobistej rozmowy w Warszawie. Stefan Bobrowski nigdy nie figurował w spisach studentów uniwersytetu kijowskiego, rektor stwierdził to urzędowo. Cóż za tym myśleć o fotografiach, na których Bobrowski widnieje w mundurze akademickim i w licznym gronie kolegów? Trzeba je chyba uważać za rzeczowe dowody nieustannie ponoszonego ryzyka. Znakomita większość owych kolegów też pewnie nie wiedziała o mistyfikacji. Student nie legitymuje drugiego studenta. Trzeba jednak mieć talent, by tak się utaić przed rodzonymi braćmi.

Stefan uchodził za słuchacza wydziału filologicznego. W owych odległych czasach wybór kierunku studiów był dość ściśle związany z pozycją socjalną adepta wiedzy. Synowie najbogatszych ziemian zapisywali się na przyrodę. Nazywało się, że ta gałąź nauki jest najbliższa ich powołaniu i przyszłej „pracy". Mniej zamożni, a także dzieci urzędników i co ambitniejsi popowicze szli na prawo. Plebs tłoczył się na medycynę, matematykę i filologię.

Według tego podziału Stefan Bobrowski, śladem Tadeusza, powinien był wylądować na wydziale prawnym. Do magnaterii się nie zaliczał, ale po osiągnięciu wieku lat dwudziestu sześciu miał otrzymać osiem tysięcy rubli ze spadku po zmarłym rodzicu. Na zapoczątkowanie kariery adwokackiej pewnie by to wystarczyło. Zapisał się jednak na filologię. Jego studia kijowskie były pozorne. Ale przecież i w Petersburgu wstąpił na wydział filozoficzny. To postępowanie od początku trąciło farmazoństwem.

W 1860 roku kijowska uczelnia miała już za sobą okres znamiennej ewolucji. Coraz bardziej odchodziły w zapomnienie stosunki z czasów Bibikowa, kiedy najlżejsze podejrzenie o polityczną nieprawomyślność wiodło prosto na Kaukaz, „w sołdaty", za to pijaństwo, karciarstwo i wdawanie się z prostytutkami uchodziły za oczywistą rękojmię lojalności. Aby ułatwić młodzieży kroczenie po państwowotwórczych drogach, generał-gubernator Bibikow kazał obniżyć dla niej taksę w domach publicznych z trzech rubli do jednego.

Przełom zaczął się zaraz po Wiośnie Ludów i powinien być zaliczany do jej moralnych następstw. Po wojnie krymskiej postawa kijowskich studentów zaczęła być przedmiotem poważnej troski sfer rządzących. Tym bardziej że narodowościowy skład uniwersytetu wcale nie przeszkadzał manifestacjom określonego typu, a nawet w bardzo niepokojący sposób wzmagał ich wymowę. W Kijowie studiowało wtedy tysiąc kilkaset osób. Z tej liczby tysiąc przeszło to Polacy, po których szli Rosjanie i najmniej liczni, a najbardziej zahukani, właściwi gospodarze – Ukraińcy.

W roku 1857 po raz pierwszy odwiedził uniwersytet nowy cesarz, Aleksander II. Profesorowie wraz z uczniami przez kilka godzin czekali w przestronnej Sali Aktowej. Około południa przed podjazdem zrobił się ruch. W drzwiach wejściowych ukazał się monarcha. Wysoki, o zmęczonym wyglądzie, ubrany w oślepiająco biały mundur kawalergardów, postąpił ku wyrównanym szeregom.

– *Zdrawstwujtie, gaspada!*

W sali panowała cisza. Profesorowie i studenci – Polacy, Ukraińcy i Rosjanie – wszyscy milczeli.

Na bladej twarzy Aleksandra pojawił się rumieniec. Car uczynił jeszcze parę kroków naprzód.

– *Zdrawstwujtie, gaspada!*

W tylnym szeregu ktoś odkrzyknął pozdrowienie i urwał w pół słowa. Reszta milczała.

Twarz cara stała się purpurowa. Oczy zabłysły.

– *Gaspada, ja wami nie dowolen* – rozpoczął imperator przemowę, w której pomieściło się długie wyliczenie studenckich nieprawości i dotychczasowych najłaskawszych przebaczeń. – *Szałosti jedinicznych lic wsiegda gotow proszczat'! No szałosti w massach – pomnitie! pomnitie, gaspada, ja nikogda nie proszczu!*

Stało się to, jak już wiemy, w roku 1857. Lata mijały, nie wpływając na zmianę lub oziębienie nastrojów. W roku 1861, już za bytności Bobrowskiego w Kijowie, przytrafił się wypadek niezbyt korzystnie świadczący o studenckim pietyzmie dla najbardziej nawet czcigodnych zabytków poprzedniej epoki.

Trzeba przypomnieć, że Mikołaj I serdecznie nienawidził kijowskiej uczelni. Nie pozostało to bez wpływu nawet na kolor zewnętrznych ścian jej budynków. Kiedyś bowiem, wychodząc z jej progów, cesarz rozkazująco mruknął:

– *Pokrasit' eto wołczije gniezdo na byczij cwiet!*

Odtąd mury uniwersytetu straszyły przechodniów ponurą barwą *sang du beuf*.

Raz wszakże coś się Mikołajowi podczas wizyty spodobało. Wygłosił więc okolicznościowe przemówienie, zakończone pochwałami i słowem *spasibo* – dziękuję. Bibikow przejął się tym tak bardzo, że natychmiast kazał odlać ów wyraz w złocie, oprawić w takąż niezmiernie szeroką ramę i zawiesić w Sali Aktowej w specjalnej oszklonej gablocie. W marcu 1861 roku w tej samej auli odbywał się wielki wiec studentów protestujących przeciwko usunięciu z akademii jednego z kolegów, który demonstracyjnie nie odkrył głowy, kiedy na placu uroczyście czytano „najwyższy manifest" o zniesieniu pańszczyzny. Wprawdzie śmiałka, nazwiskiem Paszkowski, przyjęto z powrotem, ale wiec domagał się jeszcze satysfakcji za obrazę. Podejrzewano bowiem, iż ułaskawienie nastąpiło ze względu na generalską szarżę starego Paszkowskiego.

Jak było w zwyczaju, członkowie każdej z trzech narodowości stali w zwartej grupie, osobno. Nagle rozległ się trzask gniecionego szkła. To jeden z Polaków niechcący nacisnął plecami wspomnianą gablotę.

– *Urra! Polaki łamajut carskoje spasibo!* – wrzasnęła młódź wielkoruska, rzucając się naprzód z takim impetem, jakby znowu szło o wydarcie reduty szewardyńskiej z rąk bezecnych Francuzów.

Po chwili z pamiątki po monarszym dziękczynieniu została tylko kupka trzasek i wielki tuman kurzu.

Relacje podobne można mnożyć, opowiadając na przykład o samosądzie nad gwardyjskim pułkownikiem albo o charakterystycznym kumaniu się polskich studentów z oficerami jednego z oddziałów garnizonu. Wojskowi chlubili się, że pułk ich uczestniczył w powstaniu dekabrystów, popadł w niełaskę i utracił swój dawny tytuł. Podczas pierwszego spotkania z polską młodzieżą kazali orkiestrze grać nasz hymn narodowy.

Wszystko świadczyło na zewnątrz o zachodzących zmianach. Najważniejsze rzeczy działy się jednak w podziemiu.

Jeżeli chodzi o polskich studentów, rezultaty wojny krymskiej były dla nich nie lada jakim wstrząsem. Z jednej strony ocenić mogli niedołęstwo i wewnętrzny rozkład ustroju, z drugiej zaś... wystąpiły przecież do walki szlachetne mocarstwa zachodnie, którym się ufało, którym się przypisywało najlepszą wolę względem Polski. Wystąpiły, wygrały wojnę, a sprawa polska nadal pozostała na łasce i niełasce trzech państw zaborczych.

Rezultaty rozmyślań i obserwacji były takie, że najbardziej aktywni spośród młodzieży postanowili zerwać z uprawianą dotychczas metodą wyczekiwania na hasło demokratycznej czy też może nawet arystokratycznej emigracji polskiej z Zachodu. W 1856 roku powstaje w Kijowie zawiązek regularnej konspiracji akademickiej, stowarzyszenie pod nazwą „Trojnicki". Miano pochodziło od trójkowego systemu organizacji.

To może przesada nazywać „Trojnickiego" początkiem ruchu politycznego. Był on raczej typowym odruchem młodzieży niegodzącej się z dotychczasowym położeniem sprawy polskiej, lecz łatwo gubiącej się w powikłaniach trudnej rzeczywistości. Cele „Trojnickiego" określano jako chęć podniesienia ducha narodowego, pracę u podstaw społeczeństwa oraz nad moralną poprawą młodzieży. Łudzono się, że można będzie wstrząsnąć „uśpionym i zniedołężniałym stanem szlacheckim" i wespół z nim pracując nad „poprawą bytu włościan", przygotować kraj do lepszej przyszłości.

Związek Trojnicki był dziedzicznie obciążony socjalną przynależnością przeważającej części swych członków. Większość polskiej studenterii w Kijowie wywodziła się z ziemiaństwa i jeżeli nawet szczerze potępiała umysłowy i moralny poziom pokolenia swoich ojców, to jednak daleka była od opuszczenia własnych klasowych pozycji. Po ogłoszeniu manifestu z dnia 3 marca 1861 roku różnice poglądów starszego i młodszego pokolenia na kwestię chłopską zmalały i sprowadzały się już tylko do sporu o metody wprowadzenia w życie woli cesarskiej.

„Trojnicki" nie był zdolny do przekreślenia nieszczęsnego znaku równania, który Ukraińcy w praktyce skłonni byli stawiać między polskością a pańskością. Za żadną cenę nie chciał wyrzec się ideału Polski przedrozbiorowej. Marzył o wymazaniu z pamięci tradycji wojen kozackich, które to tradycje lud ukraiński głęboko miłował.

Niemniej jednak „Trojnicki" wydatnie wpłynął na podniesienie temperatury uczuć narodowych. Młodzież ta zdołała chociaż trochę przygotować szlacheckie mózgownice do pogodzenia się z myślą o formalnej równości wszystkich wobec prawa. Na zachodzie Europy rodził się socjalizm, sztandar *égalité* już nie wystarczał. Ale w oczach ukraińskich szlagonów nawet Kodeks Napoleona nadal uchodził za szatańskie sidła.

Stefan Bobrowski został członkiem „Trojnickiego". W niedalekiej przyszłości miał nawet wejść w skład trójki kierowniczej i przyczynić się do powzięcia najbardziej doniosłej decyzji tej organizacji.

„Trojnicki" zdobył sobie trwałe miejsce w polskiej historiografii i pamiętnikarstwie. Przetrząsanie archiwów doprowadziło jednak badaczy do wniosku, że ruch nie ograniczał się do tej jednej organizacji. W roku 1858 powstał w Kijowie tajny związek rewolucyjny. Początkowo bezimienny, przybrał z czasem nazwę Kijowskiego Tajnego Towarzystwa, a w roku 1861 rozpadł się na dwie samodzielne grupy: ukraińską i polską. Rozmaicie zwano tę ostatnią: Centralnym Komitetem Rusi, Prowincjonalnym Komitetem Rusi lub Wydziałem Wykonawczym na Rusi. Stefan Bobrowski należał do tej konspiracji.

Wypadki warszawskie roku 1861, strzały na Krakowskim Przedmieściu, masakra na placu Zamkowym oraz gwałtowny rozrost ruchu w Królestwie zmusiły do zastanowienia się nad rzeczami, które dotychczas zdawały się kwestią odległej przyszłości – nad konkretnym działaniem politycznym.

Wiadomość o tych zdarzeniach doszła do Kijowa z pewnym opóźnieniem. Telegraf w tych czasach służył wyłącznie władzom, kolej żelazna do stolicy Ukrainy nie dochodziła. Dopiero przyjazd z Warszawy jednego ze studentów, Tomasza Burzyńskiego, i jego opowiadanie pozwoliły kijowianom zapoznać się ze stanem rzeczy. Od Burzyńskiego zażądano w „Trojnickim" obszernej i szczegółowej relacji, która miała też scharakteryzować główne osoby czynne nad Wisłą oraz ich zamiary. Zanim jeszcze ukończony został wstęp do rozprawy, u autora zjawił się Bobrowski. Twierdził, że zamiast długiego sprawozdania trzeba co rychlej zredagować treściwy opis wypadków, który, po odbiciu w drukarni, należy kolportować wśród studentów i polskiej ludności miasta. Burzyński uznał to za słuszne i zabrał się do wykonywania zleceń Bobrowskiego.

Można żywić poważne wątpliwości, czy coraz szersze zatrudnienia polityczne pozostawiały Stefanowi wiele czasu na cokolwiek innego. Bo nie tylko Kijów, lecz i Żytomierz był widownią jego ożywionej działalności. Mieszkali tam wtedy państwo Korzeniowscy. W ich domu Bobrowski spotkał Kryłowskiego, towarzysza późniejszej ucieczki za granicę.

W tych czasach przytrafił się wypadek, który ze względu na późniejsze dzieje zasługuje na zapamiętanie.

Apollo Korzeniowski przyjaźnił się z poetą, Leonardem Sowińskim, wyznającym równie gorące przekonania demokratyczne oraz sympatię do ludu ukraińskiego. Sowiński interesował się twórczością Tarasa Szewczenki i opublikował – najpierw w prasie warszawskiej, później w osobnej broszurze – rzecz pod tytułem *Studia nad ukraińską literaturą dzisiejszą*. Młodzież kijowska czytała ją chętnie. Jeden ze studentów, który samej książki nigdy nie oglądał, lecz chciał pochwalić się znajomością przedmiotu, powiedział publicznie, że autor nawołuje chłopów do rzezi szlachty. Zażądano dowodu prawdy, którego przeprowadzić się nie dało. Wtedy Stefan Bobrowski postanowił ująć się za przyjacielem szwagra i wyzwał potwarcę na pistolety. Zawiadomiony o zatargu Sowiński przybył do Kijowa i sam stanął na placu, na którym bez wymiany strzałów doszło do pojednania.

Apollo Korzeniowski przeniósł się do Warszawy na wiosnę 1861 roku. Panią Ewelinę i małego Konrada odwiózł tam Stefan w lecie. Powrócił do Kijowa we wrześniu dosłownie zelektryzowany nadwiślańskimi wypadkami i atmosferą. Opowiadał o nich szeroko matce i bratu, który scharakteryzował relację jako obiektywną. Służący Tadeusza Bobrowskiego nie mogli się nadziwić ciężarowi pewnej paki panicza, według jego wyjaśnień zawierającej książki. Później Tadeusz domyślał się, że pudło mieściło przeznaczoną dla Ławry prasę drukarską. Niesłusznie jednak. Stefan naprawdę wiózł pewnie tylko książki, może nie wszystkie legalne. Aparaturę drukarską, raczej litograficzną, dostawił do Kijowa najęty przez Bobrowskiego i Korzeniowskiego kupiec.

Stefan Bobrowski, Ludwik Bernstein i Symeon Domański tworzyli w kijowskiej konspiracji specjalną komórkę wydawniczą i propagandową. W 1860 roku przybył z Warszawy kwalifikowany litograf, Gustaw Hoffman rodem z Radomia, któremu gubernator zabronił założenia drukarni.

Klasztor w Ławrze Peczerskiej posiadał własny, jak najbardziej legalny ośrodek wydawniczy. Pracował w nim niejaki

Józef Zaleski, cieszący się zaufaniem mnichów. Za jego protekcją przyjęto do pracy również Hoffmana, który jesienią 1861 roku sprowadził z Warszawy aparaturę. Tak cichutko konspiracyjna drukarenka przytuliła się przy Ławrze. Miejsce wydawało się idealnie bezpieczne. Mnich nadzorca w ogóle rzadko zaglądał do warsztatu, ufając Zaleskiemu.

Stefan Bobrowski reprezentował młodzież kijowską podczas sławnej manifestacji w Horodle nad Bugiem. Po powrocie złożył „Trojnickiemu" obszerne sprawozdanie na temat ogólnej sytuacji politycznej.

Akurat w tym czasie wystąpił z organizacji jeden z jej najstarszych członków, Włodzimierz Antonowicz, przyszły wybitny archeolog i profesor uniwersytetu. Jego miejsce w zarządzie zajął Bobrowski. Lecz wkrótce potem, pośpiesznie wyznaczywszy zastępcę, saniami Syroczyńskiego musiał chyłkiem przemykać ku Dniestrowi.

Do wsypy doszło bez czyjejkolwiek zdrady. Już w sierpniu 1861 w zaufanie konspiratorów wkradł się prowokator, niejaki Lew Estreicher, żołnierz należący do komórki wywiadu. Udając chęć ucieczki za granicę, zdobył nie tylko pomoc materialną, lecz również sporo wiadomości, między innymi także o drukarni. Mając się czym pochwalić, złożył raport generał-gubernatorowi, który 2 stycznia 1862 roku otrzymał też obszerne pismo od namiestnika z Warszawy, donoszące o kontaktach tamtejszych spiskowców z Kijowem. Wśród podejrzanych figurowało w nim nazwisko Hoffmana. Wobec takiego stanu rzeczy można się tylko dziwić, że policja uderzyła dopiero po ukazaniu się „Odrodzenia" oraz odezwy „Wielkorusa".

Aresztowany Hoffman nikogo nie wydał. Początkowo zwalał odpowiedzialność na jakiegoś nieznanego z nazwiska Żyda, który miał mu rzekomo dać zamówienie. Bobrowskiego wymienił nie wcześniej, aż się dowiedział o jego szczęśliwej ucieczce.

Wyrok zapadł dopiero 7 sierpnia 1864 roku. Gustaw Hoffman został skazany na rok i cztery miesiące twierdzy oraz na wysiedlenie do miejsca urodzenia, pod nadzór policji. W tej sprawie orzekał na szczęście senat w Petersburgu, a nie Murawjow czy Berg.

Dochodzenie przeciwko Stefanowi Bobrowskiemu wlokło się długo, do listopada 1871 roku, kiedy nareszcie uznano, że czas je umorzyć wobec trwałej już nieobecności oskarżonego. Ustalono między innymi, że jego pióra był wstępny artykuł „Odrodzenia". Bobrowski stwierdzał w nim, iż nie rozdziela „społecznych i politycznych swobód, bo z swojej natury są one nierozdzielne, o czym dostatecznie uczą nas dzieje narodów".

W STRONĘ KATAKLIZMU

W Warszawie czas upływał wśród śpiewów, modłów, nabożeństw i innych manifestacji, pod znakiem żałoby narodowej, którą przywdziali nie tylko Czerwoni, lecz również ich antagoniści – Biali.

Istny szał ogarnął Królestwo, przeniósł się na Białoruś, Litwę i Ukrainę. W stolicy nie było dnia, w którym by się nie odbywało kilka przynajmniej nabożeństw za pomyślność ojczyzny. Modlili się wszyscy – cechy, majstrowie, czeladnicy, szwaczki, hafciarki, służba, tragarze, dorożkarze, fabrykanci, robotnicy, panowie, inwalidzi, literaci, artyści, druciarze, nawet urzędnicy państwowi. Każda z tych kategorii uważała za obowiązek zamówić chociażby jedno nabożeństwo. Bywali na nich i Żydzi, klękali podczas Podniesienia, z wielkim powodzeniem kwestowali w kościołach. Praca w sklepach i warsztatach rozpoczynała się w południe. Żaden majster czy kupiec nie śmiałby zabronić podwładnym udziału w manifestacji. Władze konspiracyjne próbowały czasem przeciwdziałać tej manii, ale w zasadzie poddawały się i płynęły z prądem. Arcybiskup Feliński łamał ręce – kościoły pełne, pieśni religijne na wszystkich ustach, a oto do obowiązkowej spowiedzi wielkanocnej w 1862 roku przystąpiła zaledwie połowa wiernych.

Taki stan rzeczy powodował rozmaite skutki natury politycznej. Jeżeli spojrzeć od strony Petersburga, to obraz jest wyraźny: Królestwo kipi. Raz za razem dochodzi do bardzo nawet ostrych starć z wojskiem. Cytadela pełna więźniów, zbrojne oddziały wkraczają do katedry. W ostatecznym obrachunku ciągłe niepokoje nadal stwarzały pomyślną koniunkturę dla Wielopolskiego. Pomimo swoich gwałtownych nieporozumień z generałami margrabia miał w roku 1862 znacznie rozszerzyć zakres posiadanej władzy. Gardził czynami ulicy, potępiał je i robił na nich polityczną karierę.

Sprawa przedstawia się w sposób o wiele bardziej skomplikowany, jeśli ją oglądać od strony konspiracji. Niby wszyscy niemal w kraju są bezustannie czynni. Ciągle coś robią, demonstrują, manifestują, narażają się na najdziksze represje. Propaganda ruchu znakomita! Gorzej, że skoro wszyscy przywdziali żałobę, zaczynają się zacierać różnice pomiędzy Czerwonymi a Białymi, to znaczy takimi, na których w razie czego wolno naprawdę liczyć, a elementem co najmniej niepewnym. Wytwarzają się możliwości pogmatwania pojęć politycznych, zagraża atmosfera bezmyślnego „kochajmy się". Niedobrze też, iż pogłębia się zaszczepione w czasach Delegacji mniemanie o biernym oporze, o „moralnej rewolucji", jako o środku wiodącym do wyzwolenia. A najgorzej, że wszyscy czynni, wszyscy zabiegani, podnieceni i zaaferowani, a nikt prawie nic konkretnego nie robi. Pracy myśli, przygotowań organizacyjnych, roboty w pełnym tego słowa znaczeniu politycznej w całym tym mistyczno-narodowym rozgardiaszu było bardzo mało. Wielu ludzi wyobrażało sobie, że skoro śpiewają po kościołach, to tym samym moment zmartwychwstania ojczyzny się zbliża. Tymczasem zbliżało się coś wręcz przeciwnego.

Pierwsze manifestacje, te z początków roku 1861 i jeszcze wcześniejsze, odegrały dodatnią rolę. Z nich właściwie narodziła się rewolucja lutowa, która ruszyła wszystko z martwego punktu i skłoniła cara do ustępstw. Nie można jednak było bez końca działać odruchami. One skutkowały, dopóki carat był słaby. Z chwilą jego wzmocnienia mogły mu każdej chwili posłużyć za pretekst do przeciwuderzenia. Jeśli się akcję nadal prowadziło, trzeba już było mieć konkretny plan.

Czas, bezcenny czas przeciekał jak woda między rozstawionymi palcami. Przeminął niezmiernie dla caratu groźny rok 1861. Warszawa śpiewała hymny błagalne.

W lutym 1862 roku – czyli akurat wtedy, kiedy Stefan Bobrowski uciekał z Kijowa – sztab stacjonującej w Warszawie IV dywizji piechoty otrzymał nowego kwatermistrza. Był nim dwudziestopięcioletni artylerzysta, kapitan Jarosław Dąbrowski z Żytomierza rodem, odznaczony za kampanię kaukaską, absolwent Akademii Sztabu Generalnego w Petersburgu.

Mniej nas w tej chwili obchodzi, czym się przyszły wódz paryskich komunardów odznaczył w kwatermistrzostwie. Ważne jest co innego. Poczynając od chwili jego przybycia, stosunki w niepodległościowej konspiracji zaczynają się zmieniać radykalnie. Młody, ruchliwy oficer – zawsze w mundurze, przy szabli i w akselbantach – był wszędzie, znał wszystkich. I na wszystkich wpływ wywierał. W jego małej postaci było coś, co nawet nieprzychylnych zmuszało do respektu. Już wkrótce i na samej prawicy ruchu zaczęto go uważać za potęgę.

W kwietniu za sprawą Dąbrowskiego zostało rozwiązane tak zwane Koło, nadrzędny i mocno przeszkadzający organ Komitetu Miejskiego. Jednocześnie nieskładna dotychczas organizacja warszawska zaczęła się wyraźnie krystalizować. Stolica uległa podziałowi na rewiry, sekcje, obwody i wydziały. Na przełomie kwietnia i maja otrzymała naczelnika. Został nim Jarosław Dąbrowski, który od tej samej wiosny był również członkiem Komitetu Miejskiego.

Tak w niespełna trzy miesiące po przybyciu do Polski kwatermistrz IV dywizji faktycznie ujął w ręce tajną władzę nad Warszawą, a tym samym nad całą połacią kraju zwaną naówczas Królestwem Polskim.

Co prawda, istniał wtedy jeszcze jeden czynnik pełen dobrych chęci, ale przez sam fakt stwarzania dwutorowości ruchu zawadzający. Był nim dość szeroko rozgałęziony Komitet Akademicki.

W maju 1862 roku mieszkanie Witolda Marczewskiego, naczelnego inżyniera Kolei Warszawsko-Wiedeńskiej, było widownią gorących dyskusji. Możliwe nawet, że trwały one jeszcze w początkach czerwca. Inżynier kwaterował niedaleko dworca, przy Alejach Jerozolimskich, które – tak jak i dalsza część Marszałkowskiej – były wtedy podobne do szosy podmiejskiej, z rowami, chodnikami i topolami po bokach.

Rezultat owych sporów wystawia znakomite świadectwo dyplomatycznym zdolnościom Dąbrowskiego. Komitet Akademicki – wprawdzie nie bez żalu i dąsów – zrezygnował z samodzielnych ambicji i podporządkował się Miejskiemu, delegując doń jednego tylko przedstawiciela, którym został Władysław Daniłowski.

Tak powstał Komitet Centralny Narodowy, który z czasem miał się przekształcić w powstańczy Tymczasowy Rząd Narodowy. Czerwoni mieli odtąd prawdziwy sztab główny.

Zaraz na pierwszym posiedzeniu nowego Komitetu Jarosław Dąbrowski wystąpił ze zdecydowanym wnioskiem. Zażądał, aby przygotowywane powstanie wybuchło jeszcze w 1862 roku, latem.

Dawniejsza historiografia głosiła, że Dąbrowski, który już w Petersburgu konspirował, dał się zasugerować gorącej atmosferze warszawskiej i stąd jego niezwykłe pomysły. Dziejopisarstwo prawicowe dodawało z przekąsem, że „Łokietek" – bo taki był jego pseudonim – porywał się z motyką na słońce, by zdobyć uznanie w szarych oczach pięknej i kochanej kobiety, panny Pelagii Zgliczyńskiej.

O „teorię nosa Kleopatry", którego powaby miały wpłynąć na przebieg historii powszechnej, spierać się na razie nie warto. Toteż przedmiotem poniższych rozważań nie będzie miłość ani żadne sugestie. Co innego bowiem uderza w planie, w którym bez obawy o przesadę dostrzec chyba należy cechę dziejowej wielkości, a nawet geniuszu.

Wolno przyjąć za pewnik, iż na podstawie wiadomości przywiezionych z Rosji oraz spostrzeżeń poczynionych na miejscu, w Królestwie, Jarosław Dąbrowski wręcz błyskawicznie, okiem urodzonego wodza ocenił dwie rzeczy. Że wobec istniejących napięć społecznych i powszechnego wzburzenia wybuch powstania-rewolucji jest w Polsce nieunikniony. I że zegar wskazuje za pięć dwunastą.

Carski sztabowiec musiał chyba słyszeć o pomysłach warszawskiej generalicji, wśród której w roku 1862 dojrzewała myśl o przelicytowaniu polskich konspiratorów i pozornym spełnieniu żądań chłopskich. Zagrażało niebezpieczeństwo, polegające na odłupaniu od pnia narodu jakichś osiemdziesięciu procent jego siły. Absolwentowi petersburskiej akademii wojennej nie musiało być chyba tajne, że carat z roztopów „odwilży" zaczyna już wychodzić na twardy grunt.

Żądał on, ażeby nie bawić się w rozszerzanie sprzysiężenia, które będzie miało ten skutek, że wcześniej czy później Komitet, zamiast nim rządzić i kierować, będzie się musiał stać jego posłusznym narzędziem, taką samą bezsilną lalką, jaką był w ręku Koła, ale wprost dążyć do powstania... Skoro raz wybuchnie powstanie, wtedy i bez organizacji ci, którzy są dobrymi Polakami, pójdą do obozu, a innych siłą się weźmie. Organizacja więc na tak wielką skalę zarysowana jest całkiem niepotrzebną, oddala od celu, marnuje czas i siły na zabawkę w spisek bezpłodny i trawiący się sam w sobie[1].

Tak streścił argumenty Dąbrowskiego Walery Przyborowski (w *Historii dwóch lat*). Dziejopis ten uważał plan „Łokietka" za zupełny absurd, absurd doskonały. A jednak wypadki 1863 roku dowiodły, że przewidywania Dąbrowskiego spełniły się co do joty.

Uchodzi za rzecz niewątpliwą, że powstanie wybuchło przedwcześnie, to znaczy – nie było przygotowane. Pozostaje do wyjaśnienia kwestia, jak należy rozumieć postulat „przygotowania". Czy w sensie militarnym? Czy Królestwo miało tak długo szykować broń sieczną tudzież palną, środki opatrunkowe i temu podobne, aż stanie się zdolne do zwycięskiej wojny z Cesarstwem? Takie stawianie kwestii to po prostu dziecinada. Jeśliby nawet wszystkie strychy i stodoły nad Wisłą przerobiono

[1] W. Przyborowski, *Historia dwóch lat 1861–1862*, t. IV, Kraków 1895, s. 225.

wtedy na składy karabinów oraz prochu, to pozostawał jeszcze szereg spraw do wyjaśnienia i załatwienia, na przykład drobne zagadnienie dział, artylerii, narodowej broni rosyjskiej, bez której nie wygrywa się wojen.

Ilość posiadanego oręża nie decyduje o powodzeniu rewolucji. W roku 1789 wszystkie arsenały we Francji znajdowały się w ręku króla, a jednak Ludwik XVI musiał przywdziać czerwoną czapkę frygijską.

Najmądrzejsi wśród Czerwonych dobrze wiedzieli, jaka karta liczyła się wtedy najwyżej. Jedno z pism konspiracyjnych, wydane w lutym 1862 roku, zawierało słowa: „P o m o c l e ż y g ł ó w n i e w ł o n i e s a m e j R o s j i, przez obudzający się żywioł narodowy sprawie polskiej przychylny, i uznaniu ludów Zachodu".

Jarosław Dąbrowski chciał powstania w samej stolicy. Obmyślał walki barykadowe na Starym i Nowym Mieście. Przykład Warszawy miał poderwać do działania kraj. Najważniejszą jednak pozycję w rachunku „Łokietka" stanowił szeroko rozgałęziony spisek wśród rosyjskich oficerów. Ich zadanie polegałoby na oddaniu do dyspozycji ruchu niektórych oddziałów garnizonu oraz na otwarciu wrót Modlina – gdzie się znajdowało siedemdziesiąt tysięcy karabinów i działa – a także Dęblina, który pozostawał w stanie takiego zaniedbania, że wrota twierdzy się nie domykały. Inni spośród oficerów zobowiązali się fałszywymi rozkazami odciągnąć wojska z obozu powązkowskiego. W zamian „żądali od nas – raportował Komitetowi Dąbrowski – zapewnienia, że po rozszerzeniu się powstania na kraj cały dozwolimy im formować wolne rosyjskie drużyny republikańskie, które będą wkraczać do Rosji i tam podnosić sztandar rewolucji".

Powstanie winno było rozpocząć się w Warszawie 14 lipca, w rocznicę wzięcia Bastylii. Wybór tego terminu nadaje planowi „Łokietka" cechę koncepcji wręcz genialnej.

Akcja rozpoczęta w dniu upadku Bastylii od razu zapewniałaby ruchowi dogodną pozycję polityczną. Dokumentowałaby jego rewolucyjny charakter. I przez to samo uniemożliwiała caratowi przedstawienie go jako „pańsko-jezuickiej" intrygi, udaremniałaby zrealizowane później, niestety, zamiary rozpętania w Rosji antypolskiej nagonki nacjonalistycznej.

Do takiej akcji nie wmieszałyby się rządy zachodnie, których „pomoc" – wbrew wszystkim pozorom – wróżyła Polsce najgorsze rzeczy. Dzieje roku 1863 dowiodły tego aż nazbyt dobrze.

Sytuacja była więcej niż skomplikowana. Chodziło o walkę tylko z rządem, nie zaś z narodem rosyjskim. Możliwości zboczenia z tej subtelnej linii istniały, i to liczne. Wystąpienie w dniu 14 lipca, ramię w ramię z kilku chociażby tylko oddziałami rosyjskimi, było startem znakomitym. Tradycje Wielkiej Rewolucji Francuskiej stanowiły wówczas wspólną własność całego obozu demokratycznego w Europie, a *Marsyliankę* śpiewano na wszystkich barykadach. W tych warunkach czyn Polaków zaczynających strzelać właśnie 14 lipca stawał się zrozumiały dla tych w Rosji, którzy już od kilku lat domagali się konstytucji i reform. A takich było bardzo, bardzo wielu. W wojsku, po wsiach, miastach, uniwersytetach.

Należy powtórzyć, co już przedtem zostało powiedziane. W roku 1862, tak samo jak i w poprzednim, brakło szans na odbudowę Polski niepodległej. Oprócz caratu stały temu na przeszkodzie dwa niemieckie państwa – Prusy i Austria. Istniały jednak inne możliwości. Plany Jarosława Dąbrowskiego można oceniać z dwu punktów widzenia.

Najpierw uwzględnijmy to, co znakomicie pasuje do samej postaci „Łokietka", o którym później już, w Paryżu, pisał Teodor Tomasz Jeż:

> ...nie pozostawał z rękami założonymi, oddając się działalności, która była knowaniem celem wynalezienia środków na walkę o zbawienie, jeżeli nie Polski – to Rosji, nie Rosji – to Francji, nie Francji – to... ludzkości. Stąd wynikało, że z tymi ze spółrodaków, co pragnienia swoje do Polski „zacieśniają", a do tego jeszcze i w środkach przebierają, nie mógł iść ręka w rękę[1].

[1] T.T. Jeż [Z. Miłkowski], *Od kolebki przez życie*, t. III, Kraków 1937, s. 336.

Czy planowana przez Dąbrowskiego akcja mogła spowodować wybuch w samej Rosji? Zaraz zobaczymy, że Hercen zapatrywał się bardzo sceptycznie na rewolucyjne widoki w Cesarstwie. Przejdźmy zatem do spraw wyłącznie polskich.

Powstanie w roku 1862 byłoby logicznym zakończeniem długo już trwających poruszeń, ale nie spowodowałoby cofnięcia koncesji danych przez Petersburg Wielopolskiemu. Pomimo warunkowego trybu poprzedniego zdania, sens jego wolno uznać niemal za pewnik. W 1862 roku krwawy zamach na brata carskiego, dokonany w samej Warszawie, nie zwichnął polityki ustępstw. Było za wcześnie. Przekonamy się, że jeszcze dość długo w 1863 roku Aleksander pozostawiał w Warszawie i Konstantego, i Wielopolskiego na poprzednich stanowiskach, przyrzekał utrzymać autonomię.

Śmiertelnym grzechem Wielopolskiego była odmowa uwłaszczenia chłopów. Należało więc zrobić to zamiast niego, postawić margrabiego wobec faktu dokonanego. W roku 1863 to się spełniło i kosztowało wiele. Rok 1862 byłby na pewno tańszy. Po uwłaszczeniu Wielopolski przynosiłby same pożytki.

W 1862 roku Jarosław Dąbrowski zachowywał się jak typowy oficer zawodowy, to znaczy poświęcał uwagę militarnej stronie swych planów, na inne tematy milczał. Ponieważ jednak uwłaszczenie od dziesiątków lat stanowiło niepodległościowy dogmat, więc w chwili wybuchu ogłoszono by je niewątpliwie. A takie słowo, jak już raz padnie, nie może być przez nikogo cofnięte.

W sierpniu 1862 roku Komitet, wtedy już znacznie bardziej umiarkowany, ogłosił odezwę, której punkt pierwszy mówił, że w przyszłej Polsce niepodległej „na sól, tytoń i tabakę nie będzie podatku", piąty zaś zajmował się stosunkami włościańskimi:

Czynszów na ziemiach rządowych rząd polski nie będzie pobierał, a grunta, na których siedzą włościanie, odda im na własność wieczystą z pokolenia w pokolenie; ziemie zaś włościańskie z dóbr nieskarbowych rząd polski odda właścianom na własność, a czynsze ich panom ratami spłaci, aby każdy włościanin w całej Polsce, Litwie i Rusi był wolny i swobodny bez żadnej różnicy między nim a panem lub mieszczaninem; jeżeli zaś włościanie nie będą rządu polskiego słuchali i nie dopomogą do wypędzenia Moskali i Niemców, to żadne z tych dobrodziejstw na nich nie spadnie[1].

Jasne, że gdyby doszło do wybuchu, manifest powstańczy przemawiałby o wiele goręcej, stawiał sprawy w sposób zdecydowany. Ogłaszałby po prostu prawo o uwłaszczeniu.

Plan Dąbrowskiego został uchwalony przez Komitet, ale długo nie trwał. Wynikło to z tego niespornego faktu, że palnych materiałów było wtedy w Królestwie bardzo wiele, natomiast ludzi w pełni świadomych, czego chcą, żałośnie mało. Nie mogło być inaczej w kraju o fatalnie zacofanej strukturze społecznej, na intelektualnej pustyni.

Władysław Daniłowski, przedstawiciel akademików w Komitecie, głosował wprawdzie za powstaniem, ale zaraz sam się swego uczynku przestraszył i w tajemnicy zwierzył się kilku kolegom. Zaczął się niepokój w Warszawie. Padł popłoch i na prowincję. Mieszczaństwo przeraziło się widma barykad, bombardowań, pożarów. Istniejące zaś od niejakiego czasu szlachecko-burżuazyjne stronnictwo Białych w lot pojęło, że na tej fali defetyzmu można zrobić doskonały interes polityczny, polegający na wyrwaniu Komitetu Centralnego z rąk Czerwonych.

Plan Dąbrowskiego obalono w drodze zamachu stanu. Liczna grupa zorganizowanych malkontentów zjawiła się na posiedzeniu Komitetu, zgłosiła „w imieniu miasta" wotum nieufności i zażądała nowych wyborów. W wyłonionym z nich Komitecie, zwanym czerwcowym, widzimy jeszcze Dąbrowskiego. Lecz obok niego zasiadają: Władysław Koskowski i Julian Paszkiewicz, przedstawiciele Białych. Jest też i Agaton Giller, literat i dawny sybirak, który zaczynał właśnie wypływać na szersze wody i w dniach najbliższych odegrać miał rolę bardzo szczególną.

[1] S. Kieniewicz, *Sprawa włościańska w powstaniu styczniowym*, Wrocław 1953, s. 230.

Świeżo ukonstytuowany Komitet natychmiast przystąpił do zbadania stanu i rozmiarów owej konspiracji wśród rosyjskich wojskowych. Zwołano tajną odprawę na Bielanach. Przybyło dwudziestu kilku oficerów, „w większej części Moskali". Ze strony polskiej wydelegowano Koskowskiego i Gillera.

Wyobrażenie, że tych dwudziestu kilku oficerów stanowiło cały spisek, byłoby ciężkim błędem. Reprezentowali oni chyba tylko garnizon warszawski, najbardziej zainteresowany zamierzonym wybuchem. W przeciągu kilku następnych miesięcy miały się ujawnić liczne zanotowane w źródłach fakty, świadczące o szerokim rozgałęzieniu sprzysiężenia. W 1863 roku, tuż przed powstaniem, sztab carski na gwałt zmieniał załogę Modlina i przenosił do Rosji szkołę junkrów. Ówczesne tajne związki rosyjskich oficerów były liczne. Niezadowolenie i ferment obejmowały jeszcze szersze kręgi.

27 czerwca 1862 roku w fosie fortecy modlińskiej rozstrzelani zostali podporucznicy Iwan Arnholdt i Piotr Śliwicki oraz podoficer, Polak, Franciszek Rostkowski. Egzekucji nie można było wykonać w Warszawie ze względu na niepewne nastroje jej garnizonu. Pozostałe wyroki brzmiały: porucznik Wasyl Kapliński – pozbawienie praw stanu i sześć lat katorgi, porucznik Stanisław Abramowicz – trzy miesiące aresztu i dozór policyjny przez trzy lata, Leon Szczur, szeregowiec, Żyd warszawski – sześćset pałek i dwanaście lat katorgi (tylko teoretycznie, bo skazany nie przetrzymał pierwszej części kary).

Głośny „spisek Arnholdta", wbrew rozpowszechnionym sądom, nie był identyczny z tym, na którego pomoc liczył Dąbrowski. Tylko Kapliński, Rostkowski i Szczur sami się z polskim sprzysiężeniem stykali. W śledztwie umieli milczeć tak skutecznie, że spośród Czerwonych nikt aresztowany nie został.

Po wykonaniu wyroku wrzenie wśród warszawskich wojskowych stawało się coraz wyraźniejsze. Wzburzył się czwarty batalion strzelecki, stacjonujący na Powązkach, oraz artyleria. Oficerowie różnych oddziałów, Ogrodnikow, Daniłowicz i Zein, zamówili w cerkwi nabożeństwo za „sługi Boże Iwana i Piotra, wojowników, którzy na polu walki żywot swój położyli". Demonstrację tę odpokutowali później po więzieniach. Za zorganizowanie podobnego nabożeństwa dwudziestu kilku oficerów usunięto z Akademii Sztabu Generalnego w Petersburgu.

Tegoż dnia 27 czerwca w Ogrodzie Saskim w Warszawie dokonano zamachu na namiestnika Królestwa. Był nim generał-adiutant Aleksander Lüders. Brodaty, o okrutnie przymrużonych oczach, wytworny, obwieszony orderami niczym choinka, przybył nad Wisłę jesienią 1861 roku z misją wdrażania terroru, który uskuteczniał sprawnie. Podobno daremnie próbowano go truć, sącząc jad do wody mineralnej, którą co dzień pijał w Ogrodzie. Kapitan Andrzej Potebnia użył pistoletu. Strzelił z bliska i strzaskał Lüdersowi szczękę.

Profesor Adam Szelągowski już dawno temu zestawił chronologię wypadków, która jest więcej niż znamienna: 27 czerwca zamach, 30 czerwca Aleksander II własnoręcznie pisze instrukcję dla brata, którego wysyła nad Wisłę jako namiestnika, 2 lipca wieczorem Konstanty – przybrany w mundur ułański podobny do polskiego – staje w Warszawie. Poprzednio car pozwolił mu czekać w Petersburgu na połóg żony, teraz kazał jechać bez zwłoki.

Nie można przeczyć faktom. Latem 1862 roku wciąż jeszcze trwała względnie pomyślna koniunktura. Nacisk, nawet gwałt ze strony polskiej w rezultacie przynosił koncesje. Strzał do stupajki sprowadził nad Wisłę liberała.

Postrzeliwszy Lüdersa, Potebnia spokojnie wyszedł z Ogrodu Saskiego na ulicę Graniczną. Obecni przy zamachu wojskowi nie ścigali go, aczkolwiek mogli. Uczynił to jeden tylko spośród nich, kozacki oficer Manoczkow. I ten właśnie Kozak „po wybuchu powstania 1863 roku poszedł szukać śmierci w szeregach powstańców... i znalazł ją". Tak napisał carski historyk, Mikołaj Berg, który z łatwo zrozumiałych względów kwestię konspiracji rosyjskiej traktuje ze szczególną niejasnością. Informuje nas na przykład, że „Manoczkowowi nie przebaczono tej niezręczności". Czego mu nie przebaczono? Pogoni za zamachowcem? Kto nie przebaczył? Jeżeli carski historyk tak pisze, to znaczy, że sprawa zaliczała się do wielce delikatnych.

Wśród burzących się i konspirujących Rosjan na pierwszym miejscu należy postawić ludzi takich, jak Andrzej Afanasjewicz Potebnia. To był najwyższy poziom ideowości i poświęcenia. Potebnia działał, organizował, w celach akcji jeździł do Londynu. Podczas powstania bohatersko poległ pod Skałą.

W czasie debat w Komitecie Centralnym Jarosław Dąbrowski szeroko opowiadał o widokach spisku w wojsku. Powoływał się i na tę okoliczność, że wielu oficerów utyskuje na ciężkie warunki materialne, między innymi na ciągłe i kosztowne zmiany umundurowania (Aleksander II tak lubił przebierać wojsko, że nazwano go nawet *portnoj wojennyj* – krawiec wojskowy). Krytycy planów „Łokietka" wyciągali ten jego argument jako śmiesznostkę. W rzeczywistości świadczył on o dużym realizmie jego autora.

Jak we wszelkich sprzysiężeniach, tak i w ówczesnych rosyjskich, obok bohaterów w rodzaju Potebni uczestniczyć musieli ludzie po prostu niezadowoleni ze swego losu i pragnący jego zmiany, czy to w sensie otworzenia sobie drogi do karier, czy też zwykłego polepszenia warunków materialnych. Musimy pamiętać, że wbrew utartym mniemaniom carscy oficerowie byli nędznie uposażeni. Mowa naturalnie o oficerach z armii, bo gwardia stanowiła całkiem inny świat. Tam się nie zwracało uwagi na takie drobiazgi jak pensja.

Dąbrowski uważał za przyjaciół takich ludzi jak Potebnia, ale w działaniu politycznym zamierzał wyzyskać cały ferment w wojsku, pociągnąć za sobą wszystkich niezadowolonych. W 1863 roku niektórzy z byłych spiskowców odznaczyli się niemiłosiernym tępieniem powstańców. Wcale to nie rzuca cienia na samą konspirację. Kto poszedł do niej, mając na oku własną karierę, ten w chwili trudnej próby przerzucił się na stronę silniejszego. Berg pisze zupełnie słusznie o rosyjskich spiskowcach: „Część z nich wkrótce zginęła lub wiedzie biedny żywot na emigracji, część zaś zręcznie i w porę umiała się wycofać...”. Zwyczajna kolej rzeczy.

W czerwcu 1862 tajemnicze ręce rozrzuciły po warszawskich koszarach sławną odezwę, noszącą nagłówek: *Russkije oficery sołdatam russkich wojsk w Polsze*. Czytać w niej można było między innymi:

> Żołnierze! Wasze ciężkie położenie skłania nas, waszych starszych braci, do zabrania nareszcie głosu... Tysiące żyjących z żebraniny bohaterów spod Sebastopola – oto wzór tego, co was czeka na starość. Żołnierze, jesteście nieszczęśliwi, wszyscy was uciskają!... Polacy, podobnie jak wasi ojcowie i bracia, gotowi są do powstania w obronie swej wolności i ziemi. Oni wyciągają do nas pomocne ramię; połączmy się z nimi, a żadna siła nie zdoła się nam przeciwstawić. Nasze wolne drużyny, wsparte przez ich przyjazne pułki, przejdą Rosję z hasłami triumfu i swobody. Nasze zwycięstwa dadzą wolność i ziemię ojcom, braciom i dzieciom waszym. My, oficerowie wasi – gotowi oddać życie za własną i waszą wolność, za wolność narodów rosyjskiego i polskiego – z pomocą Boga poprowadzimy was do tego wielkiego i świętego dzieła. Towarzysze! powiemy wam, co i kiedy należy czynić, czyż zabraknie wam męstwa, by pójść za nami?[1]

Pierwszy wypadek użycia słowa „towarzysz” w rosyjskiej terminologii politycznej przytrafił się, jak widzimy, w Warszawie. To logiczne. Problematyka polegała wtedy między innymi na tym, czy Rosja zarazi się od Polski zdecydowanymi dążeniami wolnościowymi. Tacy znawcy tematu, jak Hercen, twierdzili, że było jeszcze za wcześnie. Jeśli nawet tak, objawy współpracy trzeba pilnie notować.

Przytoczoną odezwę czytali chyba wszyscy oficerowie zgromadzeni przez Komitet na Bielanach podczas odprawy, o której niedawno była mowa. Zabrał głos Agaton Giller i domagał się „sprawozdania” na temat gotowości do wystąpienia.

[1] W. Przyborowski, *Historia dwóch lat...*, s. 407–408 (oryginał odezwy: przekład mój – P.J.).

– Od tego sprawozdania zależy c o f n i ę c i e terminu naznaczonego na powstanie – wywodził. – Pamiętajcie zaś, panowie, że jeżeli, licząc głównie na pomoc wojska, takowej nie otrzymamy i wybuch nasz wskutek tego zostanie stłumiony, wy będziecie odpowiedzialni nie tylko za krew bezużytecznie przelaną, ale także za opóźnienie niepodległości Polski i wolności Rosji...

Po takim dictum „sprawozdanie" wypadło oczywiście w myśl życzeń Gillera. Tylko dwóch oficerów obiecało przyprowadzić oddziały – batalion i kompanię. Jednym z nich był Andrzej Potebnia. Nazwiska drugiego nie znamy (utrzymywano, że był to Kapliński, ale on przecież już w maju dostał się do więzienia). Pilny Giller niezwłocznie oświadczył, że „uda się do ich komend dla naocznego przekonania się o dobrym usposobieniu żołnierzy". Nie wiadomo, niestety, jak on sobie wyobrażał tę inspekcję cywilnego pana w koszarach carskiej piechoty. I tego również nie wiemy, jakie wrażenie zapowiedź ta wywarła na dwóch ofiarnych oficerach.

Wszyscy inni dowódcy obecni na zebraniu zażądali odroczenia terminu wybuchu. Nie mogło być inaczej. Ci ludzie musieli wiedzieć, że kilka dni przedtem odbył się w Komitecie prawicowy zamach stanu. A teraz oto delegat tegoż Komitetu daje wyraźnie do zrozumienia, że powstania sobie nie życzy, odpowiedzialność zaś za możliwy wybuch usiłuje przerzucić na nich, rosyjskich oficerów w Polsce! I gdybyż to jeszcze mówił: od was zależy wybór terminu. Nie – on powiada: od was zależy jego cofnięcie! Równie dobrze mógłby rzec: Panowie, jedno wasze słowo, a nie trzeba będzie ryzykować.

Chyba żaden jeszcze wódz na świecie taką oracją podkomendnych do boju nie zachęcał. Łatwo było sobie wyobrazić, co nastąpi, kiedy ten polityk zacznie w podobnym duchu przemawiać do niepiśmiennych szeregowców.

Większość oficerów musiała zażądać odroczenia terminu. Stanowisko przeciwne oznaczało bowiem dla nich ryzyko o nieobliczalnych skutkach. Mogli przy tym powziąć bardzo słuszne podejrzenie, iż polska prawica współpracy z nimi, Rosjanami, wcale sobie nie życzy. Konspiracja jest konspiracją i posiada własny, bardzo niemiłosierny kodeks. Rosjanin w Warszawie w żaden sposób nie mógł się narażać i swoim władzom oficjalnym, i polskiemu spiskowi jednocześnie.

O tym, że w tamtych czasach walki polityczne staczano równie zajadle, jak i zawsze, dowodnie przekonają nas wkrótce losy pewnej gry, której bohaterem stał się Stefan Bobrowski.

Na razie – plan Dąbrowskiego upadł. Spisek rosyjskich oficerów zmarnowany został niemal całkowicie. Tym razem Biali sprawili, że naród polski uczynił następny, ale już ostateczny i decydujący krok ku krwawej tragedii roku 1863.

Jarosław Dąbrowski nie chciał kapitulować i o realizację swoich zamierzeń dalej energicznie walczył. Niewiele już miał na to czasu, bo 14 sierpnia znalazł się pod kluczem, w Cytadeli. Zawiodła go tam denuncjacja Polaka, niejakiego Alfa Wrześniowskiego, członka świty wielkiego księcia. Wrześniowski był oficerem, kolegą „Łokietka". O jego politycznej działalności dowiedział się w kołach wojskowych.

Na pół roku przed wybuchem przepadł dla powstania największy wśród ówczesnych Polaków talent.

A swoją drogą – trudno znaleźć drugi równie piękny gest historii. Polak, który w rocznicę wzięcia Bastylii przez lud paryski chciał podnieść Warszawę, zginął później jako dowódca wojsk ludowych na barykadach Paryża.

Warszawa zmarnowała czas. Następne słowo należało zatem do Petersburga.

7 lipca 1862 roku aresztowany został Mikołaj Czernyszewski. Policja miała już przygotowaną listę pięćdziesięciu niechętnych rządowi intelektualistów. Na kilka dni przed Czernyszewskim uwięziono Dymitra Pisariewa, który w owym spisie przypadkiem nie figurował, znany był jednak z opozycyjnych poglądów. Ruszała kontrofensywa caratu. Początek jej nieco wcześniej zapowiedział „mały figielek z ogniem" – *niebolszaja ogiennaja szutka*.

Przez siedem lat ustrój chwiał się na nogach, nie otrzymując jednak żadnego decydującego pchnięcia. Teraz zaczęły się przy nim na nowo skupiać siły zagrożone buntem pisarzy i chłopską rewoltą. Fala spontanicznego wzburzenia na wsi już zresztą opadała. Reforma rolna 1861 roku obdarzyła jednak cara *pieriedyszką*, chwilą wytchnienia. I to długą chwilą. Wszystkie elementy, które przez poprzednie lata myślały o lokowaniu kapitałów za granicą lub fortyfikowaniu dworów, teraz zerwały się do bezkompromisowego uderzenia. Zaczęło się od prowokacji zakrojonej na niespotykaną miarę.

2 czerwca wybuchł pożar w Petersburgu, na Wielkiej Ochcie. Spaliło się dwadzieścia pięć domów. Nazajutrz to samo przy ulicy Jamskiej – tylko tym razem poszła z dymem cała dzielnica. I dalej – znowu na Ochcie, przy Jamskiej, Mikołajewskiej, Grochowej, Zaułku Lekszutowa. Dziwnie jakoś klęski uparcie się trzymały kwartałów zamieszkanych przez ubogą ludność. 9 czerwca płomień pokazał się przy Tołkuczym Rynku. Zajął się gmach Ministerstwa Spraw Wewnętrznych, tratwy i łodzie na Fontance. Z Carskiego Sioła przybył sam Aleksander II i – witany przez tłumy ogromnym „ura!" – objechał konno cały teren katastrofy. Tak zbliżył się do ognia, że płaszcz się na nim zatlił. Wracając na kolej, płakał publicznie nad nieszczęściem ludu.

Zadymiła Rosja. Płonęły: Mohylew, Czernihów, Tyflis, Tambów, Symbirsk, Saratów, Niżny Nowogród i wiele innych miast.

Pożary zaczęły się zdarzać i na terenie Królestwa, ale tu – wobec większej gęstości zaludnienia – łatwiej było się ustrzec. Krążyły za to po kraju ulotki zapowiadające pożogę. Bywały takiej treści: „Jestem młodzieniec, nie dbam o duszę, spaliłem wiele miast i Kielce spalić muszę".

Działo się dużo zdumiewających rzeczy. Nie schwytano nikogo z podpalaczy, z wyjątkiem jednej baby i jednego dziada w Petersburgu, którzy zeznali, że od nieznanych ludzi otrzymali za swoje dzieło po dwadzieścia pięć rubli. Kursowało natomiast mnóstwo krwiożerczych, z Londynu rzekomo pochodzących ulotek, które w imieniu rewolucjonistów wzywały do rzezi, obalenia rodziny, prawosławia, państwa, własności, do niszczenia miast, fabryk, domów i do rozmaitych innych potworności. Proklamacje zapowiadały dokładne terminy pożarów i – o dziwo! – przepowiednie się sprawdzały. Policja okazywała się bezsilna wobec tych szatańskich złośliwości.

W dniu, w którym się wszystko zaczęło, osławiony Katkow przypuścił pierwszy wściekły atak prasowy na Hercena. Zaraz też prasa i duchowieństwo zagrzmiały przeciwko rewolucjonistom, emigrantom oraz sprzymierzonym z nimi Polakom, którzy pragną wytępić narodowość rosyjską i wiarę prawosławną.

Oficjalnie kolportowano po całej Rosji wydrukowany w Berlinie obrazek, na którym widniała postać na piedestale, trzymająca w jednej ręce siekierę, a w drugiej głownię. Napis głosił: „Iskanderowi lud zrujnowany. 1862 roku 28 maja" (starego stylu). „Iskander" był to literacki pseudonim Hercena.

W Petersburgu i Moskwie tłumy zaczynały rzucać się na ludzi podejrzanych o rewolucyjne sympatie. Nie obchodziło się bez morderstw.

Biskup Porfiriusz wymownie pouczał wiernych:

> Schwytani są podpalacze Petersburga – studenci tamtejszego uniwersytetu. Wykryty został spisek. Spiskowców jest ośmiuset. W ich liczbie są literaci. O Boże! Petersburg płonie. Widać potrzeba mu było oczyszczenia ogniem od mnóstwa jego grzechów. Pożar ten przewidziała we śnie wielka księżna Helena Pawłowna i uprzedziła o nim cesarza, mówiła mi sama o tym.

Sprawozdanie złożone carowi przez szefa żandarmów, księcia Dołgorukowa, w sposób dyskretny postawiło wszystkie kropki nad „i":

> Pożary, które nastąpiły w stolicy, stanowiąc same przez się dużą stratę materialną, obudziły wśród ogółu, a zwłaszcza w klasie kupieckiej i w klasie niższej tutejszej ludności, instynkt samozachowawczy, a zarazem powszechne oburzenie przeciwko podejrzanym o podpalenie niespokojnym studentom, Polakom i w ogóle przeciwko buntowniczym głowom.

Hercen, wraz ze swą propagandą, otrzymał przez to dość mocny cios, do którego potem przyłożyli się jeszcze wydawcy pisma moskiewskiego „Russkij Wiestnik", Katkow i Leontjew, którzy pierwsi w Rosji wystąpili słowem drukowanym, ostrym, przeciwko nieziszczalnym, zgubnym teoriom Hercena... Takim sposobem u d a ł o s i ę [podkreślenie P. J.] na ten raz rozproszyć chmurę rewolucyjną, która zebrała się nad ziemią rosyjską i która groziła wyładowaniem przy pierwszej pomyślnej sposobności, a tę sposobność burzyciele przewidywali, między innymi, w gotującym się buncie Polaków.

Od dawna krążyły po Rosji pogłoski, że rok 1863 przyniesie generalną rozgrywkę, gdyż w marcu skończy się okres przejściowy po ukazie uwłaszczeniowym i chłop uzna się za oszukanego. Na to właśnie liczyli nasi i rosyjscy kunktatorzy. Ale szef carskich żandarmów nie mieszkał, niestety, na Księżycu i pogłoski o roku 1863 znał. Tuż przed oczekiwanym terminem wdrożył opisaną akcję zapobiegawczą.

Na swoją rękę to samo czynił sztab, który sytuację w wojsku oceniał jako bardzo poważną. Areszty i wyroki stanowiły tylko doraźny środek zapobiegawczy w stosunku do podejrzanych osób. Bez porównania więcej znaczyły translokacje całych pułków z Królestwa w głąb niezmierzonych obszarów Cesarstwa. Na ich miejsce przybywały doborowe, elitarne, najwierniejsze carowi formacje gwardii i grenadierów, wśród których w ogóle nie było oficerów Polaków. Przegrupowania te można było prowadzić tym skuteczniej od czasu, kiedy – w ostatnich dniach 1862 roku – francuska policja polityczna przyaresztowała w Paryżu wracających z Londynu emisariuszy Komitetu Centralnego Narodowego, a wraz z nimi rozmaite papiery. Zatrzymanych wkrótce zwolniono. Ale odpisy wspomnianych dokumentów otrzymał rosyjski ambasador, Budberg. Zawierały one między innymi dokładny wykaz osób oraz objętych siecią konspiracji pułków nad Wisłą, a także opis dróg przerzutów broni z zagranicy.

Powtórzyła się zatem stara i wypróbowana historia. Wiadomo na przykład dokładnie, że wileński generał-gubernator o tym, co się dzieje w Wilnie, dowiadywał się w Petersburgu od cara, który czerpał wiedzę z raportów swego przedstawiciela w Paryżu lub z jeszcze lepszych źródeł. Eugeniusz Tarle mówi w *Wojnie krymskiej*, że dane o spisku Konarskiego przywiozła do Petersburga specjalna wysłanniczka Ludwika Filipa, „króla barykad", który pragnął zaskarbić sobie względy Mikołaja I. Zagraniczne agentury szpiegowskie i kontakty z policją polityczną państw zachodnich oddawały carom nieocenione usługi.

Sztab i Ministerstwo Wojny nie poprzestawały jednak na dotychczas wymienionych ostrożnościach. Oddziałom gwardyjskim i grenadierskim można było ufać, ale też nie bez zastrzeżeń. Przecież jesienią 1862 roku dwaj specjalnie z Londynu sprowadzeni detektywi, Walker i Whicher, dokonali zdumiewających odkryć. Korzystając z ich wskazówek, aresztowano w Petersburgu wielu oficerów, wśród których znajdował się sztabrotmistrz dragonów jekaterynosławskich, Michał Heidenreich, wsławiony później w powstaniu pod pseudonimem „Kruk". Jednocześnie z nim zamknięto Benedykta Kuczkowskiego, esauła Kozaków kubańskich! Ten wypadek dowodził, że nawet pretorianom caratu zbytnio dowierzać nie można było. Niezawodnie natomiast przedstawiał się atut, na który wszelkie reakcyjne formacje polityczne zawsze liczą: powszechna ciemnota i analfabetyzm mas, pozbawionych rzetelnej informacji.

Na kilka miesięcy przed powstaniem zaczęła się w wojsku rosyjskim wielka, odgórnie planowana robota prowokatorska. Setki specjalnie nasłanych agentów pracowały nad poderwaniem zaufania żołnierzy do oficerów, którzy zaliczali się wszak do inteligencji, a więc stanowili element najbardziej podejrzany. Niepiśmienny mużyk pod karabinem powinien był uwierzyć, że dowódca, który sprzyja „buntownikom" albo okazuje im najmniejsze chociażby „pobłażanie" – to wróg ludu, a sojusznik tych, co palą miasta i pragną wytępienia narodu rosyjskiego oraz prawosławnej wiary.

Zaraz po wykryciu w Warszawie spisku Arnholdta generał Chrulew podczas przeglądu krzyknął do żołnierzy:

– *Riebiata!* Jeżeli między waszymi oficerami są takie podlece jak w czwartym batalionie, rozkazuję wziąć ich na bagnety!

Nasłani przez rząd agenci mieli przygotować realizację tej recepty, i to nawet za cenę zniszczenia dyscypliny. Zamiar został osiągnięty. Podczas powstania rosyjscy oficerowie wprost bali się swych własnych podkomendnych. Armia carska w tym czasie przypominała niekiedy raczej hordę nomadów niż regularne wojsko. Zdarzały się istotnie wypadki podnoszenia na bagnetach przełożonych, którzy po ludzku współczuli *miatieżnikom*.

„Zwykły szeregowiec jest nieobliczalny, pójdzie za tym, kto na niego wpływ wywrze" – pisał inteligentny obserwator, pruski oficer Kurt von Schlözer. Kapitan Jarosław Dąbrowski chciał być tym pierwszym, co wpływ wywiera. Dzięki Białym uprzedzili go inni, tacy jak generał Chrulew.

Po dokonaniu opisanych zabiegów wewnątrz państwa i w wojsku, po uwięzieniu Czernyszewskiego i innych demokratycznych działaczy carat mógł z niejaką ufnością spoglądać w przyszłość i czekać, co też poczną nad Wisłą Polacy, którzy poprzedni okres zużyli przede wszystkim na śpiewanie hymnów pokutnych. Byli i tacy wśród carskich sztabowców, co sami zaczęli teraz liczyć na wybuch i prowokować, bo w danej chwili musiał on przynieść Królestwu militarną klęskę i rządy czysto generalskie.

Podczas powstania szczególnie złą sławą okrył się po stronie carskiej Polak, Włodzimierz Dobrowolski (Żeromski w *Wiernej rzece* o bitwie pod Małogoszczą: „To was tam poczciwy rodak Dobrowolski z Gołubowem i Czengierym macał. Niezbyt wam tam poszło..."). W 1862 roku podpułkownik Dobrowolski, uczestniczący wtedy w konspiracji, miał okazję odbycia rozmowy z ministrem wojny, od którego usłyszał, że władze chcą wybuchu. „Wówczas bowiem będziemy wiedzieli, co robić" – mówił minister o spodziewanym powstaniu.

JESIEŃ 1862

Michaleny to mała mieścina w Mołdawii, nad samą ówczesną granicą Rumunii i Austrii. Rubież stanowiła tam rzeczka, którą od biedy można było przeskoczyć. Leżał nad nią most ozdobiony bramami o barwach obu sąsiadujących mocarstw.

Osiedle żyło sobie nieźle z handlu oraz kontrabandy. Ludność jego składała się przeważnie z Żydów tudzież z pewnej liczby Polaków, Niemców, Greków i innych chrześcijan nieokreślonej narodowości. Kilkanaście domów zaliczało się do lepszego towarzystwa. Obyczaje panowały charakterystyczne dla peryferii dumnej Europy. Prawo szanowano tylko w takim skrajnym wypadku, kiedy nie pozostawał absolutnie żaden sposób na jego obejście. Żona zamieszkałego w sąsiednim mieście przedstawiciela arcykatolickiej Austrii uzupełniała zarobki męża, czerpiąc dochody z handlu żywym towarem, który sprowadzała z Galicji. Co się tyczy autochtonów należących do lepszej sfery – „niemożliwością było wchodzić w to towarzystwo z obawy ocierania się o jakąś panią, co otruła, o jakiegoś pana, co zadusił" – zapisał w swym pamiętniku pewien polski działacz, z którym za chwilę zawrzemy bliższą znajomość.

Mąż ów przybył do Michalen jeszcze w roku 1860. Wydelegowała go polska emigracja demokratyczna z Paryża, działająca w porozumieniu z nieznanym nam bliżej przedstawicielem krajowej konspiracji. Obowiązki emisariusza polegały na tworzeniu kadr oddziału zbrojnego, który na wypadek powstania miał wtargnąć w granice rosyjskiego imperium. Oczywiście cała okolica wiedziała o tej jego misji, co mu jednak nie przeszkodziło uzyskać paszport rumuński na imię Fortunata Melko (miejscowe poglądy na znaczenie i moc obowiązującą prawa już poznaliśmy). Posiadany dokument pozwalał naszemu konspiratorowi bywać w Galicji, a nawet pozostawać tam po kilka miesięcy. Wyprawy te w niczym wprawdzie porządkowi europejskiemu nie zagroziły i sojuszu trzech czarnych orłów nie zniweczyły, lecz za to w sposób bardzo istotny wpłynęły na stan rodzinny wiadomego polityka.

Nastał ostatni kwartał 1862 roku. Siła zbrojna, mająca od południa podważyć panowanie białego cara, nie przedstawiała się nazbyt groźnie. W okolicy u rozmaitych ludzi rozmieściło się nieco młodzieży polskiej, która zbiegła się ze wszystkich stron świata, zasłyszawszy, że w Mołdawii formują się „legiony". Ich przyszły wódz nie miał broni, pieniędzy, nie posiadał nawet kontaktu z warszawskim Komitetem. Posłuszny paryskiemu rozkazowi przybył do Rumunii i zawisł w politycznej próżni. W przeciągu minionych dwóch lat zdążył natomiast odbyć w Galicji konkury i ożenić się z panną Zofią Wróblewską. W Michalenach zajmował cały kilkupokojowy domek, zatrudniał dwie służące. „Na podwórku gdakały kury, w karmniku tuczył się wieprz, w stajni stała krowa..." – jak świadczy pamiętnik ich właściciela, który wszystkie te dostatki zawdzięczał własnej, płodnej i usilnej pracy na niwie literatury ojczystej. W przyszłości nie umiał nawet wyliczyć, które ze swych powieści napisał w mołdawskim ustroniu, w warunkach zadomowionej konspiracji.

Był październik 1862 roku. W paradnym pokoju michaleńskiego domku rozmawiało dwóch mężczyzn. Starszy, któremu podczesana w górę czupryna, krzaczaste brwi oraz długie, zwisające wąsy nadawały wojowniczy i smętny, groźny i poczciwy wygląd kozackiego esauła, był to gospodarz, pułkownik Zygmunt Fortunat Miłkowski. Dzień ów oznaczał dlań wielkie święto. Po dwu latach bezowocnych starań nawiązał oto nareszcie bezpośredni kontakt z wysłannikiem okrytego tajemnicą Komitetu Centralnego Narodowego w Warszawie. Emisariusz przyjechał całkiem niespodziewanie i od razu przedstawił się Jeżowi pełnym imieniem i nazwiskiem. Zwał się Stefan Bobrowski.

Kandydat na wodza polskich południowych sił zbrojnych uważnie obserwował swego gościa. Miał przed sobą bardzo młodego, niewysokiego, ruchliwego bruneta. Kijowską modą włosy nosił Bobrowski długie i gładko rozczesywał je na boki, tak że uszu prawie wcale nie było widać. Niekiedy czupryna zsuwała mu się na brzeg wysokiego czoła, nadając twarzy wyraz hajdamackiej zadzierzystości. Była to twarz wąska, inteligentna, o ustach tak zaciśniętych, że niemal znikały pod czarnym wąsikiem. Właściciel jej sprawiał wrażenie człowieka, który szybko postanawia i już się nie cofa z raz obranej drogi. Duże ciemne oczy przykrywał często zdejmowanymi okularami.

W obyczajach warszawskiego wysłannika było wiele rzeczy, które mogły zastanowić bez mała dwakroć starszego Miłkowskiego. Z bocznej, naddartej kieszeni surduta wystawały pliki jakichś papierów. Ciągle je wyjmował, przeglądał i znów chował. W niedalekich Botuszanach przytrafił się Bobrowskiemu wypadek, który mógł mu łatwo uniemożliwić dalszą podróż i wypełnienie służbowych obowiązków. Siedział sobie w kawiarni i wyciągając z kieszeni chustkę, wyrzucił na kanapę rulon kilkuset dukatów, cały swój urzędowy fundusz. Spostrzegł się dopiero na ulicy, zawrócił i od kelnera Greka otrzymał pieniądze z powrotem, co współcześni jednomyślnie uznali za niezbity dowód sprawnego działania Opatrzności. Oddawanie znalezionych pieniędzy zaliczało się wtedy w Mołdawii do zdarzeń równie częstych jak pojawienie się komety.

W Michalenach od razu zjednał sobie serce Jeża, wykazując żywe zainteresowanie i ogólną orientację w sprawach literatury. Podczas rozmów, których polityczna zasadniczo treść przeplatana bywała dygresjami w dziedzinę sztuki, wypijał Bobrowski niesłychane ilości kawy i herbaty na przemian. Łatwo było zauważyć, że wcale go nie obchodzi, co zawierają kolejne szklanki stawiane przed nim przez panią Miłkowską.

„Dystrakt!" – scharakteryzował go w myśli pułkownik. Ale w przyszłości miał jeszcze zapisać w pamiętniku, że przez całe swe bardzo długie życie nie spotkał drugiego młodego człowieka, który by go równie mocno zainteresował.

Zaraz po przyjeździe, nie upewniwszy się nawet, czy Jeż gotów jest uznać władzę Komitetu, Bobrowski dokładnie i szczegółowo wtajemniczył go we wszystko. Nie ukrywał nawet spraw personalnych ani trudności, na jakie Czerwoni natrafiali ze strony Białych, Wielopolskiego i Ludwika Mierosławskiego.

Dziwny sposób postępowania byłby pewnie zraził doświadczonego spiskowca, gdyby nie jedna okoliczność, która też nie uszła jego uwagi. Chodzi o to, że wszelkie poufne informacje były udzielane tylko wtedy, kiedy obaj panowie pozostawali ze sobą w cztery oczy. Podczas długich i ożywionych rozmów z panią Miłkowską Bobrowski ani razu nie puścił farby.

Jeż nie wiedział jeszcze wtedy, że młody emisariusz posiadał swoją własną i sobie tylko właściwą umiejętność postępowania z ludźmi. Wszyscy, którzy go znali, stwierdzają, że często potrafił od pierwszego rzutu oka przeniknąć człowieka, poznać się na nim i ocenić jego przydatność dla sprawy ruchu. Jeżeli diagnoza wypadła dodatnio, wówczas postępował tak jak w Michalenach. Jeżeli zaś nie, wtedy w ogóle dawał spokój i nawet nie próbował agitować rozmówcy. Przynosiło to dodatkową korzyść w postaci unikania niepotrzebnych sporów i zaognień.

Wrodzone zdolności działacza i przywódcy politycznego bardzo przydały się Stefanowi Bobrowskiemu przy wypełnianiu zadań, jakie w przeciągu minionych kilku miesięcy – po znanej nam ucieczce z Kijowa – zlecał mu warszawski Komitet. Jednakże te intelektualne kwalifikacje same by nie wystarczyły. Decydującym czynnikiem, który mu pozwalał wpływać na ludzi i zaprzęgać ich do roboty, był jego własny, przed żadnymi trudnościami i ofiarami niecofający się patriotyzm, osobisty charakter. Dawny szef

„Trojnickiego" nie zaliczał się do polityków, którzy kaptują pomocników gierką, frazesem lub też metodą stopniowego wikłania w konspirację. Jego główny argument – wielkość sprawy, której służył – był zawsze jeden i ten sam i działał wprost.

Szersza działalność Bobrowskiego rozpoczęła się akurat wtedy, kiedy w Warszawie, pod wpływem Jarosława Dąbrowskiego, ostatecznie ukonstytuował się Komitet Centralny Narodowy. Zbieg z Kijowa podporządkował się tej władzy bez zastrzeżeń i z jej ramienia jeździł do Paryża.

Emigracja polska skupiona w stolicy Francji przestała już odgrywać dawną naczelną rolę w politycznym życiu narodu, a nawet zdążyła wyrzec się przesadnych ambicji. Odnosi się to, rzecz jasna, tylko do jej demokratycznego odłamu. Bo prawica jeszcze w roku następnym próbowała uchwycić ster spraw krajowych, osiągając skutki możliwie dla Polski najgorsze.

W marcu 1862 środowiska demokratyczne wyłoniły Komitet Emigracyjny, który od razu orzekł, że pragnie tylko „służyć krajowi w sprawie silnego i skutecznego powstania o własnych siłach". Nie była to organizacja zbyt potężna. Przez cały czas swego istnienia zdołał Komitet zebrać zaledwie dziesięć tysięcy franków. Bądź co bądź, jednak stanowił pewną siłę, posiadał stosunki i wpływy w demokratycznych kołach Zachodu, miał nawet sekcje w Gandawie, Leodium, Turynie i w innych miastach. Toteż warszawski Komitet Centralny postanowił podporządkować go sobie. Wprowadzenie tego zamiaru w czyn powierzono Stefanowi Bobrowskiemu.

Zadanie jego nie ograniczało się do samego tylko Komitetu Emigracyjnego. Czerwonym zależało na uzyskaniu wpływu na całe demokratyczne wychodźstwo. Bobrowski nie występował też jako emisariusz, który przyjechał wyłącznie w celu prowadzenia pertraktacji z zarządem już istniejącego stowarzyszenia. Brał udział w pracach organizacyjnych Komitetu i należał do jego władz, w skład których wchodził również Zygmunt Padlewski, sławny później wojewoda płocki. Obu tych ludzi łączyła głęboka i serdeczna przyjaźń. W niedalekiej przyszłości młodszy o sześć lat Bobrowski miał w najcięższych chwilach walki podtrzymywać na duchu mięknącego czasem wojewodę.

Znajomość ich, a może i zażyłość, musiała się datować z doby wcześniejszej. Mogli się poznać jeszcze w Petersburgu. Padlewski – także szlachcic z Ukrainy, urodzony w Czerniawce pod Berdyczowem – służył tam w wojsku jako porucznik artylerii gwardii i był czynnym członkiem koła oficerskiego, któremu patronował Zygmunt Sierakowski, a hetmanił Jarosław Dąbrowski.

Sprawy paryskie doprowadził Bobrowski do pożądanego rezultatu. Prace nie trwały zbyt długo, chociaż podobno warszawski wysłannik widywał się w tym czasie z Mazzinim, Garibaldim i Kossuthem. Jeśli to prawda, Bobrowski musiał jeździć z Paryża dalej, do Londynu i Włoch, gdzie ci działacze przebywali.

Organizacja paryska podporządkowała się Komitetowi Centralnemu, zastrzegając sobie pewną samodzielność w zakresie prowadzenia spraw zagranicznych. 12 sierpnia ukazała się odezwa, w której było powiedziane: „Powstanie o własnych siłach to najświętszy i najpilniejszy narodu obowiązek... krajowi należy się początkowanie i kierunek powstańczych przygotowań", a Komitet Emigracyjny postara się o zawiązanie, „jeżeli się da, stosunków z rządami wolnych narodów". I wreszcie, że „nie godzi się nam zapominać uciśnionych ludów, którym winniśmy z naszej strony składać ciągłe dowody niezachwianej wiary w międzynarodową solidarność".

Podczas bytności w Paryżu musiał Bobrowski znacznie rozszerzyć swój widnokrąg polityczny. Wtedy też zapewne dokonał zasadniczej i ostatecznej oceny jednej z głównych figur narodowej szachownicy. Żadne perswazje nie potrafiły go później skłonić do okazania najlżejszego choćby zaufania generałowi Ludwikowi Mierosławskiemu.

W okresie Wiosny Ludów, i nawet jeszcze potem, osobistość ta w oczach niektórych uchodziła prawie za symbol ojczyzny.

Zdaniem sfer konserwatywnych Mierosławski był wcieleniem idei rewolucji socjalnej i wszystkich okropności, jakie miała ona spowodować. Zapatrywania te należy chyba w całości przypisać grubemu nieuctwu politycznemu dopiero co wspomnianych kół. W rzeczywistości Mierosławski zaliczał się do takich działaczy, którzy za cenę władzy zdolni są dogadać się z każdym.

Dzisiaj uważa się Mierosławskiego za przedstawiciela skrajnie prawego skrzydła Czerwonych. Dawniej uchodził on za rewolucjonistę radykalnego typu. Można ryzykować tezę, że pierwszy z tych sądów nie więcej wart od drugiego. Czerwień pana Ludwikowego sztandaru wydaje się ze wszech miar podejrzana. Kiedy u schyłku 1862 roku Komitet Centralny opublikował w Hercenowskim „Kołokole" oświadczenie na temat samostanowienia Litwy i Rusi, generał wpadł w szał. Piorunował, wymyślał od nowej Targowicy i od jeszcze gorszych rzeczy. W trzech najpoczytniejszych dziennikach francuskich: „Opinion Nationale", „Siècle" i „Presse", ogłosił oświadczenie, że nie ma nic wspólnego z Komitetem, „który zostawia dwie trzecie polskiego kraju przyszłej Moskwie odrodzonej, w zamian obietnic współczucia i pomocy, tyle akurat wartych, co i ten zastaw".

Jeszcze w początkach 1863 roku Mierosławski grzmiał przeciwko Komitetowi, który „się spętał w Londynie z liberałami moskiewskimi, za poręką owej nieszczęsnej studenterii kijowskiej, co nie mógłszy nauczyć się dziejów własnego narodu od swoich profesorów, uczy się od Moskali bajecznych legend o Rurykowiczach i za parę śniadań londyńskich z Bakuninem odstępuje «Kołokołowi» wszystkie Ruryków zabory". Passus o kijowskiej studenterii niewątpliwie odnosił się do Padlewskiego i Bobrowskiego, z których pierwszy jeździł z misją polityczną do Londynu i Petersburga, drugi do Moskwy.

Jak widzimy, nasz historiozof uważał Ukrainę, prakolebkę państwowości ruskiej, za „zabór Ruryków". Za tego rodzaju propagandę w tym samym jeszcze roku 1863 przyszło Polsce bardzo drogo płacić.

Nie wolno uważać Mierosławskiego za zupełnie samodzielny polski czynnik polityczny. Generał był bowiem mocno uzależniony od cesarskiego Paryża.

Dyplomacja Napoleona III usiłowała niekiedy przybierać pozory rewolucyjne i lewicowe. Chodziło najczęściej o szantaż w stosunku do państw obcych, o zagrażanie ich gabinetom przewrotem społecznym. W takich wypadkach cesarz korzystał z usług swego stryjecznego brata, Hieronima Napoleona Bonaparte, popularnie zwanego księciem Plon-Plon. Ta mało poważna osobistość, piastująca godność wielkiego mistrza lóż masońskich, spełniała zatem zadania agenturalne i prowokatorskie. W jej otoczeniu nie brakowało Polaków. Spotykało się tam Ksawerego Branickiego, Marcelego Lubomirskiego tudzież generała Ludwika Mierosławskiego. Ten ostatni otrzymywał od księcia Plon-Plon zarówno dyrektywy oraz informacje, jak i pieniądze. Wręczano mu je za pośrednictwem Lubomirskiego.

Miłkowski, *alias* Jeż, który Mierosławskiego znał osobiście i przeniknął wcale nieźle, charakteryzuje go w ten sposób:

> Mierosławski był to okaz psychiczny na bliższe, wyczerpujące zasługujący studium. Przelewały się w nim olbrzymie zdolności i bezmierna ambicja, podszyte wielką niewątpliwie miłością Polski, ale Polski przez niego stworzonej i nie przez kogo innego, tylko przez niego udobrodziejstwowanej. Stąd każdego, w kim podejrzewał możliwego współzawodnika, z góry uważał za nieprzyjaciela osobistego, za wroga Polski, za szarlatana, za zbrodniarza niemal... nie podobała mi się pewność, z jaką generał konkluzje wyprowadzał wysnute wprost z rozumowania. Bardziej jednak nie podobała mi się pewność w innym kierunku – pewność siebie samego również z teorii wysnuta, a popierana argumentacją anegdotyczną, polegającą na porównaniach, przenośniach, przypowieściach i opowiadaniach o jednej i tej samej rzeczy coraz to inaczej. Człowiek ten wydał mi się zarozumialcem lekkomyślnym, mijającym się z prawdą. Wywierał jednak na młodzież urok. Widziałem to; widziałem, jak się młodzież do niego garnęła, i nie mogłem odmówić

mu przymiotu jednego, który od niego, że się tak wyrażę, bił, a to: zdolności ogromnych. Zdolności się z niego przelewały niejako. Same wady cechowała niepospolitość[1].

Fakty świadczą, że nie cała młodzież ulegała powabom postaci Mierosławskiego. W 1862 roku Stefan Bobrowski miał dopiero dwadzieścia dwa lata, a przecież nie poddał się owemu „urokowi". Stał się nawet zasadniczym i, jak wkrótce miało wyjść na jaw, najbardziej w całym kraju nieustępliwym przeciwnikiem generała. Poglądy jego w tej mierze całkowicie podzielał Padlewski, który czasu niedawnej służby w polskiej szkole podchorążych we Włoszech miał okazję trafnie ocenić pana Ludwika.

Jak już wiemy, dodatnie skutki podróży Bobrowskiego do Paryża przypieczętował manifest Komitetu Emigracyjnego, ogłoszony 12 sierpnia 1862 roku. W tym samym miesiącu Stefan znowu wypłynął jako emisariusz, ale w punkcie dość od Francji odległym, w dobrze sobie znanym Kijowie.

Podróż jego w te strony poprzedziła, a może po części i przygotowała wyprawa Leona Frankowskiego. Był to człowiek młody – jedna z najbardziej szlachetnych i poświęcających się postaci ruchu. Cóż stąd, kiedy wrażenie, jakie wywarł nad Dnieprem jako działacz, podobno nie zaliczało się do dodatnich. Sprawiła to jego beznadziejna naiwność i brak doświadczenia – wynik wieku niemal chłopięcego.

Odwiedził między innymi i Tadeusza Bobrowskiego. Zaraz po przyjeździe jął się rozwodzić nad znakomitym usposobieniem chłopów ukraińskich, na których – jego zdaniem – można było liczyć jak na Zawiszę. Zapytany, na czym opiera swój sąd, odrzekł, że na odbytych rozmowach, a także na tym pocieszającym fakcie, że kiedy zajechał do pobliskiej karczmy i zapytał o dziedzica – chłopi odkryli głowy.

[1] T.T. Jeż, *Od kolebki przez życie*, t. II, Kraków 1936, s. 241.

– Wszystko to nie przeszkadza, że wszelkie nasze kroki najakuratniej śledzą, a na pierwszy znak rządu wiązać, a może nawet wieszać nas będą – oschle odparł właściciel Kazimierówki.

W ślad za Frankowskim, 22 sierpnia, zjawił się w Kijowie Stefan Bobrowski. Trafił w doskonale sobie znane środowisko i polecenia Komitetu Centralnego wykonał prędko. Zasadniczo chodziło o to samo, co w Paryżu. O podporządkowanie miejscowej organizacji Warszawie. Kierownictwo „Trojnickiego", złożone naonczas z pięciu osób, przybrało tytuł Komitetu Prowincjonalnego Rusi, czyli Zarządu, i poddało się rozkazom Komitetu Centralnego Narodowego, zastrzegając sobie tylko prawo decyzji co do terminu rozpoczęcia powstania na Ukrainie.

By nie popaść w często spotykany grzech, to znaczy nie przecenić roli bohatera opowieści, trzeba podkreślić, że Bobrowski przyjechał do Kijowa już po metamorfozie konspiracji. W decydującym zebraniu nie uczestniczył. Spełniał więc ważną funkcję łącznika, głównym organizatorem jeszcze nie był.

Załatwiając te sprawy, Stefan unikał oczywiście spotkań z rodziną. Jeździł do Żytomierza, a potem wybrał się w tajemniczą podróż do Moskwy. Późniejsi komentatorzy nie mieli żadnych wątpliwości, że chodziło o spotkanie z rewolucjonistami rosyjskimi.

Rozmaici autorzy twierdzili, że Stefan Bobrowski postawił również na nogi podziemną organizację Krakowa. Jest to nieporozumienie. Źródła wymieniają tylko kryptonim energicznego emisariusza: „S.B.". Oznacza to jednak: Szwarce Bronisław, a nie Stefan Bobrowski. Zgodnie z duchem naszego języka, imię powinno się zawsze pisać na pierwszym miejscu. Odstępstwa od tej zasady nie tylko obniżają kulturę literacką, ale – jakeśmy widzieli – mogą szkodzić wiedzy. Przecież każdy Polak (i każdy Europejczyk z wyjątkiem Węgra) w owym kryptonimowym „S" odruchowo dopatrzy się pierwszej litery imienia.

Jesienią 1862 roku Komitet kazał najzdolniejszemu i najdzielniejszemu ze swych agentów raz jeszcze objechać placówki zagraniczne, dokonać przeglądu sił i zwrócić szczególną uwagę na ludzi o kwalifikacjach dowódczych, których organizacji brakowało. Bobrowski zaczął od wizyty w Michalenach. Zatwierdził pułkownika Miłkowskiego w jego funkcji wodza południowej grupy uderzeniowej, pozostawiając mu wolną rękę co do wojskowej struktury oddziału.

– Na tym się nie znam – oświadczył lojalnie.

Pomógł za to Jeżowi podciągnąć karność wśród zakwaterowanych w okolicy ochotników i odjechał do Jass. Wizyta jego likwidowała polityczną fikcję, w jakiej od dwóch lat zawieszony był Miłkowski. Odtąd Komitet Centralny stale utrzymywał z Michalenami łączność przy pomocy kurierów. Wkrótce jeden z nich przywiózł pułkownikowi rozkaz stawienia się w Warszawie.

Wysłannik był Żydem. Nikogo to nie raziło, tylko pani Miłkowska zapragnęła osobiście dokuczyć człowiekowi, którego przybycie oznaczało w jej życiu kres sielanki. Toteż podała na obiad jedzenie wyłącznie trefne. Wielkie było jej zdumienie, kiedy starozakonny konspirator gładko wchłonął kapuśniak z kiełbasą, ochoczo się zabrał do pieczeni wieprzowej i popchnął wszystko potężną porcją kaszy ze słoniną. Unaoczniwszy w ten sposób swoją absolutną postępowość, dziarski kurier – widocznie dla rozwiania obaw pani domu – jął się naigrawać z niedołęstwa carskiej policji.

Cało i zdrowo dojechał Miłkowski do Warszawy i tak samo powrócił do Michalen. Przywiózł szarżę dowódcy sił zbrojnych na Rusi, zapewnienie, że powstanie odłożone zostało co najmniej do maja 1863 roku, oraz polecenie zajęcia się przygotowaniem dróg transportu broni z zagranicy. W tym celu miał wybrać się do Konstantynopola i – na osobne zarządzenie Komitetu – do Marsylii. Jakoż w początkach stycznia 1863 otrzymał z Krakowa depeszę:

„*Tout va bien, Monsieur Centralistowski vous engage à continuer votre voyage. Stefan*".

Po przeczytaniu telegramu Jeż złapał się za głowę. Wszystko było jasne. Także i to, że zredagować konspiracyjną wiadomość w ten sposób mógł tylko taki dystrakt jak Bobrowski.

Mniej więcej w tym samym czasie, kiedy Jeż z Bobrowskim konferowali w Michalenach, w diametralnie odległym punkcie Europy odbywały się obrady dotyczące samej istoty ich akcji.

Pod koniec września 1862 roku w londyńskim mieszkaniu Aleksandra Hercena zjawił się podniecony i zaaferowany Michał Bakunin.

– Warszawski Komitet Centralny – oznajmił – przysłał dwóch swoich członków dla pertraktacji z nami. Jednego z nich znasz, jest to Padlewski. Drugi – Giller, nieustępliwy bojownik, który z Polski przespacerował się w kajdanach do kopalń, dopiero co powrócił i znowu przystąpił do roboty. Dziś wieczorem przyprowadzę ich do ciebie, trzeba nareszcie określić nasze wzajemne stosunki.

Hercen wyraził zgodę.

Jego stosunek do sprawy polskiej, zawsze głęboko życzliwy, ulegał ewolucji i znamiennym wahaniom. Piętnaście lat wcześniej, zaraz po wyjeździe z Rosji, Hercen zapoznał się z przedstawicielami demokratycznego odłamu emigracji polskiej, którzy – a w szczególności Stanisław Worcell – walnie dopomogli przy zakładaniu rosyjskiej drukarni w Londynie.

– Powinniśmy iść razem. Mamy przed sobą jedną drogę i jeden cel – nieraz mawiał Hercenowi Worcell.

To on właśnie, nie zważając na chorobę, dokonał gospodarczej kalkulacji, poczynił główne zamówienia, jednym słowem – pomagał kłaść fundamenty pracowni, która wypuszczała w świat wsławione w dziejach postępu pismo „Kołokoł".

Szli razem – o ile to w ogóle było możliwe. Hercen starannie precyzował powody powstających nieporozumień:

...sprawa polska była przede wszystkim kwestią narodową, a rewolucyjną tylko w sposób formalny, to znaczy w odniesieniu do obcego jarzma – pisał. – ...Emigracja tyleż samo patrzała naprzód, co i w tył;

starała się odbudowywać, zupełnie tak, jakby cokolwiek z rzeczy przeszłych, z wyjątkiem niepodległości, zasługiwało na odbudowanie, a sama niepodległość niczego jeszcze przecież nie mówi... Czyż można być bardziej niepodległym niż Rosja? W złożoną, z trudem wypracowywaną formułę przyszłego ustroju społecznego Polska wniosła nie nową ideę, lecz tylko swoje historyczne prawo i swoją gotowość do pomocy innym, w słusznej nadziei na wzajemność. Walka o niepodległość zawsze wywołuje gorące współczucie, ale nie może się stać sprawą własną dla obcych. Tylko te sprawy stanowią wspólną własność, które w istocie swej nie są narodowe, jak na przykład sprawy katolicyzmu i protestantyzmu, rewolucji i reakcji, ekonomizmu i socjalizmu[1].

Na początku lat sześćdziesiątych postępki carskiego rządu znowu bardzo zbliżyły Hercena do Polaków. W jego książce *Byłoje i dumy* czytamy: „Wobec strzałów do księży i dzieci, do krucyfiksów i kobiet, wobec salw do śpiewających i modlących się tłumów ucichły wszelkie pytania, zanikły różnice... Ze łzami w oczach napisałem wtedy szereg artykułów, które głęboko wzruszyły Polaków...". Otrzymywał od nich adresy dziękczynne opatrzone setkami podpisów. Nawet książę Adam Czartoryski nadesłał mu list utrzymany w ciepłym tonie. „Zdawało się, że w wielu sprawach byliśmy sobie bliscy, ale wystarczyło sięgnąć nieco głębiej – i różnice, jaskrawe różnice, same rzucały się w oczy"[2].

Zgodnie z obietnicą Bakunin przyprowadził Polaków wieczorem. Było ich jednak nie dwóch, ale trzech. Pierwszy, Zygmunt Padlewski, reprezentował lewe skrzydło Czerwonych, lecz przede wszystkim był żołnierzem, nie politykiem. W tym ostatnim względzie znacznie więcej wyrobienia miał Agaton Giller, z którym zdążymy jeszcze zawrzeć aż nazbyt dobrą znajomość.

Ci dwaj stanowili właściwą delegację Komitetu. Wraz z nimi przyszedł Włodzimierz Milowicz, syn zamożnego ziemianina z Ukrainy, były student uniwersytetu kijowskiego, członek „Trojni-

[1] A.I. Hercen, *Byłoje i dumy*, Leningrad 1947, s. 579.
[2] *Ibidem*, s. 754.

ckiego" i jeden z przywódców Komitetu Emigracyjnego w Paryżu. Człowiek obrotny, pełen talentów towarzyskich, podobno trochę blagier, znał wszystkich, posiadał stosunki w każdym polskim ugrupowaniu politycznym. W przyszłości spisał swe wspomnienia, w których znaleźć możemy charakterystyczne wyznanie wiary:

> Polak... ma zawsze na myśli niepodległość Polski, a jest zupełnie obojętny, jeżeli nie przeciwny zasadniczo wszelkim socjalistycznym i rewolucyjnym mrzonkom, do których Rosjanin ma szczególną predylekcję. Wyłącznym celem dla Polaka jest niepodległość jego kraju, a rewolucja tylko środkiem do niej, wówczas gdy Moskal, który zacznie myśleć... dąży do rewolucji jako celu, nie zdaje sobie nawet sprawy z jej skutków, bo mu wystarcza już to samo, że zmieni ona stan obecny, w którym widzi poniżenie godności ludzkiej[1].

Tezy te i wypowiedź Hercena o Polakach, którzy poprzestawali na samym tylko żądaniu niepodległości, to jakby dwa reflektory rzucające światło na jeden punkt. W ich blasku wyraźnie ukazuje się istota jaskrawych różnic między programami Polaków i Rosjan. Tak rzecz wygląda od strony teorii. A w praktyce – polskie powstanie, rozpoczęte pod partykularnym hasłem niepodległości, sprawiło przewrót socjalny o skutkach głębokich i t r w a ł y c h. Hercen się pomylił, Milowicz nie rozumiał widać sensu własnych działań. Ale znowu wybiegliśmy naprzód.

Podczas omawianej konferencji Bakunin usiłował klajstrować, jak tylko mógł. Zdaniem Hercena, stale cechowała go skłonność do uważania drugiego miesiąca ciąży za miesiąc dziewiąty. W danej chwili

> za warszawskim powstaniem widział już swoją „sławną i słowiańską" federację, o której Polacy wspominali z czymś w rodzaju zgrozy czy też wstrętu... oglądał już czerwony sztandar Ziemli i Woli powiewający nad Uralem i Wołgą, nad Ukrainą i Kaukazem, a bodaj nawet nad Zimowym Pałacem i pietropawłowską fortecą[2].

[1] *Wydawnictwo materiałów do historii powstania 1863–1864,* t. IV, s. 35–36.
[2] A.I. Hercen, *Byłoje i dumy,* s. 755.

Co się tyczy samego Hercena, stanowisko jego cechowała bezwzględna szczerość i uczciwość. Plany powstania uważał za przedwczesne i bynajmniej nie przyrzekał skutecznego poparcia. Odradzał nawet wybuch. Oto co mówił:

Nie było wątpliwości, że w Rosji zaczynały się wiązać pierwsze ogniwa organizacji: pierwsze włókna, nici dawały się zauważyć gołym okiem; z tych nici, węzłów mogła w przyszłości, pod warunkiem ciszy i spokoju, wytworzyć się sieć – wszystko to tak, ale na razie jej nie było i każdy silny wstrząs zagrażał robocie zgubą na całe pokolenie i pozrywaniem początkowych oczek tkaniny[1].

(Jeszcze tej samej jesieni Hercen rozmawiał w Londynie z pewnym przedstawicielem rosyjskiej konspiracji. „Dużo was jest?" – zapytał. „To trudno powiedzieć – brzmiała odpowiedź. – Kilkaset osób w Petersburgu i ze trzy tysiące po prowincjach". „Wierzysz temu?" – zapytał później Hercen Bakunina. „Oczywiście, on upiększył liczby. No, jeżeli teraz nie ma tylu, będzie w przyszłości" – odparł Bakunin i zaśmiał się).

Hercen miał rację, ale ze swojego rosyjskiego punktu widzenia. Polski był inny. Na niezawisłość państwową Polska po prostu musiała jeszcze długo poczekać, na zmianę stosunków społecznych czekać już dłużej nie mogła.

Rozważając dzisiaj sens historycznej konferencji, ma się dziwne wrażenie. Zupełnie tak jakby pomimo wzajemnej sympatii i osiągniętego porozumienia drogi jej uczestników rozeszły się o tyle, że Rosjanie postanowili nadal przygotowywać, a Polacy działać szybko. Wbrew najbardziej jaskrawym pozorom Polska wcale na tym nie straciła.

Ostatecznie obrady doprowadziły do zasadniczego porozumienia. Za jego główny warunek uważał Hercen ogłoszenie przez Komitet uwłaszczenia chłopów i prawa samostanowienia dla prowincji, to znaczy dla Białorusi, Litwy i Ukrainy.

[1] *Ibidem*, s. 756–757.

– Jeśli w Rosji na sztandarze waszym nie zobaczą haseł: nadanie ziemi i wolność dla prowincji, to nasze współczucie dla was nie da wam żadnej korzyści, a nas samych zgubi, dlatego że cała nasza siła polega na zgodności uczuć – tłumaczył Gillerowi i zażądał, by oświadczenie co do prowincji zredagować wyraźniej.

Nazajutrz konferencję wznowiono, tym razem w mieszkaniu Bakunina. Historia milczy, czy z okazji międzynarodowego spotkania kwatera została nieco uporządkowana, czy też wyglądała tak jak zwykle, to znaczy: na stole, pośród licznych szklanek niedopitej herbaty, kupy tytoniu, wszędzie warstwy popiołu z cygar, powietrze szare od dymu.

– Zachowujesz się jak dyplomata na kongresie wersalskim – burczał gospodarz na Hercena, który nastawał na możliwie ścisłą redakcję oświadczenia o prowincjach – czepiasz się słów. To przecież nie jest artykuł dziennikarski ani literatura.

– Jeżeli o mnie chodzi – wtrącił Giller – nie będę się spierał o słowa. Przerabiajcie, jak wam się podoba, byle sens został ten sam.

– Brawo, Giller! – radośnie wykrzyknął Bakunin.

„No, ten przyjechał tutaj podkuty na wszystkie cztery nogi. Nie ma zamiaru niczego w rzeczywistości ustąpić i dlatego właśnie jest taki ustępliwy, jeżeli chodzi o słowa" – pomyślał wtedy Hercen o Gillerze.

„Rezultaty narad opublikowane zostały w „Kołokole", w numerze z 1 października 1862 roku, jako list Komitetu Centralnego Narodowego, datowany z 20 września.

Zasadnicza myśl, z którą Polska obecnie rozpoczyna powstanie – pisano tam – całkowicie uznaje prawo włościan do ziemi przez nich uprawianej oraz pełne prawo każdego narodu do rozporządzania swym losem.

Wywody listu w sprawie chłopskiej wcale nie grzeszyły precyzją. „Cała Polska bez różnicy stronnictw politycznych rozwiązała już kwestię włościańską". Oczywista nieprawda! Dalej powiedziano: „Wszyscy zgadzają się, że włościanom należy oddać na warunkach wykupu ziemię w ich posiadaniu będącą". Jacy wszyscy? I co należało rozumieć pod słowami: „warunki wykupu"? – Andrzej Zamoyski nazywał uwłaszczenie „potwornym płodem w boleściach i mękach społeczeństwa na jaw się wynurzającym". Wielopolski uważał, że „skaleczenie prawa własności w jakiej bądź żyłce organizmu społecznego rani tę własność, drażni we wszystkich członkach".

Autorem, a co najmniej współautorem listu był Agaton Giller, agent Białych w Komitecie. Prawdziwe stanowisko Czerwonych reprezentował Padlewski, człowiek pod względem politycznym mało wyrobiony, na pewno aż zanadto ufający starszemu koledze, którego tajnej roli nie znał. Jednakże oceniając „list", trzeba pamiętać o niezmiernie ważnym względzie praktycznym: „Kołokoł" był pismem rosyjskim, przeznaczonym dla Rosji i bardzo tam poczytnym. Głoszenie, że Polska już załatwiła sprawy, które miały być rzeczywiście załatwione, ale dopiero w chwili wybuchu powstania, było posunięciem rozumnym. Skarbiło sympatie, trochę na kredyt – ale pewny, bez oszustwa.

Obecnie zajmijmy się tym, co oświadczenie Komitetu Centralnego Narodowego mówiło na temat prowincji:

> Utraciliśmy nasz byt polityczny na skutek przemocy. Przemocy tej nigdy nie uznawaliśmy, nie mogliśmy i nie możemy jej uznać. Wobec tego nie uznajemy ani nowych granic, ani rządów powstałych na ruinach naszej wolności. Dla nas nie może istnieć Polska podzielona, a jedynie Polska cała, taka, jaką tworzy połączona Polska, Litwa i Ruś bez żadnej hegemonii któregokolwiek z tych trzech narodów.
>
> Wychodząc z tego założenia, dążymy do odbudowania Polski w dawnych jej granicach [to znaczy w granicach 1772 roku – przypisek P. J.], pozostawiając narodom w niej mieszkającym, to jest Litwinom i Rusinom, wolność zupełną pozostania w związku z Polską lub też rozporządzania sobą według własnej woli.
>
> W obecnych jednak działaniach przygotowawczych poczytujemy sobie za najwyższy obowiązek dołożyć wszelkich starań, ażeby Litwa i Ukraina postępowały równolegle z Polską i żeby powstanie narodowe objęło jednocześnie wszystkie części naszej uciśnionej ojczyzny.

Dokument ten wywołał wybuch wściekłości generała Ludwika Mierosławskiego, oskarżenia o rzeczy gorsze niż sama Targowica.

W listopadzie i grudniu 1862 roku Zygmunt Padlewski – tym razem sam, bez Gillera – pertraktował z Komitetem Centralnym Ziemli i Woli, który akurat przybrał nazwę Rosyjskiego Centralnego Komitetu Ludowego (Russkij Centralnyj Narodnyj Komitiet). Zawarto umowę, spisaną po francusku, a nacechowaną obustronną szczerością i dobrą wolą.

Kiedy rosyjscy spiskowcy zapytali Padlewskiego, jak Polacy wyobrażają sobie przyszłość Litwy i Ukrainy, ten powołał się na list Komitetu do „Kołokoła" i dodał, że „po wyzwoleniu tych prowincji ludność otrzyma prawo zadecydowania drogą plebiscytu, czy życzy sobie zjednoczenia z Polską, czy też pragnie w inny sposób urządzić swój los"[1].

Wobec wyraźnego oświadczenia Zygmunta Padlewskiego, oświadczenia złożonego Rosjanom w Petersburgu, nie wolno pomawiać Czerwonych o dwulicowość. Szkoda tylko, że słowa o plebiscycie nie znalazły się w liście Komitetu do „Kołokoła". W tym dokumencie konkret podziałałby dobrze. Bo jednak pomimo wszystko list wyrażał się niefortunnie, zawierał błąd bardzo ciężki. Grzeszył... minimalizmem.

Do powstania należało wezwać całą Ukrainę, Białoruś i Litwę, lecz milczeć, jak grób milczeć na temat dawnej polskiej granicy państwowej. Przecież przed rozbiorami Ukraina stanowiła część składową nawet nie Wielkiego Księstwa Litewskiego, ale Korony. Hetmani, których Chmielnicki rozbił pod Korsuniem, to byli hetmani koronni.

Postulat granicy z 1772 roku zawierał w sobie groźny absurd, szczególnie jaskrawo występujący w zestawieniu z jednoczesną

[1] J. Kowalski, *Rewolucyjna demokracja rosyjska a powstanie styczniowe*, Warszawa 1949, s. 161.

praktyką przygotowań powstańczych. Centralą ich dla Ukrainy był i musiał być Kijów, który w 1772 roku od stu przeszło lat do Polski nie należał. Przedrozbiorowa granica przecinała Ukrainę przez pół, nie obejmowała chociażby Połtawszczyzny. A więc odzyskanie jej żadną miarą nie wiodło do wyzwolenia całego narodu ukraińskiego, lecz do jego nowego podziału. Zupełnie to samo odnosi się do Białorusi. Tylko etnograficzna Litwa w całości mieściła się w granicach Rzeczypospolitej Obojga Narodów (oczywiście z wyjątkiem Kłajpedy i przyległych ziem, należących do Prus).

Upieranie się przy haśle granicy 1772 roku – granicy absurdalnej, nieżyciowej, będącej wypadkową gry sił politycznych w XVII wieku – było błędem wręcz katastrofalnym, bo siłą rzeczy nasuwało podejrzenia o polski imperializm, który dąży do odcięcia Rosji od Morza Czarnego. Toteż rząd carski nie omieszkał w niedalekiej przyszłości wyzyskać atutu, który mu Polacy sami w ręce kładli.

Jednak wielu Czerwonych przy haśle tym się upierało. Nawet działacz tak skrajny jak Ignacy Chmieleński – i ten żądał „Polski od morza do morza". Pod tym względem nasza ówczesna lewica pozornie niczym się nie różniła od wodza szlachty, Andrzeja Zamoyskiego, który ostentacyjnie pozował na męczennika idei Polski przedrozbiorowej (w sobie tylko wiadomy sposób łącząc to z pomysłami unii polsko-rosyjskiej).

W literaturze pamiętnikarskiej łatwo o dowody, jak hasło granicy 1772 roku działało na Rosjan, nawet na takiego Piotra Kropotkina. Carscy działacze nie poprzestawali oczywiście na gorzkich uwagach i wyrazach rozczarowania. Józef Kowalski omawia w swej książce tak zwany *Katechizm polski*, rzekomo wyrażający poglądy polskich sfer posiadających:

> Był czas jej [Polski] panowania nad tymi krajami siłą niezwyciężonego oręża... Teraz czeka ją panowanie nad tymi krajami siłą rozumu, handlu i oświaty. Spójrzcie na Anglię, naród to wyłącznie handlowy, a najsilniejszy

na świecie i pan całego świata. Anglia na morzu – Polska na lądzie. W Anglii kolonie są całym jej bogactwem, Polska ma własne Indie – Ukrainę i Litwę. I kolonie te z Polską stanowią jedną całość[1].

Na pewno nie brakowało wśród Polaków ludzi rozumujących w ten czy zbliżony sposób. (Zdanie: „Anglia na morzu – Polska na lądzie", z każdego punktu widzenia wydaje się jednak podejrzane). Ale jeśli chodzi o konkret – *Katechizm polski* znamy wyłącznie z „przedruków" w wydawnictwach carskiej żandarmerii. Polskiego oryginału nikt nigdy nie widział. Program przedrozbiorowej granicy na wschodzie ułatwiał żandarmerii propagandę. Chłonący ją Rosjanie hodowali w duszach łatwe do odgadnięcia sentymenty względem Polaków.

W książce Stanisława Koźmiana *Rok 1863* znajdujemy poniższy wywód:

O ile w dziejach liczne są przykłady usiłowań państw powstania na nowo, o tyle mało w nich zapisanych wypadków powodzenia tychże. Nigdy zaś żadne upadłe państwo nie powstało w tym samym kształcie i w tych samych rozmiarach, które miało, kiedy przestało istnieć. Tę historyczną prawdę zapoznało społeczeństwo i w swoim politycznym katechizmie, i w swoich usiłowaniach odzyskania niepodległości[2].

Sprawiedliwość każe przyznać, że żył wtedy w Polsce człowiek, który w sposób politycznie trzeźwy traktował kwestię wschodu. Był nim Wielopolski. Margrabia w swoim działaniu ograniczał się do Bugu. Żądał autonomii dla Królestwa. To nie znaczy, że było mu obojętne, czy zabużańscy Polacy otrzymają jakie koncesje. Rozumował w ten sposób, że ustępstwa dla Królestwa siłą faktu spowodują łagodniejszy kurs na kresach, ale Warszawa nie może się w to bezpośrednio wtrącać, jeśli nie chce sprowokować cara do gwałtownych odruchów. Wielopolski wcześnie zrozumiał to,

[1] *Ibidem*, s. 28.

[2] S. Koźmian, *Rok 1863*, t. II, Warszawa 1903, s. 17.

co w 1907 roku zaczął głosić Roman Dmowski: że Polska może się dogadać z Rosją, ale poczynając od linii Bugu.

Jak więc należy rozumieć stanowisko Czerwonych, które z pozoru nie różniło się od mętnych bajań Andrzeja Zamoyskiego? Najłatwiej oczywiście przypisać winę ich niedokształceniu lub powtórzyć za Hercenem:,, Chcieli wskrzeszać swoich zmarłych". Jednakże petersburskie oświadczenie Padlewskiego wyraźnie zakreśla granice interpretacji. Przewidywano plebiscyt, czyli zasadę samostanowienia narodów traktowano rzetelnie. A trzeba przypomnieć, że jesienią 1862 roku właśnie Padlewski był w obozie Czerwonych osobistością numer jeden. Jego opinia była miarodajna dla charakterystyki stronnictwa. Za Bugiem pierwsze miejsce wśród Czerwonych zajmował bohater trzech narodów – polskiego, białoruskiego i litewskiego – polski szlachcic herbowy, Konstanty Kalinowski. Ten głosił rewolucję agrarną, która musiałaby pozbawić problem polski na kresach jego oblicza już nie klasowego nawet, ale stanowego. Kalinowski pragnął oczywiście współpracować z Królestwem – niezbicie dowodzi tego sam jego udział w powstaniu styczniowym – ale bez podporządkowywania Litwinów i Białorusinów Polakom. Wyrażał się z właściwą sobie swadą: „Głupim mózgownicom warszawskim nie można powierzać losów Litwy". (Kto dobrze zna kresowe stosunki, ten potwierdzi, że opinię Kalinowskiego podzielały wszystkie tamtejsze narodowości, polskiej wcale nie wyłączając).

Czerwoni znajdowali się pod presją moralnego szantażu, o tym należy stale pamiętać. Szlachecka i mierosławska konkurencja natychmiast ochrzciłaby mianem sprzedawczyka każdego, kto by się ośmielił wyrzec „nieprzedawnionych praw". To znaczy takich, które już w Bohdanie Chmielnickim nie budziły respektu. Ten czynnik musiał odegrać rolę znaczną i wybitnie ujemną. Zwłaszcza że wśród Czerwonych nie wszyscy dorastali do poziomu Zygmunta Padlewskiego.

A przecież właśnie oni mogli przekonać się bezpośrednio, że wśród Ukraińców program 1772 roku nie znajduje entuzjastów.

Zostało już wspomniane, iż Stefan Bobrowski wstąpił do zarządu „Trojnickiego" na miejsce Włodzimierza Antonowicza, który zaliczał się do najstarszych uczestników organizacji, nawet do jej dawnych filarów. Odszedł. Nie tylko ze związku. Zerwał w ogóle z Polakami i ruszył drogą, którą uważał za pożyteczną dla narodu ukraińskiego. Motywów swego postępowania nie taił.

Nie myślcie – mówił – żeby mi lekko przyszło zrywać stosunki, z którymi się zżyłem, w które włożyłem tyle lat życia, tyle pracy i uczucia szczerego. Miałem najbliższe, najściślejsze stosunki z dwoma pokoleniami moich kolegów i spomiędzy nich z wieloma złączony byłem serdeczną nicią prawdziwej przyjaźni i sympatii. Równie też od dzieciństwa kochałem Polskę i, jak widzieliście, szczerze byłem oddany na jej usługi. Razem z wami uczyliśmy się z myślą o niej, zawsze z nadzieją, że skrzętną pracą i myślą rozumną zdołamy ją podźwignąć z niedoli i odbudować na nowych podstawach. Wspólnie z wami przyszliśmy do przekonania, że byłoby to możliwe z ludem i przez lud. Tu na kresach bardziej to skomplikowana sprawa niż w Królestwie na przykład albo w Poznańskiem, gdyż historia pozostawiła tu po sobie niesmaczne tradycje polskiej gospodarki. Marzyliśmy wspólnie z wami, że społeczeństwo polskie zrozumie własny interes i szczerze zechce wejść na drogę uczciwych swych obowiązków względem tutejszego ludu. Razem z wami przekonałem się, że społeczeństwo to głuche i ślepe, że ugrzęzło w sobkostwie, że to wreszcie kasta, nie rozumne i uczciwe społeczeństwo. Wy mnie upewniacie, że to się zmieni, że wy innymi będziecie. Wierzę, że dziś mówicie szczerze, ale wiem, że jutro, gdy wejdziecie w życie, wasze interesa, wasze upodobania w polskości wezmą górę. Nie ulega wątpliwości, że będziecie i rozumniejsi, i uczciwsi od waszych ojców, ale natura wilka ciągnie do lasu, a Polak w was musi się ocknąć wcześniej albo później i zechcecie grzecznie, uprzejmie i miękko polonizować ten lud biedny. Przekonałem się o tym z doświadczenia. Wszyscy starsi od was koledzy, dopóki byli w uniwersytecie, mało co różnili się od was. Spójrzcie dziś na nich: uczciwi, dobrzy, liberalni, nawet demokratyzują, ale każdy, szelma, polonizator! Więcej niż was kocham ideał i prawdę. Przeświadczyłem się, że z tej mąki nie upiekę chleba. Żal mi was i lat moich straconych na szczerą, chociaż niewdzięczną robotę, ale rąk nie składam i dalej wytrwale, a w nowym już i odpowiedniejszym otoczeniu pracować będę nad tym, co ukochałem i co dla mnie jest najwyższym i najpiękniejszym ideałem. To nic, że plonów zbierać nie będę. Pszczółka równie też nie dla siebie zbiera miody[1].

Cytować Antonowicza to grube ryzyko. Łatwo bowiem o kontrargument polegający na wskazaniu, dokąd zaprowadziła droga, na którą ten człowiek wszedł. Wystarczy otworzyć na stronie 192 sławny pamiętnik Stanisława Stempowskiego[2], by się dowiedzieć, jak u schyłku XIX stulecia profesor uniwersytetu Włodzimierz Antonowicz, naprawdę wybitny archeolog, odkrycie archeologiczne nad Dniestrem oficjalnie uznał „za coś w rodzaju Kijowsko-Peczerskiej Ławry", słynącej cudami. Żądało tego upaństwowione duchowieństwo prawosławne, a uczony się ugiął.

Taki kontrargument byłby efektowny, ale mimo wszystko niesłuszny. Włodzimierz Antonowicz to rzeczywiście marna figura. Potępiający go Polak może się narazić na zarzut stronniczości, na szczęście rozporządzamy jednak opinią Ukraińca, wielekroć tu wspomnianego Grzegorza Marachowa. Jego zdaniem Antonowicz był szowinistą, nienawidził zarówno Polaków, jak Rosjan, lecz za to nisko kłaniał się carowi. Już w czasach uniwersyteckich grał rolę ujemną, zmierzał prościutko do kariery, okupionej takimi usługami, jak opisana przed chwilą interpretacja odkrycia archeologicznego.

A jednak jego przytoczony list ma wagę. Zawiera bowiem poglądy nie tylko autora, lecz ogółu. Dla Ukraińców, Białorusinów i Litwinów możliwa jest zgoda z Polakami, nigdy polonizacja.

W kwietniu 1863 roku, na kilka dni przed wybuchem powstania na Ukrainie, Antonowicz formułował swe poglądy w sposób już znacznie bardziej bezceremonialny, osobisty.

Powiem więc wszystko, co o tym myślę... Otóż ponieważ my z ludem, a lud przeciwko wam, my z wami być nie możemy. Przedsięwzięcie

[1] W. Lasocki, *Wspomnienia z mojego życia,* s. 325–326.

[2] S. Stempowski, *Pamiętniki 1870–1914*, Wrocław 1953, s. 192.

wasze musi mieć fatalny dla was koniec. Najlepsi spomiędzy was wyginą. Inni usunięci zostaną na daleki Wschód, jeszcze inni sami się usuną na Zachód. Zostanie śmiecie, które już nam nie zdoła stawić czoła. Tak więc sprawa nasza na tym może tylko wygrać, gdyż z dwóch wrogów naszych silniejszy zostanie zniszczony, a z pozostałymi łatwiej już nam będzie dać sobie radę[1].

O ile pierwsze oświadczenie Antonowicza zawiera wiele gorzkiej prawdy, o tyle drugie – same fałsze. Jeśli szlachta polska walczyła z caratem, to pomimo wszystkich jej grzechów walka owa musiała wyjść na pożytek i ukraińskiemu ludowi. Zdaniem Antonowicza klęska poniesiona z rąk samodzierżcy miała wyzwolić ukraińskiego chłopa spod ucisku lackich dziedziców. Ucisk ten skończył się dokładnie w roku upadku caratu i ani odrobinę wcześniej.

Takie poglądy głosił (czy szczerze – inna sprawa) człowiek z wyższym wykształceniem, przyszły profesor. Zalecał uznawać polską szlachtę za silniejszą od cara.

Czegóż w takim razie należało oczekiwać od niepiśmiennego chłopa, który wiedział, że jedyną istotą wzbudzającą pewien respekt w dziedzicu jest właśnie car? Ci i owi spośród szlachty dokładali zresztą starań, by przekonać poddanych, że niech tylko upadnie carskie prawo... a już my wam, hady, pokażemy... (Przecież w samym Królestwie Komitet Centralny musiał energicznie zaprzeczać niespokojnym pytaniom chłopskim: „Kiedy będzie rząd polski, to może sól podrożeje, a może i pańszczyzna wróci?").

W roku 1848 panował na Ukrainie nastrój powszechnego oczekiwania na interwencję z zewnątrz. Ziemiaństwo po cichu szykowało broń, konie. Jeden z dziedziców postanowił przestać się liczyć z rozporządzeniami władzy, która – jak się spodziewano – rychło upadnie. Kazał więc chłopom pracować ponad normę przewidzianą w urzędowych prawidłach z roku 1846, regulujących pańszczyznę. Poddani zeszli się, ale do roboty nie przystępowali. Dziedzic zjawił się na gumnie i zapytał, co to znaczy.

– Car... ukaz... – bąkali chłopi.

[1] W. Lasocki, *Wspomnienia z mojego życia*, s. 328.

– Co tam car! – groźnie krzyknął szlachcic. – Car sam za tydzień będzie tu u mnie na toku młócił!

Wobec takiego stanu rzeczy trudno się nawet dziwić niepiśmiennemu chłopu, że swoich własnych interesów nie pojął i polskiego powstania nie poparł.

Tak wśród wzajemnych nieporozumień, żałosnych skutków egoizmów klasowych, analfabetyzmu i politycznego nieuctwa dojrzewała jedna z największych tragedii roku 1863.

Powstanie nad Dnieprem wybuchło i lud ukraiński zachował się dokładnie tak, jak to przewidział Tadeusz Bobrowski. Śledził powstańców, łapał, wiązał, dostawiał do komend żandarmskich, nawet mordował.

W tym miejscu jednak koniecznie trzeba przytoczyć wiadomość, którą zanotował niejaki Borys Poznański, nauczyciel prywatnej szkółki ludowej, prawosławny, z pochodzenia chłop, a z przekonań – ukraiński nacjonalista. W czasopiśmie „Kijewskaja Starina" opublikował on swoje wspomnienia, z których wynika, że chłopi wiązali i odwozili do urzędów dziedziców nie tylko polskiej, lecz i rosyjskiej narodowości.

Lud ukraiński zwalczał powstanie nie dlatego, że było ono polskie, lecz dlatego, iż uważał je za pańskie.

Pewnej październikowej soboty 1862 roku do mieszkania Tomasza Burzyńskiego, który był „wydziałowym", to znaczy stał na czele jednej z pięciu wielkich jednostek konspiracyjnych, na jakie dzieliła się Warszawa, przyszedł jego znajomy i podkomendny, Stanisław Olszański. Ten zaś zajmował w ruchu stanowisko „okręgowego", oficjalnie zaś pracował jako urzędnik Kolei Warszawsko-Wiedeńskiej. Podlegał mu najbardziej zrewolucjonizowany okrąg stolicy, okolice dzisiejszych dworców Warszawa Śródmieście i Warszawa Główna. Do organizacji należeli tutaj przede wszystkim robotnicy, kolejarze.

Olszański, człowiek dzielny, tym razem znajdował się w stanie skrajnego zdenerwowania. Płacząc prawie, meldował przełożonemu, iż źle się dziać zaczyna w jego grupie. Ludzie już wiedzą o zamierzonym poborze do wojska. I to nie jest im tajne, że pod osobistą presją Aleksandra Wielopolskiego zmieniono zasady rekrutacji, wracając do norm w Rosji od śmierci Mikołaja I poniechanych. Ma być wzięty element podejrzany, imiennie wskazany przez policję. A więc właśnie taki jak oni.

Olszański nie potrzebował szeroko wyjaśniać tego szefowi. Obaj dobrze wiedzieli, na co się zanosi. Okolicznością, która doprowadziła spokojnego zazwyczaj okręgowego niemal do łez, było co innego. Ludzie zaczynali się burzyć. A nawet burzyli się już na dobre. Głośno, wyraźnie, bez niedomówień domagali się powstania. Nie ukrywali, że wolą złożyć kości nad Wisłą niż na przykład nad Bajkałem.

– Sytuacja dałaby się jeszcze opanować, a karność przywrócić – wywodził Olszański – gdyby nie najrozmaitsze podejrzane, najzupełniej nieodpowiedzialne indywidua, które judzą, mącą, szczują i używają wszelkich środków, by doprowadzić niezadowolenie do ostatecznych granic. Skutek ich działalności jest ten, że pod adresem Komitetu coraz częściej pada zarzut zdrady.

Tegoż samego dnia o godzinie piątej wieczorem, w oficynie jednego z domów przy ulicy Złotej, miało się odbyć walne zebranie okręgu. I takie obyczaje zdarzały się bowiem w konspiracjach minionego stulecia.

Lokal składał się z kilku izb w amfiladzie. Sprzętów w nim nie było prawie wcale. Ludzie przychodzili prosto z pracy, usmoleni, zmęczeni i głodni. Rzucali na stolik kasjera złotówki organizacyjnej składki i zaraz szli w kierunku szeroko otwartych drzwi ostatniej izby. Mżyło stamtąd słabe światło lampki naftowej, buchały kłęby dymu fajkowego i dolatywał czyjś namiętnie perorujący głos.

– Zdrada! Zdrajcy! Judasze! Szubienica! – krzyczał niejaki ksiądz Rafał Drewnowski, do taktu waląc w stół kolbą rewolweru.

– Tak! Zdrajcy! Śmierć im! – przytwierdzali obecni, zagrzani widać długo już trwającą oracją duchownego.

Burzyński zorientował się od razu, że ma przed sobą już nawet nie spiskowców, lecz ludzi zdolnych do każdego szaleństwa. Spokojnie wyczekał, aż Drewnowski skończy, i kazał Olszańskiemu przedstawić siebie zebranym jako delegata Komitetu Centralnego Narodowego.

Nazwę tę znali wszyscy uczestnicy zebrania, ale dotychczas tylko z małej tuszowej pieczątki, wzbudzającej w kraju powszechny respekt. Zapadła cisza. Każdy pilnie patrzył w oczy człowieka, który bezpośrednio powoływał się na najwyższą władzę Czerwonych.

– Czy wszyscy tu obecni panowie jesteście członkami organizacji? Czy wobec tego uznajecie, jako najwyższą, władzę Komitetu Centralnego? – zaczął Burzyński tonem bardzo spokojnym, umyślnie nie zwracając najmniejszej uwagi na poprzedniego mówcę.

Znowu zaległo ciężkie, męczące milczenie. Aż kilka pojedynczych „tak! " wyzwoliło zbiorową odpowiedź:

– Wszyscy! Wszyscy! Uznajemy!

– Oświadczam więc panom, że pierwszy najświętszy obowiązek każdego członka organizacji jest bezwarunkowe spełnianie rozkazów Komitetu. Uchylanie się od spełniania dobrowolnie na siebie przyjętego obowiązku jest zdradą, a w wyjątkowym położeniu, w jakim kraj się znajduje, cierpianym być nie może i musi być surowo karanym! Pytam się panów, jakie zobowiązanie przyjął na siebie Komitet wobec organizacji. Czy was powołał w imię Ojczyzny, dla jej zbawienia? Czy też, aby was, przyszłych jej obrońców, zasłonić od poboru wojskowego, który jest tak nieuniknionym, jak to, że jutro słońce o oznaczonej godzinie wzejść musi?

Tym razem głucha cisza trwała długo. Z hamowanego zdenerwowania wydziałowemu zaczynało się już ćmić w oczach, kiedy nagle usłyszał jakby chórem wyrzucone słowa:

– A jużci, że dla zbawienia Ojczyzny.

– Jesteśmy więc w porządku, panowie. Komitet Centralny polecił mi zawiadomić panów, że jeżeli możliwym będzie zerwanie się do broni, pod broń was powoła. Panowie musicie wiedzieć, że nie sami jedni jesteśmy w Europie, że Komitet musi się liczyć z położeniem całej Europy. W razie jeżeli powstanie będzie niemożliwym, gdy zamiast spodziewanych korzyści, mogłoby nas wtrącić w głębszą przepaść niedoli niż ta, z jakiej tylko cośmy wyszli, nakazuje wam ulec konieczności i pójść do wojska! A teraz pytam się panów, czy w podobnym wypadku, jako dobrzy obywatele kraju, poddacie się tej konieczności i bezowocnym uporem nie utrudnicie urzeczywistnienia zamiarów Komitetu Centralnego?

– Komitetu tylko słuchać będziemy. Jeśli potrzeba, bez oporu pójdziemy do wojska!

Tak sformułowana została decyzja konspiracyjnego zebrania przy ulicy Złotej. Ale uczestniczyli w niej warszawscy kolejarze, element najbardziej zdyscyplinowany. Robotników w ogóle było wtedy w całej Polsce około sześćdziesięciu tysięcy.

Ciekawe widowisko ujrzymy, jeżeli postaramy się oznaczyć na mapie główne skupiska ruchu. Zobaczymy wtedy przede wszystkim, że odnogi konspiracji wysuwały się z Warszawy wzdłuż istniejących lub dopiero budowanych szlaków komunikacyjnych, zwłaszcza kolei. Szczególnie odznaczała się pod tym względem linia warszawsko-petersburska, czyli po prostu kolej Warszawa–Białystok–Wilno. Zakładała ją wielka spółka akcyjna „Société des Chemins de Fer Russe", z kapitałem przeważnie francuskim. Jako jeden z inżynierów pracował tu Bronisław Szwarce, członek Komitetu Centralnego. Jemu przypisuje się pomysł wzniesienia stacji węzłowej nie w Grodnie, gdzie kwaterował silny garnizon wojskowy, lecz w Porzeczu, wśród lasów ciągnących się do Druskiennik, Niemna i na wszystkie strony. Okoliczność tę zauważył zaraz generał-gubernator wileński Nazimow, narobił gwałtu, ale na razie bezskutecznie. „Porządek" na tej kolei miał przywrócić dopiero Murawjow. (Fakt, że Nazimow szybko się połapał, zasługuje na uwagę, gdyż człowiek ten słynął z braku inteligencji. Raz na przykład, zwiedzając świeżo zbudowaną i wysadzoną drzewkami szosę, oburzył się na nieporządki, polegające na tym, że droga w miarę oddalenia widocznie się zwęża. „Perspektywa, panie generale" – usiłowano mu tłumaczyć. *„Pierspiektiwa, pierspiektiwa* – mruczał niezadowolny wielmoża. – *Doroga wiezdie dołżna byt' rawno sziroka...*". Tenże Nazimow za Mikołaja I piastował godność kuratora okręgu szkolnego w Moskwie. Car zapytał go pewnego razu: *„A tiebie słucziłos' kogda nibud' pro-*

czitat' chotiaby odno fiłozoficzeskoje soczinienije?" – *„Nikak niet Wasze Impieratorskoje Wieliczestwo! Nie słucziłos'"*. – *„Nu wot, a ja raz praczoł kakuju to ziepuchu"*).

Ogromnie ważną podporą konspiracji były przemysłowe okolice dzisiejszego województwa kieleckiego, Staropolski Okręg Przemysłowy. Prawicowy, niechętny powstaniu historyk, Walery Przyborowski, nie zawahał się jednak tak o nich napisać:

> Wielkie fabryki żelazne oraz kopalnie suchedniowskie dostarczyły cały kontyngens ludzi prostych, ale przejętych tym szczerym, jasnym patriotyzmem, pozbawionym wszelkich względów ubocznych, a widzących tylko jedno: że w ziemi polskiej jest najeźdźca, że najeźdźcę tego wygnać należy, położyć mu się na przełaj ciałami swymi. Cała administracja zresztą tych zakładów, jak najczerwieniej usposobiona, rozwijała czynną i rześką agitacją wśród klas roboczych... Bracia Dawidowicze, dozorcy kuźnic, gorliwie się tym zajmowali[1].

Carski dziejopis, Berg, z najwyższym uznaniem wyraża się o patriotyzmie ówczesnych robotników.

Społeczne kadry konspiracji były określone ściśle. Główną bazę stanowiły miasta i miasteczka, a w nich ludność inteligencka, rzemieślnicza i robotnicza. Po wsiach – oficjaliści i służba szlachecka oraz dość często młodzież ziemiańska. Chłopi – przeważnie tylko pojedynczo. Inaczej było w tych okolicach, gdzie włościanin już dawniej został oczynszowany. Masowo popierali ruch ci wieśniacy, którzy w ogóle nie znali ani czynszów, ani pańszczyzny, mieli wolność we krwi i tradycji. Mowa o szlachcie zagrodowej. W samej Warszawie organizacja wspierała się na rzemieślnikach, robotnikach, młodzieży urzędniczej i akademickiej.

Zebranie przy ulicy Złotej powzięło postanowienie, oznaczające szczyt organizacyjnej karności i poświęcenia. Załóżmy najbardziej optymistycznie, że pewien, może nawet znaczny procent konspiratorów zdobyłby się na taką samą decyzję i wykonał ją. Ale co pocznie

[1] W. Przyborowski, *Dzieje 1863 roku*, t. I, Kraków 1897, s. 115.

reszta, zagrożona poborem? Zgodnie z prawem z 1859 roku miał on polegać na wylosowaniu w Królestwie dwunastu tysięcy mężczyzn spośród liczby siedemdziesięciu dwóch tysięcy popisowych. Jak już wiemy, pod osobistym naciskiem Wielopolskiego, a wbrew zdaniu wielkiego księcia Konstantego i głównodowodzącego wojskami rosyjskimi w Polsce, zasady rekrutacji gruntownie zmieniono. Pod karabin mieli pójść politycznie podejrzani. Spisy ich już się szykowały i nikt nie wiedział, czy i której nocy wyciągną go z łóżka i każą pożegnać się z krajem na lat piętnaście.

Co prawda, przystrojona w biało-niebieskie mundury i uzbrojona w kawaleryjskie pałasze policja odznaczała się nie tyle sprawnością, ile raczej niedołęstwem. Po urzędach i cyrkułach roiło się od swoich, Czerwonych, agentów Komitetu. Można by więc było liczyć na wiele szans uchronienia się przed branką. Cóż, kiedy Wielopolski skłonił brata carskiego do posunięć zupełnie zasadniczych. Oprócz podejrzanych poborowi podlegały niższe warstwy ludności miejskiej, a na wsi elementy na stałe nieosiadłe, czyli służba i oficjaliści dworscy. Kto nie figurował w policyjnych spisach, ten mógł trafić „w sołdaty" z samego tylko tytułu swej społecznej przynależności. Służby wojskowej nie pełniłby, rzecz jasna, w Polsce, lecz gdzieś bliżej Omska, Tomska albo Kutaisu.

Jak widzimy, margrabia starannie pozamykał wszystkie klapy bezpieczeństwa. Akcji, mającej uspokoić kraj pod względem politycznym, nadał cechy proskrypcji społecznej. Określone – i bez tego pokrzywdzone – warstwy skazał na bolesną czystkę. Osaczał ludzi, zmuszając ich do odruchów rozpaczy. Było pewne, że część młodzieży uchroni się przed poborem, ujdzie w lasy i zacznie działać na własną rękę, stwarzając fakty dokonane. Tak się stało, pierwsze starcia z wojskiem nastąpiły przed wybuchem powstania.

W każdym razie wynik zebrania przy ulicy Złotej warto zapamiętać. Dobrze charakteryzuje społeczeństwo, z którym rzekomo nie można było dojść do ładu.

DECYZJA

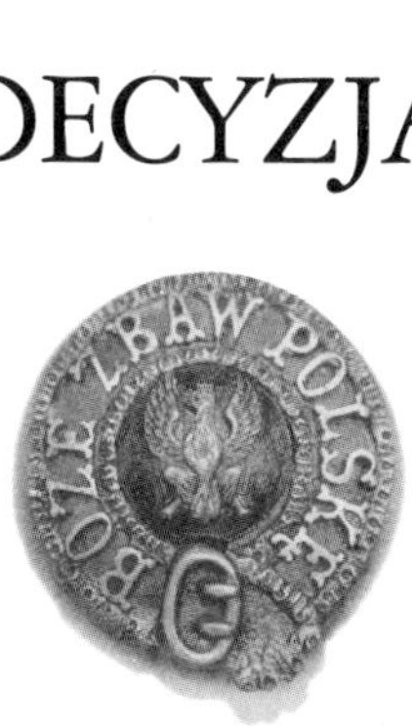

1 stycznia 1863 roku Stefan Bobrowski przyjechał do Warszawy wprost z Paryża. Nie wiadomo, o ile świąteczny dzień odmienił zwyczaje panujące podówczas na kolejach, a których wymowny opis pozostawił nam w swym pamiętniku Jeż:

Pociąg nadszedł, wsiedliśmy i od razu żeśmy się w ręce moskiewskie dostali. Oficer od żandarmerii paszporty siedzącym w wagonach pokazywać sobie kazał. Żandarmi nad pociągiem czuwali. Ustawicznie się na oczy nasuwali. Żandarmi tu, żandarmi tam, żandarmi – wszędzie żandarmi. Niby błyszczące robactwo na zanieczyszczonym gruncie przewijali się na polskiej ziemi, która, tam gdzie ich nie było, na przesuwających się mimo okien wagonu polach bieliła się śniegiem... Od czasu do czasu pociąg się zatrzymywał przy stacjach, podróżni jedni wysiadali, drudzy wsiadali, przesiewani przez przetak oczu żandarmskich.

Żandarmi i żandarmi.

Wejrzenia ich oczu prześwidrowały mnie, jak każdego zresztą podróżnego, kilkakrotnie... [Już w Warszawie] w ich oczach odebrano mi bilet; pod oczami ich szeregu przeszedłem od jednych drzwi do drugich, przy których oficer od żandarmerii kazał sobie wręczyć paszport; za tymi drzwiami w obszernej izbie czy przedsieni, może podcieni, pod okiem dozorujących wszystkie wyjścia żandarmów, doczekałem się wygłoszonego donośnie wywołania... Na wywołanie to przystąpiłem do bariery drewnianej, za którą stał stolik, a przy stoliku siedział człowieczek o dużej głowie, w ogromnych srebrnych okularach... Przed siedzącym przy stoliku leżał mój paszport. Okulary jego zwrócone były na mnie i spoza nich przez szkła przeglądały oczy w twarz moją wpatrzone...

– Łatwo do Warszawy przyjechać, trudno z niej wyjechać!

– Nie wyszukam sobie utrudnień.
– Chyba.
Mówiąc ze mną i oczów ze mnie nie spuszczając, szybko, zamaszyście pisał. Po wyrazie „chyba" paszport mi, zawizowawszy, podał i rzekł:
– Proszę.
Nimem się z dworca wydostał, jeszcze raz z żandarmami się spotkałem[1].

Ów człowieczek w dużych okularach był to eks-podoficer wojsk polskich, bardzo niebezpieczny fizjonomista. Wizując paszporty, zawsze patrzył w oczy delikwentów i odczytywał wrażenia.

Na placach Warszawy przejezdny oglądał masy biwakującej piechoty, rozpalone ogniska, karabiny ustawione w kozły. Ulicami snuły się patrole jazdy.

Bobrowski przemknął się jakoś przez gęste oka tej sieci. 2 stycznia stawił się na placu Trzech Krzyży, w mieszkaniu wikarego kościoła św. Aleksandra, księdza Karola Mikoszewskiego, używającego pseudonimu „Sykstus". W kwaterze jego odbywało się zebranie Komitetu Centralnego Narodowego, do którego gospodarz należał. Bobrowskiego wprowadził tam i przedstawił Zygmunt Padlewski, również członek wielkiej rady Czerwonych.

W przeciągu ubiegłych kilku miesięcy zmieniała ona swój skład. Ale ten obecny, urzędujący w styczniu 1863 roku, był ze wszystkich dotychczasowych najgorszy. Jedyna w nim wybitna indywidualność to Zygmunt Padlewski, który słusznie przeszedł do historii. Oprócz niego do Komitetu zaliczali się wówczas: Józef Kajetan Janowski, z zawodu budowniczy, urzędnik Jan Maykowski, ksiądz Karol Mikoszewski oraz prawnik z wyższym wykształceniem, ziemianin z pochodzenia, chociaż nieszlachcic, Oskar Awejde. Dwóm pierwszym – ludziom uczciwym i prawym, dobrym i gotowym do poświęceń Polakom – poskąpiła natura zdolności. Trzeciemu zarówno ich, jak i charakteru. Czwarty – po aresztowaniu go w Wilnie 3 września 1863 roku najpierw

[1] T.T. Jeż, *Od kolebki przez życie,* t. II, s. 399–400.

długo milczał, a potem rozpoczął funkcje głównego zdrajcy powstania styczniowego.

Nie ma przypadku, że taki zespół stanął u steru sprawy... w chwili najbardziej krytycznej. Nie ma przypadku. Kraj zaczynał zbierać owoce poprzedniego kunktatorstwa oraz świadomej działalności Białych, polegającej na torpedowaniu planów stronnictwa ruchu.

Z przyczyn powyżej omówionych Królestwo było bardzo ubogie w mózgi zdolne do ogarniania szerszych horyzontów. W sierpniu 1862 roku denuncjacja pozbawiła go talentu Dąbrowskiego. W grudniu przyszło na gwałt reorganizować Komitet Centralny. Stracił on teraz kolejnych dwu uzdolnionych i potrzebnych ludzi, Bronisława Szwarcego i Józefa Narzymskiego.

Wielu ówczesnych konspiratorów znało pewną kamienicę przy ulicy Widok. Wyglądała oryginalnie i łatwo ją było zapamiętać, wziąć na oko lub nawet otoczyć. Przy Widok było wtedy w ogóle zaledwie kilka osobno porozrzucanych gmachów, ten zaś, o którym mowa, nie został jeszcze wykończony. Bramę miał zabitą deskami, wejście stanowiła prowizoryczna furtka. Na piętrze mieszkała znana w kołach ruchu pani Emilia Heurichowa, ciotka Bronisława Szwarcego. Odbywały się u niej tłumne zebrania towarzyskie spiskowców. W jej lokalu konferował z przedstawicielami Komitetu Teodor Tomasz Jeż, wezwany z Michalen na odprawę wyższych dowódców. Przybywszy tu po raz pierwszy, Miłkowski zdziwił się liczebności zgromadzenia. Składało się nań osób „dziesiątków parę, samych mężczyzn". Prezydował nasz znajomy z ulicy Złotej, ksiądz Drewnowski, zwany poufale „księdzem rewolwerem", i przy okazji wygłosił niesłychanie płomienne, grzmiące przemówienie. Wszystko to w domu znacznym, niebezpiecznym, w mieszkaniu, które co dzień odwiedzali członkowie Komitetu. No cóż, XIX stulecie...

W tej samej kamienicy mieszkał zecer, niejaki Kłopotowski. Tuż przed świętami Bożego Narodzenia do jego kwatery, wbrew surowemu zakazowi, przeniesiono drukarnię tajnego czasopisma „Ruch".

22 grudnia przyjechał do Warszawy Szwarce i udał się prosto do krewnych. Nic nie wiedział o wsypie, która już nastąpiła, ani o aresztowaniu drukarza. W bramie rzucili się nań policjanci. Szwarce wyszarpnął z kieszeni wielki, sześciostrzałowy rewolwer i wypadł na ulicę. Grożąc bronią, zdołał uzyskać kilkadziesiąt metrów przewagi.

Gdyby zbieg rzucił się ku ludnemu śródmieściu, byłby pewnie uszedł. Wszystko działo się w biały dzień, podobno w samo południe. Przechodniów nie brakowało, można było skryć się w tłumie. Szwarce skręcił jednak w Marszałkowską, a potem niezmordowanie biegł ku Wiśle – Alejami, Bracką, placem Trzech Krzyży i wreszcie Książęcą, przy której nikt prawie podówczas nie mieszkał. Po obu jej stronach wznosiły się wysokie płoty i mury.

Za jednym z nich pracowała gromadka robotników. Szwarce cisnął im plik konspiracyjnych papierów. Nieznani ludzie nie zawiedli. Natychmiast zakopali gdzieś tajne pisma Komitetu Centralnego i wyparli się wszystkiego podczas dochodzeń w cyrkule.

Niestety, nie oni jedni znajdowali się wtedy przy ulicy Książęcej. W okolicy zażywał sobie konnej przejażdżki jakiś młodzian, którego nazwisko zaczynało się od litery M., kandydat do studiów uniwersyteckich. Dostrzegł uciekającego człowieka i uznał za stosowne podążać za nim kłusikiem. Z daleka widoczna sylweta jeźdźca stanowiła dla pogoni znakomity drogowskaz.

Policja, czując respekt przed rewolwerem, z którego Szwarce od czasu do czasu strzelał, zaczynała już gubić jego ślad. Walnie jej dopomógł dopiero co wspomniany miłośnik sportu hippicznego.

Nad samą niemal Wisłą, wśród podmiejskich ogrodów, łapacze wzięli wreszcie zmordowaną do ostateczności ofiarę – nie wiedząc, kogo biorą.

Ale o tej ich nieświadomości nie byli poinformowani pozostali członkowie Komitetu. Należało więc natychmiast przystąpić do jego całkowitej reorganizacji. Spaleni działacze musieli zniknąć i przekazać władzę ludziom, których katastrofa nie dotyczyła. Wniosek tej treści złożył Oskar Awejde i on to zwerbował do Komitetu Janowskiego, Maykowskiego i księdza Mikoszewskiego. Ten ostatni występował jako przedstawiciel duchowieństwa, które jesienią 1862 roku przeszło na stronę ruchu. Ze starych konspiratorów pozostał Padlewski oraz – tylko na kilka dni – Agaton Giller.

Sam Awejde należał do Komitetu od października 1862 roku. Ale już znacznie wcześniej głosił, że osoby o poglądach umiarkowanych winny do tej organizacji wchodzić i hamować jej działalność. Pod tym chyba kątem widzenia dobierał nowych kandydatów, którzy jednak w decydującej chwili opowiedzieli się za zbrojnym powstaniem. Uczynił to zresztą i sam Awejde, wiecznie wahający się i ostatecznie zawsze gotów pójść za zdaniem większości, nawet wbrew własnemu początkowemu przekonaniu.

Wszystkie te niefortunne metamorfozy dodatkowo dowodzą, jak głęboko słuszna była opinia Jarosława Dąbrowskiego: im później, tym gorzej. Straty poniesione wskutek aresztowań, denuncjacji, rozmaitych „wsyp" i „spaleń" są w walce konspiracyjnej zjawiskiem normalnym i trudno je nawet kwalifikować jako przypadkowe. Żołnierz na froncie też nie przypadkiem ginie. Okoliczności mogą być nieoczekiwane i dramatyczne, ale sam fakt strat jest łatwy do przewidzenia i nieunikniony.

Ubogi w talenty organizacyjne kraj ubożał pod tym względem coraz bardziej.

Spośród pięciu członków Komitetu Centralnego, który 2 stycznia 1863 roku zebrał się przy placu Trzech Krzyży, tylko jeden człowiek, to znaczy Zygmunt Padlewski, nadawał się do sprawowanej funkcji.

Komitet nie miał stałego przewodniczącego. Panowała równość, a prowadzącego obrady wybierano kolejno, *ad hoc*. Nie wiadomo, kto pełnił te obowiązki podczas omawianego zebrania. Jako drugi punkt porządku dziennego figurowało sprawozdanie specjalnego wysłannika za granicę, Stefana Bobrowskiego.

Przywiezione przezeń wiadomości nie zaliczały się do radosnych. Trzeba to silnie podkreślić, ponieważ ostatnio pojawiła się w kraju teoria, że powstanie styczniowe wybuchło wskutek przybycia transportu broni z Francji.

Już przedtem Zygmunt Sierakowski doniósł o aresztowaniu w Paryżu emisariuszy Komitetu. Bobrowski to potwierdził, dodając, że francuska policja działała w porozumieniu z carskim ambasadorem, Budbergiem. Ludzi wkrótce zresztą zwolniono, ale skopiowano papiery. Drogi dostaw broni są zatem poważnie zagrożone.

Emigracja – referował dalej Bobrowski – jest przeciwna rychłemu powstaniu i radzi je odłożyć. To samo mówi generał Józef Wysocki. Wszyscy oni widzą jasno, że stan Europy jest głęboko pokojowy, Francja szuka zbliżenia z Rosją, czujność caratu została obudzona, a organizacja w kraju jeszcze słaba. W tych warunkach nie należy zaczynać walki i lepiej nawet nie przeciwdziałać zamierzonemu poborowi do wojska.

W Paryżu widział się Bobrowski z Marianem Langiewiczem. Ten były pruski artylerzysta, jeden z nielicznych wyszkolonych wojskowych, jakimi konspiracja rozporządzała, gotów był przybyć do Polski i stanąć do dyspozycji Komitetu[1]. Co się tyczy Komitetu Rusi, to podporządkowuje się on całkowicie Centralnemu, nie tai, że organizacja na Ukrainie jest całkiem słaba, i dlatego zastrzega sobie prawo wyboru terminu wybuchu.

Tyle, niezbyt przeważnie pocieszających nowin, przywiózł Bobrowski z zagranicy. Komitet polecił mu pozostać w Warszawie i możliwie jak najdokładniej zapoznać się ze stanem rzeczy. Przewidywano możność powołania go na członka władzy centralnej. Na informatora i przewodnika po labiryncie sprzysiężenia wyznaczono mu Oskara Awejdę.

Nazajutrz, 3 stycznia 1863 roku, Stefan Bobrowski znowu wędrował gęsto patrolowanymi ulicami Warszawy, dążąc na plac Trzech Krzyży, do mieszkania księdza „Sykstusa". Po drodze, jak mu się to nieodmiennie zdarzało, potrącał przechodniów, właził

[1] Przybył 9 stycznia 1863 roku.

im na pięty, słowem – zawadzał na ulicy niczym przysłowiowa dziura w moście.

Odkąd istnieje na świecie miasto stołeczne Warszawa, ludzie tacy zawsze wysłuchują rozmaitych mniej lub bardziej ostrych powiedzonek, przeważnie na temat swego prowincjonalnego pochodzenia. Tak pewnie było i wtedy. Żaden z warszawiaków ostrzących języki na małym i szczupłym bruneciku ani nawet przypuszczał, że łaje człowieka, który dziś jeszcze przechyli szalę i rozstrzygnie o jego własnym losie.

Komitet Centralny zebrał się w komplecie. Obecni byli: Zygmunt Padlewski, ksiądz Karol Mikoszewski, Jan Maykowski, Oskar Awejde i Józef Kajetan Janowski, przyszły sekretarz Rządu Narodowego i autor bezcennych pamiętników. Z osób do Komitetu nienależących stawił się także – oprócz Bobrowskiego – Agaton Giller, pomimo że już 29 grudnia zgłosił wystąpienie. Porządek dzienny przewidywał omówienie i rozstrzygnięcie dwu pytań, kilka dni przedtem wysuniętych przez Awejdę. Pierwsze z nich brzmiało: Czy powstanie jest celem ostatecznym?

Nie było długiej dyskusji. Bo i jakiż inny cel przyświecał konspiratorom, którzy wielokrotnie, i to w druku, zapewniali naród, że wiodą go do powstania „na dobry skutek obrachowanego"? Toteż zebrani odpowiedzieli twierdząco. Jeden tylko Giller uparcie milczał. On już nieco wcześniej, właśnie 29 grudnia, zadziwił kolegów nieoczekiwaną opozycją w tej kwestii. Należał do Komitetu od czerwca 1862 roku, zaliczał się do jego czołowych osobistości, kierował pracami przygotowawczymi, pisał, mówił, jeździł nawet do Londynu, gdzie pomimo sceptycznych uwag Hercena wydrukował w „Kołokole" znany list, a teraz oto zaczął głosić, że możliwości powstania „zupełnie nie widzi i nie przewiduje". Tak było 29 grudnia. Obecnie Giller milczał.

Pytanie drugie odnosiło się do terminu wybuchu.

Znowu musi wypłynąć sprawa branki. Od października Komitet i cały kraj żył pod jej grozą, która tym bardziej jątrzyła, że minęło już pełnych siedem lat, odkąd nie wybierano rekruta ani w Królestwie, ani w Cesarstwie. Teraz Wielopolski wskrzesił upiora, decydując się na radykalne „przecięcie wrzodu".

– Tu nie chodzi o zasadę prawną, ale o spokój, a gdyby zamieszanie stąd wynikło, to tylko uliczne, które w kilka godzin potrafię uśmierzyć. A gdy spokój mieć będę, wtedy obaczą, co potrafię zrobić dla kraju – mawiał do znajomych, którzy ostrzegali go przed skutkami poboru.

Istnieją poważne powody do przypuszczeń, że nie on jeden zaliczał się do zwolenników chirurgii politycznej. Przed świętami Bożego Narodzenia odbył się w Warszawie trójzaborowy zjazd stronnictwa Białych. I tam dawały się słyszeć opinie, że zoperowanie wiadomego „wrzodu" nic a nic Polsce nie zaszkodzi. Nie wszyscy byli tego zdania, głośno się o tym nie mówiło, ale zawsze... Biali rozjechali się do domów w przeświadczeniu, że powstania nie będzie. Mogli się na Wielopolskiego ostentacyjnie dąsać, a jednocześnie na jego twardą rękę liczyć. Mniej więcej w tym samym czasie Adam Sapieha głosił w Galicji, że pobór na pewno wywoła wybuch, a wtedy on i jego polityczni przyjaciele postarają się, by walka nosiła charakter zbrojnej demonstracji przeciwko rekrutacji, i nic więcej. Dokładnie po tej linii szło postępowanie Gillera, który był warszawskim korespondentem konserwatywnego „Czasu" krakowskiego.

Wielu Białych przewidywało nieuchronność powstania. „Pocieszali się tylko tym, jeżeli to za pociechę uważać można... że wojsko rosyjskie w ciągu kilku dni rozniesie je na cztery wiatry, że kraj zapewne ciężko to odpokutuje, ale otrzeźwi się na długo"[1] – pisał Przyborowski. (Wieczorem 15 stycznia, kiedy proskrypcja stała się już faktem, a siłą wzięci rekruci przebywali w Cytadeli, puste zazwyczaj salony pałacu Brühlowskiego zapełniły się towarzyską śmietanką Warszawy. Margrabia odbierał gratulacje, widział wokół promieniejące twarze, przyjazne uśmiechy. Wydawało się bowiem, że ponury i brutalny „markgraf" zdecydowanie wygrał.

[1] W. Przyborowski, *Dzieje 1863 roku*, t. I, s. 15.

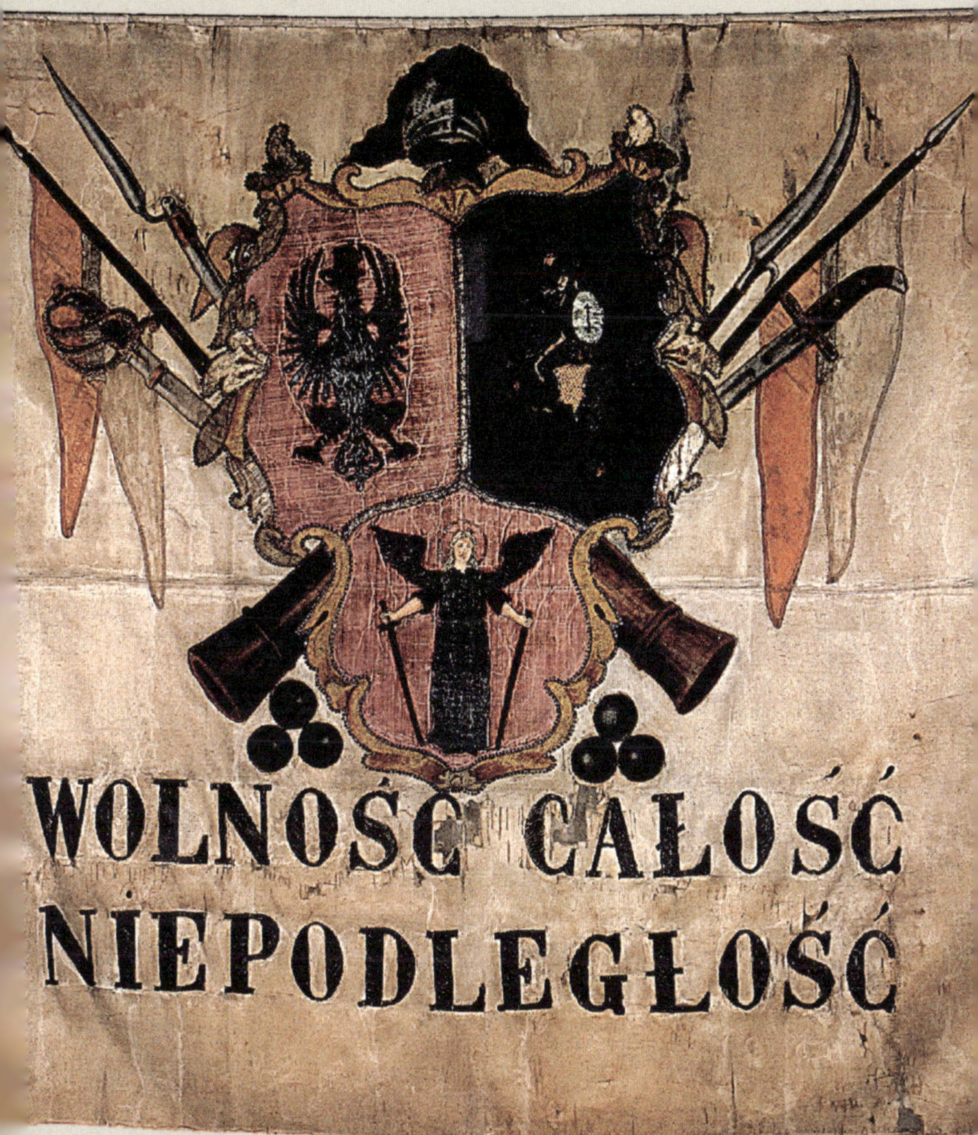

Sztandar powstańczy
z Orłem, Pogonią i Archaniołem.
Muzeum Wojska Polskiego

Damy polskie przygotowują szarpie,
rys. M. Carauli, ryt. Janet Lange,
drzeworyt z „Le Monde Illustré" 1863.
Muzeum Niepodległości w Warszawie

Srebrny medal wybity na pamiątkę
uwłaszczenia włościan przez Rząd Narodowy,
22 stycznia 1863, Charles Wiener, Belgia.
Muzeum Niepodległości w Warszawie

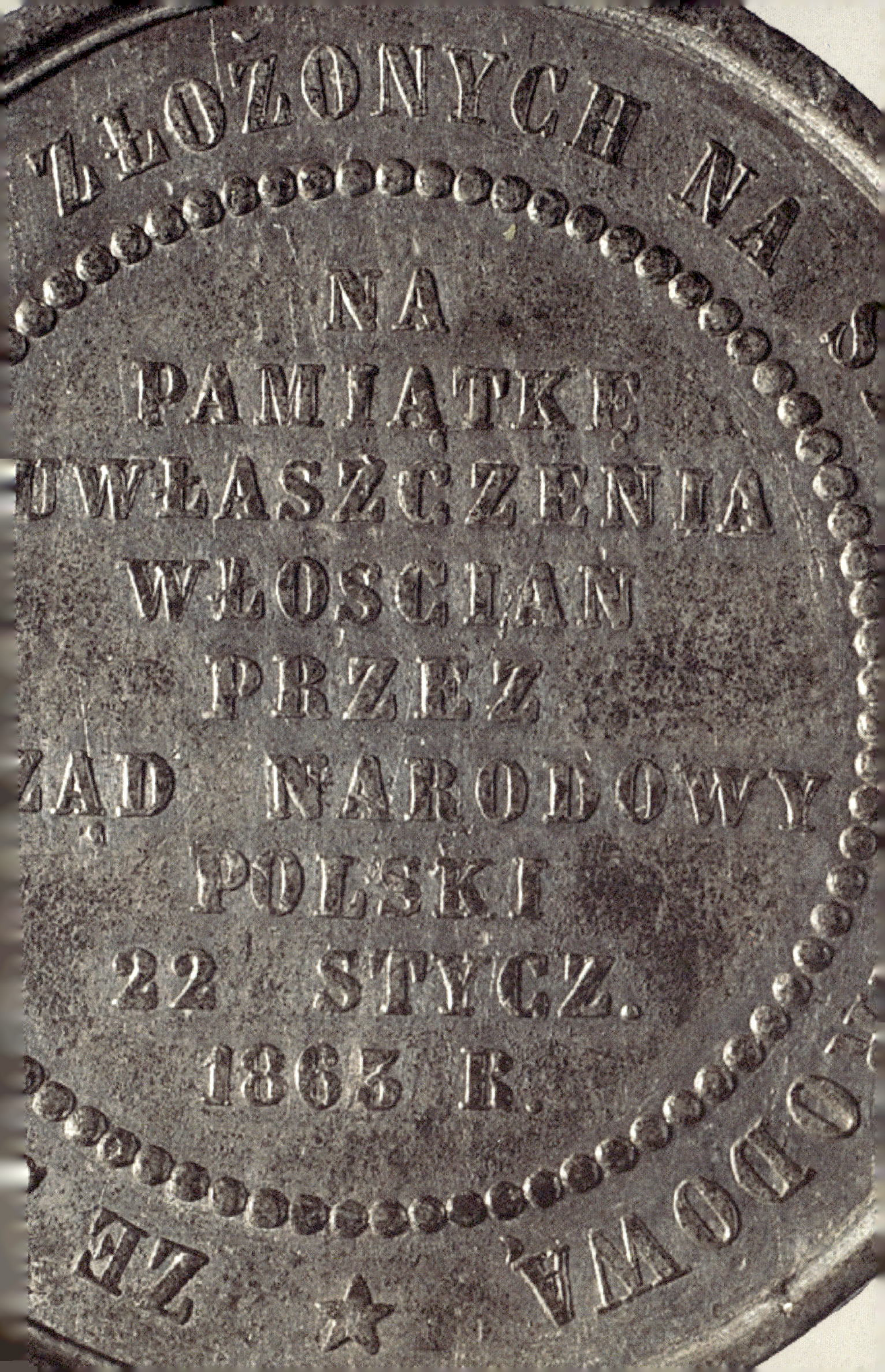
ZŁOŻONYCH NA
NA
PAMIĄTKĘ
UWŁASZCZENIA
WŁOŚCIAN
PRZEZ
ZĄD NARODOWY
POLSKI
22 STYCZ.
1863 R.
ZE
ODOWA

Czytanie Złotej Hramoty na Ukrainie w roku 1863,
obraz Jana Pomiana Kruszyńskiego, 1871.
Muzeum Niepodległości w Warszawie

Ludwik Mierosławski na czele kosynierów
podczas bitwy pod Krzywosądzem, 19 lutego 1863.
Muzeum Niepodległości w Warszawie

Jednocześnie Paweł Popiel, właściciel Kurozwęk oraz wielu innych cennych obiektów w Królestwie i Galicji, głosił, że obowiązkiem dziedziców jest stanąć na czele swoich chłopów, wraz z nimi wyłapywać po lasach zbiegów i odstawiać ich do wojska rosyjskiego).

Jesienią 1862 roku zdarzył się w Królestwie bardzo dziwny wypadek. Władze wojskowe, ze względów oszczędnościowych, nakazały trzem pułkom kozackim wracającym nad Don sprzedać na miejscu wszystkie konie i podróżować koleją. W przeciągu trzech dni stanicznicy pozbyli się nie tylko wierzchowców, lecz także siodeł, rzędów, a częściowo nawet uzbrojenia. Kozak pełnił służbę, mając wszystko własne, tylko karabin otrzymywał w koszarach. Rozkaz odwołujący przyszedł... o trzy dni za późno. Podminowany kraj zyskał blisko dwa i pół tysiąca kawaleryjsko wyszkolonych koni. Ten, na którym jeździł później słynny partyzant, pułkownik Dionizy Czachowski, pochodził z omawianej transakcji. Czy można ten wypadek przypisać tylko biurokratycznej bezmyślności? O zagadkach natury wojskowej porozmawiamy za chwilę obszerniej.

W styczniu 1863 roku Komitet znajdował się w sytuacji osaczonego wilka. Szukał takiego wyjścia z potrzasku, by kraj i sprawa poniosły rany możliwie najmniej ciężkie. Inicjatywa wysunęła się z jego rąk bezpowrotnie. Stało się to już wtedy, kiedy przed kilku miesiącami obalono plan Dąbrowskiego. Sprawdzało się co do joty przewidywanie „Łokietka", że nadmiernie rozrosła konspiracja weźmie górę nad własnymi wodzami. Komitet żył teraz pod presją mas, zagrożonych branką. Na nieszczęście w pierwszej chwili, to znaczy w październiku 1862 roku, sam popełnił straszliwy błąd, polegający na wydaniu drukiem „kartki o poborze", która głosiła, że Komitet do branki nie dopuści i „wprzód zanim wróg zdąży wykonać zamierzony czyn barbarzyński, nastąpi czas zmartwychwstania". Polityka obietnic ma krótkie nogi. Kraj domagał się realizacji weksla, nieopatrznie wystawionego w czasie nieobecności Padlewskiego i Gillera, pod naciskiem dołów organizacji, podejrzewających Komitet o zamiary kapitulacyjne. Takiej postawy, jaką pokazali robotnicy przy ulicy Złotej, nie można było oczekiwać nawet od wszystkich członków sprzysiężenia, nie mówiąc już o niezorganizowanych masach, w które Wielopolski też mierzył, doprowadzając własny plan do absurdu, a temperaturę polityczną kraju do stanu wrzenia. Słyszało się ciągle, że lepiej, by poborowi „zginęli w szeregach powstania, niż mają pójść Bóg wie gdzie na poniewierkę i zatracenie". Pole do wszelkiej prowokacji stało otworem.

Drugim punktem porządku dziennego zebrania Komitetu 3 stycznia 1863 roku była, jak już wiemy, sprawa terminu wybuchu powstania. Pierwszy zabrał głos Stefan Bobrowski.

Mówił przeszło godzinę. Protokołu obrad nie mamy. Ale w kilkanaście miesięcy później, już w Paryżu, Józef Kajetan Janowski sięgnął do swej fenomenalnej, wyjątkowo pojemnej pamięci i spisał ten fragment całkiem jeszcze świeżych wspomnień. Nie silił się, by przytoczyć dosłowną treść mowy, co znakomicie wzmaga wiarygodność jego relacji, odtworzył jednak jej „ducha i tok myśli". Oto jego sprawozdanie:

Zastanowiwszy się nad tym wszystkim, co mu wczoraj przedstawiono, [Bobrowski] przyszedł do przekonania, że sytuacja spowodowana zapowiedzianym poborem jest bardzo poważną. Uważa on pobór jako siłę wyższą, mogącą stanowczo wpłynąć na dalszy ciąg prac, na przyszłość organizacji, może przyśpieszyć chwilę powstania, a nawet wywołać go wbrew woli kierowników. Uważa, że dyslokacja w pierwszym swoim etapie sprawi, że Moskale w pierwszej chwili poboru wezmą część tylko popisowych. Ma jednak przekonanie, że rząd na tym się nie zatrzyma, że będzie dalej dyslokowanych ścigał. Jeżeli w pierwszej chwili bronić się nie będą mogli, bo będą odosobnieni, to za to w następującym etapie dyslokacji, gdy posuwając się ku miejscom zborów, będą gromadzić się w większe liczby, mogą stawiać opór zbrojny, który wobec wysokiego naprężenia i rozgorączkowania ludności może doprowadzić do wybuchu powstania. Powstanie takie, nie mając charakteru rzeczywistego narodowego zbrojnego ruchu dla odzyskania niepodległości, pozbawione tego hasła, będzie zawsze tylko demonstracją zbrojną przeciw poborowi, zanim wiosna przyjdzie, będzie zupełnie zgnębione, a kraj bez żadnej nawet moralnej korzyści będzie wystawiony na największe klęski. Moskale zabiorą nie tylko rekruta, ale i bardzo wiele innej młodzieży ponadto, oprócz tych, którzy w tych dorywczych bojach zginąć mogą.

Wobec takiego położenia i tych nie tylko możliwych, ale prawie pewnych ewentualności Komitet powinien sobie kwestię jasno postawić, wszystko przewidzieć i tak się przygotować, żeby mógł być panem sytuacji, nie zaś, by wypadki uprzedziły jego postanowienie i nim kierowały. Dalej Bobrowski uważał, że pobór zawsze był uważany przez ludność za klęskę i zawsze choćby najsłabsze wywoływał w umysłach wstrząśnienia. Pobór dzisiejszy, noszący wyraźnie charakter proskrypcji wymierzonej przeciwko organizacji, wobec nadzwyczajnego rozgorączkowania, w jakim się kraj cały znajduje, musi w ludności popisowej, należącej do organizacji lub nienależącej, wywołać opór silny, musi wywołać wstrząśnienie, które łatwo zamienić się może jeżeli nie w samo powstanie, to co najmniej w opór zbrojny, graniczący z powstaniem. Sytuację pogarsza i zaostrza owo zapewnienie rzucone na kraj przez Komitet, że rekruta wziąć nie pozwoli. Krok ten był nieopatrzny, ale zawsze to się stało i z tym Komitet koniecznie liczyć się musi. Wbrew temu zapewnieniu pobór się odbędzie; Moskale rekruta wezmą – więc całe zaufanie i cały wpływ, jaki Komitet nie tylko w organizacji, ale w całym kraju posiadał, jeżeli nie zaginie zupełnie, to będzie przynajmniej mocno podkopanym.

Jakiż więc pożytek – mówił Bobrowski – będzie z owej dwuletniej pracy i przygotowań, jeżeli w chwili tak ważnej dla narodu, w chwili, w której tenże ma być pozbawionym najżywotniejszej części swojej, będzie pozbawionym środków, obrony, kierownictwa, będzie zdanym na łaskę i niełaskę nieprzyjaciela?

Dalej wyraził przekonanie Bobrowski, że Komitet cząstkowymi, zbrojnymi wystąpieniami będzie zmuszony do nakazania ogólnego ruchu, pomimo że nie będzie do niego przygotowany. Jeżeliby Komitet tego nie zrobił, to materialnie i moralnie narazi kraj na największe klęski. Materialnie, bo nieprzyjaciel nie tylko że wybierze żądaną ilość rekruta, ale zdwoi lub potroi ją wzięciem tych wszystkich, którzy pomogą do stawienia oporu, i tych jeszcze, których drogą śledztwa wykryje, jako do konspiracji należących. Zada narodowi klęskę moralną, bo zabije w nim ducha, zabije wiarę w możliwość wszelkiej wyzwoleńczej pracy na przyszłość, zabije ideę takiej organizacji, do jakiej dziś naród doszedł. Komitet, który się nazwał Rządem Narodowym i jako taki działał, uwydatnił charakter organizacji, jako będącej zespoleniem sił żywotnych narodu w celu obrony swych praw pomimo i poza rządem najezdniczym. W tym charakterze organizacja rozwinęła się, dosięgła rozmiarów bezprzykładnych, zyskała uznanie i współdziałanie wszystkich ludzi gorąco czujących, zdobyła posłuszeństwo i władzę, i wpływ w całym narodzie. Dozwolić więc, żeby nieprzyjaciel całą organizację i to wszystko rozbił, i to takim podstępem jak pobór, bez stawienia mu oporu poważnego, byłoby jeżeli nie lekkomyślną zdradą sprawy narodowej, to w każdym razie zadaniem jej ciosu, który w samym początku jej rozwoju zabiłby ją na duchu, myśli i tchnieniu.

Przeciwnie, jeżeli Komitet uczyniwszy wszystko, co tylko było w jego mocy, dla uchronienia [narodu] od klęski poboru, chroniąc go od zabicia w nim ducha i wiary we własną siłę, stanie dziś mężnie na wysokości swego zadania, jeżeli chwilę poboru uzna za chwilę powstania, jeżeli ogłaszając się Rządem Narodowym powstańczym, podniesie wysoko sztandar narodowy, ogłaszając uwłaszczenie włościan, ogłosi zarazem zasadę wolności i równości dla wszystkich bez względu na wyznanie i narodowość – to, chociażbyśmy ponieśli klęskę, chociażby powstanie upadło, to jednak nie zerwie się nić walki, nie zginie idea organizacji narodowej dla samoobrony, dla odzyskania niepodległości. Prawa ogłoszone staną się podstawą przyszłych prac narodowych, czy w tej samej, czy w innej formie.

W konkluzji Bobrowski wniósł, by Komitet chwilę poboru uznał za hasło do powstania i by natychmiast przystąpił do wszelkich możliwych przygotowań[1].

Nastała długa chwila ciszy. Przerwał ją głos przewodniczącego, który wezwał do wotowania. Wszyscy członkowie Komitetu dali znak zgody. Branka miała się stać sygnałem do powstania.

Teraz podniósł się Agaton Giller. Mówił krótko, tonem stanowczym i uroczystym. Oświadczył, że głębokie przekonanie i sumienie nie pozwala mu solidaryzować się z powziętą uchwałą, którą uważa za wielką klęskę, przeto w dalszych pracach Komitetu udziału brać nie może i stanowczo zeń występuje.

[1] J.K. Janowski, *Pamiętniki o powstaniu styczniowym*, t. I, Lwów 1923, s. 28–30.

Zebrani milcząco zaaprobowali tę rezygnację. Natychmiast też nastąpiło jednomyślne powołanie Stefana Bobrowskiego na członka Komitetu. Oskar Awejde, który dotychczas pełnił funkcję informatora i łącznika z poprzednią fazą prac rządu, zreorganizowanego w grudniu, teraz dokooptowany został na stałe. Komitet Centralny Narodowy składał się więc obecnie z sześciu osób. Należeli doń: Oskar Awejde, Stefan Bobrowski, Józef Kajetan Janowski, Jan Maykowski, ksiądz Karol Mikoszewski i Zygmunt Padlewski.

Na popołudniowym zebraniu zaczęło się opracowywanie wojennego planu powstania. Teraz pierwszy głos miał Zygmunt Padlewski, jedyny w Komitecie wojskowy, były młodszy oficer gwardyjskiej artylerii.

A tymczasem sztab carski gorliwie niszczył resztki konspiracji w armii, korzystając z imiennych wykazów nadesłanych z Paryża przez Budberga.

Niewiele ponad rok upłynęło od chwili, kiedy Bobrowski powołany został do kierowniczego zespołu „Trojnickiego", a jedenaście zaledwie miesięcy od daty romantycznej ucieczki saniami Syroczyńskiego z Kijowa. Szybko awansował beniaminek „sędziego" Józefa, wuj przyszłego Josepha Conrada, od 3 stycznia 1863 roku najmłodszy wiekiem członek tajnego rządu narodowego. Teraz posiadał on prawo decyzji o losie takich, jak jego własny towarzysz Aleksander Kryłowski, który ukryty gdzieś w Galicji czekał na sygnał do walki.

Posiadał prawo decyzji i ponosił pełną moralną odpowiedzialność.

W dalekich mołdawskich Botuszanach pułkownik Miłkowski przeraził się wiadomości, jakiej mu udzielił przygodnie spotkany znajomy: powstanie! Żołnierz literat zachodził w głowę, co też się stać mogło, czemu zmieniono niedawną decyzję o odroczeniu wybuchu przynajmniej do maja. Kto mógł skłonić Komitet do tak szalonego kroku? Nie domyślał się, że sprawił to młody człowiek, który niedawno jako emisariusz przyjeżdżał do Michalen.

Janowski twierdzi, że Bobrowski z przekonaniem i mocą głośno powiedział to, co właściwie myśleli wszyscy członkowie Komitetu, i że ostatecznie rozwiał ich wątpliwości. Posiadał dość odwagi i siły woli, by poglądów swoich nie taić, przechylić szalę i przez to samo wysunąć się na pierwsze miejsce wśród współodpowiedzialnych. Za decyzję tylko, nie zaś za sytuację, która z dniem każdym stawała się coraz to bardziej rozpaczliwa. W tym względzie wśród obecnych na zebraniu najcięższą odpowiedzialność ponosił człowiek, który pół roku przedtem zwichnął plan Dąbrowskiego, a teraz głosował przeciwko powstaniu – Giller.

Wolno przyjąć za pewnik, że wracając z Paryża, Bobrowski miał mniej więcej ustalone poglądy na położenie i przynajmniej w ogólnych zarysach wiedział, czego chciał. O czynniku decydującym, czyli o brance, był poinformowany od dawna, rozmawiał o niej z Jeżem w Michalenach. Wobec tego należy przyznać, że wcale nie starał się sztucznymi środkami wpływać na postanowienia Komitetu. A mógł przecież tego próbować właśnie jako wysłannik wracający z zagranicy. Jego sprawozdanie, złożone 2 stycznia, było trzeźwe, uczciwe i niczyjej czujności narkotyzować nie mogło. Polityczny sens tej relacji dawał się streścić w dwóch słowach: jest źle. Nazajutrz zaś wygłosił wielkie przemówienie, w którym wzywał do uznania branki za hasło rozpoczęcia walki i... wcale nie obiecywał zwycięstwa.

Ten ostatni, milczący akcent wystąpienia Bobrowskiego zasługuje na uważne wysłuchanie. Mówca nie był wojskowym, ale musiał z góry odgadywać wynik walki kosynierów z grenadierami, uzbrojonymi w broń palną. O samej przegranej w polu nie mówił. Zastanawiał się za to, co da powstanie w razie klęski... A więc motywów, którymi się kierował, motywów głównych szukać należy w dziedzinach innych niż wojskowa. Kto nie przewidywał pobicia armii carskiej, ten nie mógł być optymistą w sprawie odzyskania suwerenności państwowej.

Pierwsza część mowy Bobrowskiego poświęcona była – jakeśmy się przekonali – wnikliwej analizie widoków tak zwanej zbrojnej demonstracji przeciwko poborowi. Polegać by ona musiała na potyczkach z wojskiem, staczanych przez samych rekrutów chroniących się po lasach, bez ogłoszenia ogólnonarodowego powstania. A więc zwykła ruchawka, opór ze strony osób osobiście pokrzywdzonych. Coś w rodzaju buntu pewnej liczby gmin przeciwko pańszczyźnie. Wiemy o tym, że Biali do tego tylko pragnęli ograniczyć powstanie, spodziewając się, iż w ten sposób sprawa niemal bezboleśnie – przynajmniej dla nich – rozejdzie się po kościach. Margrabia też przewidywał możliwość „zamieszania", które w kilka godzin wybierał się uśmierzyć. Rację mieli nie oni, lecz Stefan Bobrowski. Jakiekolwiek potyczki po lasach natychmiast dopuszczały do głosu jeszcze jeden czynnik. Był nim głównodowodzący armią rosyjską w Polsce, generał-adiutant Edward baron Ramsay, i jego wierni podkomendni.

Bobrowski prawdopodobnie, a Wielopolski na pewno nie przewidywał rzeczy, która zaraz miała się stać faktem. Sztab zrobił wszystko, co leżało w jego mocy, by powstanie czasem nie spaliło na panewce. Zaczął te swoje działania, zanim jeszcze powstanie w ogóle wybuchło.

Prąc do branki, Wielopolski postępował brutalnie i nieludzko. Takie metody są jednak w polityce chlebem powszednim. Okolicznością zupełnie wyjątkową było to, że techniczne wykonanie zamiarów margrabiego wcale do niego nie należało, a co jeszcze ważniejsze – nie od niego zależało. O wszystkim rozstrzygnąć mieli carscy sztabowcy z Warszawy, którzy Wielopolskiego nienawidzili, pragnęli obalenia jego reform – chociażby po to, by sobie, swym przyjaciołom i krewnym stworzyć w Królestwie pełny żłób. W tych warunkach sam pomysł branki dyskwalifikuje Wielopolskiego jako polityka. Dla sprawiedliwości dodajmy, że wielki książę Konstanty też jasno zdawał sobie sprawę, że pobór spowoduje wybuch, i również był zwolennikiem „przecinania wrzodu". Rosyjscy generałowie podstawili jednak nogę nie tylko polskiemu magnatowi, ale i cesarskiemu bratu.

Początkowo pozbawiony wyobraźni Ramsay sprzeciwiał się brance. Cel jej polegał na ogołoceniu Królestwa z żywiołów ruchu, a generał tego właśnie wcale nie pragnął, czyhał na okazję do zaprowadzenia rządów czysto militarnych. W końcu ustąpił. Pobór przeprowadzono, ale tak, że z dwóch tysięcy ludzi umieszczonych na spisach w samej Warszawie wzięto niewiele ponad pięciuset, braki uzupełniając w drodze łapanki po mieszkaniach. Kto wpadł w ręce, tego brali. Konspiracja nie poniosła niemal żadnych strat. Przez długie dni przed branką władze wojskowe spokojnie się przyglądały, jak tłumy młodzieży wychodzą z miasta w kierunku serockich i kampinoskich lasów. Potem Ramsay zgodził się na horrendalny z militarnego punktu widzenia wniosek i piechota poszła na obławy z nienabitymi karabinami.

– Ależ ci dezerterzy mają rewolwery – oponował początkowo Ramsay.

– Ja od ich rewolwerów obroniłem się laską, żołnierze zaś mają bagnety – nastawał margrabia, który z uporem naprowadzał generała na najgorszą dla siebie drogę.

Tylko cywil, który w wojsku nie służył, mógł tak argumentować. Generał doskonale wiedział, że osadzona na sztorc kosa jest – wobec przeciwnika, który nie może użyć broni palnej – orężem wprost strasznym. A także, iż regularny żołnierz, któremu kazano rozładować karabin, będzie się uważał za bezbronnego i na pewno nikogo nie złapie. Jednak na żądanie Wielopolskiego przystał.

21 stycznia, a więc jeszcze przed właściwym wybuchem, kandydaci na powstańców kosami i drągami zmasakrowali oddział pułkownika Kozlaninowa. Tego tylko było potrzeba pewnym czynnikom. Krew pokojowo występujących żołnierzy rosyjskich została rozlana, szowiniści otrzymali żer, a szeregowiec się rozjuszył. Zajrzyjmy do pamiętników rosyjskich, gdzie łatwo znaleźć narzekania na Polaków, którzy napadają na żołnierzy, kaleczą ich okrutnie kosami, zabijają. Echa tych żalów słychać w książkach ludzi tak szlachetnych, jak Kropotkin i Hercen. Niewątpliwie dowodzi to dziwactw natury ludzkiej: w jaki sposób Polacy mieli walczyć z carem, nie ruszając jego żołnierzy? Zraniony sentyment czasem zbyt łatwo tłumi logikę. Na wiadomość o ruchu w Polsce

Aleksander II zebrał oficerów izmaiłowskiego pułku gwardii pieszej i gorąco do nich przemówił. Zręcznie! Zabity drągami Kozlaninow służył ongi właśnie w tym regimencie. Gdyby w poprzednim roku urzeczywistniono plan Dąbrowskiego, po Rosji rozeszłaby się wieść: Polacy wystąpili zbrojnie, razem z nimi poszło trochę n a s z y c h oddziałów.

Obławy na „dezerterów" prowadzono tak, że sam wielki książę Konstanty dwukrotnie powiedział wojskowym w oczy: *„Eto izmiena!"* – to zdrada.

Nazajutrz po wybuchu powstania, czyli 23 stycznia, Ramsay nakazał swej stutysięcznej armii natychmiastową koncentrację w ważniejszych punktach kraju i aż dwa razy ten rozkaz powtórzył. Duże liczby nie przemawiają do wyobraźni, wobec tego trzeba powiedzieć, że było wtedy w Królestwie pięć dywizji piechoty, w tym gwardyjska, jedna jazdy, sześć brygad artylerii, dziewięć pułków kozackich oraz oddziały pomocnicze. Po pierwszych słabych i nieudanych akcjach fatalnie uzbrojonych Polaków cała ta wielka siła skupiła się w czterdziestu dwóch punktach, wliczając w to i twierdze, bez walki oddając resztę terenu. Lasy, wsie, odludzia, nawet wiele miast powiatowych, ze składami i magazynami, stanęły do dyspozycji powstańców. Można wątpić, czy generał Ramsay postąpił tak ze strachu. On się pewnie przeląkł w tym samym stopniu, co później pułkownik Czengiery, który tak jakoś wojował z Langiewiczem, by go przypadkiem zbyt szybko do reszty nie rozbić.

Zbrojna demonstracja przeciwko poborowi była wyjściem najgorszym. Zgodnie z przewidywaniami Bobrowskiego zapowiadała same straty bez żadnych zysków. Pozbawiona centralnej władzy i wyraźnego oblicza ruchawka nie stwarzała żadnego problemu politycznego, pozostawiała carowi zupełnie swobodną rękę i dawała znakomity pretekst do cofnięcia wszelkich ulg. Wkrótce będzie mowa o tym, że Aleksander II przez długi czas postępował wobec Polski dość oględnie. Zmusił go do tego poważny charakter rozpoczętej walki, wynikły z decyzji Komitetu Centralnego Narodowego.

Wielopolski chciał wyłapać „dezerterów" jak zające na śniegu. Dlatego posyłał po nich do lasu bezbronne wojsko. Roił o dniu radosnym, kiedy ulicami Warszawy, przy biciu w bębny, prowadzeni będą do Cytadeli członkowie „stronnictwa bezrządu", pojmani gołymi rękami, bez wystrzału. Polska demokracja miała być obcasami wdeptana w moralny gnój, okryta śmiesznością, pohańbiona, unieszkodliwiona na długo. Przecież i sama branka, barbarzyństwo, jakiego nie znała już ówczesna Europa, carskiej Rosji nie wyłączając, była zabiegiem hańbiącym. „Oddać łajdaków do wojska" – według tej recepty dziedzice od dawna pozbywali się ze wsi nieposłusznych parobków, a także pijaków, złodziei, koniokradów. Po śmierci Mikołaja I nawet carscy generałowie doszli do przekonania, że proskrypcyjny system poboru dłużej utrzymany być nie może, ponieważ zaciera różnicę pomiędzy wojskiem a więzieniem dla kryminalistów. Wielopolski postanowił zastosować w Polsce ów system przeciwko wrogom politycznym oraz ludziom z „warstw narodu ujemnych". Powodzenie branki stanowiłoby znakomity symbol triumfu starego porządku nad kiełkującą demokracją europejskiego typu.

Zdecydowana chęć przeciwstawienia się tej ewentualności – to druga część mowy Stefana Bobrowskiego. Wywodów jego niepodobna zrozumieć, jeśli się zapomni, że w tych czasach słowa „niepodległość" od wyrazów „rewolucja demokratyczna" separować nie można było. Współcześni widzieli to całkiem wyraźnie. „Rzeczywistym nieprzyjacielem naszym teraz pozostaje czysto rewolucyjna partia, partia przewrotu społecznego... w której narodowość i polityka nawet grają drugorzędną rolę i służą jedynie za maskę" – pisał Konstanty do brata-cara, wulgaryzując zresztą sprawę niemiłosiernie.

Bobrowski wzywał do obrony sprawy przed ciosem, „który w samym początku jej rozwoju zabiłby ją na duchu, myśli i tchnieniu".

„W samym początku jej rozwoju...". Przecież w roku 1863 ani w żadnym z lat bezpośrednio poprzedzających problemu odrębnej narodowości i państwowości polskiej nie wymyślono. To była stara i czcigodna sprawa. Za to idea Polski niepodległej i zdemokratyzowanej zaliczała się wtedy do nowych. *Wielki Manifest* Towarzystwa Demokratycznego Polskiego nie miał jeszcze trzydziestu lat.

Najważniejszy jest końcowy fragment przemówienia, ten, który wspomina o ogłoszeniu nowych praw. W nim mieści się synteza poglądów Stefana Bobrowskiego. Streścić ją można tak:

Walka zbrojna, raczej pozbawiona widoków na zwycięstwo, jest nieunikniona. A zatem należy ją od razu na początku przetworzyć w akt polityczny, proklamować zasady, które bez względu na to, co się stanie, zaczną kształtować życie kraju.

Stefan Bobrowski przewidywał słusznie, ale na zbyt już daleką metę. Nie odgadł, że „prawa ogłoszone" natychmiast staną się potęgą, na którą zwycięski militarnie rząd carski nie ośmieli się porwać.

GŁÓWNY ROZDZIAŁ POWSTANIA

Wyznawcy teorii feralnych poniedziałków znajdą wdzięczny materiał w dziejach roku 1863. Dzień 19 stycznia przypadł właśnie w poniedziałek. Komitet Centralny Narodowy powziął wtedy decyzje, które przyniosły skutki wyłącznie ujemne.

A początkowo nie zapowiadało się najgorzej. Odwrotnie – zaraz z rana przytrafiło się coś, co pomogło Komitetowi w jego trudnym położeniu.

Pojawiająca się podówczas urzędówka – „Dziennik Powszechny" – wydrukowała artykuł pióra samego Wielopolskiego, który zajął się odmalowywaniem szczęsnej doli oraz różowych nastrojów młodzieży wziętej podczas branki i zamkniętej w Cytadeli. Margrabia doskonale wiedział, że pobór właściwie całkiem się nie udał. Toteż wspomniany artykuł trzeba uznać za klasyczny przykład propagandowego parawanu, mającego zasłonić widok porażki.

Artykuł obwieszczał, że pobór odbył się w całkowitym porządku i spokoju. Rekruci wykazywali wiele dobrej woli i ochoty, nawet radość z perspektywy piętnastoletniej służby wojskowej, która da im okazję wyćwiczenia się w karności oraz w innych cnotach obywatelskich. W Cytadeli – ciągle zdaniem omawianego artykułu – panował nastrój jak najlepszy.

Tymczasem Warszawa i cały kraj wiedziały, że wszystko było zupełnie inaczej.

W nocy z 14 na 15 stycznia brano ludzi z domów po prostu siłą. Kto stawiał najmniejszy opór, tego natychmiast wiązano. Partie rekrutów wędrowały do Cytadeli pod osłoną silnych oddziałów wojska, idących przez miasto marszem ubezpieczonym – ze szpicą z przodu, z patrolami od tyłu i po obu skrzydłach.

Nie stanowiły pewnie dla nikogo tajemnicy spostrzeżenia poczynione w Cytadeli przez księży wzywanych tam dla posług religijnych. Relację jednego z nich uwiecznił pamiętnik biskupa Popiela:

> Kiedy tam przyszedł po raz pierwszy, zastał prawdziwie niesforną tłuszczę... Ci płaczą, tamci namiętnie grają w karty, ktoś tęskno patrzy w okno i nuci piosenkę... Krzyk i hałas nieznośne, jakby naraz ci ludzie przeszli w stan barbarzyństwa. Niektórzy są podpici, ze spojrzeniem zwierzęcym... oderwani od codziennych zajęć, nie wiedzą, gdzie się podziać, co ze swoją osobą zrobić, chodzą jak błędne owce; bywają i zdesperowani: patrzą jakimś złowrogim spojrzeniem, gotowi rzucić się na wszystkich lub na siebie samych[1].

Przez kilka najbliższych dni po brance opinia publiczna obarczała Komitet odpowiedzialnością za wszystko. Zarzucano mu, iż spowodował nieszczęście, ale zasłonić przed nim narodu nie potrafił. Katastrofalny pomysł buńczucznej „kartki o poborze" przynosił opłakane skutki.

19 stycznia Wielopolski pobił jednak wszelkie rekordy propagandowej bezmyślności. Lakier podziałał jak benzyna. Okazało się, że w drugiej połowie XIX stulecia nawet w zacofanym Królestwie już nie pora na wielkopańskie natrząsanie się z uczuć pokrzywdzonego gminu. Artykuł „Dziennika Powszechnego" opinia potraktowała jak kopnięcie wymierzone leżącemu. A tego w Polsce bardzo, ale to bardzo nie lubią. Najspokojniejsi ludzie popadali w szał. Zapanowało przekonanie, że „na tak krwawą

[1] W. Popiel, *Pamiętniki*..., t. I, Kraków 1915, s. 119.

obelgę należało odpowiedzieć krwią". Wielopolski walnie dopomógł Komitetowi, który bezpośrednio po brance wyznaczył noc z 22 na 23 stycznia jako termin rozpoczęcia walki.

Członkowie tajnego rządu narodowego przeżywali ostatnio ciężkie dni. Wczesny termin branki trochę ich zaskoczył. Zachwiał się nieco autorytet Padlewskiego, któremu, pomimo starannego i szeroko rozgałęzionego wywiadu, nie udało się ustalić dokładnej daty rozpoczęcia poboru.

15 stycznia powstał w łonie Komitetu rozpaczliwy projekt, którego autorstwo skutkiem całkowitego nieporozumienia przypisywano później Bobrowskiemu. W rzeczywistości zaś Maykowski stracił nerwy i zaczął głosić, że pozostało tylko wezwać proklamacjami lud do kościoła św. Krzyża, jawnie stanąć na jego czele i udać się pod Zamek. Tam członkowie Komitetu mieli oddać się w ręce władz i wymóc w zamian uwolnienie rekrutów z Cytadeli. Postępek ten winien był uratować honor konspiracji i umożliwić jej dalsze trwanie, ponieważ Komitet, przed popełnieniem moralnego harakiri, wyznaczyłby następców.

Długiej dyskusji oraz powtórzenia wszystkich argumentów użytych 3 stycznia trzeba było, zanim Maykowski cofnął wniosek.

Tymi dniami Komitet obradował niemal w permanencji, od rana do wieczora, wyznaczając sobie krótkie przerwy na obiad. Jednocześnie siostra Maykowskiego, poetka Maria Ilnicka, pośpiesznie pisała manifest powstańczy, a Oskar Awejde układał dekret o uwłaszczeniu chłopów. Obowiązywała najściślejsza tajemnica. Wszelkie rozkazy na prowincję wysyłał Padlewski osobiście. Komitet obywał się bez sekretarzy, gdyż dla tym lepszego zakonspirowania przygotowań członkowie jego własnoręcznie wypełniali każdy niezbędny papierek. I oto pewnego pięknego poranku jeden z nich przyniósł z miasta dość dokładną relację o pracach Komitetu. Poinformowali go znajomi. Natychmiast wdrożono śledztwo. Okazało się, że to ksiądz „Sykstus" uważał za stosowne zwierzyć się jednej ze swych przybocznych dewotek, a ta puściła wiadomość w obieg, który na szczęście objął dość nieliczne grono osób. Gadatliwemu księdzu zagrożono wyrzuceniem i prace trwały nadal.

Hiobowe wieści zaczęły napływać z prowincji od „komisarzy wojewódzkich", którym kazano nadesłać sprawozdania o stanie powstańczych arsenałów i kas. Wszystkiego było znacznie, znaczniej mniej, niż się początkowo zdawało. W takim Suchedniowie zamiast dwóch tysięcy kos było tylko dwieście, zamiast czterech tysięcy rubli – czterysta. Równo jedna dziesiąta! Komisarz województwa sandomierskiego, Ignacy Maciejowski, znany później pod literackim pseudonimem Sewera, tłumaczył się, że poprzednio podawał w sprawozdaniach liczby, które zamierzał osiągnąć...

Militarna strona powstania nie zapowiadała się wesoło. Zarzucony został, jako niewykonalny, wniosek Stefana Bobrowskiego dotyczący porwania wielkiego księcia. Konstanty jeździł po Warszawie w otoczeniu zaledwie pięciu Czerkiesów. Bobrowski chciał zebrać kilkudziesięciu zdeterminowanych ludzi, uwięzić carskiego brata i trzymać go jako zakładnika. Z pomysłem wystąpił wcześnie, bo 4 stycznia. Nie miał go jednak nigdy w życie wprowadzić.

Podobnie nie doczekał się spełnienia projekt nadesłany z Cytadeli przez Jarosława Dąbrowskiego. Wierny swoim dawniejszym planom, chciał „Łokietek" wyzyskać istniejące jeszcze szczątki rosyjskiego sprzysiężenia i zająć Modlin. Operację miały przeprowadzić powstańcze oddziały z Warszawy, w ścisłym porozumieniu z oficerami i częścią załogi twierdzy. Przygotowania szły dobrze. Prowadził je szef konspiracji z Nowego Miasta, „okręgowy zakroczymski", człowiek odważny i bardzo energiczny. Zmiana garnizonu Modlina, dokonana niemal w ostatniej chwili, udaremniła plan.

Położenie oddziałów skupionych w lasach serockich i w Kampinosie było złe. 17 stycznia Zygmunt Padlewski otrzymał rozkaz niezwłocznego do nich wyjazdu. Funkcje naczelnika miasta przejął, za własną zgodą, Stefan Bobrowski.

Pierwsza jego czynność w tej roli polegała na wysłaniu do Kampinosu wszelkich rozporządzalnych zapasów broni i żywności.

Jak się już rzekło, wojskowa strona powstania nie zapowiadała się wesoło. Tym większej wagi nabierały decyzje zasadnicze, polityczne. Nad nimi właśnie radzić miał Komitet Centralny 19 stycznia, w feralny poniedziałek.

Na poranne zebranie stawił się komplet Komitetu. Przybył również Władysław Janowski, brat Józefa Kajetana, działacz i asesor sądowy z Kielc, skąd musiał uciekać, zagrożony aresztowaniem. Zaproponował, by jego dotychczasową funkcję, stanowisko naczelnika województwa krakowskiego, powierzyć Apolinaremu Kurowskiemu, temu samemu, który wkrótce miał dowodzić w nieszczęśliwej i krwawej bitwie o Miechów.

Wnioski Władysława Janowskiego, stawiane 19 stycznia – równo na miesiąc przed jego własną mężną śmiercią pod Krzywosądzem – wszystkie były jakieś pechowe.

Komitet dokonał nominacji Kurowskiego i przystąpił do rozważania kapitalnej kwestii władzy nad powstaniem.

Już od dłuższego czasu Komitet posiadał w Polsce taki posłuch, o jakim nie mogli nawet marzyć królowie niepodległej Rzeczypospolitej. Tu i ówdzie respekt wobec władzy narodowej wykazywali i przedstawiciele rządu zaborczego. Papierek z pieczątką Komitetu Centralnego Narodowego skutkował także i wtedy, kiedy chodziło o rozsupłanie mieszka i zapłacenie daniny na cele ruchu. Wobec wybuchu powstania taki stan rzeczy uznano jednak za niewystarczający. Autorytet pieczęci miał ustąpić miejsca autorytetowi osób.

Młodzi ludzie, z których składał się Komitet, zdawali sobie sprawę, że nikt ich w kraju nie zna, nikt o nich nie wie i nie słyszał. Ale z tych realnych przesłanek pośpieszyli wyciągnąć wnioski najzupełniej fałszywe. Uznali za potrzebne przekazać władzę mężom „poważnym i w kraju znanym", oddanym idei powstania, umiejącym je „rozwinąć i pokierować", skorzystać z wszelkich sił narodowych, bo na nie tylko można liczyć. Ci wybrańcy, ci otoczeni powszechnym szacunkiem sternicy narodowej nawy, powinni „być głębokimi i stanowczymi wyznawcami tych zasad, które organizacja ruchu od pierwszej chwili swego istnienia proklamowała" i które manifest powstańczy ogłaszał za obowiązujące, to znaczy haseł demokratycznych, a w szczególności prawa o uwłaszczeniu chłopów. Tak streścił motywy postanowienia uczestnik opisywanych obrad, prawy i szlachetny, ale beznadziejnie łatwowierny i poczciwy Józef Kajetan Janowski.

Na zebraniu nie było Zygmunta Padlewskiego, który zgodnie z otrzymanym rozkazem wyjechał do oddziałów. W ten sposób ubyła jedna z dwóch naprawdę wybitnych indywidualności Komitetu. Decyzja spoczęła teraz w ręku istot uczciwych, lecz bardzo przeciętnych, jak Janowski czy Maykowski, oraz osobistości tego pokroju, co bufon i plotkarz ksiądz Mikoszewski, a nawet Oskar Awejde, przyszły sumienny informator caratu o sprawach polskiej konspiracji.

Większość Komitetu postanowiła przekazać władzę ludziom „poważnym i w kraju znanym". Ależ tacy znajdowali się wyłącznie w obozie Białych! Nawet w jasny dzień i ze świecą niepodobna było wyszukać takich autorytetów wśród Czerwonych, którzy rekrutowali się z samych dołów społecznych, gdzie student, młody oficer lub inżynier od razu zaliczał się do elity. Wobec tego możliwości wyboru były bardzo ograniczone. Trzeba wszak było powołać osobistości nie tylko wybitne, ale w dodatku takie, które zdołają poradzić sobie z zadaniami wojny. Pozostawało więc właściwie tylko jedno wyjście.

Władysław Janowski znowu głos zabrał. Wniósł, że najodpowiedniejszą formą rządu będzie dyktatura jednostki, bo zapewni maksymalną sprężystość działania. A ponieważ za trzy dni ma się w Królestwie rozpocząć walka zbrojna, jedyne logiczne rozwiązanie polegać może na ustanowieniu dyktatury wojskowej, jedynym zaś kandydatem na to stanowisko jest generał Ludwik Mierosławski. Rozumowaniu mówcy jakoś nie przeszkadzała ta drobna okoliczność, że wojna miała się za trzy dni rozpocząć nad Wisłą, a przyszły dyktator znajdował się nad Sekwaną, w Paryżu, o niczym nie wiedział, w niczym się nie orientował i był całkowicie pozbawiony możliwości dowodzenia. Dla większości Komitetu wniosek Janowskiego posiadał jednak ogromną zaletę – pozwalał zepchnąć z siebie brzemię odpowiedzialności, komu innemu przekazać kierownictwo walczącego kraju.

Z całą pasją, na jaką go stać było, oponował przeciwko temu Stefan Bobrowski. Trochę się jeszcze miarkował, kiedy dyskutowano nad pierwszą częścią wniosku, czyli nad sprawą dyktatury wojskowej. Bobrowski chciał czegoś zupełnie innego. Głosił konieczność ustanowienia kilkuosobowego rządu wyposażonego w pełnię władzy, któremu i dowództwo wojskowe musiałoby bez zastrzeżeń podlegać. Z natury rzeczy byłby to zatem rząd p o l i t y c z n y, a nie generalski.

Domagając się takich postanowień, Bobrowski trafiał w samo sedno rzeczy, swej własnej inteligencji wystawiał jak najlepsze świadectwo. Każda wojna to jeden ze sposobów prowadzenia polityki, cóż dopiero taka jak rozpoczynające się powstanie. Rozstrzygając o decyzji Komitetu, Bobrowski otwarcie stwierdzał, że liczy na sukcesy – i to odległe – w dziedzinie politycznej i społecznej, a nie w polu. Oddawanie pełni władzy dowódcy wojskowemu byłoby w tych warunkach szczytem absurdu.

Pozostali członkowie Komitetu wotowali zgodnie z Janowskim. Dyktatura zwyciężyła.

Teraz dopiero Bobrowski pokazał, jak w krytycznej chwili potrafi walczyć o swe przekonania urodzony polityk. Kandydatura Mierosławskiego wywołała z jego strony długą, namiętną i zjadliwą filipikę. Protestował przeciwko oddawaniu władzy karierowiczowi i pyszałkowi, który w każdym działaniu ma na względzie przede wszystkim własną osobę, dotychczas intrygował i rył pod Komitetem, wielokrotnie wykazał kompletną nieudolność i jest w całym kraju w najwyższym stopniu niepopularny. Nie wolno podporządkowywać powstania rozkazom pseudorewolucyjnego frazeologa, który chętnie przygarnia wszelkie podejrzane indywidua, byle mu tylko ulegały i schlebiały!

Opozycję Bobrowskiego początkowo podtrzymywał Oskar Awejde. Przypominał knowania generała, lecz ostatecznie swoim stałym zwyczajem przychylił się do zdania większości i dał kreskę „za". Józef Kajetan Janowski, Maykowski i Mikoszewski stanowczo popierali kandydaturę. Klamka zapadła! Stefan Bobrowski batalię przegrał, lecz ani myślał o kapitulacji.

Natychmiast ponownie zabrał głos. Raz jeszcze, z równą co i przedtem mocą, powtórzył swoje argumenty. Był tak dalece przekonany o szkodliwości decyzji, że odmówił przyjęcia odpowiedzialności za nią i z Komitetu wystąpił. Nie zgodził się zostać sekretarzem rządu, lecz zatrzymał funkcję naczelnika Warszawy, na której mu zależało.

Zebranie trwało. Uczestniczył w nim i Bobrowski, ale już bez prawa głosu decydującego. Komitet zredukował się tym samym do czterech osób. W przeciągu dwóch dni ubyły zeń dwie przodujące indywidualności. 19 stycznia główne role odegrali: Władysław Janowski, przypadkiem przybyły z Kielc i nienależący do Komitetu, oraz niedawno przyjęty Bobrowski. Trudno o dobitniejszy dowód, że zespół zwerbowany przez Awejdę u schyłku poprzedniego roku był do niczego.

Kto powiedział „a", ten musi dodać „b". Należało więc zawiadomić Mierosławskiego, który mieszkał sobie przy ulicy Mouffetard, o zaszczycie, jaki nań spłynął. Pojedzie więc do niego Władysław Janowski jako specjalny wysłannik Komitetu Centralnego, który odtąd występować będzie pod nazwą Tymczasowego Rządu Narodowego. Tymczasowego tylko, bo skoro dyktator osobą własną w kraju stanie, wszelka władza przejdzie do jego rąk.

Pod koniec posiedzenia zapadło postanowienie wręcz nieprawdopodobne. Takie, które tłumaczyć można jedynie zupełnym analfabetyzmem politycznym czterech członków konspiracyjnego gabinetu. Uznali oni za konieczne wyjechać z Warszawy tuż przed terminem wybuchu, czyli 22 stycznia w dzień, i udać się na prowincję w poszukiwaniu takiego miejsca, gdzie można się będzie ujawnić.

Rozkazy dawno już zostały rozesłane. Naczelnicy województw ściągali siły i szykowali się do raptownych a ryzykownych uderzeń na rosyjskie garnizony. Ich naczelny wódz (*in spe*), nominowany właśnie dyktator, miał dopiero kiedyś, możliwie szybko, ale w miejscu i terminie bliżej nieokreślonym zjawić się w kraju. A rząd wyjeżdżał na prowincję, nie podając nawet – dokąd mianowicie. Tym samym odcinał się od możliwości faktycznego sprawowania władzy, a także od wiadomości z pola walki.

Taką uchwałą zakończył się feralny poniedziałek.

Nazajutrz, 20 stycznia, powzięto dodatkową uchwałę, która sprawiła, że powstanie od razu nie zakończyło się kompromitującą katastrofą wynikłą z całkowitej dezorganizacji władzy centralnej. Ponieważ rząd wyjeżdżał, postanowiono powołać i pozostawić na miejscu, w Warszawie, Komisję Wykonawczą. Organ ten, pozbawiony jakichkolwiek szczegółowych instrukcji, we wszystkim podlegać miał rządowi i załatwiać wyłącznie sprawy natury administracyjnej. Kompetencje jego nie rozciągały się na kwestie polityczne ani na organizacyjne. Przewodniczącym Komisji mianowany został naczelnik Warszawy, Bobrowski. Na pomocników przewidziano mu: Agatona Gillera, inżyniera Witolda Marczewskiego (w którego mieszkaniu kilka miesięcy przedtem Jarosław Dąbrowski konferował z akademikami) oraz Władysława Daniłowskiego, który wszedł do rządu na opróżnione przez Bobrowskiego miejsce.

Wczesnym rankiem 22 stycznia rząd oraz członkowie Komisji Wykonawczej – Bobrowski i Marczewski – odbyli ostatnią, pożegnalną konferencję. Uchwalono, że Warszawa ma pozostać w spokoju, sama nie brać udziału w walce i stanowić główny magazyn powstania. Komisja Wykonawcza, a właściwie jej szef, otrzymała prawo dobierania sobie ludzi do pomocy.

Pociągiem idącym w stronę Kutna wyjechali z Warszawy członkowie Tymczasowego Rządu Narodowego. Dla niepoznaki zajęli miejsca w rozmaitych przedziałach, udając, że się wcale nie znają. Józef Kajetan Janowski patriarchalnym, lecz wśród konspiratorów dość rzadkim obyczajem zabrał ze sobą żonę. A w futrze piastował zaszytą nową, majestatyczną pieczęć rządową. Bardzo ważną kwestię jej wyglądu rozstrzygnięto cztery dni wcześniej, jeszcze przed wystąpieniem Bobrowskiego. Na jego wniosek do Orła i Pogoni dodano ukraińskiego Archanioła. Jednomyślną decyzją wszystkich członków Komitetu ze zwornika herbów usunięto królewską koronę, której symbolika kolidowała z republikańskimi przekonaniami Czerwonych. Pieczęć ta, przez omyłkę rzemieślnika wykonana do laku, a nie do tuszu, jak było potrzeba, miała być użyta tylko cztery razy.

Pozostający w Warszawie Stefan Bobrowski, naczelnik miasta i przełożony Komisji Wykonawczej, otrzymał do dyspozycji starą, znaną powszechnie i wszędzie wzbudzającą respekt tuszową pieczątkę Komitetu Centralnego.

Pociąg do Kutna odjechał bez przeszkód. W mieście i kraju panował spokój. Dopiero przecięcie wszystkich drutów telegraficznych wiodących w stronę stolicy poinformowało zarówno Wielopolskiego i Ramsaya, jak Komisję Wykonawczą, że powstanie wybuchło.

22 stycznia w nocy przyjechał do Warszawy pewien ziemianin z Rawskiego z alarmującą wieścią, że w jego majątku służba i fornale szykują się do lasu. Członkowie Dyrekcji Białych, będący zresztą w posiadaniu i innych doniesień tej samej treści, natychmiast rozpoczęli gorączkowe dochodzenia. Ktoś z nich odszukał Bobrowskiego. Ale szef Komisji wyparł się wszystkiego w żywe oczy. Twierdził, że nikt z Czerwonych nawet nie myśli o zbrojnym wystąpieniu. Rozmowa odbywała się w tym samym czasie, kiedy na prowincji oddziały powstańcze już rozpoczęły uderzenie, o czym Biali najwyżej za kilka godzin i tak się mieli dowiedzieć.

Stefan Batory mawiał o Polakach: do sekretu najgorsi.

Nasza szlachta posiadała odwieczne i dostojne tradycje rozwalania i niszczenia państwa. Tradycji rządzenia w sposób godny tego słowa brakło jej niemal całkowicie, czego nie najgorszym przykładem był Wielopolski. Bobrowski, syn polskiego hreczkosieja z Ukrainy, nie kształcił się w Eton ani Oksfordzie, gdzie od maleńkości wychowują na administratorów i polityków, uczą, że warunkiem powodzenia pracy każdego kolegium jest lojalność, uczciwe wykonywanie raz powziętych uchwał.

Zaraz po wyjeździe rządu Bobrowski zaczął podejrzewać, że wysłany do Mierosławskiego Janowski ugrzązł gdzieś po drodze: wpadł w ręce policji lub straży granicznej. Natychmiast, 24 stycznia, pchnął do Kutna Władysława Daniłowskiego. Stracił w ten sposób pomocnika, ale spełnił obowiązek. Zawiadomił rząd, że jego decyzja wskutek nieprzewidzianych okoliczności może nie zostać wykonana. Będąc członkiem Komitetu, zwalczał pomysł dyktatury, jako podwładny pilnował wykonania najbardziej mu wstrętnych uchwał kierownictwa. Jego słowa wyrażają to dobitnie: „Wszystkimi siłami sprzeciwiałem się wybraniu jego, lecz skoro jest już dyktatorem, będę go słuchał dlatego, że moje sumienie żąda tego ode mnie"[1].

Pamiętnikarze, którzy Stefana Bobrowskiego znali, dostatecznie wyjaśnili, dlaczego człowiek tak młody szybko szedł w górę i potrafił stanąć na wysokości zadania. Według nich sprawa jest jasna: stanowiły o tym ogromne zdolności, charakter i zamiłowanie do pracy umysłowej, pasja do lektury, wespół z bratem, Tadeuszem, odziedziczona po ojcu, eks-masonie i miłośniku pism osiemnastowiecznych francuskich nowinkarzy, oraz pobyt na uniwersytetach w Petersburgu i Kijowie, gorąca atmosfera „posebastopolskiej wiosny".

Intelektualne zainteresowania Stefana są znane: historia, geografia, prawo – akurat to, co zazwyczaj wypełnia arsenał wiedzy męża stanu.

Styczeń 1863 roku dał mu możność zdobycia rzeczy bezcennej – osobistego doświadczenia w trudnej sztuce sprawowania rządów.

[1] M. Złotorzycka, *Z korespondencji Zygmunta Padlewskiego*, „Przegląd Historyczny", t. XLV, Warszawa 1954, s. 756.

Walery Przyborowski, historyk wcale niesklonny do zachwytów nad Czerwonymi, wyraził się o Bobrowskim, że działał „jak Bóg biblijny, wywodząc świat powstańczy z niczego". Twierdzenie śmiałe, lecz cały jego sens można pojąć dopiero na tle towarzyszących okoliczności.

Zaraz po brance rozpoczęła się w warszawskim podziemiu nieprzebierająca w środkach walka polityczna. Prawicowe elementy w organizacji postanowiły wyzyskać nieszczęście, jakim był pobór, i utrącić, odsunąć od wpływów radykalne skrzydło ruchu. Ogólny nastrój kraju sprzyjał atakom na tych, którzy kierowali konspiracją, posunęli się aż do lekkomyślnych zapewnień, iż do branki nie dopuszczą, i w tym ostatnim względzie zawiedli. Kozłem ofiarnym stał się Zygmunt Padlewski, były naczelnik miasta. W gruncie rzeczy nie ponosił on żadnej odpowiedzialności za niefortunną „kartkę o poborze", dokładał wszelkich starań, prowadził skrupulatny wywiad, by nie dać się zaskoczyć. Nie mógł przewidzieć, że Wielopolski skłoni władze wojskowe do całkiem niespodziewanego rozpoczęcia akcji i nagłością inicjatywy narobi kłopotu samym generałom.

Jak już wiemy, Padlewskiego Komitet wysłał do oddziałów. Bobrowski, widocznie orientując się w nastrojach, namawiał przyjaciela do przyjęcia tej misji, równającej się jednak degradacji politycznej. Opozycja skorzystała z okazji, po mieście zaczęły gęsto krążyć pogłoski o ucieczce Padlewskiego. Bez najmniejszych skrupułów moralnie mordowano człowieka.

Nowy naczelnik Warszawy otrzymał więc w spadku same pasywa. A w dodatku jeszcze on również nie pochodził ze stolicy, co w tym mieście zawsze bardzo wiele znaczyło. Warszawska organizacja mocno z ukosa spoglądała na chuderlawego kijowianina. Przy najbliższej okazji zażądano, by we wszelkich jego pracach i zarządzeniach uczestniczył Witold Marczewski.

Nie można było wyświadczyć Bobrowskiemu lepszej przysługi. Inżynier Marczewski, i tak już wyznaczony przez rząd do Komisji, raz jeszcze dowiódł swej wyjątkowej wartości. Jest on jedną z tych postaci, których pamięć doprawdy zasługiwała na łaskawsze potraktowanie. Nikt prawie o nim nie wie i nie słyszał, przemilczają go słowniki i encyklopedie. Tymczasem jego rola w odnowicielskim ruchu lat sześćdziesiątych była dodatnia i znaczna, osobiste poświęcenie i prawość godne najwyższego uznania. Kraj odziedziczył zresztą po nim pewne materialne dobrodziejstwa, z których co dzień korzystają tysiące, ani myśląc o zapomnianym pionierze techniki.

Witold Marczewski, inżynier praktyk oraz teoretyk, redaktor „Przeglądu Technicznego", kierował budową linii kolei żelaznej Warszawa–Bydgoszcz. Później, już po powstaniu, według jego planów położono odcinek do Radomia. W innym, lepszą pamięcią obdarzonym kraju, któraś z tych tras nosiłaby pewnie imię swego twórcy, rzeczywiście nieugiętego bojownika o wolność.

Inżynier Marczewski pracował w Komisji bardzo dobrze, lecz krótko. Jako człowiek znakomicie znający miasto i teren był niezastąpiony przy zdolnym, pełnym rozmachu, lecz nowicjuszu Bobrowskim. Obaj razem stanowili dobrany zespół.

Przestał on istnieć w nocy z 18 na 19 lutego 1863 roku, kiedy aresztowano Marczewskiego. Wydał go niejaki Franciszek Fiszer, oficer, członek komórki zakupu broni. Fiszer pojechał wraz z kolegami do Belgii i niezwłocznie zgłosił się do ambasady rosyjskiej, gdzie złożył wyczerpujący donos. Odesłany do Warszawy, wymienił policji Marczewskiego i Bobrowskiego, który ukrywał się pod przybranym nazwiskiem i nie został schwytany.

Marczewski nikogo w śledztwie nie zdradził, a nawet do niczego w ogóle się nie przyznał. Skazany na piętnaście lat katorgi, zakończył życie na Syberii.

Uwięzienie go było takim ciosem dla organizacji, że Bobrowski – na nic już nie zważając – jeszcze tej samej nocy na gwałt słał w Płockie po Padlewskiego, pragnąc zapełnić lukę w szeregu. Z nieznanych przyczyn celu nie osiągnął, Padlewski do stolicy nie powrócił.

Bobrowski i Marczewski wspólnie rozpoczęli pracę i z powodzeniem przetrwali okres najcięższy, decydujący i krytyczny. Z innych osób, wyznaczonych przez rząd do Komisji Wykonawczej, Giller stanowczo odmówił współdziałania, po ostrej wymianie zdań z Awejdą i Józefem Kajetanem Janowskim, oczywiście jeszcze przed ich wyjazdem. Daniłowski, jak już wspomniano, wkrótce ruszył do Kutna, stamtąd do Paryża, później beznadziejnie zaplątał się w intrygi Mierosławskiego.

Kiedy 22 stycznia Rząd Tymczasowy opuszczał Warszawę, nie były jeszcze wydrukowane ani dekrety uwłaszczeniowe, ani nawet manifest o rozpoczęciu walki, dokumenty, od których opublikowania i wprowadzenia w życie zależało samo spełnienie historycznej roli powstania. Bobrowski i Marczewski nie zaniedbali sprawy najważniejszej z ważnych. Wydrukowali owe pisma, opieczętowali je, słali na prowincję do miejscowych władz konspiracyjnych i dowódców oddziałów.

Wybiegając odrobinę naprzód, trzeba pokrótce omówić instrukcję, którą Bobrowski wydał 25 lutego, a więc już po utracie Marczewskiego, lecz niewątpliwie w myśl ustalonych z nim wytycznych. Nakazywała ona szukać oparcia wśród chłopów, w każdej gminie natychmiast ogłaszać dekrety uwłaszczeniowe i z naciskiem zalecała „tłumaczenie dobitne odezw, że to Rząd Narodowy nadaje i że ziemia, którą dostają, na wieczne czasy im służyć będzie". Protokoły dokonanego uwłaszczenia należało wnosić do ksiąg gminnych, przy czym oprócz dowódcy oddziału powstańczego musieli się na nich podpisywać wójt, sołtys i dziedzic.

Opierając się na tych zarządzeniach, Padlewski przewidywał oddawanie opornych pod sąd doraźny i karanie śmiercią.

Z innych rozkazów, dotyczących sprawy chłopskiej w tym najwcześniejszym okresie, zasługuje na uwagę jeden, wydany przez wojewodę płockiego w samych początkach lutego. Pozwalał on szlachtę brać do oddziałów przymusowo, a dezerterów rozstrzeliwać na miejscu bez sądu. Wobec chłopów nie wolno było stosować siły, lecz jeśli któryś zgłosił się na ochotnika – klamka zapadała, odmawiano zwolnień. Natomiast cała ludność bez wyjątku musiała przysięgać na wierność Rządowi Narodowemu.

Jak wynika z tych dokumentów, ludzie kierujący wtedy powstaniem nie stronili od terroru, lecz umieli też postępować przezornie. Od szlachty w bezwzględny sposób wymagali ofiar, wychodząc widać z założenia, że ma ona niepotrzebujące wyjaśnień zobowiązania wobec Polski. Przed chłopem najpierw należało się wylegitymować, wyrównać historyczny dług, a dopiero potem żądać.

Dnia 2 lutego w stolicy ukazała się odezwa jasno określająca stosunki władzy:

> Komitet Centralny Narodowy, przyjmując na swoje barki całe brzemię Tymczasowego Rządu, zarząd stolicy powierzył Naczelnikowi Miasta, który stanowi pełnomocną, jedyną władzę narodową w Warszawie; od tej więc chwili wszyscy mieszkańcy bez różnicy stanu i wyznań do rozporządzeń wspomnianego Naczelnika najściślej stosować się winni. Wszelki opór lub brak posłuszeństwa w tym względzie ściągnie surową odpowiedzialność na winnych[1].

Opierając się na własnym dekrecie, w dwa dni później rozwiązał Bobrowski zjazd przedstawicieli stronnictwa Białych, każąc uczestnikom po prostu powrócić do domów.

Mieszkańcy stolicy byli również informowani o charakterze i celu rozpoczętej walki:

> Warszawo!... Dziś powstanie powszechne jest faktem spełnionym; różnica stanów zniesiona, miliony braci powołane do używania równych praw obywatelskich i do wspólnej obrony Ojczyzny. Wojna zaczęta, wojna na śmierć lub życie; wojna, która powali olbrzyma despotę, groźnego dla europejskiej cywilizacji i wolności ludów[2].

Olbrzym despota w owej wojnie wprawdzie jeszcze nie padł, lecz w niezbyt odległej przyszłości jego spadkobiercę zgubiło to właśnie, że się sprzeciwiał społecznym i narodowym hasłom, które przyświecały powstaniu.

[1] *Ibidem*, s. 743.
[2] *Ibidem*.

Zgodnie z ostatnią uchwałą Tymczasowego Rządu Narodowego Warszawa stała się główną bazą zaopatrzeniową powstania. Bobrowski dbał jednak nie tylko o tych, co mogli sami walczyć.

Ludzie z organizacji pilnie patrzyli na jego poczynania i przekonali się, że robota idzie. Nowy naczelnik troszczył się o swoich. Młodzież szkolna do lat osiemnastu otrzymała stanowczy zakaz przerywania nauki. Robotnicy zostali ostrzeżeni przed prowokatorami, którzy ich „werbowali" do powstania, a potem wydawali policji. Odtąd każdy agent Komisji musiał się legitymować papierem ze znaną tuszową pieczątką. Warszawa przekonała się również, że jej szef nie żartuje i wbrew słabowitemu wyglądowi ma twardą rękę. Władze carskie wydały rozkaz składania w cyrkułach wszelkiej broni. Bobrowski zareagował na to nie mniej ostrym zakazem, który ogłaszał karę śmierci na kamieniczników lub rządców domów, meldujących policji o składach oręża. Kto go w żaden sposób nie mógł dalej przechowywać, miał oddawać broń upoważnionym przedstawicielom Komisji.

Zaraz na początku, w lutym, osobiście wybrał się Bobrowski do młodego warszawskiego chirurga, doktora Władysława Stankiewicza, i zaprosił go do współpracy przy organizowaniu pomocy lekarskiej dla oddziałów. Trzeba było ułożyć listę medyków, gotowych wyruszyć do lasu, zaopatrzyć ich w instrumenty.

Stankiewicz propozycję przyjął i zaczął werbować kolegów do roboty. Każdy z nich otrzymywał przed wyjazdem rządową nominację, zestaw narzędzi chirurgicznych i pięćdziesiąt rubli na koszty podróży. Ta metoda organizacji służby zdrowia utrzymała się do końca marca, kiedy doktor Stankiewicz zmienił ją i znacznie ulepszył. Nowy system polegał na powołaniu specjalnej Komisji Lekarskiej oraz na mianowaniu lekarzy wojewódzkich, powiatowych i przy większych partiach.

We wszystkich dziedzinach działalności osiągał Bobrowski widoczne rezultaty. Nieufność wobec jego osoby zaczęła ustępować. W przeciągu krótkich dwóch miesięcy miasto zżyło się ze swym podziemnym przełożonym. W kwietniu miało się okazać, że podejrzliwi, cwani i przyczepni warszawiacy zdążyli już umiłować tego człowieka mocnym i surowym uczuciem, które łączyć może tylko tych, co razem walczyli.

Słynna powstańcza organizacja Warszawy, która przetrwała wszystkie wstrząsy polityczne i zmiany rządów, była w całości dziełem Bobrowskiego. Za jej pośrednictwem mógł działać i prowadzić sprawy nie tylko stolicy, lecz całego kraju, który nie wiedział o rozproszeniu się rządu i w praktyce wcale tego nie odczuł. Od 22 stycznia Bobrowski sam sprawował rzeczywistą władzę nad powstaniem. Wspierany początkowo przez Marczewskiego, poradził sobie i wtedy, gdy tamtego zabrakło. Tylko dzięki niemu polska rewolucja, uniknąwszy hańby oddania „w sołdaty", nie skompromitowała się niesławnym zgonem na paraliż organizacyjny.

Istnieją dwie zupełnie sprzeczne wersje o osobistym zachowaniu się Bobrowskiego jako spiskowca. Jeśli wierzyć pamiętnikowi Jana Maykowskiego, było to postępowanie typowego narwańca. Miał więc Stefan wyznaczać spotkania wyłącznie w kawiarniach i temu podobnych pomieszczeniach. Wpadał tam na kilka chwil, rozmawiał szeptem i zaraz wybiegał, zwracając na siebie ogólną uwagę. Niedbale ubrany, stale nosił przy sobie prawdziwy arsenał, z kieszeni nieraz wystawało mu ostrze sztyletu, to znów lufa rewolweru (oprócz papierów, rzecz jasna). Wraz z przyjaciółmi urządzał sobie rozrywki, z bliska obserwując naloty policji na lokale, o których skompromitowaniu zawczasu wiedział. Znany był wszystkim, przechodnie wskazywali go sobie: o! idzie naczelnik Warszawy...

6 marca 1863 roku niejaki Aleksander Byszewski wysłał do Zygmunta Padlewskiego raport, w którym donosił, że nie zdołał wykonać polecenia i zobaczyć się z Bobrowskim, a to wobec ścisłej tajemnicy, jaką się tamten otacza, spotykając się tylko z pojedynczymi, wybranymi ludźmi. Poznać go na ulicy też nie można, bo ucharakteryzował się i zmienił wygląd.

Pamiętnik Maykowskiego należy do nader obficie zaopatrzonej biblioteki memuarów, spisywanych po wielu latach. Człowiek, który nie dał się nakryć w Kijowie, Petersburgu, Moskwie, Warszawie ani przy wielokrotnym przekraczaniu granic, musiał być konspiratorem z prawdziwego zdarzenia i z talentu.

Ogrom zadań i sam charakter pracy szybko podkopywały wcale nieherkulesowe siły szefa Komisji. Bobrowski czuł się źle, już i pisał z trudem. Odpoczywał krótko, ze snu ciągle wyrywał go męczący kaszel. Drążyła go pewnie ta sama choroba, która wtedy właśnie prowadziła do grobu jego starszą siostrę.

W Warszawie naczelnik miasta opracował, wydał i rozesłał na prowincję regulamin wojskowy dla walczących oddziałów, zakładał coraz to nowe magazyny broni, odzienia i żywności, ściągał podatek według norm z października 1862 roku, pomnażał i rozszerzał kadry organizacji, miał swoich zaprzysiężonych ludzi na poczcie, na rogatkach, kolejach – gdzie ogromnie dopomógł jeszcze Marczewski, komorach celnych, przy wszystkich urzędach, a zwłaszcza w policji. Przy pomocy Jana Karłowicza, „Janka Białego", znakomicie zorganizował policję narodową. Rozciągał podwójną sieć wywiadu i trzymał się zasady, że wiadomość tylko wtedy może być uznana za pewną, jeżeli dostarczą jej dwaj agenci działający niezależnie od siebie. Toteż wiedział prawie wszystko. Bywał zawczasu uprzedzany o przyjeździe każdego detektywa, których władze carskie za drogie pieniądze sprowadzały z Prus i Anglii. Stosował wytworną i nadzwyczaj skuteczną metodę doradzania tym przyjezdnym panom, by co rychlej wracali w spokojniejsze kraje, do Berlina względnie do Londynu. Potrafił kłaść rękę na najbardziej tajemnej korespondencji dyplomatycznej. Tak się zdarzyło na samym początku jego urzędowania.

2 lutego Karłowicz zameldował o przejeździe przez Aleksandrowo, które było stacją graniczną, dwóch mężczyzn wyglądających na przebranych wojskowych pruskich. Jeden z nich ruszył w dalszą drogę do Petersburga, drugi natomiast udał się na Zamek. Bobrowski nakazał ścisłą inwigilację. Zaraz potem przyjechali z Paryża niejacy państwo Rose, a wywiad zaobserwował ich znajomość i stosunki z wielkim księciem. Pociągnięty

za język, Francuz wygadał się, że wkrótce powiezie nad Sekwanę jakąś ważną pocztę. Karłowicz otrzymał rozkaz jej przejęcia.

W Aleksandrowie zawsze odbywała się normalna rewizja graniczna. Tym razem dokonali jej agenci powstańczego wywiadu. W krynolinie pani Rose wykryto łup nader obfity. Znaleziono tam – i naturalnie skonfiskowano – trzy pisma Tęgoborskiego, naczelnika kancelarii dyplomatycznej wielkiego księcia, dwa prywatne księżnej i dwa hrabiego Chreptowicza. Wysoko postawione osoby nie ufały widać poczcie urzędowej, solidnie obsadzonej przez konspirację, wolały poszukać dla swej korespondencji przytułku pod fałdami wyżej wspomnianego szczegółu niewieściej garderoby. (Przy okazji warto może wspomnieć, że podległa Bobrowskiemu kobieca organizacja „piątek" – założona przez literatkę Sewerynę Duchińską – zajmowała się między innymi przenoszeniem nielegalnej korespondencji. Listy chowane były we włosach, czemu sprzyjała moda ówczesna, lubująca się w obfitych koafiurach).

Przychwycone w Aleksandrowie pisma natychmiast dostarczono Bobrowskiemu. Prywatne, z grzecznym dopiskiem: „Wojna zmusiła władze narodowe do popełnienia tej niedyskrecji, za co Wielką Księżnę najmocniej się przeprasza", zwrócono nadawcom. Odpisy urzędowych papierów powędrowały do prasy galicyjskiej. Były to dwa listy do ambasadora carskiego w Paryżu, Budberga, i jeden do posła w Berlinie, Oubrila. Tęgoborski donosił im o przejeździe przez Warszawę dwóch wyższych wojskowych pruskich, którzy zamierzają skłonić rząd carski do zawarcia porozumienia w sprawie zwalczania powstańców.

Pisma te zostały opublikowane i wywołały europejską sensację. Była to bowiem pierwsza jaskółka zapowiadająca ważne posunięcie Bismarcka, tak zwaną konwencję Alvenslebena, układ, który miał do reszty popsuć i tak już od kilku lat słabnące przymierze Rosji z Francją.

Tęgoborski pisał, że wielki książę wie o dążeniu Prus do narzucenia Rosji pomocy, lecz wcale jej sobie nie życzy. Profesor

Riewunienkow, który czerpał z moskiewskich archiwów, mówi o tym w sposób naprawdę wart przytoczenia:

List Tęgoborskiego stał się bardzo znany. Powstańcy przychwycili kuriera, który go wiózł. Tekst opublikowano w prasie. Cała Europa dowiedziała się, że Prusy narzucają Rosji pomoc, a carski namiestnik w Polsce ją odrzuca. Kompromitacja (w oryginale: konfuz) Prus była tak duża, że Bismarck zażądał od Gorczakowa zdezawuowania Tęgoborskiego. Jednakże Gorczakow nie chciał tego uczynić, ponieważ sam był tego samego zdania, co Tęgoborski.

Konwencję z Prusami zawarł nie rząd rosyjski, lecz Aleksander II osobiście. Generał Alvensleben prosto z dworca pojechał do Pałacu Zimowego, gdzie car przyjął go entuzjastycznie. Nazajutrz pruski wojskowy p o d y k t o w a ł tekst układu rosyjskiemu ministrowi spraw zagranicznych. Te szczegóły dostatecznie wyjaśniają, ile jest realizmu w rojeniach o możliwościach zmiany kursu polityki carskiej na antypruski. Pobożne życzenia nic nie znaczą przeciwko faktom.

Konwencja Alvenslebena uchodzi za posunięcie genialne. Przez cały rok 1863 tylko raz jeden naprawdę zagrażał wybuch wojny europejskiej. Było to w lutym, zaraz po zawarciu konwencji, kiedy Bismarck zaawanturował się w plany zbrojnej interwencji w Królestwie. Napoleon III był bardzo bliski decyzji uderzenia na linię Renu. Konwencję zawarto i podpisano 8 lutego, a już 27 lutego Bismarck wykręcał się od niej, najzupełniej fałszywie pomawiając Alvenslebena o przekroczenie kompetencji. To nie polskie „szaleństwo" zabezpieczyło Prusy od strony Rosji. Najlepsza gwarancja dla nich żyła w duszy Aleksandra II.

Przychwycenie pism Tęgoborskiego to konspiracyjny wyczyn, który przeszedł do historii dyplomacji europejskiej.

Gdy to się działo w Polsce, w Paryżu nominowany dyktator pertraktował z wysłannikami rządu – Władysławem Janowskim, Stanisławem Krzemińskim i Władysławem Daniłowskim. Okazało się, że wbrew domysłom Bobrowskiego Janowski do celu dotarł, choć nie bez przygód. Obawiając się aresztowania na granicy, zniszczył papiery. Spisano protokół objęcia dyktatury i warunki. Mierosławski drożył się, stawiał wygórowane żądania, wymagał obsadzenia najbezpieczniejszego odcinka granicy przez najbardziej doborowy oddział, co było niezbędne, by dyktator mógł wkroczyć do kraju. W końcu, 16 lutego, wkroczył na Kujawy. Do witających go chłopów wygłosił okolicznościowe przemówienie:

– Nie myślcie, moi bracia, iż kosa jest słabą bronią; to najtęższy, najstraszniejszy oręż na ziemi: czyż nie widzicie w kościołach Pańskich na chorągwiach, że śmierć z kosą jest wymalowana? A kiedy Pan Bóg śmierci dał kosę, a nie karabin, więc kosa mocniejsza jest od karabina; śmierć z kosą wszystko zwycięża na ziemi – i wy tak zwyciężać będziecie. Lecz pamiętajcie, że jak kosa jest straszną dla nieprzyjaciela w ataku, tak jeszcze straszniejszą jest dla swoich w odwrocie, bo uciekając, własnych braci trupem kłaść będziecie, a najpierw mnie, waszego jenerała, który nigdy z placu boju cofać się nie umie. Przyrzeknijcie więc, że z tymi kosami tylko naprzód iść będziecie!

– A co, tęgą bzdurę im palnąłem? – dodał po cichu, zwracając się do swego sztabu, w którego skład wchodził świeżo przybyły oficer rosyjski, Iwancew, mąż w myśli, mowie i uczynkach nadzwyczaj wartki. Wolno mieć nadzieję, że ów obcokrajowiec słabo rozumiał po polsku i nie pojął treści mowy wodza.

Jenerał potrafił jednak cofnąć się z placu boju. I to dość znacznie, bo z powrotem aż do Paryża. Przedtem przegrał parę starć i wygubił najlepszych ludzi. Pod Krzywosądzem z siedemdziesięciu jego piechurów pięćdziesięciu poległo lub odniosło rany. Zginął wtedy i Władysław Janowski. W Nowej Wsi dyktator poszedł do dworu na obiad, przypuszczając, że Rosjanie już zaniechali pościgu. W przeciągu kilku minut pozbawiony dowódcy oddział przestał istnieć. Zdemoralizowane niedobitki zebrały się w lasach. Zaczęły się spory. Przy zabitym Janowskim przepadły papiery potwierdzające władzę Mierosławskiego. Jeden z oficerów strzelił do niego. Chybił, bo w ostatniej sekundzie podbito mu rękę. Generał przekroczył pruską granicę i ruszył do Francji, lecz z dyktatorskich uprawnień wcale nie zrezygnował i nadal uważał, że walczący kraj winien go ślepo słuchać.

A Rząd Tymczasowy? Ten wędrował po kraju raz koleją, to znów karetką pocztową lub najętymi końmi. Nocował u rozmaitych spiskowców bądź po zajazdach, ocierał się o pikiety powstańczych ułanów i o pomęczone marszem kolumny koncentrujących się wojsk Ramsaya. Ostatecznie członkowie jego potracili łączność i Janowski z księdzem Mikoszewskim peregrynowali osobno, a Maykowski z Awejdą osobno.

Podczas wędrówki Józefowi Kajetanowi Janowskiemu zdarzyło się przyjąć chrzest ogniowy. Było to na Świętym Krzyżu w Łysogórach, gdzie oddział Mariana Langiewicza stoczył walkę, która przeszła do miejscowych legend.

Rząd nie wiedziałby nawet, co się w kraju dzieje, gdyby nie kurierzy Bobrowskiego, którzy go odnajdywali w Kutnie, w Łodzi i aż w Staszowie, w obozie Langiewicza. Tam właśnie Janowski i Mikoszewski otrzymali alarmujące pismo naczelnika Warszawy. Zawierało wiadomość, że Awejde i Maykowski już są w stolicy, a jak najszybszy powrót dwóch pozostałych członków rządu jest konieczny ze względu na stan rzeczy w Komisji Wykonawczej.

18 lutego Janowski stanął w Warszawie i natychmiast poszedł na ulicę Żabią, gdzie w oficynie Pałacu Błękitnego kwaterowali Awejde i Maykowski (to samo mieszkanie zajmował później sławny historyk, Tadeusz Korzon). Okazało się, iż rząd nie może się jeszcze zebrać w komplecie. Ksiądz Mikoszewski dotychczas nie powrócił, Awejde zaś ruszył w nadgraniczne strony na spotkanie dyktatora, o którym konkretnych wiadomości brakło.

Janowski z Maykowskim wybrali się więc na poszukiwanie Bobrowskiego. Ten oznajmił im z miejsca, że dopiero co specjalny kurier doniósł o wkroczeniu Mierosławskiego na Kujawy. Trzeba więc, aby członkowie rządu wyjechali mu na spotkanie. Uchwała o dyktaturze obowiązywała wszak nadal w całej pełni.

Rozpoczęła się więc nowa podróż rządu do Kutna. Tym razem jednak nie miała trwać długo. 21 lutego zameldował się łącznik z hiobowymi wieściami o porażce i rejteradzie dyktatora. Nie pozostawało nic innego, jak wracać do Warszawy.

Zgnębiony wiadomością o śmierci brata, Józef Kajetan Janowski natknął się w Pruszkowie na niespodziankę. Odszukano go w wagonie i zaproponowano mu, dla bezpieczeństwa, by dalszą jazdę do stolicy odbył specjalnie dla niego przyszykowanymi końmi. Naczelnik stacji pruszkowskiej należał do konspiracji i gotów był tak długo trzymać pociąg pod czerwonym światłem, aż okręgowy Olszański odnajdzie poszukiwanego.

Kierowana przez Bobrowskiego organizacja działała sprawnie.

24 lutego zebrał się nareszcie w Warszawie Tymczasowy Rząd Narodowy. Od daty jego ostatniego posiedzenia upłynęło pełnych trzydzieści trzy dni, w czasie których wybuchło powstanie, zostały ogłoszone manifesty i dekrety, zawiązała się bardzo skomplikowana gra polityczna zewnętrzna i wewnętrzna, oficjalnie ustanowiony w Królestwie stan wojenny usunął na bok Wielopolskiego z całym jego programem, a naczelne władze narodowe, dyktator i rząd, zamiast kierować wypadkami, snuły się gdzieś na ich marginesie.

Łącznemu zebraniu Tymczasowego Rządu i Komisji Wykonawczej przewodniczył młody człowiek, któremu wypadło podczas owych najcięższych trzydziestu trzech dni zastępować i dyktatora, i powstańczy gabinet ministrów.

Rząd powinien był właściwie pociągnąć Bobrowskiego do odpowiedzialności za wyraźne przekroczenie pełnomocnictw, a już co najmniej wymagać wytłumaczenia się. Postanowiono przecież, że Komisja załatwiać będzie sprawy administracyjne, z całkowitym wyłączeniem kwestii nie tylko politycznych, lecz nawet organizacyjnych. Tymczasem przed dziewięciu dniami reskrypt Komisji zatwierdził plan wyprawy morskiej z transportem broni z Anglii na żmudzkie wybrzeża Bałtyku. Przedtem jeszcze Bobrowski przejmował i ogłaszał korespondencję dyplomatyczną, zwracał się z pismami do konsulów państw obcych w Warszawie, przestrzegając ich, że za wszelkie ewentualne szkody misji dyplomatycznych odpowiedzialność ponosi rząd zaborczy, opracowywał, wydawał i służbowo rozpowszechniał instrukcje oraz regulaminy dla wojska, mianował Zygmunta Padlewskiego wojewodą płockim i robił wiele innych rzeczy w żaden sposób niepasujących do rubryki spraw administracyjnych. Zamiast administrować – rządził. I to prawie po dyktatorsku.

5 lutego ukazała się odezwa zatytułowana *Do braci Rusinów* i wzywająca Ukraińców pod broń. „A pierwszym aktem waszego powstania ma być uwłaszczenie chłopów" – czytano w niej. Ktoś dobrze wtajemniczony mógłby odnaleźć zwroty zdradzające autora proklamacji. Mowa była o „kurhanach waszych stepów", które skryją najeźdźcę. Tym razem nie tylko potrzeba polityczna, lecz i sentyment do rodzinnego kraju skłonił do przekroczenia kompetencji.

Rząd Tymczasowy nie miał jednak najmniejszego zamiaru stawiać szefa Komisji Wykonawczej pod oskarżenie. Rzut oka na Warszawę w lutym 1863 roku, powierzchowne zapoznanie się z pracą rozrosłej machiny powstańczej – tego najzupełniej wystarczyło, aby zrozumieć, jak niezwykłym absurdem były styczniowe postanowienia, które mogły łatwo spowodować zahamowanie wszelkich funkcji władzy centralnej.

Kiedy Komitet debatował nad dyktaturą, chciał uniknąć błędu podchorążych z 1830 roku, którzy walkę rozpoczęli, ale problemu władzy nie przemyśleli i nie rozstrzygnęli. W rzeczywistości zaś błąd ten powtórzył, i to w wydaniu bez porównania gorszym. Podchorążowie chcieli oddać buławę Chłopickiemu, który wprawdzie o zdanie zawczasu nie był pytany, ale znajdował się na miejscu, w Warszawie. W 1863 roku rząd odesłał mandat władzy absolutnej nad Sekwanę, a sam wyjechał i rozproszył się po prowincji. Sytuację uratował nikomu przedtem nieznany młody człowiek, który nigdy w rządzeniu nie uczestniczył, terenu ani ludzi nie znał, doświadczenia nie posiadał.

Stefan Bobrowski stanął na wysokości zadania. Ale wyszczególnione przed chwilą mankamenty przyszło mu później drogo opłacić.

Jak już wiemy, Bobrowski otrzymał od rządu prawo dobierania nowych ludzi do Komisji.

Nie wiadomo, kto mu podsunął myśl ponownego zwrócenia się do Agatona Gillera. Późniejsze wypadki każą się raczej domyślać, że ten ostatni sam zatroszczył się o powrót do wpływów i znaczenia. Jego kandydatura mogła Bobrowskiemu odpowiadać ze względu na dobrą i wszechstronną orientację starego działacza Komitetu. Czyżby tym razem zawiodła Stefana jego sławna umiejętność poznawania się na ludziach? Chyba jednak nie, sprawa była bardziej skomplikowana.

Agaton Giller to nie żaden zły duch, wysłany przez zawistne losy. To całkiem po prostu polityczny przeciwnik Czerwonych, dążący do urzeczywistnienia tej linii politycznej, po której szli Biali. Odnaleziona przez profesora Stefana Kieniewicza szyfrowana korespondencja Kronenberga rozwiewa wszelkie wątpliwości. Giller był agentem Białych, ale osobiście człowiekiem na pewno odważnym i ofiarnym. Raz już przebywał na Syberii, za sam udział w podziemiu mógł tam ponownie powędrować. Bobrowski nie pomylił się co do człowieka, za słabo się tylko w miejscowych stosunkach orientował, by odgadnąć, komu służy silny charakter Gillera. A oprócz tego, jak za chwilę zobaczymy, stronił od bezwzględnych poczynań wewnątrz samej konspiracji.

O dalszych kooptacjach do Komisji rozstrzygał właściwie Giller, gdyż Bobrowski nie wyznawał się w warszawskich personaliach. Przyjęto więc jeszcze pięć osób: Gerwazego Gzowskiego, byłego zesłańca, człowieka prawego, lecz pozbawionego samodzielności, Mateusza Gralewskiego, eks-podporucznika, chłopskiego syna, który dla odmiany odznaczał się bardzo twardym charakterem i przekonaniami, Leona Królikowskiego, dyrektora Żeglugi Parowej na Wiśle, inżyniera Juliana Surzyckiego, równie jak Gzowski mało samodzielnego, oraz osobistość znaną nam tylko z przezwiska

„Pan Jezus". Razem z Bobrowskim, Gillerem i Marczewskim Komisja liczyła osiem osób.

W zebraniu 24 lutego uczestniczyło jedenastu konspiratorów. Czterech z nich stanowiło Tymczasowy Rząd Narodowy, siedmiu pozostałych Komisję Wykonawczą (Marczewski w tym czasie siedział już w więzieniu). Przewodniczył Bobrowski. Jemu też wypadło wygłosić zasadnicze przemówienie natury politycznej i organizacyjnej.

Twierdził w nim, że wobec powrotu do Warszawy przedstawicieli władzy zwierzchniej mandat Komisji Wykonawczej wygasł i wszelkie funkcje kierownicze winny powrócić do Tymczasowego Rządu Narodowego. Opinię tę stanowczo popierał Gralewski i dosyć słabo Gzowski. Reszta perorowała długo i rozwlekle. Jej punkt widzenia najlepiej reprezentował Giller.

Człowiek, który w decydującej chwili, 3 stycznia, uroczyście i kategorycznie przeciwko wybuchowi protestował, który przed rozpoczęciem powstania po bardzo ostrej dyskusji odmówił wstąpienia do Komisji, teraz nie chciał oddać władzy wracającemu z prowincji rządowi. Obszernie wywodził, że skoro Komisja przez cały miesiąc kierowała powstaniem, to i teraz „ma prawo i obowiązek pozostawać u steru dalej". Dawni członkowie rządu „mogą, a poniekąd mają prawo wejść w skład Komisji i z nią niepodzielnie pracować".

Logika postępowania Gillera była bez zarzutu. Jak wszyscy Biali był powstaniu przeciwny. Skoro jednak wybuchło, należało zapewnić sobie wpływ na jego kierownictwo. Nieszczęsne uchwały z 19 stycznia o dyktaturze i wyjeździe rządu umożliwiły to i ułatwiły znakomicie.

Agaton Giller uprawiał metodę dyskusji dość nużącą, ale niekiedy skuteczną, zwłaszcza w zespołach słabo politycznie przygotowanych. Polegała ona na upartym i uporczywym pomijaniu argumentów przeciwnika i na niezmordowanym powracaniu do własnej, postawionej na początku tezy. Dzięki temu debata wlokła się długo, lecz meritum sprawy – w myśl hasła „dookoła Wojtek" – stało w miejscu nieruchomo.

Bobrowski musiał się już dawniej połapać w tych chwytach, bo nie dopuszczając do konkluzji, odroczył sesję na dwa dni. Chciał zyskać czas na porozumienie się z dawnymi kolegami z Komitetu Centralnego.

Spotkał się z nimi nazajutrz i dopiero teraz złożył obszerne sprawozdanie na temat sytuacji politycznej u samych szczytów powstania. Okazało się, że wszystko, czego dokonał, osiągnął właściwie jako naczelnik Warszawy. Organizacja miejska służyła sprawnie, była wierna bez zastrzeżeń. Natomiast Komisja działała jak przysłowiowa kula u nogi. W jej łonie zaznaczał się wyraźny podział. Oprócz samego Bobrowskiego tylko dwóch ludzi – Gralewski i Marczewski – całkowicie uznawało główną tezę Komitetu, że powstanie nosi charakter narodowej walki o wolność. Pozostali – z Gillerem na czele – widzieli w nim jedynie zbrojną demonstrację przeciwko poborowi. Ponieważ zaś Marczewski niedawno został aresztowany – stosunek sił w Komisji kształtował się jak 2:5 na niekorzyść jednego z głównych haseł Czerwonych.

Giller był literatem. On redagował podziemne pisma, był też warszawskim korespondentem krakowskiego „Czasu" i na tym stanowisku rozwijał działalność z wytycznymi Czerwonych całkowicie sprzeczną, ale wychodzącą na korzyść konkurencyjnego ugrupowania. Przed powstaniem, po swoim wystąpieniu z Komitetu, zapewniał czytelników, że insurekcji w ogóle nie będzie. Podejrzewa się go nawet o autorstwo sfałszowanego „manifestu" Komitetu w tej sprawie, noszącego datę 16 stycznia. Od 22 stycznia do 7 lutego Giller przedstawiał w swych artykułach toczącą się w Królestwie walkę jako opór zbrojny poborowych, i nic więcej. Informacje te powtarzały dzienniki zagraniczne, co sprawiło, że powstanie – według słów Janowskiego – „na zewnątrz od początku było zwichnięte".

7 lutego – na skutek uchwały Komisji, która z konieczności raz jeszcze musiała przekroczyć swe kompetencje – Giller napisał odezwę do Polaków w zaborach austriackim i pruskim. Stwierdzała ona, że powstanie nosi charakter narodowy, wzywała do udziela-

nia mu pomocy i zapowiadała, że w Galicji i Poznańskiem walki „być nie może i nie powinno".

Bobrowski czasu nie żałował i wszystkie swe trudności obszernie przedstawił kolegom z Komitetu. Miał prawo oczekiwać i żądać pomocy od ludzi, którzy razem z nim „rzucili kości". I oto znowu natknął się na ten sam nieszczęsny abdykacjonizm, jaki wystąpił przy omawianiu dyktatury Mierosławskiego.

Wszyscy czterej członkowie Rządu Tymczasowego pośpieszyli z zapewnieniami, że nie żywią żadnych ambicji i gotowi są oddać władzę Komisji. Mieli w świeżej pamięci wczorajszą opozycję Gillera, znali upór tego człowieka i jego chęć odgrywania przewodniej roli – dla świętego spokoju pragnęli po prostu skapitulować. Przecież tylko o to chodzi – wywodzili – by powstanie nadal trwało i rozwijało się.

Zdaje się, że ci ludzie – a przynajmniej trzej z nich – w ogóle nie dorośli do możności pojęcia, czym jest władza polityczna.

Stefan Bobrowski popadł we wściekłość. Znowu buchnęła zeń ta sama pasja, którą ongi starał się wyplenić dbały o nienaganne maniery brat opiekun. Wołał, iż żadnych gawęd o ambicji słuchać nie chce. Ludzie z Komitetu Centralnego mają obowiązek dalej prowadzić dzieło, które zaczęli.

Przechodząc do konkretnych projektów, twierdził, że istnieją dwie drogi postępowania. Pierwsza: Rząd Tymczasowy mocą swej władzy zwierzchniej rozwiązuje Komisję, a w razie jej oporu usuwa ją siłą. Druga: członkowie dawnego Komitetu Centralnego wchodzą w skład Komisji, uzyskują tam większość i z biegiem czasu przetwarzają to ciało w „rząd regularny".

Jak łatwo odgadnąć, wybrano sposób drugi, łagodny i kompromisowy. Niczego innego nie można było oczekiwać od czterech działaczy, którzy właściwie od samego początku szukali, komu by tu podsunąć oporny rudel. Bobrowski też zbytnio nie obstawał przy radykalnej metodzie działania.

A mógł przeprowadzić operację bez specjalnego trudu! Organizacja warszawska wykonałaby bez wahania każdy rozkaz swego komendanta. Na wszelkie jego polecenia tylko czekali tacy jak Tytus Zienkowicz – zastępca Bobrowskiego w mieście – Jan Karłowicz, Włodzimierz Lempke *vulgo* „Ludwik Okularnik", Gawełkiewicz, zwany „Gawełkiem", Stanisław Olszański, Hieronim Niezabitowski i cały tłum innych, młodych, zdeterminowanych i aż do granic bezczelności odważnych.

Sił nie brakło. Sprawne narzędzie istniało. Ale istniały też dotkliwe luki w politycznym przygotowaniu tego, kto decydował.

Janowski powiada, że Stefan Bobrowski był zajadłym rewolucjonistą „względem Moskali", ale wobec „swoich" odznaczał się nadzwyczajną lojalnością. Informacja nie zalicza się do zbyt precyzyjnych. W chwili wybuchu powstania naczelnik stolicy dowiódł, że i Polaków potrafi różnie klasyfikować, zależnie od ich postawy politycznej – pilnie strzegł tajemnicy przed Białymi. Za swoich uważał widocznie tych wszystkich, którzy brali taki czy inny udział w akcji. W stosunku do nich zachowywał pełną lojalność. Gotów był – jak stwierdza pamiętnikarz – używać najsurowszych metod, ale tylko wtedy, jeżeliby dostrzegł groźbę zdrady.

W skomplikowanych warunkach powstania styczniowego zdradzał nie tylko ten, co szedł się meldować na służbę do wielkiego księcia, policji lub Ramsaya. Odstępstwo popełniał każdy, kto uczestnicząc w walce, chociażby o jeden cal zbaczał od programu Czerwonych. Dla członka władz rządowych takie postępowanie było już przestępstwem. Bój toczył się na dwóch frontach, zewnętrznym i wewnętrznym, przeciwko zaborcom oraz wszystkim elementom polskim reprezentującym społeczny konserwatyzm. Na tym drugim, wewnętrznym froncie krew się nie lała, ale to o niczym jeszcze nie rozstrzygało.

Stefan Bobrowski wiedział, jaką politykę uprawia Giller w Komisji Wykonawczej. Znał jego współpracę z konserwatywnym „Czasem". Nie sądził, że zachodzi wypadek świadomego przekreślania linii Czerwonych, czyli – biorąc rzecz czysto politycznie – zdrady. Nie pojmował jeszcze, że rewolucja nie jest czasem odpowiednim do tworzenia gabinetów koalicyjnych, że pozostawianie cienia władzy osobom politycznie niepewnym może oznaczać śmiertelne niebezpieczeństwo dla sprawy, w imię której pchnęło się naród do powstania.

Postanowiono w ślady Olivera Cromwella nie wkraczać, siły nie używać i „kadłuba" z Komisji nie czynić. Miała się ona przetworzyć w „rząd regularny" dopiero „z czasem". Marnowanie go zalicza się w polityce do rzeczy niewybaczalnych.

Bobrowski popełnił błąd bardzo ciężki. Jedyna okoliczność łagodząca to wiek winowajcy – dwadzieścia trzy lata.

Czterej członkowie rządu weszli w skład Komisji, kooptując jeszcze Rafała Krajewskiego – tego samego, który później został stracony razem z Traugüttem – oraz Eugeniusza Kaczkowskiego-Dembińskiego, zwanego „Kot". Służył on poprzednio w wojsku i miał nieco wiedzy militarnej.

26 lutego na posiedzeniu ogólnym zapadły decyzje wiążące. Oba zespoły działaczy połączyły się, z powrotem przybierając miano Komitetu Centralnego Narodowego. Przewodniczącym został Stefan Bobrowski, który nadal pełnił funkcje naczelnika miasta.

Zamiast planowanego na początku jednoosobowego rządu dyktatorialnego powstał organ składający się z ludzi trzynastu.

Co prawda, uchwała o dyktaturze nadal obowiązywała i należało się zastanowić, co z tym fantem zrobić. Komisarz województwa warszawskiego, Stanisław Frankowski, dostarczył wkrótce szczegółowych i wcale niewesołych wieści o poczynaniach Mierosławskiego na Kujawach oraz o jego wyjeździe z kraju. Sam generał uporczywie milczał. Nie opublikował żadnej deklaracji na temat objęcia władzy, odezwy do narodu – niczego w ogóle.

Trzynastogłowy rząd rozpoczął obszerną debatę. Wobec liczebności *quorum*, braku regulaminu obrad oraz tradycyjnego gadulstwa, wszelkie dyskusje trwały długo. Tym razem obydwaj eks-wojskowi – Gralewski i „Kot" – opowiadali się za zwyczajnym unieważnieniem uchwały o dyktaturze. Pozostali byli jednak innego zdania. Wyznaczono termin – 8 marca. Jeżeli do tego czasu Mierosławski do kraju nie przybędzie i władzy nie obejmie – dawne postanowienie straci moc.

Ledwie zapadła decyzja, u Bobrowskiego zameldował się łącznik z doniesieniem o przyjeździe Władysława Daniłowskiego. Przewodniczący Komitetu wezwał go na zebranie popołudniowe do mieszkania Awejdy, przy ulicy Żabiej. Prywatne kwatery głównych konspiratorów służyły wtedy, jak widzimy, za punkty kontaktowe. Technika spiskowa i sprawność policji musiały więc reprezentować mniej więcej taki sam poziom.

Było to 27 lutego. Daniłowski, młody człowiek pełen dobrych chęci, ale mocno lekkomyślny, wystąpił buńczucznie. Przedstawił się jako pełnomocnik dyktatora, który – ze względu na przeważające siły wroga tudzież chorobę gardła – wycofał się chwilowo do Paryża, skąd nie omieszka wrócić w Krakowskie i na teren walki wkroczy.

Bobrowski ostudził te zapały. Tym razem dobrze pilnował ośrodka władzy powstańczej. Nie chciał w ogóle uznać w Daniłowskim żadnego pełnomocnika. Poinformował go o zapadłej niedawno uchwale i pomimo ostrej awantury wytrwał przy swoim. Daniłowski otrzymał, celem wręczenia swemu szefowi, akt postanowienia Komitetu na piśmie.

Teraz można było nareszcie przystąpić do pracy. Na pierwszy ogień poszły sprawy, którymi poprzednio, ku rozpaczy Bobrowskiego, Komisja Wykonawcza z dziwnym uporem zająć się nie chciała. Chodziło o usprawnienie administracji prowincjonalnej oraz o kwestie skarbowe.

Zebrania odbywały się w ścisłej konspiracji, codziennie w innym lokalu, wyznaczanym pod koniec posiedzenia. Do załatwiania poszczególnych spraw oraz interesantów wyznaczano referentów, którzy nie zdradzali swego charakteru urzędowego.

W miarę jak czas upływał i powstawały coraz nowe dykasterie fachowe, Komitet się redukował. Najpierw szanowany i ceniony Rafał Krajewski odszedł do komisji spraw wewnętrznych,

Gralewski zaś i Kaczkowski do wojskowej. Potem Gzowski i Surzycki zrezygnowali z udziału w rządzie, a „Pan Jezus" przestał się pokazywać. Ubył też ksiądz Mikoszewski. Wziął urlop, wyjechał rzekomo do niedawno otrzymanej parafii i wypłynął aż w Paryżu. Strata „Sykstusa" nie wywołała niczyjego żalu. Ten duchowny był typem zupełnie odmiennym od wsławionych w powstaniu księży, takich jak Brzóska czy Mackiewicz. W przeciągu paru ostatnich miesięcy przedstawił się od strony mało ciekawej i utracił wszelki mir wśród kolegów.

Tak więc na początku marca pozostało w Komitecie sześciu ludzi: Stefan Bobrowski, Oskar Awejde, Agaton Giller, Józef Kajetan Janowski, Leon Królikowski oraz Jan Maykowski.

Właśnie wtedy rozstrzygnięto sprawę o dużym znaczeniu historycznym. Chodziło o Litwę.

Na ten temat w pewnej książce, wydanej w 1955 roku, czytamy: „Tymczasowy Rząd Narodowy opanowany w tym czasie już prawie całkowicie przez elementy ugodowe, reakcyjne... postanowił przyjąć warunki Białych i oddać im kierownictwo powstania na Litwie"[1]. Z zeznań Oskara Awejdy (złożonych w śledztwie w roku 1865, a ogłoszonych drukiem przez Stefana Kieniewicza w roku 1956[2]) wynika niezbicie, że całą sprawę ustanowienia władz powstańczych na Litwie załatwił osobiście Stefan Bobrowski. Jeśli i jego zaliczyć do elementów ugodowych oraz reakcyjnych, to Czerwonych wcale w Polsce nie było. Prawda bywa czasem niegrzeczna.

Wojna jest sprawą pokrewną technice, odpowiada na pytanie: jak to wykonać? Jeśli walka na Litwie miała w ogóle wybuchnąć, należało powołać ludzi, którzy potrafią działać. Z ramienia Bobrowskiego powstał w Wilnie Wydział Zarządzający Prowincjami Litwy, składający się ze szlachty, z członków – wspominanej już w pierwszym rozdziale – Organizacji Obywatelskiej. Jego

[1] W. Kordowicz, *Konstanty Kalinowski*, Warszawa 1955, s. 155.

[2] Z. Janczewski, K. Majewski, O. Awejde, W. Daniłowski, *Zeznania śledcze o powstaniu styczniowym*, Wrocław 1956, s. 158.

prezesem został Jakub Gieysztor. Naczelnictwo miasta Wilna i sprawy wojskowe wziął na siebie Aleksander Oskierka, były porucznik z czasów wojny krymskiej.

Poprzednio czynny na Litwie i Białorusi Komitet Ruchu, którego główną osobą był Konstanty Kalinowski, osiągnął słabe wyniki. Awejde mówi to samo i o Wydziale: „Litwa powstała; działania były słabe pod wszelkimi względami". Bądź co bądź, jednak kulminacyjny punkt powstania na Litwie przypadł właśnie na czasy rządów Wydziału. Mowa o operacjach wojennych Zygmunta Sierakowskiego.

Zaraz na początku marca Wydział wysłał do Petersburga Aleksandra Oskierkę po oficerów. Ten odszukał nad Newą Sierakowskiego, swego kolegę z czasów uniwersyteckich, i zawezwał go na Litwę. Tak przynajmniej twierdziła żona wojewody, Apolonia z Dalewskich Sierakowska. Pamiętnik jej znajdował się w dziale rękopisów wileńskiego Towarzystwa Przyjaciół Nauk. Był tam do jesieni 1941 roku, dopóki faszystowscy okupanci nie wyrzucili go, wraz z innymi zbiorami, na ulicę, uznawszy gmach towarzystwa za idealne pomieszczenie dla pralni wojskowej.

Wileńskich nominacji niepodobna uważać za jakieś zboczenie od linii Czerwonych. Na kogo Warszawa miała ostatecznie liczyć w robocie wykonawczej, jeśli nie na ludzi mających jakie takie środki działania? Sławny Szymon Konarski, rozstrzelany w tymże Wilnie w roku 1839, powoływał do współpracy i takich, którzy sądzili, że francuskie nowinki są nam niepotrzebne, bo u nas nie ma demokracji i arystokracji, lecz tylko są chłopi oraz szlachta. Musiał ich zapraszać, innego wyjścia nie miał w kraju tonącym w analfabetyzmie.

No i jeszcze jedno, wcale nie najmniej ważne. Skoro mowa o powstaniu narodowym, to chyba nie można tak już całkiem pomijać znanego i wypróbowanego patriotyzmu ludzi z litewskiego Wydziału.

Sprawy litewskie zostały załatwione 1 czy 2 marca. Praca w Komitecie Centralnym szła w tym czasie już bardziej gładko.

Giller i Królikowski jak gdyby zaprzestali opozycji i tylko pierwszy z nich przez upór i „żądzę władzy" przedłużał dyskusje.

Sielankowy stan rzeczy nie oznaczał jednak wyrównywania się politycznych przeciwieństw. Ale w tym czasie zaognianie walki z Czerwonymi w samej Warszawie nie miałoby sensu.

Mijała pierwsza dekada marca. Giller posyłał do „Czasu" korespondencje, w których przedstawiał powstanie jako zaciętą walkę narodu o niepodległość. Warszawa z czcią i uznaniem powtarzała imię Mariana Langiewicza. Naczelnik miasta zbierał składki na honorowy pałasz i zażądał dlań awansu na generała.

Sławę zawdzięczał Langiewicz trochę własnym zasługom, a trochę szczęśliwemu zbiegowi okoliczności i oryginalnym metodom wojowania dowódców rosyjskich, którzy wcale się nie kwapili do zakończenia dzieła. Nie bez znaczenia była też zręczna reklama oraz fama stugębna, która z przegranej właściwie bitwy pod Małogoszczą potrafiła uczynić zwycięstwo albo dopatrzyć się wielkich strat nieprzyjacielskich w staszowskiej strzelaninie.

Langiewicz był człowiekiem odważnym, lecz niezbyt zdolnym. Jego wojskowe wykształcenie artylerzysty w warunkach wojny partyzanckiej nie na wiele mogło się przydać.

W każdym razie było wiadomo, że stoi na czele dość znacznego oddziału, bił się pod Wąchockiem, Nową Słupią, na Świętym Krzyżu, pod Małogoszczą, Staszowem i Skałą, nigdzie rozproszony nie został, manewruje i zbiera siły.

Dnia 9 czy 10 marca Komitet Centralny otrzymał od generała raport, że 6 marca korpusik jego stanął w Goszczy nad granicą galicyjską, gdzie ma zamiar wzmocnić się i odpocząć.

Mniej więcej w tym samym czasie Stefan Bobrowski uknuł nowy plan zamachu na parę wielkoksiążęcą. Miało być tak: zasadniczo obowiązywał wtedy wszystkich Polaków wydany przez Komitet zakaz chodzenia do teatru. Ale 5 marca, kiedy wystawiano *Halkę*, przepis ten uległ zawieszeniu, a nawet wyszedł rozkaz przeciwny. Wśród ciżby, co zapełniła widownię, znajdował się naczelnik miasta oraz setka uzbrojonych w sztylety i rewolwery spiskowców. Na dany znak mieli oni zgasić gaz, opanować lożę honorową i albo porwać, albo zgładzić wielkiego księcia wraz z żoną.

Zamiar nie udał się, ponieważ niedoszli delikwenci tego wieczoru nie pokazali się w teatrze. Obawiali się pojawić na polskiej sztuce, co mogło im być w Petersburgu poczytane za chęć ubiegania się o względy warszawskiej publiczności.

Tak się złożyło, że niektóre przynajmniej z wczesnych zatrudnień Bobrowskiego znamy z relacji skreślonej jego własną ręką. Trudno mówić o szczęśliwym zbiegu okoliczności, gdyż przyczyna, dla której owe pisma dzisiaj znamy, była tragiczna.

Nieco później od opisywanych w tej chwili zdarzeń, czyli 22 kwietnia 1863 roku, Zygmunt Padlewski jechał w towarzystwie kilku osób na spotkanie z przedstawicielem organizacji w Prusach. Wszyscy posiadali paszporty na fałszywe nazwiska. Koło wsi Bożenin zatrzymał ich Kozak z oddziału patrolującego okolicę. Zapytał, kto jedzie, i zażądał paszportów.

– Nam się śpieszy, weź to sobie na piwo i jedź z Bogiem – powiedział Padlewski, sięgając po pieniądze.

Ale zamiast dać rubla, wsunął mu w dłoń sto! Kozak od razu coś zwęszył i tym usilniej domagał się paszportów. Dawano mu dwieście, trzysta, wreszcie pięćset rubli. Nie chciał brać. Tymczasem nadjechał oficer. Spod siedzenia bryczki wyciągnięto krakuskę wojewody, kilka rewolwerów i plik papierów, z których te i owe nosiły pieczęcie Rządu Narodowego. Powstanie trwało dopiero trzy miesiące, ludzie nie przyswoili sobie jeszcze kanonów podziemia i walki partyzanckiej, które między innymi głoszą, że broń trzeba mieć pod ręką albo wcale. Padlewskiego rozstrzelano w Płocku 15 maja. Nie pozwolił zawiązać sobie oczu i śmiało patrzył w lufy karabinów.

Wśród znalezionych dokumentów było siedem listów Stefana Bobrowskiego. Trzy najbardziej efektowne i zawierające treść nieraz wręcz dramatyczną opublikował w swym dziele Mikołaj Berg, posiadający dostęp do tajnych akt śledczych. O pozostałych bardzo długo nie wiedzieliśmy. Odnalazła je przed wojną doktor Maria Złotorzycka, badaczka dziejów Rządu Narodowego. Nie były to oryginały, tylko urzędowe tłumaczenia na język rosyjski, które należało znowu spolszczyć. Zbiory doktor Złotorzyckiej spłonęły podczas wojny, lecz zachowała się w maszynopisie jej rozprawa wraz z owymi przekładami częściowo wydrukowana w „Przeglądzie Historycznym" w roku 1954, pod tytułem *Z korespondencji Zygmunta Padlewskiego*. Opowiadając o najwcześniejszym okresie powstania i cytując rozmaite wypowiedzi Bobrowskiego z owego czasu, opierałem się na cennym studium Marii Złotorzyckiej. Jej zawdzięczamy między innymi wiadomości o zażartej walce z lewicą ruchu, rozpoczętej zaraz po brance.

List Bobrowskiego pisany w nocy z 6 na 7 marca zawiera ustęp charakteryzujący sytuację polityczną:

> Rząd Tymczasowy po usunięciu księdza Karola, który się okazał tylko pełnym zarozumiałości plotkarzem... wzmocnił się i uzyskał pewniejszą podstawę do dalszych działań. Skłoniłem go do nawiązania stosunków z kilkoma politycznymi osobistościami, mogącymi przygotować kombinację i doprowadzić do utworzenia stałego i jawnego rządu narodowego. W tym celu wysyłamy jutro kogoś do Krakowa i Poznania. Od siebie zaś wyprawiam jutro kurierów do Wysockiego i Langiewicza, dla obznajomienia ich z obecnym politycznym położeniem spraw w Warszawie, a zarazem dla doprowadzenia do harmonijnej działalności tych naszych wojskowych znakomitości, czy to w przeciwdziałaniu intrygom reakcji, czy też wobec nacisku anarchistów, gdyż nie można ponownie zdać na los szczęścia przyszłości kraju.
>
> Dyrekcja [Białych], jak długo stała na uboczu, nie mogła mieć żadnego wpływu na powstanie, lecz teraz, gdy zaofiarowała swoją pomoc, potrzeba się będzie z nią liczyć. Zmiana ta nastąpiła wskutek otrzymanych dyplomatycznych wskazówek od Lamberta*, skąd doniesiono, że usposobienie państw zachodnich i Austrii dla nas jest bardzo przyjazne i że można się spodziewać ułatwień w tak dotychczas utrudnionych dostawach broni i że dlatego potrzeba wszelkimi siłami nas podtrzymywać. Przy tym i miłość własna szlachty została dotknięta odezwaniem się

* Tj. Hôtel Lambert (przyp. red.).

lorda Russella, że „obywatelstwo jest przeciwne obecnemu ruchowi". Pod wpływem tych różnych prądów, idących z Zachodu, szlachta narzuca się teraz z wszelką pomocą. Zapewne, nie możemy jej odrzucać – byłoby to i nie na miejscu, i głupio – lecz trzeba się mieć na baczności, gdyż w miarę współdziałania i żądania ich będą wzrastać. Potrzeba tu wielkiej zręczności i znajomości stosunków[1].

Ze względów, które wkrótce staną się jasne, trzeba zapamiętać wiadomość o zamierzonym wysłaniu emisariuszy politycznych oraz o planach przetworzenia Komitetu na rząd jawny.

Co się zaś tyczy nagłej zmiany frontu przez Dyrekcję Białych, to Bobrowski zupełnie słusznie przypisywał ten fakt zagranicznym wpływom. Mylił się za to, kiedy pisał o podrażnionej miłości własnej. Wcale nie chodziło o jakiś nacisk „szlacheckich mas" na Dyrekcję, która działała odgórnie, w myśl szeroko zakrojonej kombinacji.

Jej żądania od samego początku nie były małe. Pertraktacje ze strony Komitetu prowadził prawdopodobnie Oskar Awejde sam. Dyrekcja delegowała Karola Ruprechta i domagała się, by Czerwoni w zamian za poparcie materialne podporządkowali się jej. Komitet chciał czegoś wręcz przeciwnego, to znaczy rozwiązania organizacji Białych, i zgadzał się przyjąć do rządu jednego członka Dyrekcji, według własnego wyboru i uznania. Układy nie doprowadziły do żadnych konkretnych rezultatów.

12 marca miało się odbyć kolejne zebranie rządu w mieszkaniu Awejdy. W porze oznaczonej – o ósmej rano – zjawili się jednak tylko czterej członkowie starego, styczniowego Komitetu. Giller i Królikowski kazali na siebie czekać.

Toczyła się luźna rozmowa o bieżących sprawach. Ktoś zauważył, że mija już czwarty dzień od naznaczonego Mierosławskiemu terminu, a brak od niego jakiejkolwiek wiadomości. Po chwili kto

[1] M.W. Berg, *Zapiski o powstaniu polskim 1863 i 1864 roku i poprzedzającej powstanie epoce demonstracji od 1856 roku*, t. III, Kraków 1899, s. 88–92.

inny replikował, że może to i dobrze, bo przynajmniej Komitet Centralny odzyska całkowitą swobodę decyzji, a niefortunny pomysł dyktatury wojskowej dojdzie do szczęśliwego finału.

Upłynęła godzina.

Giller zjawił się wreszcie, przeprosił za spóźnienie i natychmiast oznajmił, że przynosi ważną i bardzo szczęśliwą nowinę.

– Mamy dyktatora!

– No przecie, właśnieśmy o Mierosławskim mówili.

Giller nic na razie nie rzekł. Wyjął z kieszeni papier, wygładził go i położył na stole.

– Langiewicz ogłosił się dyktatorem, a to jest jego proklamacja – wyjaśnił.

W zgromadzonych jakby piorun strzelił. Wszyscy razem rzucili się na ów papier. Ostatecznie ktoś jeden wziął go do ręki i zaczął czytać. Reszta słuchała, tłumiąc dech.

– To fałsz! – rozległy się okrzyki, kiedy lektor doszedł do słów, że Langiewicz objął dyktaturę z a z g o d ą i w porozumieniu z rządem. – Skąd masz tę proklamację?

Zapadło milczenie. Członkowie Komitetu podejrzliwie patrzyli jeden na drugiego, jakby szukając winowajcy. Lecz spojrzenia wszystkich były śmiałe. Każdy spoglądał prosto w oczy towarzyszy. Twarz Gillera promieniała radością.

Wybuchła burzliwa, namiętna dyskusja. Mówili wszyscy naraz, jeden starał się drugiego przekrzyczeć. Węszono jakąś kabałę, ale wzajemnych oskarżeń nie było. Domysły szły w kierunku kół powstaniu wrogich, czyli Białych, albo polityków, których raził rząd złożony z ludzi „bez nazwisk", albo wreszcie takich, co sprzyjali walce, lecz byli niechętni Mierosławskiemu.

Nikt jednak nie umiał wytłumaczyć sobie zagadkowego powoływania się na rząd.

Nie było nieporozumień co do tego, że sytuacja jest groźna i zapowiada wielkie komplikacje.

Jeden tylko Giller zachowywał niezmącony spokój i starał się wpłynąć w tym duchu na zebranych. Przekonywał, że Langiewicz będzie znacznie lepszym dyktatorem od Mierosławskiego, którego władza i tak z dniem 8 marca wygasła.

Ta argumentacja zaczynała jednak budzić niejasne podejrzenia. Kto wie, czy Giller nie był poinformowany o szykującej się intrydze, jeżeli nawet nie brał w niej udziału? Janowski, który całą tę scenę upamiętnił, twierdzi, że myśl tę odpychano od siebie.

Tymczasem zjawił się Leon Królikowski. I on już wiedział o nowinie i posiadał proklamację. I on bronił faktu dokonanego tymi samymi argumentami co Giller.

Królikowski uchodził za zwolennika Mierosławskiego i ze wszystkich członków Komitetu był najpóźniej powołanym, najmniej więc znanym. Obecnego jego postępowania nikt nie umiał sobie wytłumaczyć. Jak również i tego, czemu odezwę przesłano właśnie im, a nie komu innemu, a w szczególności nie Bobrowskiemu, o którego roli Langiewicz dowiedział się od Janowskiego już w obozie na Świętym Krzyżu i którego znał osobiście.

Im dłużej się zastanawiano, tym groźniej rysowała się sytuacja. Doświadczenie z Mierosławskim przekonało Komitet o całej absurdalności koncepcji dyktatury. Jasne już było, że pojedyncza przegrana bitwa albo nawet niefortunny przypadek, niewola czy śmierć dyktatora mogły załamać powstanie. Nie trzeba było nadmiernej przenikliwości, by pojąć, że wszystko niemal zależeć teraz będzie od tego, jak prędko nieprzyjaciel postara się zniszczyć słaby oddział Langiewicza. Pod rozkazami Ramsaya stała stutysięczna armia, wyposażona w armaty oraz w szybkie oddziały świetnie wyszkolonej kawalerii.

Rządowi nie wolno było jednak poprzestawać na snuciu czarnych myśli. Należało decydować.

Istniały dwie drogi: uznać fakt dokonany i próbować jakoś uzgodnić kwestie polityczne albo ogłosić Langiewicza za wyjętego spod prawa i obrócić przeciwko niemu siłę. Ale jaką? Bobrowski rozporządzał nią w Warszawie, lecz nie nad granicą galicyjską. A jeżeli korpus Langiewicza opowie się za swoim wodzem i ewentualnego rozporządzenia Komitetu nie uzna? W ciągu ostatnich tygodni rząd powstańczy starał się jak najbardziej wzmocnić wojsko generała. Bobrowski gromadził wszelki oręż i przy pomocy niejakiego Świerzyńskiego – urzędnika pocztowego, straconego później przez zaborców – ekspediował go w Sandomierskie. Szły tam również i pieniądze, przy czym starano się dawać Langiewiczowi nie banknoty, lecz złoto.

Należało się dobrze zastanowić. Posiedzenie odroczono do następnego dnia.

Warszawa dość szybko dowiedziała się o dyktaturze i zareagowała entuzjastycznie. Prostym, liniowym konspiratorom, jak również szerokim rzeszom sympatyków obce były polityczne kombinacje. Nie podejrzewali, że podszewka sprawy może wydawać zapach zgoła niemiły. Im wystarczało, że najbardziej wsławiony i wierny sprawie dowódca objął komendę, czyniąc to – jak czarno na białym widniało w proklamacji – w porozumieniu z dotychczasowymi władzami powstania. Dwa miesiące wcześniej większość członków Komitetu Centralnego dała się uwieść teoretycznym urokom dyktatury. Cóż więc się tu dziwić zapałowi, jaki ogarnął prostodusznych, wbrew pozorom, warszawiaków?

W nocy z 13 na 14 marca Stefan Bobrowski pośpiesznie kreślił list do przyjaciela.

Drogi mój Zygmuncie! Zaraz po wysłaniu mego ostatniego listu zaszedł wypadek niezmiernej wagi, a mianowicie dyktatura Langiewicza. Były to następstwa słabości Rządu Tymczasowego i zjawienia się Mierosławskiego w Krakowie dla objęcia dowództwa nad oddziałami krakowskimi, z tytułem dyktatora. Stojąc na czele wojska, które jeszcze nie ochłonęło po Staszowie, Małogoszczy i Skale, Langiewicz nie chciał, a może nie powinien był oddawać w ręce jenerała Ludwika przyszłych losów swoich wiarusów i Polski. Uprzedzając więc przybycie Mierosławskiego, dnia 10 marca w obozie pod Goszczą ogłosił się dyktatorem. W wydanym do narodu manifeście oświadcza, „że przyjął dyktaturę w porozumieniu z Rządem Tymczasowym i dalej prowadzi tegoż politykę"! Manifest ten wczoraj nadszedł do Warszawy. W pierwszej chwili Rząd Tymczasowy ogarnęło osłupienie i trwoga na myśl, jak się Warszawa zachowa wobec tego wydarzenia. Było z czego dostać gorączki. Gdyby i ta kombinacja zawiodła, poparta przez naród dyktatura walałaby się u nóg jego, a nikt by się nawet nie chciał schylić, by ją podnieść! Z konieczności więc Rząd Tymczasowy natychmiast uznał fakt dokonany, gdyż wyjścia innego nie było: albo uznać go, albo też ogłosić za wyjętego spod prawa. To ostatnie było niemożliwe wobec jedynego człowieka, który potrafił ująć i zorganizować powstanie w poważnej sile.

Dogorywająca Dyrekcja [Białych], szukając przyzwoitego wyjścia, zaraz oświadczyła, że wobec jawnie postawionej dyktatury nie widzi potrzeby dalszego swego istnienia i uznaje się za rozwiązaną. Bankierzy ofiarowali się z pożyczką i dziś rozpoczęto w tym względzie rokowania.

Z wyjątkiem stronników *à tout prix* Mierosławskiego, wszyscy z nieopisanym zapałem przyjęli wiadomość o dyktaturze Langiewicza. Nawet najzagorzalsi mierosławczycy przyznają, że zaszły fakt jest stanowczy. Jeden z nich, stary i osobisty przyjaciel pana Ludwika, zresztą z łatwo wytłumaczoną goryczą, pił dziś ze mną zdrowie dyktatora. Ja odetchnąłem swobodniej. Prawdopodobnie dyktatura ta nie pozostanie li tylko na papierze, gdyż Langiewicz stał się i moralnym dyktatorem kraju. Jutro wyrusza do niego deputacja z łona dotychczasowego Rządu Narodowego dla ostatecznego uznania dokonanego faktu, a zarazem dla zapobieżenia wszelkim zachciankom reakcji, która bez wątpienia wytęży wszystkie swe siły, by zawładnąć osobą dyktatora. Od niego dotychczas bezpośrednich wiadomości nie mamy...

List ten stanowić może dowód słabej orientacji, a nawet pewnej naiwności ze strony Bobrowskiego. Istotnie, przewodniczący Komitetu nie we wszystkim się jeszcze orientował. Ale nie ujawniał i tego nawet, o czym wiedział. Wyraźnie i celowo lukrował rzeczywistość, straszył niebezpieczeństwem ze strony Mierosławskiego, w które sam chyba nie bardzo wierzył. Rozwiązanie się Dyrekcji Białych zaraz po ogłoszeniu dyktatury, fakt wiele dający do myślenia, przedstawiał jako dobrą wróżbę.

Czynił to dla zapobieżenia dodatkowym powikłaniom, jakie nagły awans Langiewicza mógł wywołać. Bystry psycholog bał się skutków rozdrażnienia oficerskich ambicji.

My z Tobą – pisał dalej – stłumiwszy wewnętrzne przekonania, a Ty nawet osobistą urazę, przyjęliśmy kiedyś, dla zapewnienia zwycięstwa zasadniczym prawdom rewolucyjnym, dyktaturę pana Ludwika; teraz tym śpieszniej powinniśmy powitać kombinację oddającą ster rządów w ręce człowieka młodego i rzutkiego, któremu dotychczas nic nie ma do zarzucenia, a za którym po sześciotygodniowej energicznej walce przemawiają hasła: Staszów, Małogoszcza i Skała!

Zapewne! osobiście może Ci być przykro, żeś do tej pory nie dorównał Twemu dawnemu koledze. Lecz przed Tobą droga otwarta; powstanie nasze potrwa długo i kto wie jeszcze, kiedy i kto je zakończy? Tobie w tej chwili nie pozostaje nic innego, jak ogłosić bezzwłocznie w oddziale dyktaturę Langiewicza i dalej walczyć z równym męstwem jak pod Myszyńcem. Wszyscy mówią o Twej odwadze, o czym się i ja z boku dowiedziałem z ogólnej opinii, nie z Twego sprawozdania. Pamiętaj, żem zawsze na Twe rozkazy; mów mi o swoich planach i życzeniach zupełnie szczerze i otwarcie...

Twój zawsze Stefan[1]

Klajstrował premier konspiracyjnego gabinetu, wyraźnie klajstrował. Starał się jak tylko można trzymać w kupie powstańczą organizację, której spojenia coraz niebezpieczniej trzeszczały. Ci, co go wtedy widywali, stwierdzają, że robił dobrą minę do złej gry.

Zebranie Komitetu, odbyte 13 marca w mieszkaniu Królikowskiego, przyniosło dalsze rewelacje i wcale nie było takie sielankowe, jak by z listu Bobrowskiego mogło wynikać.

Giller od razu oświadczył, że dyktator wzywa go do swego boku jako pierwszego sekretarza generalnego. Drugim mianowany został Kantak. Leon Królikowski otrzymał tekę ministra spraw wewnętrznych.

Wszystko to tak dalece zaskoczyło obecnych, że nikt nie zapytał Gillera, skąd o tych postanowieniach wie.

Dwie pierwsze nominacje specjalnie nie dziwiły, bo Langiewicz zarówno Gillera, jak i Kantaka znał. Ale o Królikowskim nigdy nie słyszał. Stawało się więc jasne, że ktoś się za dyktatorem ukrywa, podsuwa mu pomysły i pociąga za sznurki.

[1] *Ibidem*, s. 92–94.

Tym razem nie było długich sporów. Zdecydowano dyktaturę uznać, ale pod ściśle określonymi warunkami. Ma więc pojechać do dyktatora delegacja rządowa, która go poinformuje, że padł ofiarą mistyfikacji lub też dopuścił się fałszu, powołując się na wolę i zgodę Komitetu Centralnego. Sprawę puści się jednak w niepamięć, o ile Langiewicz uzna wyłączne prawo Komitetu do dalszego administrowania i zarządzania powstaniem. Jemu samemu przysługiwać będzie pełnia władzy wojskowej, ale bez porozumienia z Komitetem nie wolno dyktatorowi dokonać żadnego posunięcia politycznego. Tak ma trwać, aż jakaś połać kraju zostanie oczyszczona z nieprzyjaciela, co pozwoli na ujawnienie władzy. Na razie łączność między Langiewiczem a rządem ma utrzymywać sekretarz generalny, Giller. Komitet Centralny zatwierdził więc jego nową godność.

Jak już wiemy z listu Bobrowskiego, rząd troszczył się o „zapobieżenie zachciankom reakcji, która bez wątpienia wytęży wszystkie siły, by zawładnąć osobą dyktatora". Stąd się wzięły usiłowania zmierzające do odgraniczenia jego wojskowych funkcji od politycznych kompetencji Komitetu.

Giller, Królikowski i Janowski wymogli, że dyktaturę uznano od razu, nie uzależniając tego od wcześniejszego porozumienia. Nic też nie było słychać o sankcjach czy planach działania na wypadek odmowy.

Przyszłość dopiero miała wykazać, jaki skutek przyniosą te postanowienia. Nie wolno było jednak poprzestać na nich i z założonymi rękami czekać na odpowiedź Langiewicza. Takie postępowanie dawałoby jego zwolennikom możność stwarzania faktów dokonanych w samej Warszawie.

Czynna w stolicy Dyrekcja Białych rozwiązała się i wskutek tego właśnie jej byli członkowie oraz współpracownicy uzyskiwali pełną swobodę ruchu. Nikt nie mógł zaręczyć, czy jakiś wyłoniony przez nich zespół lada moment nie ogłosi się organem władzy dyktatora.

Nie wiadomo, który z członków Komitetu Centralnego był autorem zręcznego pomysłu „siurpryzy w odpowiedzi na siurpryzę", jak to nazwał w śledztwie Awejde. Okoliczności zdają się wskazywać na najzdolniejszego z nich, czyli na Bobrowskiego.

W myśl projektu, o którym mowa, Komitet Centralny postanowił natychmiast ogłosić się Komisją Wykonawczą dyktatora w Warszawie i na wszystkich ziemiach zaboru rosyjskiego, z wyjątkiem, naturalnie, samego obozu Langiewicza. To pozwalało nadal pełnić funkcje rządu, zabezpieczało przed niespodziankami ze strony eks-Dyrekcji, stwarzało fakt dokonany i przez to samo nadawało cechę realizmu zamierzonym pertraktacjom z generałem.

14 marca delegaci, Janowski i Giller, otrzymali instrukcję na piśmie. Nazajutrz opuścili Warszawę. Janowski i tym razem zabrał ze sobą żonę.

Obrano drogę na Kraków, bo stamtąd najłatwiej było, razem z jakimiś transportami czy łącznikami, osiągnąć obóz pod Goszczą. Wymagało to jednak dwukrotnego przekraczania granicy austriackiej – tam i z powrotem. Podróż nie obyła się bez przeszkód. Gillera przyaresztowali nawet c.k. żandarmi, ale suma pięćdziesięciu rubli carskich rozproszyła ich służbowe wątpliwości. 17 marca emisariusze stanęli w Krakowie. Państwo Janowscy zatrzymali się w Hotelu Lwowskim, przy Końskim Rynku za Bramą Floriańską. Giller nie potrzebował kłopotać się o locum. Udał się prosto do swego serdecznego przyjaciela, Leona Chrzanowskiego, który w „Czasie" krakowskim piastował godność redaktorską.

W dwa lata później Oskar Awejde, siedząc w więzieniu, dla użytku władz carskich charakteryzował na piśmie kolejne gabinety powstańcze. Jeśli chodzi o Gillera, twierdził, że wciągnięcie go do rządu „było to wyrwanie zębów u rodzącej się opozycji przez wcielenie w siebie jej głowy". Agaton Giller żadną „rodzącą się opozycją" nie był. Urzeczywistniał politykę stronnictwa konkurencyjnego wobec Czerwonych. Awejde dowiódł tylko, że Komitet Centralny nie orientował się w tej grze. Natomiast wyjazd Gillera z Warszawy był z jego strony błędem, gdyż odsuwał go od wpływu na decyzje Komitetu.

W Krakowie Józef Kajetan Janowski od razu wpadł w wir rozmaitych zebrań, rozmów politycznych i konferencji. Odwiedził nawet otoczonego zgrają adherentów Mierosławskiego, który po cichu zjawił się w Krakowie, dla lepszej konspiracji zgolił swoją słynną brodę i wyglądał bez niej nie na wodza, lecz na rzeźnika. Eks-dyktator klął, piorunował, protestował i w końcu powiedział:

– Ja już tyle dla tej Polski zrobiłem, czegoż ta Polska chce jeszcze ode mnie, czemuż się ona do mnie przyczepiła?

Tego nawet cierpliwy Janowski znieść nie potrafił. Wstał, skinął głową i nie podając ręki, wyszedł.

Potem były narady z rozmaitymi osobistościami. Wszyscy mówili o potrzebie ustanowienia jawnego rządu, i to nie gdzie indziej, tylko właśnie w Krakowie. Układano listy tego gabinetu *in spe* i – rzecz dziwna – na każdej nieodmiennie figurowało nazwisko Leona Królikowskiego. Poza tym przewidywano stanowiska ministrów justycji tudzież oświecenia. W czasie tych rokowań oryginalnie jakoś zachowywał się Giller. Wcale się nie liczył z instrukcją Warszawy, występował nie jako pełnomocnik rządu, lecz dyktatora.

Janowski patrzył na to jak „na igraszkę", nie przejmował się zbytnio i czekał na spotkanie z Langiewiczem, który – jego zdaniem – na pewno przychyli się do opinii Komitetu Centralnego.

W tym, co się naprawdę działo w Krakowie, nie orientował się na razie wcale.

Nie zorientujemy się i my, jeżeli nie cofniemy trochę toku tego opowiadania, by się zapoznać z wypadkami, jakie tutaj zaszły w ciągu ostatnich kilku tygodni.

Ale przede wszystkim, jeżeli nie zapamiętamy, że jesteśmy w Galicji.

Kraj ten przeżył wstrząs Wiosny Ludów i ów okrutny moment, kiedy „wściekła, rozpadająca się biurokracja jak Part uciekający puściła tę zatrutą strzałę w sam środek naszego społecznego ciała". Zatruty pocisk to – według Pawła Popiela, autora przytoczonych słów – uwłaszczenie chłopów przez rząd austriacki w 1848 roku.

On sam, Popiel, w zgodzie z zasadami „ogólnie moralnymi, boskimi", ułożył wtedy szlachecki plan uwłaszczenia, przewidujący („dla uszanowania własności" tylko, rzecz jasna) pokaźne odszkodowanie. A po kilku dniach rozdarł mu serce widok rozplakatowanego patentu władz zaborczych, który to patent dawał „darmo grunta na własność z zachowaniem prawa do służebności".

Pomimo że Part uciekający aż tak boleśnie skaleczył nasze społeczne ciało, ziemiaństwo galicyjskie nadal zachowywało górującą pozycję społeczną i polityczną. Wentyle były wprawdzie jako tako uchylone, istniała prasa, działały mieszczańskie ugrupowania, obradował sejm krajowy, w którym nawet włościanie posiadali przedstawicieli, ale rząd dusz sprawowali i długo jeszcze sprawować mieli miejscowi, w szczególności krakowscy, konserwatyści.

W odróżnieniu od prozaicznego raczej Królestwa, bałagulskiej Ukrainy i patriarchalnej, lecz dość trzeźwej Litwy, małopolskich zachowawców cechowała osobliwa mistyka. W każdym, chociażby najbardziej bladym zamierzeniu demokratycznym upatrywali oni zaraz zamach na wiarę, ołtarz i samego nawet Pana Boga. Niezłą próbkę tego stylu myślenia daje opinia Pawła Popiela o początkach ruchu Czerwonych w Królestwie. Wiemy, że podówczas rej wodził nad Wisłą szlachetnie urodzony Apollo Nałęcz Korzeniowski. Nie zapomnijmy też, że Popiel był luminarzem znającym całą Europę, a nie zatabaczonym parafianinem, który z dziedzicznego folwarku nosa nie wysadził. Oto, co napisał ten intelektualista:

> Józef Zamoyski, brat ordynata, podówczas bardzo młody, a jako taki mający styczność z młodszym i ruchliwszym pokoleniem, mówił mi, co następuje: „Spisek jest uorganizowany, a spiskowi poznają się po małej ilości szarpi z kroplą czerwoną w dziurce od guzika. W tej chwili jest ścisłe porozumienie między partią przewrotu belgijską a polską; zamiarem jednej i drugiej socjalne zmiany, a naprzód zniszczenie hierarchii kościelnej. Umówiono się użyć teraz duchowieństwa katolickiego jako sojusznika, a wymierzyć łączne usiłowania przeciw katolicyzmowi"[1].

[1] P. Popiel, *Pamiętniki (1807–1892)*, Kraków 1927, s. 146.

Mistyka okazała się żywotna. 24 sierpnia 1911 roku, podczas kongresu mariańskiego w Przemyślu, biskup Wałęga objawił gotowość zstąpienia „na powrót do katakumb". Michał Bobrzyński z dostojną powagą odpowiada na to w pamiętniku:

> Gotowość zstępowania do katakumb nie może być aktualna w państwie, w którego stolicy odbywa się wspaniały kongres eucharystyczny z udziałem monarchy, dynastii i wszystkich władz cywilnych i wojskowych[1].

W dobie powstania styczniowego ziemianie galicyjscy ulegali wpływom Wiednia, lecz byli też pod względem politycznym bezpośrednio związani z Biurem Paryskim, czyli z ekspozyturą placówki Czartoryskich, Hôtel Lambert. Austrii wcale nie cieszyły widoki na polsko-rosyjskie porozumienie, Czartoryscy zaś przychylnie słuchali idących z Warszawy opinii Zamoyskich, niechętnych Wielopolskiemu. W ostatecznym skutku tych skomplikowanych oddziaływań galicyjscy konserwatyści sprzeciwiali się polityce margrabiego. Według nich Polska powinna była szukać opieki i podpory nie w cesarzu Aleksandrze II, lecz w cesarzu Napoleonie III. To tłumaczy, dlaczego „Czas" przed powstaniem zajadle zwalczał „markgrafa" i sprawiał nawet wrażenie poplecznika ruchu. Oprócz rachub na Francję Galicjanom majaczył też miraż „międzynarodówki katolickiej", czyli sojuszu Paryża z Wiedniem, co miało doprowadzić do odbudowy trzeciego państwa katolickiego – Polski.

Zgodnie z wytycznymi Paryża galicyjscy Biali nie kwapili się do udziału w powstaniu. Władysław Czartoryski nazywał je dziecińskwem, zabraniał łączyć się z nim. Korespondencje Gillera w tym czasie malowały walkę jako odruchowy opór zbrojny poborowych. „Kosynierzy – pisał on 28 stycznia – po krwawym zaprotestowaniu przeciwko rządowi rosyjskiemu rozproszą się i rozejdą".

Nie rozproszyli się i nie rozeszli. Pobożne życzenia zawiodły. Ten nieoczekiwany fakt ogromnie skomplikował polityczne po-

[1] M. Bobrzyński, *Z moich pamiętników*, Wrocław–Kraków 1957, s. 345.

łożenie Białych. Skoro powstanie utrzymało się przez pierwszych parę tygodni, to już nie można było otwarcie przeciwko niemu występować. Taki uczynek natychmiast spowodowałby zanik wszelkich solidarystycznych tendencji ruchu i przetworzył go w pełną rewolucję.

Logika wypadków stawiała kierowników stronnictwa wobec konieczności zwrotu, wyboru nowej decyzji. Nie na długo przecież mogły wystarczać takie salomonowe instrukcje: uznać powstanie za narodowe, ale nie łączyć się z nim. A tu jeszcze ci młodzi – i bardzo liczni! – szlachcice, którzy od samego początku konno i zbrojno pociągnęli do lasu...

Nagła zmiana w postępowaniu Białych nastąpiła w połowie lutego. Ale nasze konserwatywne znakomitości, znoszące się z drugo-, a nawet trzeciorzędnymi osobistościami paryskiego świata politycznego, nie bardzo się orientowały, co naprawdę powodowało ich własne czyny.

Osią obrotową dyplomacji europejskiej okazał się wspomniany już układ Prus z carem. Konwencja Alvenslebena psuła Napoleonowi III szyki w stosunku do Rosji, ale pozwalała, pod pozorem obrony sprawy polskiej, skierować politykę francuską przeciwko temu z kontrahentów, z którym Francja miała bezpośrednie porachunki, przeciw Prusom. Chodziło o granicę Renu i węglodajne Zagłębie Saary. Powstanie dostarczało dogodnego pretekstu i stąd paryskie zachęty do wytrwania.

16 lutego 1863 roku galicyjscy działacze szlacheccy otrzymali od Biura Paryskiego depeszę:

> Wszystko zmienione, instrukcje... uważajcie za niebyłe. Trzeba jak najdłużej przetrzymać walkę. Dalsze polecenia listownie.

Zapowiadane listy wkrótce nadeszły.

> Zwiastowały – pisze Stanisław Koźmian, uczestnik tych spraw – zwrot w położeniu w skutku konwencji prusko-rosyjskiej z 8 lutego; zapowiadały zmianę zapatrywań Francji, Anglii i Austrii w sprawie polskiej, mówiły o toczących się między nimi układach; nareszcie, co najważniejszym

było wówczas – zapewniały, że cesarz Napoleon i jego rząd zupełnie inne niż dotąd wyrażali zdanie o powstaniu... Listy dodawały, że trwanie powstania niezbędnym jest dla rozpoczętego działania, a potrzebnym dla pomyślnego obrotu układów; że zdaniem rządu francuskiego nie można już patrzeć się wstecz, że należy spoglądać w przyszłość; że trzeba przede wszystkim odjąć powstaniu wszelkie znamiona rewolucyjne, a nadać mu wyłącznie charakter narodowy i wyłącznie antyrosyjski; że zatem należy, aby zachowawcze żywioły i wyższe warstwy nadały takowy, popierając je i gotując się do przystąpienia czynnego w razie rozpoczęcia działania europejskiego[1] (podkreślenie – P.J.).

Treści tych listów nie mógł oczywiście znać Stefan Bobrowski. Jakieś wieści o zagranicznych sugestiach doszły jednak jego uszu, skoro donosił o nich Zygmuntowi Padlewskiemu jako o przyczynie zmiany frontu Białych. Słusznie też głosił potrzebę wzmożenia czujności. Szkoda tylko, że nie zaczął od ścisłej kontroli poczynań niektórych członków kierowanego przezeń Komitetu Centralnego. Sens artykułów Gillera w „Czasie" uległ, jak już wiemy, zasadniczej zmianie. Malowały one powstanie jako zaciętą walkę narodu o niepodległość...

Galicyjskim Białym nie trzeba było dwa razy powtarzać nakazu o odjęciu powstaniu znamion rewolucji. Najwybitniejszy ich przedstawiciel, Adam Sapieha – cieszący się dawniej tytułem „czerwonego księcia" – jeszcze w 1862 roku uważał wybuch za nieunikniony, ale był przekonany, że w każdym położeniu przewodnictwo w narodzie należy się tylko i wyłącznie ziemiaństwu. Manifesty i dekrety Rządu Narodowego zaniepokoiły konserwatystów w najwyższym stopniu. Uważano je za sam dopiero start Komitetu, rzekomo składającego się z socjalistów, nawet z komunistów.

Galicyjski poseł Włodzimierz Cielecki, zasłużony inicjator polowań *par force*, wyrażał przekonanie, że „szlachta przeznaczoną jest na wyrżnięcie", i w rozmowie z wojskowym przedstawicielem

[1] S. Koźmian, *Rok 1863*, t. I, s. 33–34.

Komitetu uderzał z tego powodu w tony zapału – widocznie na wszelki wypadek.

Uwłaszczenie włościan, od jednego zamachu, dekretem rewolucyjnej władzy, wywołało wśród posiadaczy gwałtowną niechęć. Ich dążeniem stało się teraz zahamowanie rozpoczętego przewrotu społecznego. Pojmowali, że kto dzisiaj zajął się losem chłopa gospodarza, ten jutro gotów przystąpić do poprawiania doli bezrolnych. Jeden z powstańczych reskryptów, nakazujący zwoływać zebrania wszystkich mieszkańców gmin, pozostających w jakiejkolwiek zależności od dziedziców, kończył się zdaniem bardzo wymownym: „W przyszłości Rząd nie zaniedba przedsięwziąć wszystkie środki, które by zapewniły narodowi urządzenie stosunków społecznych na podstawie prawa o uwłaszczeniu".

Od Wielkiej Rewolucji Francuskiej upłynęło wówczas zaledwie siedemdziesiąt cztery lata, od Wiosny Ludów piętnaście.

U schyłku lutego i na początku marca, zanim jeszcze trzytysięczny oddział Langiewicza stanął pod Goszczą, zaczęły po Krakowie kursować dziwne wieści. W całej Galicji istniały zresztą wtedy warunki do rozkwitu wszelkiego rodzaju plotki politycznej. Kraj stanowił przecież coś w rodzaju strefy przyfrontowej.

Najwcześniej zaczęli w nim robić ruch tacy, co naprawdę chcieli walczyć. Krakowska młodzież akademicka dość licznie pociągnęła do partii Kurowskiego i skrwawiła się w nieszczęsnej bitwie pod Miechowem. I młodzi lwowianie nie zostali za piecem. Z tamtych stron wybrały się też „na Moskala" grupy powstańców przybranych oryginalnie – w świtki oraz potężne czapy baranie z żółtymi denkami, zwisającymi na ramię na kształt trójkątnego worka. To Ukraińcy, strojem wzorowanym na dawnych Zaporożcach, podkreślali swoją narodową odrębność we wspólnie toczonej walce.

Trochę potem cała Małopolska, a Kraków w szczególności, stała się przytuliskiem dla typów wiernie opisanych przez Lama w powieści *Koroniarz w Galicji*. Podwawelski gród zapełniały postacie w burkach i długich butach. Przeważali tacy, co wcale nie wybierali się w pole, ale widok Rynku przypominającego istny obóz i stała obecność tłumów młodzieży stwarzały gorączkowy nastrój. Owe zaś dopiero co wspomniane dziwne wieści budziły żywą troskę zarówno o los ochotników, jak i całej sprawy narodowej.

Szeptało się, mówiło i rozprawiało głośno, że źle się dzieje w Warszawie. Carska policja wyłapała tam podobno lub rozproszyła wszystkich członków Komitetu Centralnego. Trzeba coś radzić, jeśli powstanie nie ma być rzucone na pastwę losu.

Pogłoski kolportowała nie tylko wiecznotrwała agencja „jedna pani powiedziała". Ludzie „poważni i w kraju znani", a według ówczesnych pojęć z samego tytułu pozycji socjalnej zasługujący na zaufanie, głosili to samo. Uwijał się na przykład po Małopolsce Bogusław Łubieński, ziemianin, właściciel wsi Kiączyn w Poznańskiem. Twierdził, że rzeczy „jak najfatalniej i najsmutniej stoją w Kongresówce, że wszyscy członkowie Komitetu Centralnego czy tam Rządu Tymczasowego wyłapani" lub pochowali się w mysie dziury. Dwóch tylko oparło się przeciwnościom, mężnie trwa na posterunku, ale już siły traci i rady sobie dać nie może. Nazwiska ich brzmią: Adam Grabowski i Leon Królikowski.

W Goszczy, zaraz po jej zajęciu, przytupujący z zimna wartownik widział jakieś tajemnicze, pozawijane w płaszcze figury, ciemną nocą opuszczające dworek po konferencji z Langiewiczem.

A we Lwowie zakonspirowany tam generał Józef Wysocki w żaden sposób nie mógł uzgodnić treści otrzymywanych doniesień. Właśnie ziemianin z Kongresówki, Władysław Siemieński, przywiózł mu zaproszenie na wielką naradę, w której wezmą udział delegaci ze wszystkich trzech zaborów oraz specjalny wysłannik Tymczasowego Rządu Narodowego. Z tego by wynikało, że istotnie sprawy w centrali źle stoją. Tymczasem w służbowej korespondencji, jaka nadchodziła z Warszawy, nie ma o tym wszystkim ani słowa.

Stary, prostoduszny wojak długo deliberował, myślał, tarł czoło i ostatecznie na zjazd do Krakowa nie pojechał.

Odbył się on 8 marca wieczorem w Hotelu Saskim, w apartamencie posła galicyjskiego, Leona Skorupki. Stawiło się kilkanaście osób. Prócz gospodarza obecni byli między innymi: Adam Sapieha, Leon Chrzanowski, Adam Potocki, Jan Tarnowski – wszystko Galicjanie. Z Poznańskiego – Bogusław Łubieński oraz Władysław Bentkowski, który trafił na posiedzenie najzupełniej przypadkowo, po drodze na front, i później opisał je w rzetelnej relacji pamiętnikarskiej. Podobno byli jeszcze generał Ignacy Kruszewski i Mieczysław Waligórski.

Po niejakim czasie wkroczył do pokoju Adam hrabia Grabowski, osobistość w ówczesnych sferach towarzyskich znana dobrze. Pochodził z Poznańskiego, ale z powodów, o których później wspomnieć jeszcze wypadnie, mieszkał w Warszawie, gdzie miał posadę w Towarzystwie Żeglugi Parowej. Wraz z nim przyszedł, sprawiający wrażenie jego adiutanta, Józef Kołaczkowski, członek Dyrekcji Białych, ziemianin z Kongresówki.

Grabowskiego usadzono na honorowym miejscu, na kanapie, przewodnictwo objął najstarszy wiekiem, bodaj generał Kruszewski, i potoczyły się narady.

Położenie sprawy narodowej, pozbawionej steru i rządu, *de facto* w Warszawie zniweczonego, zasępiało czoła obecnych. Obawiano się też jakichś niespodzianek ze strony rzekomo ukrywającego się w Krakowie Mierosławskiego (który w rzeczywistości przybył tam trochę później, 12 marca). Niebezpieczeństwom i trudnościom najłatwiej by było zaradzić, gdyby się udało ukonstytuować i ogłosić rząd jawny.

Po każdym niemal przemówieniu zabierał głos hrabia Grabowski. Ważył słowa, namyślał się, ale – nie patrząc nikomu w oczy – perorował wcale gładko i z pewnym namaszczeniem. Stale zaczynał od zwrotu: „Rząd Narodowy jest zdania..." albo „Rząd Narodowy musi na to odpowiedzieć...".

Niewtajemniczony Bentkowski domyślił się od razu, że na hotelowej sofie zasiada specjalny wysłannik władzy centralnej z Warszawy, jeden z tych dwu niezłomnych, co dotychczas, mimo przeciwności, wytrwali na reducie.

W ciągu dalszej dyskusji wysunięto myśl powierzenia dyktatury Langiewiczowi, jedynemu dowódcy, który w dotychczasowych walkach potrafił się naprawdę wyróżnić. Za projektem głosował i Adam Sapieha, i krakowianie, i Łubieński w imieniu Poznańskiego. Bentkowski odmówił udziału w wotowaniu, oświadczając, że jest żołnierzem, jedzie się bić, a w polityce się nie orientuje.

Końcowa oracja Adama Grabowskiego była bardzo dyplomatyczna i kunsztowna. Wynikało z niej jednak, że i on – działając z ramienia rządu – daje Langiewiczowi kreskę.

Tego samego wieczoru Adam Sapieha zwierzał się Bentkowskiemu z obaw, czy Langiewicz zgodzi się wziąć na barki straszliwy ciężar odpowiedzialności. Książę nie wiedział widocznie, że Kołaczkowski zdążył już przedtem odwiedzić Goszczę i głośno tam rozprawiał o dyktaturze.

9 marca kilku uczestników wczorajszej narady spotkało się znowu, ale już w Goszczy. Najwcześniej przybył Grabowski wraz z Kołaczkowskim.

Dziwny widok przedstawiało to powstańcze obozowisko. Jeden ze świadków twierdził, że sama kwatera główna podobna była raczej do dworu szlacheckiego wybierającego się na polowanie. Podwórze zapełniali okoliczni obywatele i obywatelki, oddający synów do wojska, rozmaici interesanci, faktorzy, handlarze. Wszędzie kręcili się adiutanci i tak zwani gewaltygierzy, czyli kawalerzyści z przybocznej straży dowódcy.

W otoczeniu Langiewicza aż nazbyt często spotkać można było ludzi doskonale pasujących do Hercenowskiego określenia: *„diemokraty biez socjalnych idiej – no s oficerskim ottienkom"*.

Jednolitego umundurowania oczywiście brakowało. Pełno za to było kit, kitek tudzież szarf różnobarwnych. Oznaczały one stopnie wojskowe. Generałowie nosili trójkolorową wstęgę przez pierś i ramię, pułkownicy dwubarwną, biało-czerwoną, a szef sztabu amarantową (tylko teoretycznie, bo nie mogąc dostać nigdzie przepisowej, przystroił się w kraciastą, *à la* Walter

Scott). Szarż wysokich nie brakło w trzytysięcznym korpusiku. Zaraz po przyjęciu godności dyktatorskiej Langiewicz mianował jednego „generała dyżurnego", jednego „generała kwatermistrza", jednego jazdy i jednego piechoty.

Wojsko biwakowało wokół dworu, po polach. Z ubezpieczeniami było słabo. Całe szczęście, że nieprzyjaciel z sobie tylko wiadomych powodów nie naciskał, chociaż mógł. W nocy zmieniano posterunki, rozjaśniając mroki świecą owiniętą w papier. Na porządne pełnienie służby można było liczyć tylko wtedy, kiedy na warcie stał gołowąs.

– Młodych wysyłać na pikiety, bo starzy niegłupi stać po kilka godzin. – Taki postulat zgłaszali oficerowie kawalerii. Z karnością między nimi też nie było tęgo.

Razu pewnego Langiewicz podszedł do miejsca zakwaterowania szwadronu jazdy. Dowódca – niejaki Stamirowski – stanął na baczność i zasalutował, ale fajkę w zębach nadal trzymał.

– Gdy się mówi do dyktatora, to należy fajkę z pyska wyjąć! – krzyknął wódz, któremu musiały się przypomnieć pruskie pojęcia o dyscyplinie wojskowej.

Stamirowski obraził się tak bardzo, że natychmiast wsadził swoją kawalerię na koń i rozpoczął „partyzantkę" na własną rękę. Ponieważ jednak charakter jej niczym się od zwykłego bandytyzmu nie odróżniał – rzeczywiste władze powstańcze wydały nań i wykonały wyrok śmierci.

Stefan Bobrowski, pisząc do Padlewskiego, że Langiewiczowi nic zarzucić nie można, albo ukrywał prawdę, albo był źle poinformowany. Bo stosunki w tym oddziale dalekie były od ideału demokracji, o którą powstanie walczyło. Magnateria słusznie upatrzyła sobie na wybrańca wodza takiego wojska, którego wewnętrzna struktura wcale dobrze pasowała do staroszlacheckich wyobrażeń militarnych.

Formacje kosynierskie stanowiły coś w rodzaju kompanii karnych. Za przewinienia zsyłano do nich strzelców i żuawów. Kawaleria była uprzywilejowaną elitą. Stosunek do chłopów panował zły i głupi.

Kiedy kolumny Langiewicza zbliżały się do wiosek, osiedla pustoszały. Pozostawały w nich tylko kobiety, dzieci i starcy. Dyktator wzbudzał we włościanach jedynie strach.

Powstanie trwało zaledwie od kilku tygodni, a oddział Langiewicza przeszedł ewolucję, której przyczyny na pewno zasługują na uwagę i zbadanie.

Zaraz po 22 stycznia prawie w całym kraju odbywały się zebrania ziemian, na których głośno wyrażano opinię, że „szlachta z powstaniem nic wspólnego nie ma". Naczelnicy oddziałów uskarżali się na to. Na Podlasiu Roman Rogiński zamierzał rozpocząć aresztowania i represje. Padlewski w drukowanych odezwach potępiał stanowisko ziemian. Langiewicz miał wtedy kwaterę w Wąchocku.

W ostatnich dniach stycznia w Mierzanowicach pod Opatowem, w dobrach barona Horocha, odbyła się narada z kategorii wyżej wspomnianych. Tym razem nie poprzestano na wyrażeniu dezaprobaty. Zapadło postanowienie, najpewniej inspirowane przez Dyrekcję Białych, o wysłaniu do Langiewicza dwóch delegatów, którzy mu zaproponują rozwiązanie oddziału i wyjazd za granicę. Na ochotnika zgłosił się Stanisław Karski z Włostowa, któremu dodano jako pomocnika Romana Cichowskiego z Linowa. Karski zabrał ze sobą sporo pieniędzy, rozumiejąc – jak pisze Przyborowski – że „łatwiej mu będzie poradzić Langiewiczowi wyjazd za granicę, gdy mu się od razu da fundusz, a nie obietnice".

Wysłańcy dotarli do obozu i rozmawiali z Langiewiczem około dwudziestu minut. Propozycja ich została odrzucona, i to w sposób szorstki. Według dawniejszych wersji Langiewicz na zakończenie rozmowy miał oświadczyć: „Puszczam panów wolno, jedźcie" – po czym wysłannicy bardzo skwapliwie zastosowali się do polecenia. Na swoje wielkie szczęście nie pojechali prosto do Włostowa, lecz skręcili do Mirkowic na śniadanie, bo Cichowski poczuł gwałtowny apetyt. Tylko dlatego nie doścignął ich patrol ułanów, których Langiewicz, działając pod presją otoczenia, wysłał za nimi w pogoń z rozkazem powieszenia Karskiego. Cichowski, z uwagi na wiek podeszły, miał być oszczędzony. Karski zdał swoim mocodawcom sprawę i niezwłocznie wyjechał za granicę, gdzie przesiedział aż do zakończenia walk w Królestwie.

Jadwiga Prendowska, autorka pamiętników wydanych ostatnio przez krakowskie Wydawnictwo Literackie, zna te wersje i przeczy im kategorycznie. Nikt wysłanników nie ścigał, Karski wcale za granicę nie uciekł. Przeciwnie, po przystąpieniu Białych do powstania został naczelnikiem powiatu opatowskiego i działał ofiarnie.

Wspomnienia spisane po upływie dziesięcioleci należy oględnie traktować, ale Prendowska była łączniczką w oddziale Langiewicza. Stanęła w obozie zaraz po opisanym incydencie. Dowódca zapytał ją nawet, czy nie spotkała dwóch ludzi, którzy przed chwilą odeszli.

Działo się to pomiędzy Słupią a Świętym Krzyżem, „przy starożytnej kapliczce u wstępu na górę", gdzie Langiewicz miał „szałas z gałęzi, raczej altankę na jedną osobę, z garstką barłogu". Ścigać nie kazał, ale „zły był jenerał, aż strach brał, oczy mu gorzały, a zęby ogień krzesały". – „Przekupić mnie chcieli, ofiarowali sumy, abym wyjechał, puściłem ich swobodnie, a to moja odpowiedź": pokazał „mokrą jeszcze kartkę, niezgrabnie na kolanie nakreśloną"[1]. Była to odezwa, o której za chwilę.

Opowiadanie Prendowskiej zgadza się więc z innymi relacjami w sprawie najważniejszej. Propozycja Białych mocno rozjątrzyła Langiewicza.

Którędy wiodła droga od konfliktu do przyjęcia mandatu?

Rozmowa Langiewicza z Karskim i Cichowskim odbyła się 9 lutego. Dokładnie tę samą datę nosi odezwa generała do ziemian, głosząca między innymi:

> Nie odzywam się już do uczuć ani do sumienia szlachty. Ale zapowiadam, że zbałamuconym włościanom Moskwa podaje noże Szeli. Nie ma już ani

[1] J. Prendowska, *Moje wspomnienia*, Kraków 1962, s. 74–75.

chwili do namysłu. Jeden jest tylko środek do ocalenia Waszego mienia i życia. Starzy i młodzi, chwytajcie za broń, formujcie hufce i przybywajcie pod nasze sztandary, jeśli nie ku zbawieniu Ojczyzny, to przynajmniej ku obronie Waszego i Waszych rodzin życia.

Fragment tej odezwy ogłosił ostatnio Zbigniew Stankiewicz w rozprawie *Ruch chłopski podczas powstania styczniowego* („Przegląd Historyczny" 1959).

Powstanie styczniowe to nie tylko walki z wojskiem carskim oraz spory Czerwonych z Białymi. Od samego początku groźnie zabrzmiał jeszcze jeden ton. Wieś poruszyła się w sposób zupełnie samoistny. Zdarzały się napady na dwory, gminy, na służbę leśną. To nie było działanie na korzyść Rosji ani powstania. Był to odruch masy, która dotychczas rzeczywiście stała „za progiem budowli społecznej", a teraz poczuła swobodę. Ramsay nakazał swym dywizjom koncentrację. „Władza legalna znikła na znacznych połaciach kraju – pisze Stefan Kieniewicz – władza powstańcza ujawniła się w niewielu punktach". Można było po prostu dać upust niechęci do całego istniejącego porządku. Najścia na dwory i gminy trwały przez styczeń i luty, za to przez cały rok 1863 cierpiały lasy. Chłop korzystał z okazji, brał drewno na budulec i opał. Łup poszczególnych wsi obliczano na tysiące rubli!

Ten anarchiczny odruch niezbicie dowodzi, jak bardzo niezdrowe były wtedy stosunki społeczne w Królestwie. Odkładanie w nieskończoność sprawy uwłaszczenia przynosiło owoce. Chłop, który gdzie indziej już od dawna był ostoją porządku społecznego, u nas gotów był wszystko wtrącić w chaos. Ale to nie on był temu winien.

Zbigniew Stankiewicz słusznie się domyśla, że ogólna atmosfera polityczna, jaką zrodziło poruszenie się wsi, może tłumaczyć powody dogadania się ziemian z Langiewiczem i jego dyktatury.

Działacze, którzy przybyli z Krakowa do Goszczy 9 marca, widzieli w obozie furmankę pełną powiązanych, bladych i przerażonych chłopów, dostawionych na ukaranie za stosunki z nieprzyjacielem. Ale prawdziwe czy rzekome?

Około południa Langiewicz zaprosił gości do dworku, gdzie mieściła się jego kwatera główna. W ślad za nim hurmem wtłoczyło się ze trzydziestu powstańców rozmaitych broni i stopni. Obstąpiono stół, na którym zakąski, broń, mapy, cygara, wódka, czapki, chleb i pieczęcie sąsiadowały w zgodzie najlepszej.

Po pewnym czasie wódz kazał wszystkim niepowołanym opuścić pokój. W sieni stanęli na warcie dwaj kosynierzy ze skrzyżowaną bronią. Zaczęła się część oficjalna.

Ze strony wojskowej, oprócz samego Langiewicza, uczestniczyli w niej jego podkomendni: Antoni Jeziorański, Tomasz Winnicki i Aleksander Waligórski. Do żołnierzy wypadnie też chyba zaliczyć i Bentkowskiego, który wstąpił do oddziału jako jego szef sztabu. Przy stole zasiadł też oczywiście Grabowski, wraz z nieodstępnym Kołaczkowskim, oraz Leon Chrzanowski. Milcząco asystował naradzie młody człowiek w czarnej czamarze cywilnej, Wojciech Biechoński, komisarz województwa krakowskiego, czyli oficjalny w tych stronach przedstawiciel Komitetu Centralnego.

Przez jakiś kwadrans toczyła się nieobowiązująca rozmowa. Antoni Jeziorański, w krakusce z kitą i różnokolorową wstęgą na piersi, mówił do Bentkowskiego, że zgadza się na dyktaturę Langiewicza, aczkolwiek są w zgromadzeniu godniejsi tej szarży.

Nagle podniósł się Langiewicz.

– Ponieważ tu o mojej osobie ma być mowa i decyzja, więc najwłaściwiej będzie, że na niejaki czas wyjdę, żeby panom zupełną swobodę dyskusji zostawić.

Zatrzymano go jednak i zaraz przystąpiono do rzeczy.

Grabowski przemawiał za dyktaturą. Podtrzymywali go inni. Leon Chrzanowski wygłosił mowę bardzo subtelną, z której wynikało, że widzi rozmaite nieformalności i warunkowo tylko projekt popiera.

Podczas tych obrad czy też przy innej okazji Langiewicz miał podobno zapytać Grabowskiego o skład ostatniego zespołu rządowego. Hrabia odpowiedział na to, a nawet napisał na kartce, że byli to: Marceli książę Lubomirski, Henryk hrabia Potocki, Stanisław hrabia Zamoyski oraz nie wiadomo jakimi tytułami uświetnieni Prażmowski i Boski. Langiewicz spis przestudiował i zauważył brak naczelnika miasta Warszawy. Grabowski oświadczył, że to stanowisko zajmuje jego kuzyn tego samego nazwiska, imieniem Stefan.

„Grabowski" było to lewe, policyjne nazwisko Stefana Bobrowskiego.

Ku końcowi konferencji, kiedy sprawa dyktatury była już zasadniczo rozstrzygnięta, podniesiono kwestię jej opublikowania. Postanowiono przygotować wszystko w tajemnicy.

– A więc, panowie, jedźcie do Krakowa – odezwał się Langiewicz do Grabowskiego, Bentkowskiego i Chrzanowskiego – zróbcie to wszystko i przygotujcie do jutra, napiszcie odezwę, każcie ją wydrukować, pieczęcie wyrżnąć, a jak to mi jutro do obozu przyślecie, ogłoszę natychmiast wojsku dyktaturę!

Przez cały ciąg narady jeden z jej uczestników milczał jak zaklęty. Wojciech Biechoński, komisarz województwa, nie tylko nie zabrał głosu, ale nawet najlżejszym gestem czy grymasem nie wyjawił swoich uczuć.

Około godziny dziesiątej wieczorem, w Krakowie, w pokoju Chrzanowskiego, rozpoczęła się praca nad zredagowaniem proklamacji dyktatora. Każdy z trzech pełnomocników miał opracować osobny projekt, jako materiał do uzgodnienia i ostatecznego sformułowania. Bentkowski zażądał uwzględnienia w orędziu rzeczy zasadniczych, to znaczy stwierdzenia, że dyktator w pełni uznaje moc obowiązującą praw ogłoszonych przez Rząd Tymczasowy dnia 22 stycznia, że obejmuje władzę w porozumieniu z nim, a stanowiska cywilne rozdzieli osobnym dekretem.

Bentkowski dość szybko uporał się z pracą. Chrzanowski pisał długo i mozolnie. Grabowski nie skreślił ani jednej litery, medytował, gryząc obsadkę. Przynaglany pytającymi spojrzeniami towarzyszy, ozwał się wreszcie:

– Ja prawdziwie nie wiem, jak zacząć, bo to, co Bentkowski proponował względem wstępnych słów o woli rządu, niezupełnie się zgadza z położeniem rzeczy, gdyż kompletnego i porządkowego rządu właściwie już nie ma, więc też nie mógł on woli swej objawić...

Chrzanowski ze zdziwieniem spojrzał na mówcę. Bentkowski oburzył się bardzo.

– Daruj pan, ale tu już nie pora do subtelnych dystynkcji. Jaki cel ma rząd i co on chce lub chciał, to zaiste panu lepiej wiadome niż mnie, który nic w tej mierze nie wiem. Wystarcza mi jednak, że pan, jako pełnomocny tego rządu i nadzwyczajny komisarz, objawiłeś życzenie dyktatury generała Langiewicza i na nią się zgodziłeś. Z ewentualnymi dystynkcjami miałeś pan wczoraj porę na krakowskiej naradzie i dziś w Goszczy występować. Ale żeby teraz, kiedy wszystko wskutek pana inicjatywy, w myśl pańskiego zdania i życzenia ułożono, kiedy jesteśmy w stadium wykonania i właściwie tylko o stylizację odezwy chodzi, wszystko znów w kwestię podawać, tego nie rozumiem!

Hrabia jął się gęsto tłumaczyć. Wywodził, że podniósł tylko pewne zastrzeżenia natury czysto osobistej i chętnie zgodzi się na to, co tamci dwaj ułożą.

Ostatecznie odezwa powstała z dwu połączonych projektów Bentkowskiego i Chrzanowskiego. Pod koniec Grabowski znowu zaczął nastawać na osłabienie zwrotu o zgodzie rządu.

Po północy wszystko było gotowe. Rękopis poszedł do drukarni, grawer zabrał się do rytowania pieczęci.

W odezwie miała jeszcze figurować wzmianka o tym, że dyktatura ogłoszona zostaje w porozumieniu z generałem Józefem Wysockim. Ale w ciągu nocy zasłużony żołnierz, obecny już w Krakowie, przysłał do drukarni gońca i zażądał skreślenia swego nazwiska.

Właśnie bowiem przyjechał doń z Warszawy emisariusz Komitetu Centralnego, Marian Sokołowski, który nic o całej kombinacji ani o Grabowskim nie wiedział.

11 marca Langiewicz ogłosił się dyktatorem.

Taki był przebieg operacji politycznej, którą już w polemikach 1864 roku nazywano całkiem po prostu „opanowaniem rządu przez stronnictwo własności większej".

Wszystko szło dokładnie po linii wytyczonej przez lutowe instrukcje paryskie: powstanie podtrzymać, ale odjąć mu wszelkie znamiona rewolucyjne. W myśl tej zasady Biali w Warszawie zgłaszali się do pertraktacji, potem nawet rozwiązali swoją Dyrekcję, proponowali przeprowadzenie milionowej pożyczki w rublach srebrnych... a opozycja w łonie Komitetu Centralnego pozornie słabła. Nie można wszak było próbować rozgrywki w Warszawie, w najbardziej zrewolucjonizowanym punkcie Polski. Należało raczej stolicę zepchnąć na drugi plan, na czoło zaś wysunąć sam Piemont polskiego konserwatyzmu – miasto Kraków.

Odezwa Langiewicza zawierała zatwierdzenie prawa o uwłaszczeniu oraz zrównaniu stanów. Jakeśmy widzieli, zażądał tego człowiek neutralny, a już co najmniej obcy intrydze – Władysław Bentkowski. Ale i bez niego nie dałoby się chyba pominąć tamtych zasad. Ta właśnie okoliczność budziła w „stronnictwie własności większej" istną wściekłość, że Komitet Centralny wdał się w sprawy podstawowe dla ustroju społecznego i dekretem ogłosił postanowienia, których już żadna siła na niebie i na ziemi cofnąć nie mogła. Stało się! Należało zatem nie dopuścić do dalszego ciągu, rozpoczęty przewrót społeczny możliwie osłabić i zahamować.

Hasła i sztandary nosiły barwy ultrapatriotyczne. Komitetowi Centralnemu jego konserwatywni przeciwnicy zarzucali, że „chciał bardziej zmian socjalnych niż niepodległości". Mężowie zgromadzeni w apartamencie Leona Skorupki troskali się o los sprawy narodowej, której cugle Warszawa rzekomo wypuściła z rąk.

Pomysł wydarcia władzy Czerwonym powstał mniej więcej jednocześnie w Galicji i Poznańskiem. Autorami jego byli prawicowi działacze z Krakowa: Józef baron Baum, Atanazy Benoe i Cezar Haller, wraz z Rogawskim i hrabią Starzeńskim, a później Leonem Skorupką i kupcem Hahnem, stanowiący tak zwany Komitet Obywatelski Galicji Zachodniej, istniejący od roku 1862 i będący odpowiednikiem Dyrekcji Białych w Królestwie. W Galicji Wschodniej analogiczną rolę grali: Adam Sapieha, Florian Ziemiałkowski, Franciszek Smolka i Aleksander Dzieduszycki, a po nim Antoni Golejewski.

Pozyskano redaktora „Czasu" Leona Chrzanowskiego, który stał się głównym motorem akcji.

Byliśmy świadkami dyplomatycznych kunsztowności Chrzanowskiego – miał zastrzeżenia, zgadzał się warunkowo. Podczas opracowywania odezwy dziwił się wykrętom Grabowskiego. Wcale to nie dowodzi jego innocencji. Musiało chodzić o to, by oficjalnie nie wziąć na siebie odpowiedzialności, ale raczej przerzucić ją na innych.

Człowiek trzeźwo myślący musiał pojmować rozmiary tej odpowiedzialności. Mianowanie partyzanckiego dowódcy dyktatorem równało się postawieniu wszystkiego na jedną kartę... Było jasne, że jeżeli carska generalicja postanowi zniszczyć oddział Langiewicza, to zamiar wykona bez trudu i szybko. Upadek dyktatury – drugiej dyktatury w przeciągu dwóch miesięcy – mógł zakończyć powstanie w sposób bezapelacyjny i sromotny.

Z Krakowa do czynnego w Wielkopolsce tak zwanego Komitetu Działyńskiego wysłany został niejaki Brandys. Propozycję współpracy przyjęto. Szlachta poznańska delegowała do Galicji znanego nam już Bogusława Łubieńskiego, który wkrótce nadesłał swym mocodawcom wiadomość: „Wasz wysłaniec przyczynił się nie pomału do ustanowienia dyktatury Langiewicza".

Tak się sprawa przedstawia w świetle źródeł dawniej ogłoszonych drukiem. Ostatnio jednak padło na nią nowe, bardzo charakterystyczne oświetlenie.

Profesor Stefan Kieniewicz odnalazł w Bibliotece Narodowej pewien fascykuł, nadzwyczajnym zbiegiem okoliczności ocalały z pożaru stolicy w roku 1944. Papiery te znał profesor już przed

Grupa uzbrojonych powstańców – kosynierów,
fot. 1863.
Biblioteka Narodowa w Warszawie

Henryka Pustowójtówna w stroju z okresu żałoby narodowej,
z krzyżem na piersi,
fot. ok. 1863.
Biblioteka Narodowa w Warszawie

Henryka Pustowójtówna w stroju powstańczym,
fot. 1863.
Biblioteka Narodowa w Warszawie

Powstańcza msza polowa,
akwarela.
Muzeum Wojska Polskiego

Bitwa pod Węgrowem, 3 lutego 1863, rys. Jules Worms, drzeworyt („Illustration. Journal Universel", 28 marca 1863).
Biblioteka Narodowa w Warszawie

Obóz Mariana Langiewicza w Górach Świętokrzyskich
pod Michałowicami, luty 1863,
rys. Jules Worms, drzeworyt
(„L'Illustration. Journal Universel", 28 marca 1863).
Biblioteka Narodowa w Warszawie

wojną, ale wtedy nie zwrócił na nie specjalnej uwagi, zajmując się czym innym. Obecnie ustalił, że zawierają one listy i depesze Leopolda Kronenberga, wymieniane z Mieczysławem Waligórskim w okresie od początku marca do schyłku kwietnia 1863 roku. Listy pisane były niewyraźnie, po niemiecku i półszyfrem. Tak więc Komitet Centralny to „Kontuar", Dyrekcja Białych – „Zuckerfabrik", Kronenberg – „Braun", a nasz dobry znajomy Agaton Giller zowie się w nich „Gross". Dopiero te dokumenty pozwalają zrozumieć, jak wielka była rola potentata finansowego Kronenberga w sprawach stronnictwa Białych, w akcjach bezpośrednio prowadzonych przez rozmaitych hrabiów i książąt. To on trzymał cugle w ręku. Jego człowiekiem był Mieczysław Waligórski, obecny na decydującej naradzie w Hotelu Saskim. Bankier Kronenberg utrzymywał żywy kontakt z bankierem z Krakowa, Kirchmayerem, wydawcą „Czasu", i w ten sposób posiadał wpływy w tej gazecie.

Kontury widowiska kształtują się więc wyraźnie. Marcowa akcja przeciwko Czerwonym nosiła charakter trójzaborowy i ściśle wiązała się z zachowawczymi elementami we Francji. Wszystkie siły polskiego konserwatyzmu ruszyły do szturmu na zrewoltowaną Warszawę i zakonspirowany w jej murach Komitet Centralny.

Nawet w kraju tak zacofanym jak ówczesne Królestwo występowało zjawisko charakterystyczne dla zachodniej Europy po Wielkiej Rewolucji Francuskiej. I tutaj prawdziwym, chociaż ukrywającym się w cieniu, mocodawcą był wielki kapitał. Wyraźnego, bardzo plastycznego dowodu dostarczyła już zresztą narada, odbyta w mieszkaniu Kronenberga w lutym 1861, po starciu na Krakowskim Przedmieściu. Odrębność losów Polski polegała na tym, że Wielopolski okazał się organicznie niezdolny do dogadania się z Kronenbergiem i jego socjuszami. No, ale margrabia to skamienielina historii.

Pozostaje do wyświetlenia sprawa misji Adama hrabiego Grabowskiego. Trzeba jednak zacząć od samej jego osoby.

Pochodził z Poznańskiego. Czasy się zmieniają i ówczesna szlachta wielkopolska nie cieszyła się jeszcze opinią zrównoważonych, statecznych gospodarzy. Uchodziła za coś w rodzaju polskich Gaskończyków. Była awanturnicza, hulaszcza, blagierska, lubiła dobrze zjeść, wypić i poszaleć.

Adam Grabowski wcale się od niej nie odrodził. To tacy jak on dostarczali Bismarckowi okazji do zjadliwych uwag o Polakach, którzy wszelkie straty narodowe szybko przeboleją w Monte Carlo.

Wychowanie odebrał w domu ojca, Józefa, skrajnego konserwatysty i ugodowca. W młodych latach poszedł na ochotnika do pruskiego wojska. Potem jaśniał w nadsekwańskiej stolicy, gdzie w roku 1855 przyjęty został w poczet członków Archikonfraterni Najświętszego i Niepokalanego Serca Marii – i wraz ze swoim późniejszym adiutantem, Kołaczkowskim, puszczał pieniądze na karty, konie i damy z półświatka. Powrócił później w ojczyste strony, pozyskał godność kamerjunkra dworu pruskiego i ożenił się z księżniczką Lubomirską. Prowadził życie tak wesołe, poczynał sobie tak energicznie, że w przeciągu ośmiu lat przeputał dwa majątki, własny i żoniny. Ostatecznie zbankrutował, zmuszając teścia do rozpaczliwego kroku. Książę Lubomirski ogłosił w prasie wielkopolskiej, że wypłacił zięciowi cały posag i nie odpowiada za jego długi.

Teraz Grabowski przeniósł się do Warszawy i zamieszkał przy Krakowskim Przedmieściu w pałacu Tarnowskich, który podobno należał wtedy do jego żony. W salonach Andrzeja Zamoyskiego poznał Leona Królikowskiego i dość wcześnie zaczął, za jego pośrednictwem, stykać się z konspiracją. Już jesienią 1862 roku usiłował się podszywać pod firmę Komitetu Centralnego.

Po wybuchu powstania zajął się sprowadzaniem broni. Wyglądało to w ten sposób, że pieniądze wziął, a później zameldował o konfiskacie transportu karabinów, przewożonych statkiem wiślanym. W tej sprawie jedno było dziwne. Nikt w Warszawie nie słyszał o takiej „wsypie". Nikogo z obsługi statków nie aresztowano, nie zarządzono żadnego sekwestru, co w razie przychwycenia ładunku uzbrojenia musiałoby nastąpić. Złośliwi opowiadali o konfiskacie dwóch starych strzelb.

Grabowski pracował jako urzędnik Towarzystwa Żeglugi Parowej, którego dyrektorem był Leon Królikowski, członek Komitetu Centralnego.

Dziejopisarze, którym zależało na przedstawieniu krakowskich wypadków jako wyniku intrygi osobistej oraz na zatarciu ich prawdziwego charakteru, rozgłaszali poniższą historyjkę.

Grabowski opowiadał w Warszawie, że wyrusza w pole. Miał się tam udać *via* Kraków. Korzystając ze sposobności, Leon Królikowski dał mu tysiąc rubli dla Wysockiego oraz zaopatrzył w kartkę z pieczęcią Komitetu, bo bez niej nie można było uzyskać spotkania z konspirującym się starannie generałem. Jednak Grabowski, zamiast wstąpić do któregoś z oddziałów i przelewać krew wrażą, zaczął knuć matactwa i doszedł aż do samowolnego mianowania się komisarzem rządowym oraz do zwołania sesji delegatów rozmaitych prowincji polskich.

Tak to przedstawił Agaton Giller w swojej *Historii powstania narodu polskiego*.

Tymczasem fakty świadczą, że hrabia-kamerjunkier działał wcale nie na własną rękę. Królikowski istotnie dał mu nawet dwa bilety z pieczęciami Komitetu. Byłby to dziwny zbieg okoliczności, gdyby Grabowski zjawił się z nimi w Krakowie akurat wtedy, kiedy szlacheccy wysłannicy ściągnęli pod Wawel, a Langiewicz rozbił obóz w Goszczy. Rzekomy delegat Komitetu Centralnego nazywał się też właśnie tak, jak było potrzeba, by go móc poplątać z prawdziwym naczelnikiem Warszawy, który występował jako „Grabowski". Znowu bardzo oryginalny traf! I jeszcze jedna zastanawiająca okoliczność: hrabia wyjechał z Warszawy dokładnie wtedy, kiedy – jak o tym wiemy z listu Bobrowskiego do przyjaciela – Komitet Centralny zastanawiał się nad utworzeniem rządu jawnego, a sam Stefan zamierzał wysłać kurierów do Wysockiego i Langiewicza. Grabowski rozpoczął akcję w terminie, który pozwalał wszystko to troszeczkę uprzedzić.

Przypomnijmy sobie jeszcze, że 8 marca – w samym dniu krakowskiej narady – traciła moc uchwała o dyktaturze Mierosławskiego.

Jedno z dwojga: albo naprawdę fenomenalna lawina przypadków, albo w reżyserii uczestniczył ktoś znakomicie poinformowany.

Jeżeli zaczniemy rozplątywać supeł zawiązany w Krakowie i Goszczy, nitka zaprowadzi nas prosto do Komitetu Centralnego Narodowego w Warszawie, do osób Agatona Gillera i Leona Królikowskiego, którym Langiewicz po swej nominacji przysłał patenty na wysokie godności.

Można domyślać się, że Królikowskiemu, który dawniej należał do stronników Andrzeja Zamoyskiego, a nie Mierosławskiego, jak przypuszczali jego koledzy, w Komitecie zaś był kreaturą Gillera, zależało przede wszystkim na zaspokojeniu ambicji osobistej. Zupełnie innej miary działaczem był Agaton Giller.

Wątpliwości co do jego roli rozwiały się całkiem, odkąd Stefan Kieniewicz dokonał wspomnianego odkrycia. 14 marca Janowski z Gillerem wyruszyli, jak już wiemy, do Krakowa. 16 marca poszła za nimi szyfrowana depesza Kronenberga do Waligórskiego. O Gillerze było tam powiedziane dosłownie: „...*Gross, der ungeheure Verdienste hat, sehr tätig und sogar unersätzlich auf seinem Posten. Ein sehr verdienstvoller Mann*". Ogromne zasługi, bardzo czynny, niezastąpiony na swym posterunku... Nie można wyraźniej.

Agaton Giller posiadał łatwy dostęp do wszystkich tajemnic Komitetu Centralnego Narodowego. Wyzyskiwał je, jak się okazało z nowych materiałów źródłowych – nie tylko na rzecz białego Krakowa, lecz służył również wszechobecnemu Kronenbergowi. Bankier ten był właścicielem „Gazety Polskiej", w której redakcji pracował Karol Ruprecht. Przez niego właśnie Kronenberg utrzymywał styczność z Gillerem.

Na dwa tygodnie przed langiewiczowską kabałą arcylojalny wobec „swoich" Stefan Bobrowski zawahał się przed użyciem siły i nie oczyścił Komitetu z elementów, o których wiedział, że zachowują się w sposób wysoce podejrzany. Twierdził, że przemocą wolno mu łamać tylko zdrajców.

Bardzo zdolny, odważny i ofiarny dwudziestotrzyletni premier powstańczy popełnił błąd okropny. Zagrożony teraz został sens powstania, nie mówiąc już o dalszym jego trwaniu.

Bobrowski rzucił się ratować dzieło Czerwonych. Zobaczymy, czym za to zapłacił.

Z Józefem Kajetanem Janowskim rozstaliśmy się, kiedy w prostoduszności swojej nie mógł rozwikłać ani sensu odbywających się w Krakowie narad, ani zagadkowego zachowania się Gillera. Karcił go nawet za to, ale otrzymał uspokajającą odpowiedź, że teraz nie pora na odsłanianie atutów oraz że należy politykować.

Do politykowania to już Janowski nadawał się całkiem słabo. Pragnął co rychlej stanąć przed obliczem dyktatora i uczciwie wypełnić polecenia Komitetu Centralnego. Dlatego nalegał na wyjazd.

20 marca rano rozeszła się po Krakowie wiadomość o świetnym zwycięstwie, odniesionym przez Langiewicza pod Grochowiskami. Obaj delegaci niezwłocznie nabyli bilety do Tarnowa, bo stamtąd było najłatwiej przeniknąć przez granicę w okolice Buska, gdzie operował dyktator.

W Tarnowie przez pewien czas kolejarze nie pozwalali nikomu wysiąść z krakowskiego pociągu. Przez okna widać było otaczające stację tłumy.

– O! O! Langiewicz! To on! Do Lwowa go zapewne powiozą! – rozległy się raptem krzyki. I po chwili znowu: – Patrzcie! Wysiada! Nie pojedzie.

Pierwszych wiadomości udzielił naszym znajomym jakiś konduktor. Resztę dopowiedział wygląd głównego hotelu w Tarnowie – łańcuch wart, posterunki w bramie, na schodach, przed drzwiami jednego z numerów. I w holu pierwszego piętra biwakujący cały pluton c.k. piechoty.

Powstańczy dyktator siedział pod austriackim kluczem.

Langiewicz ruszył z Goszczy ku Słomnikom, wyminął Miechów i skręcił ku Chrobrzu. Śledząc dzisiaj metodę jego pochodu, trudno właściwie zrozumieć, czemu Rosjanie nie zniszczyli po drodze tej nieubezpieczonej, co chwila grzęznącej w błocie, rwącej się, na pół polskiej mili rozciągniętej kolumny. Przewlekła kampania przyniosła pułkownikowi Czengieremu szlify generała majora, gdyby trwała krócej, może skończyłoby się na orderze...

Dyktator manewrował dość zręcznie, zmieniał osie marszu i ostatecznie cało i zdrowo stanął w Chrobrzu, rezydencji margrabiego. Nocował w jego własnym gabinecie.

Tutaj odbył rozmowę z doktorem Julianem Łukaszewskim, „czerwonym" z Poznańskiego, który dogonił wojsko, przywożąc ważną wiadomość polityczną. Michał Bakunin zgłaszał gotowość przybycia do oddziału celem prowadzenia stąd agitacji w armii carskiej.

Langiewicz kategorycznie odrzucił propozycję. Twierdził, że „przybycie bowiem takiej osobistości na plac boju ściągnąć musi za sobą wielkie siły Moskali".

„Ot, znów sofistyka – pomyślał sobie Łukaszewski – nie bał się Moskali, gdy się ogłaszał dyktatorem, a obawia się ich dla Bakunina".

Dyktator był jednak bardzo stanowczy.

– Moskiewskim liberałom nie ufam – mówił – i jestem przekonany o bezsilności całego związku z nimi.

Wojny by Bakunin nie wygrał, ale zaszkodzić nie mógł. Z jego osobistego punktu widzenia odmowa Langiewicza była wydarzeniem szczęśliwym.

W Chrobrzu wygłosił Langiewicz jeszcze jeden pogląd, który Łukaszewski pilnie zanotował w pamięci, a potem w swojej książce:

> W toku mowy wynurzył się, że szlachta zniewoliła go głównie do przyjęcia najwyższej władzy; byli pomiędzy nimi ludzie z różnych dzielnic kraju, znani z powagi i patriotyzmu, a więc za wyraz opinii publicznej ich uważać był zniewolony, dziś jednak żałuje, że przyjął ten niepomierny ciężar na siebie. Wreście gdyby tego nie zrobił, byłby się

niezawodnie Mierosławski ogłosił dyktatorem, co by było niechybną zgubą dla kraju[1].

Nazajutrz, 17 marca, przyszło oddziałowi się bić. Na lewym brzegu Nidy, na drodze do Zagościa, Czengiery uderzył. Część taborów przepadła, kawalerię zaczynał ogarniać popłoch, ale bardzo mężna postawa strzelców i kosynierów Czachowskiego oraz żuawów Rochebrune'a uratowała sytuację.

Korpusik pociągnął ku zagubionej w lasach miejscowości Grochowiska. 18 marca nastąpiła batalia, którą od razu zaczęto uważać za wielkie zwycięstwo.

Prawda przedstawiała się o wiele mniej wspaniale. Były epizody dla polskiego oręża zaszczytne. Żuawi nacierali śmiało. Atak kolumny ochotników, złożonej z młodzieży inteligenckiej i chłopów kosynierów, cechowała istna furia bojowa. Większość jazdy pierzchła jednak od razu i nie oparła się aż w Galicji. Z winy zaś Langiewicza, który właściwie wcale nie dowodził i nie wydawał żadnych rozkazów, oddział popadł w stan głębokiego rozprzężenia. Już podczas bitwy wódz myślał pewnie o tym, co nazajutrz wykonał.

Na nocnej naradzie w Wełczu, gdy głodne, zmęczone i mocno zdemoralizowane wojsko biwakowało na mokrym śniegu wokół dworku dzierżawcy, Langiewicz powziął i ogłosił sztabowi decyzję podziału sił na mniejsze grupy. Sam postanowił udać się do Galicji „dla załatwienia spraw dyktatorialnych", skąd w przyszłości przenieść się miał na inny teatr operacyjny w kraju.

Rozkazy zostały sporządzone byle jak, aby prędzej. Żołnierzom powiedziano, że dyktator jedzie na rekonesans.

O świcie, w otoczeniu sztabu i kilkunastu kawalerzystów, Langiewicz ruszył drogą na Wiślicę.

Po południu, z okien jakiegoś domku, gdzie popasał, dojrzał walące gościńcem bezładne, ogarnięte zniechęceniem własne sze-

[1] J. Łukaszewski, *Zabór pruski w czasie powstania styczniowego 1863–1864 r.*, Jassy 1870, s. 285.

regi. Wiadomość o odjeździe dowódcy przywitały one okrzykami: zdrada! Wszystko runęło ku Wiśle i granicy. Z całej partii ocalał tylko jeden pułk. Stary, brutalny i waleczny Dionizy Czachowski wyprowadził swoich ludzi wprost z placu boju pod Grochowiskami w kierunku Świętego Krzyża i długo jeszcze wojował na ich czele z największą chwałą.

Pod Opatowcem, u przeprawy przez graniczną Wisłę, nastał prawdziwy dzień sądny. Brzeg rzeki jest tam stromy, widać ogromną połać kraju, Dunajec i galicyjską wieś Ujście Jezuickie. Ciągle napływające od Wiślicy tłumy powstańców mogły więc od razu ujrzeć ścisk, przepełnione łodzie, a po drugiej stronie kordon huzarów węgierskich.

Langiewicz przeprawił się małą łódeczką. Razem z nim Henryka Pustowójtówna, która w poprzednich starciach pokazała nie lada jakie męstwo i zimną krew. W pośpiechu ucieczki omal jej nie zostawiono w Wełczu.

Ledwie czółno dyktatora odbiło od brzegu, stoczył się z urwiska nad samą wodę brodaty oficer piechoty powstańczej. Wymachiwał pistoletem.

– Gdzie jest ten gałgan Langiewicz, ten zdrajca, w łeb mu wypalę! – wrzeszczał.

Kto nie zdołał przeprawić się pod Opatowcem, ten wraz ze szczątkami oddziału cofał się na Koszyce i Igołomię. Tam też nastąpiło „pożegnanie z bronią". Ścigający maruderów dragoni i Kozacy wyrąbali w Igołomii kilkudziesięciu ludzi, a potem z wielkiego rozpędu przekroczyli granicę, wpadli do Kościelnik i po krótkiej walce rozbili i uprowadzili w niewolę... patrol austriackiej piechoty. Spowodowało to żywą wymianę not dyplomatycznych między zainteresowanymi mocarstwami.

Oficer huzarów węgierskich aresztował Langiewicza zaraz na miejscu. Niefortunny wódz wysłany został najpierw do Tarnowa. Stamtąd przewieziono go koleją do Krakowa i w zamkniętej karecie, pod silną eskortą ułanów, na Wawel. Stało się to w niedzielę, 22 marca, o godzinie trzeciej rano.

Druga dyktatura skończyła się jeszcze gorzej od pierwszej. W Krakowie nikt nie wątpił, że to jest kres powstania. I to haniebny kres. Z wielkim szumem i pod auspicjami powag z trzech prowincji obwołany dyktator – po kilku dniach schwytany w ucieczce przez austriackiego poruczniczynę.

Miasto kipiało. Nie przejmowali się tylko kawiarniani bohaterowie, co to stale wybierali się na plac boju.

Tłumy przewalały się pod Wawelem, zbierały w ulicach. Nikt nie krępował się głośno wypowiadać swoich opinii.

– Zdrajca!

– Dziewczynę sobie wziął na adiutanta!

– Wszetecznik!

Tylko na Rynku, już o wczesnej godzinie, ludzie raptem przestali gardłować. Skupiali się, z rąk do rąk kursowały jakieś karteczki. Czytano chciwie, z tchem zapartym:

Rodacy!

Dyktatura pochwycona przez jednego z jenerałów powstania upadła na dniu 19 marca. Najwyższa władza narodowa przechodzi znowu w ręce Komitetu Centralnego Narodowego, istniejącego w Warszawie, który nie przestał wypełniać obowiązków Rządu Tymczasowego i który jest jedyną legalną władzą krajową. Powrót najwyższej władzy w ręce ludzi, którzy wywołali powstanie narodowe i prowadzili je z energią, jest dla Was gwarancją, że takowe będzie dalej wiedzione i że nie inaczej jak zwycięstwem się ukończy. Będziemy walczyli bez wytchnienia, bez zniechęcenia przeciwnościami, bez wstrzymywania się wobec przeszkód, jakie mogą stanąć nam na drodze. Nieześrodkujemy już więcej władzy najwyższej w jednym ręku, gdyż to mogłoby spowodować upadek powstania, lecz silni uczuciem prawa, oprzem się energicznie wszelkim usiłowaniom stronnictw, chcących wznieść władzę naszej niepodległą.

Rodacy! Z nadzieją i niezachwianą wiarą bierzemy znów w ręce wodze narodowe. Przywykli pogardzać niebezpieczeństwem, przekonani jesteśmy, że potrafimy usunąć klęski wynikłe z upadku dyktatora. Wierni sprawie, której sztandar przez nas trzymany nie dopuszcza niezgody w naszym łonie, żądamy posłuszeństwa od całego narodu. Do broni więc! Wróg jest jeszcze przed nami. Nasi bracia ulegają! W szeregach jest dziś miejsce dla wszystkich Polaków.

W imieniu Komitetu Centralnego działającego jako Rząd Tymczasowy

Komisarz Nadzwyczajny
Stefan Bobrowski

21 marca 1863 roku[1]

Nazajutrz odezwę tę rozrzucano już po całej Warszawie.

Janowski przeczytał proklamację w Rynku i natychmiast ruszył szukać Bobrowskiego, który w tych warunkach mógł przebywać w Krakowie tylko pod fikcyjnym nazwiskiem. Jakimiś sobie tylko wiadomymi sposobami, na pewno przez miejscowych Czerwonych, trafił na jego ślady i już wkrótce obaj członkowie Komitetu Centralnego pochwycili się w objęcia.

Janowski gorąco dziękował Stefanowi za jego uczynek. Przecież już od razu na Rynku i później w ciągu dnia rzucała się w oczy nagła zmiana nastrojów ogółu. Ci sami, co niedawno pod niebiosa wynosili Langiewicza, teraz sławili determinację i odwagę pełnomocnika Komitetu. Mówiło się już głośno, że rząd w Warszawie wykrył całą intrygę i nad sytuacją zapanował. Kryzys przezwyciężony został błyskawicznie. Powstanie trwało. Krótka odezwa, podpisana pełnym imieniem i nazwiskiem delegata władzy rewolucyjnej, jak nożem odcięła sprawę narodową od tonącej w niesławie langiewiczjady. I unicestwiała wszelkie mogące się z niej wysnuć kombinacje. A takie już były.

Janowski jął żalić się Stefanowi na dwuznaczne i podejrzane zachowanie się Gillera. Chodziło nie tylko o to, co było przedtem w Krakowie.

W Tarnowie, korzystając z obrotności Pustowójtówny i z uprzejmości austriackiego pułkownika, Janowski odbył rozmowę z eks-dyktatorem, który na wszystko się zgadzał i nawet chciał go zaraz na miejscu mianować ministrem skarbu. Janowski

[1] W. Lasocki, *Wspomnienia z mojego życia,* s. 428.

odmówił, a w duchu życzył sobie, by Austriacy zdecydowali się Langiewicza na wolność nie wypuszczać. Nazajutrz spotkał się z Gillerem i wspomniał o tej rozmowie.

– I coście mówili?

– Zapewnił mnie, że będzie wolny, że go Austriacy jeszcze z honorami nazad do granicy odprowadzą. Zakomunikowałem mu uchwały Komitetu, a on mi zaproponował, żebym objął wydział skarbu jako dyrektor.

– Cóżeś mu na to odpowiedział?

– Naturalnie, podziękowałem mu za ten zaszczyt, mówiąc, że on w swoim obecnym położeniu nie ma prawa wydawać żadnych nominacji ani rozkazów.

– Toś dobrze powiedział!

– A ty, Agatonie, widziałeś się z nim?

– Widziałem.

– I cóż?

Giller bąknął coś nieokreślonego i zaraz odszedł, powołując się na pilne interesy.

Janowski nie był rad z takiego zachowania się kolegi.

Nie wiedział, że Giller podczas tej swojej rozmowy z Langiewiczem wziął odeń zrzeczenie się władzy dyktatorialnej na czas uwięzienia. Wysnuwało się więc już jakieś nowe matactwo, które odezwa Bobrowskiego w zarodku zdusiła. Po jej ogłoszeniu wszelkie powoływanie się na pełnomocnictwo od Langiewicza byłoby jałową czynnością.

Stefan obszernie poinformował Janowskiego o przebiegu spraw w Warszawie, poczynając od dnia, kiedy tamten wyjechał do Krakowa.

Około 15 marca przybył do Warszawy i zameldował się w Komitecie Centralnym Wojciech Biechoński. Jak pamiętamy, był on obecny na konferencji w Goszczy i przez cały czas uparcie milczał. Postępował zupełnie słusznie. Był bezradny, a jedyne, bardzo ważne jego zadanie polegało na jak najszybszym zawiadomieniu Warszawy. Ludzie, którzy porwali się na zamach stanu, znaleźliby sposoby uciszenia wojewódzkiego komisarza, uprawiającego jawną frondę.

Biechoński, według twierdzenia Awejdy, prosił Komitet, by „nie uznawać Langiewicza albo wcale, albo do tej pory, dopóki nie odpędzi od siebie intrygantów i kontrrewolucjonistów. Jednakże już było za późno" – to znaczy Janowski i Giller już wyjechali do dyktatora.

Sprawozdanie Biechońskiego otwarło Komitetowi oczy. Znikły wątpliwości co do udziału Królikowskiego w aferze. Przypuszczano też, że wiedział o niej Giller oraz że „obaj fałszywą rolę odgrywali wobec Rządu", jak się wyraził Janowski.

Zapadła uchwała polecająca Bobrowskiemu napisać list do Langiewicza, precyzujący stanowisko Komitetu, i zawieźć to pismo do obozu dyktatora. Tekst wypadł ostro. Bobrowskiego rozzłościły podobno podejrzenia kierujące się przeciwko jego własnej osobie.

Jenerale! W pierwszej chwili, nie zważając, że był to zamach stanu, radośnie przyjęliśmy wieść, żeś się ogłosił dyktatorem. Bez różnicy przekonań byliśmy gotowi uznać rewolucyjną legalność dokonanego faktu... Braliśmy przy tym pod uwagę niemożność wytworzenia jawnych politycznych urządzeń, wskutek czego brak widocznej i jawnej władzy z łatwością wzbudzał u pojedynczych jednostek polityczne ambicje i aspiracje... postanowiliśmy przedrukować i ogłosić Twój manifest, dokładając jednocześnie wszelkich usiłowań dla zjednania Tobie powszechnego uznania... dobrowolne Twoje oświadczenie, że się uważasz za kontynuatora rewolucyjnej i narodowej polityki Komitetu, było nam poręką, że w niczym nie naruszysz zasad przez Komitet przyjętych, a tym mniej pozwolisz się opanować i kierować reakcji, będącej zawsze zawziętym wrogiem powstania i ludzi nim kierujących.

Tymczasem... dowiedzieliśmy się o smutnych zajściach, które poprzedziły ogłoszenie Twej dyktatury. Nie mogliśmy uwierzyć, jak bohater z Gór Świętokrzyskich i Staszowa... mógł szukać oparcia i podtrzymania u politycznych intrygantów, na wzgardę tylko zasługujących. Tylko przez wzgląd na Ciebie, a także chroniąc cześć rewolucji, chcemy przypuszczać, że jedynie wskutek szlachetności swego charakteru dałeś się uwikłać w rozstawione podłe sieci, których cel później Ci wyjaśnimy.

W tym przekonaniu bez wahania ogłaszamy manifest, nie cofamy się nawet wobec otrzymanych wyjaśnień, nie odmawiamy Ci naszego poparcia...

Oświadczamy Ci jednak stanowczo i otwarcie, że otaczających Cię ludzi tolerować ani możemy, ni chcemy, a to tak dobrze ze względu na dobro ojczyzny i powstania, jak przez szacunek, jaki powinniśmy mieć dla Ciebie i nas samych...

Gdy w pamiętną noc na znak przez nas dany naród porwał się do broni, a Ty w jednym z województw stanąłeś na jego czele, ludzie, których agenci obecnie proch ocierają z nóg Twoich, by tym łatwiej Ciebie zgubić, a rewolucję okryć hańbą, ludzie ci głośno oświadczyli się przeciw powstaniu i z cynizmem właściwym reakcji ofiarowali Ci pensję dożywotnią, bylebyś opuścił dowództwo, zdradził ojczyznę i powierzoną Ci sprawę!... Pamiętaj o tym zawsze, Jenerale, i nie sądź wedle niedostatecznych wojennych przygotowań o bezsilności stronnictwa rewolucyjnego, które ograniczone na własne środki, pomimo wszelkich zabiegów reakcji, wywołało czyny, z których i Ty się wzniosłeś...

My uznajemy fakta dokonane, jednak w żadnym razie nie zezwolimy, by rząd cywilny powstał bez naszego wpływu i przyzwolenia, zważając, że cały kraj, będący w ręku wroga, tylko nami się trzyma i bez nas nie da się rządzić. Pomnij, Jenerale, że wraz z dyktaturą przyjąłeś na siebie zobowiązanie wobec potomności, wobec nas i kraju, że będziesz rządzić z godnością i że za wszelkie następstwa i komplikacje polityczne odpowiedzialność spada jedynie na Twoją głowę.

W tej chwili przynosimy Ci nasze najzupełniejsze uznanie i wszechstronne poparcie... Dla nas jesteś przedstawicielem nowej idei, dla nich tylko narzędziem walki. Wybieraj!

...Lecz gdyby, wbrew naszym oczekiwaniom i na nieszczęście Polski i sprawy powstania, przeczucia te nas zawiodły, pamiętaj, że jak szczerze obecnie przyrzekamy Ci naszą pomoc i poparcie, w równej mierze wystąpimy wówczas do walki otwartej z Tobą. Jeśli raz jeszcze powstanie ma upaść, będzie to Twoją winą, Jenerale! My zaś zawsze i wszędzie przechowamy święcie i nienaruszenie swe przekonania i zasady, chociażby tylko na rzecz przyszłości.

Tymczasem zaś z całym zapałem wznosimy okrzyk: Niech żyje Dyktator! Precz z reakcją!

Aż do otrzymania Twej odpowiedzi pozostajemy z najgłębszym uszanowaniem.

Warszawa, dnia 16 marca 1863 roku[1].

[1] M.W. Berg, *Zapiski o powstaniu polskim 1863 i 1864 roku...*, t. III, s. 36–40.

Długie i dobrze wystylizowane pismo było właściwie zwyczajnym ultimatum. Pomysł bynajmniej nie przedstawiał się tak naiwnie, jak to sugerowali niektórzy dawni historycy.

Langiewicz wcale nie należał do przekonanych zachowawców. Za granicą kontaktował się nawet z Mazzinim. Mierosławskiego uważał za szkodnika, ale w tym względzie dogadaliby się z Bobrowskim bez trudu. Zgodził się na zamach stanu, kierując się niewątpliwie ambicjami osobistymi, zaplątany w intrygę Białych. Lecz z drugiej strony nic go z nimi aż tak dalece nie łączyło, by miał przy nich trwać z wiernością Nibelungów. Charakterystyczny szczegół: jednym z pierwszych posunięć Langiewicza było wysłanie do Warszawy zatwierdzenia dla Stefana „Grabowskiego" jako naczelnika miasta. To dowodzi, że sam dyktator nie pragnął odsuwać od władzy dotychczasowych działaczy. Wiedział, ile Komitet Centralny zrobił dla jego oddziału, wysyłając broń i pieniądze. Będąc wojskowym, zdawał sobie na pewno sprawę, że bez współpracy ze strony Warszawy prowadzenie akcji jest w ogóle niemożliwe.

Czerwonym nie zależało na pozbawianiu Langiewicza stanowiska wojskowego. Bobrowski starał się zapobiegać niezadowoleniu i oporowi innych oficerów. Dla Czerwonych najważniejszą rzeczą była władza polityczna, utrzymanie rewolucyjnego charakteru powstania. Możliwości jakiejś formy porozumienia się z generałem nie potrzebowali z miejsca wykluczać. W każdym razie próba dogadania się z nim samym i wyrwania go spod wpływu Białych była usprawiedliwiona, a w istniejących warunkach nawet konieczna.

Nikt nie przypuszczał, że dyktator niemal od razu załamie się pod ciężarem odpowiedzialności, opuści wojsko w obliczu wroga i sam przez to walnie dopomoże do zlikwidowania całej afery. Tego nie można było przewidzieć, ale wysłanie Bobrowskiego do Krakowa okazało się uczynkiem mądrym.

Nie wiemy, czy Komitet Centralny dał mu jeszcze jakieś dodatkowe instrukcje. Chyba raczej nie. Awejde powiada tylko: „Miał na łeb, na szyję pędzić za poprzednio wysłanymi i działać łącznie z nimi". Jechał do Langiewicza przewodniczący tajnego gabinetu. Jest oczywiste, że jeśliby próba porozumienia zawiodła, pozostawało mu działać zależnie od okoliczności, w myśl jasnych od początku zasad.

19 marca Bobrowski opuścił Warszawę, 20 marca stanął w Krakowie. Tam usłyszał o Grochowiskach. Wieczorem zaczęły obiegać miasto pogłoski o uwięzieniu Langiewicza.

– Dowiedziałem się, że wy pojechaliście do Tarnowa – mówił Janowskiemu – musicie więc już wiedzieć o katastrofie. Zredagowałem natychmiast proklamację i jeszcze wczoraj, 21 marca, późnym wieczorem kazałem ją rozrzucić po mieście, i o ile mogę wnosić, zrobiła ona dobre wrażenie.

Tyle tylko miał do powiedzenia o swojej samotnej i heroicznej decyzji.

Co myślał, podpisując odezwę pełnym imieniem i nazwiskiem? Musiał rozumieć, że to i jego osobiście naraża na straszliwe niebezpieczeństwo, i wystawia na sztych całą rodzinę, którą dotychczas starał się oszczędzać. Stawka była jednak taka, że się nie wahał.

Aż dotąd nikt prawie w kraju nic o Stefanie Bobrowskim nie słyszał. Pomimo to metoda odsłonięcia przyłbicy okazała się nadzwyczaj skuteczna. Każdy, kto tylko brał odezwę do rąk, od razu pojmował, że to już nie żadna gierka, że sprawa musi być bardzo na serio, skoro członek tajnego rządu odrzuca maskę konspiracji i występuje jawnie.

Bobrowski usilnie prosił Janowskiego o jak najrychlejszy powrót do Warszawy. On, premier, musiał jeszcze pozostać w Krakowie.

W Warszawie było wtedy już tylko dwóch członków Komitetu – Awejde i Maykowski. Leon Królikowski zaraz po wyjeździe Bobrowskiego z gabinetu ustąpił.

W Krakowie zatrzymał się również Agaton Giller.

Bobrowski chciał wyświetlić i zbadać kulisy intrygi dyktatorskiej. Nie on jeden sądził, że kwestii nie można uważać za załatwioną. Byli tacy, co szli znacznie dalej i głosili konieczność zrobienia generalnych porządków i porachowania się z winowajcami.

Langiewicz był nieosiągalny. Strzegły go austriackie warty i grube mury Wawelu. Nikomu nie wolno się było z nim widywać bez pozwolenia feldmarszałka hrabiego Bamberga. Damy z krakowskiego wielkiego świata codziennie przysyłały mu kosze wiktuałów. Eks-dyktator nie mógł więc narzekać, że źle mu się powodzi. Nie żalił się też na odosobnienie. Owszem, dziękował władzom austriackim za ochronę przed zemstą Czerwonych. Prosił je nawet o zwiększenie straży. Co do samego powstania oświadczył swym urzędowym opiekunom, że

> jest ono konającym, że zwycięstwo i dalsze trwanie tegoż jest niemożliwym, gdyż brakuje broni i organizacji wojskowej, że zbieranina na pół wyćwiczona i bezbronna nie może stawić czoła atakowi wojska regularnego, że dalsze trwanie walki tak nierównej niczym wytłumaczyć się nie da i będzie tylko nieużyteczną ofiarą krwi.

Pustowójtówna zachowywała się inaczej. Siedziała przy Kanoniczej, w domu „Pod Telegrafem". Podczas rewizji znaleziono przy niej rewolwer, sztylet, mapy i kilkadziesiąt rubli. Wszelkie pytania kwitowała nic nieznaczącymi ogólnikami.

Tak więc krakowscy Czerwoni w żaden sposób nie mogli się dobrać do Langiewicza. W zasięgu ich rąk znajdowali się za to Leon Chrzanowski oraz Giller, o którym wiedziano już, że bruździ. Powstał projekt zwołania sądu doraźnego i pozbycia się obydwu.

Doktor Julian Łukaszewski uczestniczył w decydujących rozmowach na ten temat. Według jego świadectwa „tylko rzewne słowa Stefana zdołały uśmierzyć rozjątrzonych".

Bobrowski prowadził w tym czasie, może raczej zaczynał prowadzić, skomplikowaną politykę wobec Białych, o której jeszcze będziemy mówić. Sądził widocznie, że śmiertelna rozprawa z dwoma ich asami zepsuje grę. To są przypuszczenia. Pewne natomiast, że nie zaliczał się do istot krwiożerczych. Metod brutalnych, o ile się dało, unikał.

Na razie miał do załatwienia sprawę Adama Grabowskiego. Nie jest wiadome, jest nawet całkiem wątpliwe, czy hrabia oddał Wysockiemu owe tysiąc rubli, które dla niego wziął, jadąc do Krakowa. Nieco później generał oskarżył go o niewyliczenie się z sumy kilkudziesięciu tysięcy franków, które otrzymał na formowanie bliżej nieznanego oddziału. Pruski kamerjunkier przedstawił jednak jakiegoś porucznika K., który stwierdził, że pieniądze przyjął i sam zda z nich rachunek.

Bobrowski spotkał podobno Grabowskiego przypadkowo, zaraz po swym przyjeździe do Krakowa. Krewki naczelnik Warszawy pogroził hrabiemu trzymanym w ręku rulonem papieru.

Grabowski miał zresztą jeszcze inne powody do śmiertelnej obrazy. Chodziło o ów list do Langiewicza, który złożony został do rąk generała Wysockiego i wkrótce w licznych odpisach obiegał miasto. Zawierał on między innymi fragment, poprzednio tutaj nieprzytoczony:

> Hrabia Adam Grabowski, który jako rzekomy pełnomocnik Rządu Narodowego był osią całej machinacji, skupionej koło Twojej osoby i na Twoją zgubę przez grono wcale zręcznych intrygantów... jest po prostu politycznym oszustem... O charakterze tej osobistości możesz zasięgnąć informacji od jenerała Wysockiego, który Ci może opowie i historię ze sfałszowanymi kwitami... Jednym słowem, jest to awanturnik najpospolitszy, o którym poważnemu politykowi wstyd nawet wspominać...

Autorem listu do Langiewicza był, jak już powiedziano, Stefan Bobrowski.

Zaraz też zdarzył się trzeci nader dla hrabiowskiego honoru bolesny wypadek. Do Hotelu Saskiego, czyli tam, gdzie kilkanaście dni wcześniej odbyła się decydująca narada w sprawie dyktatury, zwołano nowe zebranie. Adam Grabowski miał się wytłumaczyć ze swego postępowania. Obecni byli: generałowie Kruszewski i Wysocki, dwaj inni ogólnie szanowani obywatele, których nazwisk nie znamy, oraz Bobrowski z Gillerem. Ci ostatni umówili się, że Grabowskiemu ręki nie podadzą.

Obwiniony przemawiał ze swadą światowca. Nie zaprzeczał swojej roli, uzasadniał ją jednak wyjątkowością położenia oraz niebezpieczeństwem ze strony Mierosławskiego (który, jak wiadomo, zjawił się w Krakowie już po ogłoszeniu dyktatury Langiewicza).

Na niektórych obecnych Grabowski wywarł podobno dodatnie wrażenie.

Wychodząc, złożył ogólny ukłon, ale do obu członków Komitetu zbliżył się z wyciągniętą ręką. Wbrew poprzedniej umowie Giller podał mu swoją. Bobrowski cofnął dłoń.

Tego samego wieczoru Grabowski przysłał doń Kołaczkowskiego z wyzwaniem na pojedynek. Stefan odmówił. Na to sekundant hrabiego rzekł, iż „w inny sposób zrobią sobie z nim satysfakcję".

Bobrowski żywił jednak wątpliwości, czy postąpił jak należy. Zwierzył się swemu znajomemu, hrabiemu Kazimierzowi Krasickiemu, a ten orzekł, że nawet w razie odmowy udziela się odpowiedzi przez zastępcę. Wobec tego został zaproszony do spełnienia tej funkcji i otrzymał zupełne pełnomocnictwo.

– Jak ty postąpisz, tak ja postąpię – miał mu Bobrowski powiedzieć i co rychlej wybrał się z powrotem do Warszawy.

Powrócił też do stolicy Giller, który miejsca w Komitecie nie utracił.

Pozycja Białych w rządzie wzmocniła się nawet wydatnie. Jeszcze przed wyjazdem Bobrowskiego do Krakowa przyjęto do Komitetu Karola Ruprechta. Stało się to w myśl dawniejszych pertraktacji, kiedy Dyrekcja sama zgłosiła się do rozmów.

Bobrowski złożył kolegom sprawozdanie ze swych czynności. Co się tyczy zatargu z Grabowskim, oświadczył, że rozpatruje go sąd honorowy składający się z generała Kruszewskiego, Wolniewicza, ziemianina z Poznańskiego, Karola Morawskiego, dziedzica z Małopolski, oraz z czwartej osoby, której nazwisko utonęło w niepamięci. Od Awejdy wiemy, że Bobrowski zwrócił się do tego sądu z pytaniem: „Czy nie zhańbił imienia swego hrabia Adam Grabowski w sprawie dyktatorialnej?", i otrzymał odpowiedź negatywną.

Bobrowski dokonał w Krakowie kilku mianowań. Początkowo zamierzał, w celu podporządkowania Białych Komitetowi, zatwierdzić Langiewiczowskie nominacje. Komisarzem Galicji Zachodniej zostać więc miał – Bogusław Łubieński! Ponieważ odmówił, stanowisko otrzymał Seweryn Elżanowski, dotychczasowy redaktor demokratycznego „Przeglądu Rzeczy Polskich" w Paryżu. Na przedstawicieli Komitetu w zaborze pruskim powołał Bobrowski zdecydowanie „czerwonego" doktora Łukaszewskiego i Aleksandra Guttrego, który ani do bieli, ani do czerwieni się nie przyznawał i nie przyjął mandatu. W Galicji Wschodniej kierować pracami miał Jacek Siemieński.

Charakterystyczne nominacje! One jak najdokładniej starały się urzeczywistnić zapowiedź zawartą w krakowskiej odezwie Bobrowskiego: „W szeregach jest dziś miejsce dla wszystkich Polaków". Rzadko zdarza się taka zgodność słowa z czynem.

Bobrowski mógł przypuszczać, że Biali po kompromitującej przegranej w sprawie dyktatury zrezygnują z wygórowanych planów i po raz drugi próbować nie będą. Jeżeli tak myślał, to się grubo i tragicznie mylił. Ale nie to jest najważniejsze. Pora zastanowić się nad głównymi zasadami polityki przywódcy Czerwonych.

Awejde napisał o Bobrowskim: „rewolucjonista aż do szpiku kości". Treść listów do Padlewskiego i Langiewicza, pisanych wszak przez Stefana własnoręcznie, w całej pełni potwierdza tę opinię. Zwłaszcza drugie ze wspomnianych pism nie pozostawia żadnych wątpliwości. Kierując ultimatum do człowieka, który dał się oplątać Białym, Bobrowski postawę własną i Komitetu charakteryzuje jako rewolucyjną. Powtarza to słowo wielokrotnie, ani mu w głowie cokolwiek zacierać lub łagodzić. Dla niego podział na rewolucję i reakcję, którego to wyrazu też używa, jest faktem podstawowym.

Razem z tym nie ulega najmniejszej kwestii, że Bobrowski nie kierował się żadnym drogowskazem klasowym. Dowody – to chociażby ostatnio wspomniane nominacje czy powołanie do władzy Wydziału Zarządzającego Prowincjami Litwy. Bobrowski twardziej niż inni członkowie Komitetu nastawał na ogłaszanie dekretu o uwłaszczeniu, lecz jednocześnie stanowczo wymagał, by do powstania wciągać zarówno chłopów, jak ziemian.

Jakżeż wobec tego należy rozumieć ową sławną i rzetelną rewolucyjność Stefana Bobrowskiego? Najprościej w świecie: według ówczesnych pojęć. Jego pryncypia wywodziły się z Deklaracji Praw Człowieka i Obywatela, promulgowanej przez Francuzów w roku 1789, oraz z *Manifestu* Towarzystwa Demokratycznego Polskiego, ogłoszonego zresztą także we Francji. W Polsce, o którą walczył, zmieściłby się i ziemianin, ale pozbawiony feudalnych przywilejów stanowych, prawa do pańszczyzny, a nawet czynszów. Historyczna rola powstania styczniowego nie polegała na tworzeniu nowych koncepcji. Była robotą teoretycznie może skromną, ale dla życia narodu niezbędną jak powietrze. To było doganianie krajów, które nas wyprzedziły, poszły naprzód.

Czytajmy pisma Pawła Popiela, a przekonamy się, że konserwatyści uważali takich Bobrowskich za wysłanników piekła.

Warto posłuchać, co Oskar Awejde mówił carskim władzom śledczym o przyjęciu do Komitetu Karola Ruprechta. Wzięto go, ponieważ był człowiekiem do gruntu uczciwym, organicznie niezdolnym do intryg. Ale w zasadzie: „według kodeksu rewolucyjnego było to przestępstwo, bo Ruprecht był jawnie i otwarcie nierewolucjonistą, nadto człowiek ciężki, bez żadnej energii. Jednakże Ruprecht reprezentował całe, silne położeniem socjalnym i środkami stronnictwo...”. Komitet uważał, że należy stronnictwo to „wcielić i zużytkować” na korzyść powstania.

To przyjęcie nowego elementu do machiny rewolucyjnej było wreszcie i dlatego potrzebnym – wywodził dalej otwarcie – że zgodnie z rozumem winniśmy byli być rządem wszystkich sił i stronnictw, a nie rządem jednego stronnictwa. Jednakże bacznie zważaliśmy na to kardynalne prawo kodeksu rewolucyjnego, że powinniśmy zawsze mieć silny i najsilniejszy punkt oparcia w stronnictwie, z któregośmy wyszli, że najwierniejszymi i najwięcej zaufanymi sługami rewolucji, a zatem i naszymi, winni na zawsze pozostać nasi Czerwoni, jakkolwiek słabi. Jednym słowem... że biorąc Ruprechta w skład nasz, a innych Białych do organizacji, bacznie uważaliśmy, by element nowy nigdy nie przemagał, nie pochłaniał elementu czerwonego – naszego rodziciela[1].

Profesor Stefan Kieniewicz zdaje się lekceważąco traktować te wyznania. Niezupełnie podzielam pogląd znakomitego uczonego. Świadectwo Awejdy ma wartość, gdyż wyjaśnia taktykę zastosowaną przez Komitet Centralny.

Nominacje, których Bobrowski dokonał w Krakowie, doskonale pasują do przytoczonych słów. A teraz – dla wyrazistości – małe przypomnienie dat dziennych: wiadomość o dyktaturze przyszła do Warszawy 12 marca, dnia 19 tegoż miesiąca Bobrowski wyjechał do Krakowa, 21 marca uratował powstanie, wydając odezwę, przypuszczalnie 26 marca ruszył z powrotem. 27 marca ukazał się dekret rządowy, który ostrzegał:

> Wszelkie nowe ogłoszenie dyktatury albo w jakiejkolwiek bądź formie władzy najwyższej w kraju lub za granicą uważane będzie za zdradę ojczyzny.

Stworzona więc została podstawa prawna do surowego działania w stosunku do „swoich", którzy *de facto* byli wrogami powstania, a zwłaszcza jego społecznego programu. Miesiąc przedtem Bobrowski zawahał się przed użyciem siły, bo twierdził, że wolno mu ją stosować tylko w wypadku zdrady. Nastąpiło teraz konieczne sprecyzowanie tego pojęcia.

U schyłku marca premier zabrał się do opracowywania nowej „ustawy" Komitetu Centralnego, która miała zastąpić przestarzałe Gillerowskie „artykuły" z poprzedniego roku. Robota nie

[1] Z. Janczewski, K. Majewski, O. Awejde, W. Daniłowski, *Zeznania śledcze...*, s. 161–162.

została doprowadzona do końca. Wiemy jednak, że niektóre wytyczne weszły w życie i bardzo wpłynęły na ostateczny rezultat rozgrywki. „Ustawa" Bobrowskiego przewidywała utworzenie trybunału rewolucyjnego i dopuszczała metodę terroru.

W początkach kwietnia dokonała się rzecz mająca na celu ochronę i utrzymanie rewolucyjnego charakteru powstania. Stefan Bobrowski złożył w Komitecie wniosek o powołanie do życia tajnej Straży Bezpieczeństwa, zwanej inaczej Strażą Narodową.

7 kwietnia ukazał się potrzebny dekret. Zakazywał on tworzenia bądź prowadzenia wszelkich organizacji, kół, kółek i akcji politycznych, jako rozbijających jedność narodu. Zabraniał jakichkolwiek samozwańczych stosunków z zagranicą. Polecał komisji wojskowej, by w porozumieniu z naczelnikiem Warszawy przystąpiła do formowania straży. Pierwszym obowiązkiem nowej organizacji miało być czuwanie nad wykonywaniem tego właśnie dekretu oraz zabezpieczanie zarówno rządu, jak i wszelkich ogniw konspiracji przed zamachami ze strony wrogów powstania. Członkowie straży mieli przeprowadzać aresztowania i wykonywać wyroki na nieposłusznych rozkazom Rządu Narodowego oraz na agentach caratu.

Czynności organizacyjne związane z powstawaniem straży zlecił Bobrowski swemu pomocnikowi w zakresie intendentury, Włodzimierzowi Lempkemu, zwanemu „Okularnikiem". Przyszłym jej komendantem wyznaczył Pawła Landowskiego, studenta medycyny.

Oczywiste jest, że straż miała się stać prawym, tajnym i zbrojnym ramieniem Komitetu Centralnego i jego szefa, który najwierniej wcielał w życie program Czerwonych. To była czynność zmierzająca do zapewnienia im władzy nad powstaniem, do którego wzywało się cały naród. Wydaje się, że śledcze wynurzenia Awejdy wcale wiernie malują taktykę, którą Komitet zaczął stosować w marcu 1863 roku.

Postanowienia kwietniowe, dekret i straż – to fakty świadczące, jakie wnioski wysnuł Bobrowski z niewesołych doświadczeń langiewiczjady. Białych do współudziału wzywał, ale nad każdym z nich zamierzał postawić tajnego anioła stróża, zaprzysiężonego na wierność Czerwonym. Jeśli ideologia Bobrowskiego zdradzała pokrewieństwa z rokiem 1789, to jego dalsza ewolucja zdawała się iść w kierunku groźnej daty: 1793. O gilotynie nikt nie myślał, ale Straż Bezpieczeństwa trochę jednak zalatuje Komitetem Ocalenia Publicznego.

Jak się wspomniało, „ustawa" Bobrowskiego dopuszczała metodę terroru. Zaczęto ją zaraz stosować, kiedy szło o wykonanie najważniejszego z praw powstańczych – o dekret uwłaszczenia chłopów.

Komitet Centralny zawiódł się w swych rachubach na dobrą wolę i poczucie sprawiedliwości u właścicieli ziemskich. Janowski, którego nie można posądzać o żaden nadmierny radykalizm, wprost o tym pisze: „Nie chcieli dobrowolnie się zastosować do dekretu Rządu Narodowego o uwłaszczeniu włościan, a potem musieli w daleko gorszych warunkach uczynić to z rozkazu moskiewskiego rządu", który to rząd przez uprzednią politykę powstańczą sam został zmuszony do ustępstw wobec chłopów.

31 marca 1863 roku Komitet Centralny podał do wiadomości postanowienie tej treści:

> Z uwagi, że dekret uwłaszczenia włościan z dnia 22 stycznia r. b. nie we wszystkich miejscowościach ogłoszony i wprowadzony w wykonanie został, a właściciele ziemscy, tłumacząc się niewiadomością, mogliby żądać od posiadaczy osad złożenia w dniu 1 kwietnia dotychczasowego okupu lub czynszu na mocy dawniej obowiązujących przepisów, Rząd Tymczasowy w rozwinięciu powyższego dekretu stanowi: że takowy obowiązuje wszystkich właścicieli dóbr, tak prywatnych, jak i rządowych, donacyjnych i kościelnych, w Królestwie Kongresowym, na Litwie i na Rusi, od daty wydania go i że wskutek tego dotychczasowy okup lub czynsz należny dziedzicom z dniem 1 kwietnia ustaje. Niestosujący się do tego rozporządzenia, prócz zwrotu pobranych niewłaściwie opłat, na surową odpowiedzialność narażonym będzie[1].

[1] J.K. Janowski, *Pamiętniki o powstaniu styczniowym*, t. I, s. 318.

Prawo nie pozostało na papierze. W swoich aż nazbyt szczerych zeznaniach składanych władzom śledczym Oskar Awejde informował o tym w sposób przekonywający:

...dekret stał się od 1 kwietnia jasnym dla każdego, nietykalnym i niedającym się już cofnąć faktem. Własność chłopa nie była jeszcze urządzona, lecz już miał ją, nie płacił z niej ani grosza obywatelowi, nie pełnił żadnej powinności. Myśmy bacznie śledzili za wykonaniem tego dekretu, niektórzy z naszych naczelników nawet siekli rózgami nieposłusznych obywateli na oczach chłopów i sprzedawszy takiemu panu cały dobytek z publicznej licytacji, zwracali chłopom bezprawnie ściągnięty z nich czynsz. Chłopi wobec długo trwającego powstania zrozumieli, że cokolwiek będzie, ziemia pozostanie już na zawsze ich własnością. Próba cofnięcia tego, co już się stało, wywołałaby straszną katastrofę socjalną.

Ze sfery haseł i programów schodzimy w dziedzinę faktów. Dzień 1 kwietnia to początek nowego roku gospodarczego i nowego kwartału. Stefan Kieniewicz z właściwym sobie zamiłowaniem do ścisłości postawił wszystkie kropki nad „i". Powstanie zaczęło się 22 stycznia, kiedy pierwsza rata czynszów za rok 1863 była już wniesiona, bo płaciło się z góry. 1 kwietnia chłop drugiej raty nie uiścił. Dekret o uwłaszczeniu, który początkowo był tylko obietnicą, od tej daty przyoblekł się w ciało, stał się faktem.

Nareszcie twarda, nareszcie zdecydowana polityka społeczna Komitetu Centralnego od razu zaczęła przynosić owoce. Od wiosny 1863 roku stosunek chłopów do powstania zmienił się radykalnie.

Lecz najważniejsze było to – pisze Awejde – że sam nastrój u włościan się zmienił. Rozumie się, że byłoby niemądrze utrzymywać, iż chłopi gorzeli patriotyzmem i byli chciwi wojny: wówczas może bylibyśmy zwyciężyli; ale usposobienie włościan było najlepsze, jakiego w danych warunkach mogliśmy oczekiwać. Nie tylko nie zdradzali nikogo, nie zniewoleni do tego gwałtem, nie tylko dostarczali podwód i wszystkiego bez wynagrodzenia, nie tylko nieśli pomoc, niejednokrotnie ukrywali, ostrzegali przed grożącym niebezpieczeństwem, lecz w wielu miejscowościach zbierali nawet między sobą dobrowolne składki, wielu spośród nich służyło w żandarmerii (co wymagało ślepej wierności), a najważniejsze, coraz częściej i gęściej ukazywali się w charakterze wolontariuszów w naszych bandach. [Tak ten były członek Rządu Narodowego uważa za stosowne nazywać w śledztwie wojsko powstańcze]. Nie było absolutnie żadnej miejscowości na obszarze całego Królestwa Polskiego, skąd naczelnicy wojenni w raportach swoich nie pisaliby ze skargą, że zmuszeni są odsyłać do domu masami włościan z braku dla nich broni. Umyślnie prowadzone do tego celu spisy w województwie warszawskim stwierdziły, że miejscowi naczelnicy (zwłaszcza w powiatach: włocławskim, gostyńskim i warszawskim) zmuszeni byli odmawiać przyjęcia do oddziałów przynajmniej tysiąca ludzi co tygodnia. Słowem, usposobienie włościan wobec rewolucji było bardzo przychylne[1].

Awejde nie mógł przesadzać, to nie leżało w jego interesie. Stwierdzenie, że powstanie wywarło tak wielki wpływ na chłopów, tylko pogarszało sprawę byłego członka władz rewolucyjnych, i to tego w dodatku, który zredagował i własnoręcznie napisał dekret o uwłaszczeniu.

Prawdziwość wynurzeń Awejdy potwierdzają pewne fragmentaryczne, lecz za to bardzo charakterystyczne dane, ogłoszone przez stronę carską.

W latach 1863 i 1864 w województwie płockim za udział w powstaniu ukarano dziewięć tysięcy siedemset czterdzieści sześć osób. Z tego blisko połowa – cztery tysiące dwanaście – to byli chłopi. Dziesięciu z nich otrzymało wyroki śmierci. Według ówczesnych pojęć dziesięć egzekucji to było dużo. W 1865 roku spadło na Królestwo trzy tysiące osiemset kar za przestępstwa polityczne. Z tego tysiąc trzysta sześćdziesiąt osiem ponieśli chłopi.

Statystyka więzień petersburskich podaje liczby zesłańców, którzy wędrowali tamtędy na Syberię (oczywiście nie wszyscy jechali przez Petersburg): od 25 września 1863 roku do 23 października 1864 przewinęło się przez nie pięciuset siedemdziesięciu pięciu członków „inteligencji", do której zaliczono zarówno ziemian, jak nauczycieli czy aptekarzy, oraz trzy tysiące dwustu czterdziestu

[1] A. Szelągowski, *Dzieje Polski 1849–1914...*, s. 406.

dziewięciu ludzi z „klas niższych". Jeżeli chodzi o Litwę i Białoruś, stosunek był odwrotny: tysiąc trzystu czterdziestu „inteligentów" – w tym sześciu marszałków szlachty – i dziewięciuset sześćdziesięciu czterech plebejuszy.

Powróćmy jednak do Królestwa. Przytoczone liczby rzucają oryginalne światło na dzieje „pańskiego powstania". Od początku uczestniczyło w nim wielu ziemian, zwłaszcza młodych. Temu faktowi nikt nigdy nie przeczył i przeczyć nie zamierza. Główna siła walczących rekrutowała się z mieszczan, robotników oraz inteligencji. Udział chłopów był znacznie poważniejszy, niż się zwykło przypuszczać.

Nasze wyobrażenia o tej sprawie uległy swoistemu zniekształceniu wskutek zakorzenionej w piśmiennictwie metodzie pewnego arystokratyzmu. Autorzy książek traktujących o przeszłości, a zwłaszcza powieści historycznych, w ciżbie wojowników dostrzegali przede wszystkim postacie dowódców albo ludzi wyposażonych w tak zwane oficerskie prawa towarzyskie. W powieściach Sienkiewicza widzimy tylko szarże chorągwi husarskich. Nie zauważamy natomiast ich towarzyszy, z których każdy był przecież wielkim panem i nie mógł iść pod komendę nawet generała wojsk cudzoziemskiego autoramentu. Skoro traciliśmy z oczu i takich szeregowców, to cóż się dziwić zapomnieniu, jakie ogarnęło tłumy prostych, plebejskich powstańców. Tylko ten, co umiał pisać, mógł przekazać potomności wiadomość o własnym udziale w walce. Chłop był wtedy przeważnie niepiśmienny. A nie brakowało wszak takich, co posiadając trudną sztukę pisania, za jej pomocą usiłowali wybielić historię powstania, sławą owej rewolucji przyozdobić tych nawet, przeciwko którym była skierowana.

Ani oficjalnej, carskiej, ani naszej prawicowej historiografii nie zależało na stwierdzaniu, że Czerwonym się powiodło i że napływ chłopów do szeregów wzrastał. Działo się to w miarę podkreślania i spełniania społecznych haseł narodowej wojny o wolność.

Wydaje się pewne, że więcej chłopów biło się w powstaniu styczniowym niż w kościuszkowskim.

CZARNA WIELKANOC

W czasie prac nad wspomnianymi przed chwilą ustawami wypłynęła jeszcze jedna sprawa, którą Komitet Centralny zajął się gorliwie.

Jakoś u schyłku marca zgłosiła się doń Pelagia Zgliczyńska, znana nam już narzeczona Jarosława Dąbrowskiego, i zażądała mapy północno-zachodnich okolic Warszawy oraz chociażby najpobieżniejszego szkicu wnętrza Cytadeli. Po paru dniach rzeczy te otrzymała.

1 czy 2 kwietnia przyszła znowu, przynosząc kartkę od Dąbrowskiego. Okazało się, że nieugięty „Łokietek" zdołał się porozumieć z drugim równie twardym konspiratorem, mianowicie z Bronisławem Szwarce, który siedział w sąsiedniej celi. Wspólnie ułożyli plan ucieczki wszystkich więźniów, a nawet zniszczenia Cytadeli. Miało to być wykonane w nocy z 11 na 12 kwietnia, kiedy przypadała prawosławna Wielkanoc i było do przewidzenia, że załoga uczci Zmartwychwstanie Pańskie wzmożonym piciem wódki.

Dąbrowski żądał przysłania rewolweru. Domagał się też, by któryś z oddziałów powstańczych zajął stanowisko między Bielanami a szosą Warszawa–Błonie–Sochaczew i krytycznej nocy posunął się jak można najbliżej Cytadeli.

Komitet Centralny plan ten w zasadzie zatwierdził i sam przystąpił do pracy. Upatrzono stacjonującą w Puszczy Kampinoskiej partię złożoną z samej młodzieży warszawskiej. Dowodził nią major Walery Remiszewski, były kapitan armii carskiej.

Wiadomość o tym, wraz z rewolwerem, przekazała Dąbrowskiemu panna Zgliczyńska.

W sobotę, 11 kwietnia, Remiszewski zameldował, że stanął w Lasach Babickich.

Szczegóły planu Dąbrowskiego miały się podobno przedstawiać w sposób dość ryzykowny. „Łokietek" postanowił, że w sobotę wieczorem, kiedy straż będzie już na pewno podchmielona, zawoła do siebie dyżurującego na korytarzu żandarma i położy go z rewolweru. Ówczesny regulamin więzienny nie zabraniał wartownikom wchodzenia do cel. Po zmierzchu dyżurny miał nawet obowiązek co jakiś czas zjawić się w każdej i osobiście skontrolować świecę, zatkniętą w miskę z piaskiem. Po załatwieniu się z żołnierzem zamyślał Dąbrowski wyjść na korytarz i pootwierać drzwi innych komór, przypuszczalnie zaczynając od tej, w której siedział Szwarce. Działając już w większej liczbie, więźniowie rozbroją straż na dole, opanują odwach, po czym podpalą prochownię i korzystając z zamieszania, wydostaną się na wolność.

Komitet zgodził się na wszystko, z wyjątkiem pomysłu wysadzenia prochowni, co mogło doprowadzić do zburzenia sąsiedniej dzielnicy miasta. W oznaczonym miejscu, niedaleko Marymontu, miały na zbiegów czekać furmanki i zawieźć ich do oddziału Remiszewskiego.

Tymczasem w niedzielę rano wywiad powstańczy dostarczył niezbyt pomyślnych wiadomości. W Cytadeli panował spokój. W nocy zdwojono posterunki i sam komendant twierdzy kontrolował je kilkakrotnie. Sprawdziła się widać teza, że tajemnica, o której wie kilka osób, przestaje być tajemnicą.

Wieczorem zgłosiła się do Komitetu Pelagia Zgliczyńska. Doniosła, że wobec wzmożonej czujności przeciwnika nic nie dało się zrobić.

13 kwietnia rano Komitet posłał Remiszewskiemu rozkaz cofnięcia się głębiej w lasy. Zaraz też agent wywiadu powstańczego, niejaki Szlenkier, zawiadomił, że dowódca wołyńskiego pułku

lejbgwardii, generał Krüdner, ruszył z wojskiem przetrząsnąć Kampinos.

Poszedł drugi naglący rozkaz do Remiszewskiego: cofać się!

Dnia tego generał Krüdner nie wyglądał rychłej walki. Z racji święta wyprawiał w koszarach pułku wielki bal. W trakcie najweselszej zabawy otrzymał rozkaz natychmiastowego wymarszu. Kolumna, składająca się z dwóch kompanii Wołyńców – tego samego pułku, który walczył na ulicach Warszawy podczas Nocy Listopadowej i uprowadził Łukasińskiego – szwadronu huzarów grodzieńskich i sotni dońskich Kozaków, pociągnęła ku Borom Babickim. Noc była parna i duszna. Światła błyskawic zdenerwowani oficerowie brali początkowo za sygnały wymieniane przez „buntowników".

Las Babicki był pusty. Nikogo również nie znaleziono w Lipkowie, Krüdner chciał już wracać do Warszawy, kiedy patrole jazdy przygalopowały z doniesieniem, że w okolicy Budy Zaborowskiej, w miejscu piaszczystym, zakrzaczonym i otoczonym bagnami, obozują powstańcy.

Od razu ruszyła na nich kawaleria, za nią piechota – biegiem.

Remiszewski, do którego rozkazy Komitetu prawdopodobnie nie doszły, nad ranem posłyszał o zbliżaniu się nieprzyjaciela i rozpoczął odwrót. Oddział jego liczył do trzystu ludzi i składał się wyłącznie z rzemieślniczej i kupieckiej młodzieży Warszawy. Sformowano go po to, by Komitet Centralny miał pod ręką siłę zbrojną i w razie potrzeby mógł tam doraźnie kierować osoby zagrożone. W przeciągu ostatnich kilku dni dołączyło się wielu nowych żołnierzy. Należący do konspiracji kolejarze wywieźli ich ze stolicy w zaplombowanych wagonach. Carska policja niczego nie zauważyła. Z podmiejskich stacji ochotnicy okrężnymi drogami dotarli do oddziału, który nosił nazwę „Dzieci Warszawy" i nigdy dotąd nie był w ogniu.

W krytycznym dniu tak się nieszczęśliwie złożyło, że dowódca był niemal niezdolny do działania. Czy to z powodu upału, niezwykłego o tej porze roku, czy z jakiejś innej przyczyny chwyciły majora Remiszewskiego potworne bóle głowy. Chory, niezdatny chwilami do niczego, zatrzymał się koło wspomnianej Budy. Tutaj uderzyła nań konnica.

Powstańcy odparli ją ogniem, zadając ciężkie straty. Ale zaraz pędem nadbiegła na plac boju zziajana i rozwścieczona piechota.

Remiszewski jakoś zmusił się do roboty. Sformował ludzi w czworoboki, w pierwszych szeregach ustawił strzelców, za nimi kosynierów i porządnie, bez paniki, zaczął się cofać. W wysokopiennym, już niepodszytym lesie znowu zaatakowała go kawaleria. Huzarzy z furią próbowali rozrąbać czworoboki. Ale zasłaniali je tylko przed strzałami własnej piechoty. Młody, pierwszy raz walczący żołnierz powstańczy nie uląkł się koni, lanc ani szabel i nie dał rozerwać szyku.

Zdarza się, że na polu bitwy porwie wojownika tak zwany szał bojowy. W takim razie, wbrew potocznym wyobrażeniom, żołnierz nie popełnia czynów nierozumnych. Przeciwnie – zaczyna wykazywać zdumiewającą pomysłowość w niszczeniu przeciwnika. Podobnie było wtedy.

Kawalerzyści pozawracali ku własnej, pozostałej w tyle piechocie. Każdy z nich przerzucił ciało na lewą stronę i zwisł w strzemieniu. W drugie natychmiast stawał grenadier. Podwójnie obciążony, naglony kolbą i kolanem koń w pełnym galopie niósł obu ku cofającym się ciągle powstańcom. Wołyńcy tłumem rzucili się na bagnety.

Bój trwał jeszcze pół godziny i jak wszystkie niemal spotkania ówczesne odznaczał się charakterystyczną cechą wojen rewolucyjnych i domowych: był nieludzko zażarty i bezpardonowy. Nikt się nie poddawał, o zmiłowanie nie prosił i wroga nie oszczędzał. Tylko kilku chłopców oficerowie wyrwali żywcem z rąk rozjuszonych sołdatów. Rotmistrz huzarów, Korsakow, sześciokrotnie w tym dniu ocalony przez podkomendnych od śmierci, miał na dłoni odciski i krwawe zacieki od rękojeści pałasza, którym nie tylko rąbał, lecz i odbijał wściekłe uderzenia kos.

Majora Remiszewskiego ogarnął podczas bitwy taki atak bólu, że przysiadł na pieńku, obojętny na wszystko. W tej podobno pozycji zginął, nie broniąc się wcale. Inna wersja podaje, że siedzącego napadł kornet huzarski, Römer. Obaj jednocześnie podnieśli rewolwery i strzelili, kładąc się nawzajem trupem na miejscu. Ciało majora jakiś szeregowiec przygwoździł jeszcze sztychem do ziemi, na wylot przebijając gruby, złoty zegarek.

W kilka dni później, w Petersburgu, car Aleksander II podziwiał uszkodzony chronometr.

15 kwietnia Krüdner z muzyką, zgiełkiem i szumem wkraczał do Warszawy. Jego kawalerzyści pozatykali na lance dwubarwne proporczyki i czerwone krakuski powstańców.

Naczelnik stolicy, Stefan Bobrowski, nie podzielał powszechnej boleści miasta i nie oglądał tryumfu pułku jazdy carskiej, w którym służył ongi jego rodzony brat, Stanisław.

Jeszcze 9 czy 10 kwietnia, kiedy rząd powstańczy gorączkował się sprawą planu Dąbrowskiego, jego premier zażądał urlopu. Wybierał się do Wrocławia celem spotkania z rodziną. Nalegał tak uporczywie, że zwolnienie otrzymał. Wrócić miał za kilka dni.

Dnia 12 kwietnia w Lesie Łaszczyńskim pod Rawiczem stało naprzeciw siebie dwóch mężczyzn. Obaj trzymali w dłoniach pistolety.

Jeden z nich, mały i szczupły brunecik, to nasz dobry znajomy, Stefan Bobrowski. Drugi, wielki i potężny, z wąsami jak wiechcie i ponurą, bezczelną twarzą szlacheckiego zawalidrogi, nazywał się Adam hrabia Grabowski.

Warunki pojedynku nie są znane. Przypuszczać można, że przeciwnicy nie stali od siebie bliżej niż na dziesięć kroków. Jeżeli tak, to jeden spośród nich drugiego wcale albo prawie wcale nie widział.

Stefan Bobrowski był krótkowidzem. Krótkowidzem tak strasznym, że równało się to właściwie ciężkiemu kalectwu. Jako konspirator był nawet w pewnym sensie niebezpieczny, bo o trzy kroki znajomych nie poznawał, potrafił szpicla na ulicy wziąć za towarzysza lub włazić wprost na policyjne obstawy.

Jego kalectwo od pierwszego spojrzenia rozpoznawał każdy, kto go tylko raz spotkał. Bobrowski nie mógł czytać inaczej, niż trzymając książkę przed samym nosem i przymykając na przemian to jedno, to drugie oko. Bez tego w ogóle nie mógł dać sobie rady. Żadne szkła mu nie wystarczały.

Adam hrabia Grabowski słynął w kraju jako biegły pojedynkowicz.

Trafiony pierwszym strzałem w samo serce, Stefan Bobrowski padł na miejscu.

Rejestr wypadków, zaszłych podczas prawosławnej Wielkanocy, a w szczególności 12 kwietnia 1863 roku, jeszcze się nie skończył. Pozostało do omówienia trzecie wydarzenie. Na szczęście posiadamy relację o nim, skreśloną sprawnym piórem osoby w danym razie głównej.

Stanisław Koźmian spełniał wtedy obowiązki naczelnego publicysty, a nawet politycznego kierownika krakowskiego „Czasu". Owej niedzieli poszedł przed południem do redakcji. Zamierzał przejrzeć materiał, przeznaczony do wtorkowego numeru pisma, który miał się ukazać w poniedziałek wieczorem. Czekała go wielka niespodzianka. Aleksander Szukiewicz wręczył koledze depeszę:

> Wyszedł manifest cesarza Aleksandra, który zapowiada amnestię pod warunkiem złożenia przed dniem 1 maja (starego stylu) broni przez powstańców; tudzież obiecuje dalej prowadzić organizację Królestwa Polskiego rozpoczętą przez margrabiego Wielopolskiego.

Dla wyjaśnienia okoliczności trzeba przypomnieć o dwóch kwestiach. Przede wszystkim o tym, że zarówno Wielopolski, jak i wielki książę Konstanty nadal przebywali w Warszawie, a ustrojowe zdobycze lat ostatnich wcale jeszcze nie zostały skasowane. Prawnie utrzymywały się w mocy. Po drugie – amnestia nosiła datę 31 marca starego stylu i ogłoszono ją w pierwszy dzień prawosławnej Wielkanocy. Termin, jaki wyznaczała, trzeba więc przeliczyć na styl nowy: car żądał złożenia broni do dnia 12 maja.

Stanisław Koźmian pisze:

> Spojrzeliśmy na siebie, mierząc całą doniosłość tego faktu; od razu zrozumieliśmy, że znowu nadeszła jedna z tych chwil stanowczych, w których postanowienie rozstrzyga o przyszłości, lecz nie umieliśmy w pierwszej minucie ani nic powiedzieć, ani nic przedsięwziąć, co by nas samych zadowoliło i uspokoiło[1].

Położenie Koźmiana było szczególne i powinno mu było raczej ułatwić decyzję. Niedługo przedtem powrócił on z podróży do Paryża, przywożąc swym przyjaciołom wiadomość, że mocarstwa zachodnie szykują się do dyplomatycznego wystąpienia w sprawie polskiej. Entuzjazmem nie płonął. Mówił przecież Adamowi Potockiemu:

> To, co przywożę, nic niewarte, a nawet opłakane. Przywożę bowiem tylko interwencję dyplomatyczną, a ta nie zapewni nam zwycięstwa, lecz nie pozwoli zaniechać powstania.

„Nie pozwoli..." – zapamiętajmy ten zwrot.

Koźmian i Szukiewicz nie podjęli jeszcze żadnej decyzji, kiedy do lokalu redakcji wszedł tenże sam Adam Potocki w towarzystwie Henryka Wodzickiego. Obaj stanowczo opowiadali się za przyjęciem amnestii. Ich zdaniem już najbliższy numer gazety winien zawierać wyraźne oświadczenie o tym.

Poparty przez Szukiewicza Koźmian wzywał do wymiany zdań, ale w gruncie rzeczy z miejsca zajął stanowisko niedwuznaczne. Wystąpienie „Czasu", wywodził, pozostałoby najzupełniej bezskuteczne i spowodowałoby tylko upadek autorytetu pisma, nagle przekreślającego swą linię polityczną. Nic by się więc nie uzyskało, a straciło poważny środek oddziaływania na opinię publiczną.

– Na wasze głowy spadnie cała krew, która odtąd wylaną zostanie! – powiedział Potocki i wyszedł.

Koźmian także opuścił redakcję. W wielkiej rozterce duchowej spacerował po Plantach. Rozmyślania, które snuł, dotyczyły

[1] S. Koźmian, *Rok 1863*, t. I, s. 120–121.

spraw tak doniosłych, że trzeba cytować fragmenty jego własnego opowiadania:

> Amnestia usuwała jeden z ważnych argumentów, które przemawiały za popieraniem powstania – brak wyjścia poza widokami, jakie dawała interwencja mocarstw... Z drugiej strony wszedłszy raz na drogę, po której kierowałem się wskazówkami Hotelu Lambert i rządu francuskiego, stosując się do widoków pomocy zagranicznej, czułem pewien wstręt do wzięcia na własną odpowiedzialność, w tak ważnym i stanowczym przedmiocie, postanowienia, bez porozumienia się z osobami, którym ufałem i których instrukcji słuchałem, a jak przeczuwałem, wbrew ich zdaniu i dotychczasowemu działaniu[1].

Postanowił zasięgnąć rady właściciela „Czasu", Wincentego Kirchmayera. Wprawdzie redakcja zastrzegła sobie zupełną swobodę decyzji, ale zapytać o radę wypadało. W czasie rozmowy, która stale rozbijała się o szkopuł bezużyteczności ewentualnego opowiedzenia się pisma za przyjęciem amnestii, przyniesiono drugą depeszę. Pochodziła z „biura urzędowego" i była bardzo krótka: „Noty mocarstw odeszły do Petersburga".

Sensacyjna wiadomość całkowicie usunęła wątpliwości. Obaj rozmówcy doszli do zgodnego przekonania, że krok Petersburga jest tylko wybiegiem. Ogłaszając amnestię, car zasłania się przed interwencją mocarstw. Dowodzi tego niemal jednoczesne ukazanie się obu wiadomości.

Brak niestety śladów, że dwaj mężowie zastanowili się, co sprawiło, że od dawna i niecierpliwie wyczekiwany komunikat o interwencji przyszedł tak nagle i akurat po depeszy o amnestii. Czy nie był on czasem szybką ripostą polityczną, doraźną odpowiedzią na sam fakt ogłoszenia manifestu?

Noty ambasadorowie wręczyli w Petersburgu dopiero w pięć dni później, 17 kwietnia.

[1] *Ibidem*, s. 122–123.

Ukazał się dodatek nadzwyczajny „Czasu", potem – już w poniedziałek wieczorem – zasadniczy artykuł. Można by go cytować, ale lepiej poprzestać na zwięzłym urywku książki Koźmiana, napisanej i ogłoszonej po powstaniu:

> W tym ocenieniu „Czas" amnestii nie przyjmował, owego stanowczego zwrotu żądanego przez Adama Potockiego nie zaznaczał, co w tej chwili znaczyło, iż przemawiał za odrzuceniem amnestii i nie doradzał korzystać z danej sposobności zakończenia powstania, chociaż czynił to, ze względu na dwóch tak znakomitych obywateli, jak Adam Potocki i Henryk Wodzicki, z pewną oględnością i jeszcze z umiarkowaniem[1].

Stanisław Koźmian był nie lada umysłem. Tym bardziej dziwne, że w opowiadaniu o tej sprawie całkowicie pominął pewną ogromnej wagi okoliczność. „Czas" tylko w takim razie musiał n a t y c h m i a s t zająć stanowisko, jeśli amnestię odrzucał. A właściwie to nawet w tym wypadku mógł i stanowczo powinien był poczekać. Rozpoczynał się spór mocarstw o kwestię polską. Sam rozum nakazywał więc Polakom zwlekać z odpowiedzią, bo dla obu stron głos ich coś znaczył. Przyjęcie amnestii spowodowałoby dotkliwą kompromitację mocarstw zachodnich, odrzucenie jej – stan rzeczy odwrotny i dalsze kłopoty dla cara. Ale z chwilą kategorycznego oświadczenia klamka zapadała, znaczenie Polski znowu malało.

Logiczny bieg wypadków uczynił nas nagle jednym z podmiotów międzynarodowej gry politycznej. Mężowie z „Czasu" co rychlej, w przeciągu kilku godzin, pozbyli się tej niezgodnej z ich psychiką roli, znowu umieścili kraj w rzędzie przedmiotów.

Car pozostawiał cztery tygodnie do namysłu, co samo przez się dowodzi, że nie spodziewał się błyskawicznej decyzji, skutku z dnia na dzień. Tymczasem krakowscy działacze z obozu Białych odrzucili jego ofertę, nie poczekawszy nawet na wyjaśnienie, c o m i a n o w i c i e zawierają noty mocarstw. Wystarczył im pierwszy

[1] *Ibidem*, s. 126.

mętny sygnał polityczny z Zachodu. Tak postępując, narazili kraj na nieszczęścia, wobec których wszystkie dotychczasowe uczynki Krüdnerów i Czengierych naprawdę niewiele znaczyły.

Aktem datowanym z dnia 12 kwietnia odrzucił amnestię i rząd powstańczy. Wobec nieobecności Bobrowskiego przeważały w nim te same elementy, które rozstrzygały w Krakowie. Wolno więc było podkreślić w opowiadaniu rolę tego ośrodka, który miał bezpośredni dostęp do zagranicznych informacji i działał w warunkach jak na owe czasy wręcz idealnych. W Krakowie dyskutowało się swobodnie. Istniała możność wybadania opinii członków własnego stronnictwa.

KTO I PO CO?

Komitet Centralny cierpliwie czekał w Warszawie na powrót swego szefa. Obowiązki naczelnika miasta spełniał zastępczo Tytus Zienkowicz, który od razu w dniu wyjazdu Stefana zameldował się w tym charakterze u Janowskiego.

14 kwietnia – to znaczy wtedy, kiedy pod Budą Zaborowską młodzi chłopcy warszawscy dzielnie bili się z gwardią i Kozakami Krüdnera – na zebranie Komitetu dostarczona została depesza z Krakowa tej treści:

Stefan zginął w pojedynku z Adamem Gr.

Wiadomość podziałała przerażająco. Nikt nie zabierał głosu. Ale pomimo psychicznego wstrząsu Janowskiemu starczyło przytomności umysłu, by specjalnie zwrócić uwagę na zachowanie się jednego z uczestników narady. Zapisał też skrzętnie w pamiętniku, że Giller „siedział blady, wzruszony jak my wszyscy, lecz nie mógł nam dać żadnego objaśnienia".

Czemuż to właśnie na Gillera, a nie na Ruprechta lub Awejdę spoglądał owej chwili sekretarz Rządu Narodowego i dlaczego od niego właśnie spodziewał się wyjaśnień?

Początkowo nie umiano sobie nawet wytłumaczyć, kogo oznacza skrót „Adam Gr.".

Kryptonim ten narobił zresztą i gdzie indziej sporo zamętu. Prasa, a więc i gazety wielkopolskie, też podała wiadomość o śmiertelnym pojedynku, oznaczając zabójcę jeszcze lakoniczniej, literami „A.G.". Z tego powodu pruska policja inkomodowała w Poznaniu Aleksandra Guttrego. Wczesnym rankiem zjawił się u niego komisarz cyrkułu i jak sroka w kość wpatrzył się w rzuconą na krzesło pokrwawioną koszulę.

– Powiadano mi, że pan jesteś cierpiący – zaczął. – Prezes policji chciał się dowiedzieć, czy to nie pan właśnie odbyłeś ów pojedynek.

– Ależ panie, jeżeli nie macie pewniejszych danych, to z powodu tych dwóch liter musielibyście dużo osób podejrzewać tak samo jak mnie.

Na szczęście pruska policja nie poprzestawała na poszlakach, a Guttry mógł dowieść, że ostatnimi czasy w ogóle nigdzie nie wyjeżdżał, ponieważ cierpiał na „kurcz w głowie". Poprzedniego wieczoru lekarz, doktor Matecki, przystawił mu do karku potężną porcję pijawek i stąd wzięła się krew na koszuli.

W Warszawie 14 kwietnia rząd rozszedł się, nic nie postanowiwszy. Wrażenie było zbyt silne. Nikt nie czuł się zdolny do pracy.

Wysłano tylko rozkaz do komisarza województwa krakowskiego, aby co rychlej sprawę zbadał i raportował o wynikach dochodzeń. Potem polecono mu chwytać i aresztować Grabowskiego, gdyby się tylko gdzie pojawił. Ale hrabia przezornie znikł jak kamfora.

Sprawa nigdy nie została zbadana i wyjaśniona do końca. W Komitecie Centralnym zaczęły się zresztą wkrótce dziać rzeczy, które śledztwo w ogóle uniemożliwiły.

O pojedynku i jego kulisach krążyły pogłoski, pogłoski, pogłoski... Jeżeli jednak spróbować uporządkować je, ułożyć w jakiś systematyczny ciąg – zacznie się z nich wyłaniać obraz wcale niedwuznaczny.

Utrzymywała się na przykład wersja – puszczona w obieg przez Gillera – według której Bobrowski, wyjeżdżając z Warszawy, dał kolegom słowo, że za kilka dni wróci. Janowski nie może przypomnieć sobie tego faktu, ale „na mocy wewnętrznego głębokiego przekonania" zaprzecza jego prawdziwości. Wolno z czystym sumieniem przyznać mu rację. Nikt nie mógł żądać od Stefana słowa honoru, bo przecież oznaczałoby to podejrzenie o zamiar ucieczki. Podobna prośba skierowana do człowieka jadącego na pojedynek byłaby niedorzecznością.

Czy ktoś w rządzie lub konspiracji wiedział o zamierzonym spotkaniu?

Tomasz Burzyński, dawny współpracownik Bobrowskiego i jego podkomendny w powstaniu – przyznaje się do tego. Pisze tak:

> Zawiadomiony o wyroku sądu honorowego, Bobrowski postanowił jechać do Krakowa i stanąć. Starałem się odwieść go od powziętego zamiaru, tłumacząc, że osobiste sprawy z obowiązku należałoby odłożyć do spokojniejszego czasu; upierał się przy wyjeździe[1].

Członek Komitetu Centralnego, Jan Maykowski, w spisanych na starość wspomnieniach zamieścił wiadomość zupełnie rewelacyjną. Powiada, że kiedy rząd usiłował do wyjazdu Stefana i do pojedynku nie dopuścić, ten ostatni odwołał na stronę jego, Maykowskiego, oraz Awejdę i rzekł im:

– Jeżeli zginę, wina spadnie na Agatona Gillera, on to bowiem w Krakowie stał się przyczyną, że musi przyjść do pojedynku.

Janowski kategorycznie zaprzecza opowiadaniu kolegi, któremu na starość pamięć już nie dopisywała. Twierdzi, że nie mogło być mowy o zakazie pojedynku, bo o zamiarze odbycia go Komitet nic nie wiedział. A zresztą – jeśli Maykowski i Awejde byli tak dobrze poinformowani, to czemuż tą swoją wiedzą nie podzielili się z innymi? Kto jak kto, ale Maykowski o udział w żadnej intrydze podejrzany być nie może.

Poplątały mu się raczej wspomnienia, i to właśnie utrzymuje Janowski. Ale jeżeli nawet tak – to niemniej jednak posiedliśmy dowód, kogo Maykowski uważał za winowajcę.

Pisał on po wielu latach, ciągle pozostając pod wrażeniem późniejszej nieco sesji, podczas której rząd czynił Gillerowi gorzkie

[1] *Wydawnictwo materiałów do historii powstania 1863–1864...*, t. IV, s. 190.

i uzasadnione wyrzuty. Bo jeden Giller o zamiarze pojedynku wiedział zawczasu.

Sam się do tego zresztą przyznał wobec kolegów. Tłumaczył się, że był mu znany tylko fakt wyzwania, nie zaś wyrok sądu honorowego nakazujący walkę. Janowski nie daje wiary tym wykrętom. Nie może jej dać, bo przecież Giller bez ustanku korespondował z Chrzanowskim, a sprawa owego sądu była w Krakowie głośna. Autorzy langiewiczowskiej intrygi musieli mieć o niej dokładne i wyczerpujące wiadomości.

Janowski nie był wrogiem Gillera. Wcale nie! Ten prosty i niezbyt inteligentny człowiek pozostawał nawet pod wpływem i urokiem postaci ambitnego literata. A jednak zamieścił w pamiętniku wiele znaczące, aczkolwiek mocno zagadkowe słowa:

> Nie chcę wysuwać moich przypuszczeń, opartych na dokładnej znajomości stosunku obu tych ludzi do siebie [to znaczy Bobrowskiego i Gillera]. Była to rzecz jego sumienia. Giller dziś nie żyje, więc sprawa jest skończona, zamknięta. Muszę jednak nadmienić, że Giller o tej sprawie mówić nie lubił, nie chciał, a zapytywany wywijał się ogólnikami lub zagadywał inną sprawą[1].

Nic chyba nie może wtrącić historyka w głębszą rozpacz niż tego rodzaju filozofie. A więc z chwilą śmierci *dramatis personarum* sprawy ich dotyczące mamy uważać za „skończone, zamknięte"? W takim razie po co w ogóle pisać pamiętniki, badać przeszłość? Murawjow-Wieszatiel, Berg i wielki książę Konstanty także pomarli, lecz ani Janowski, ani nikt inny nie poczuwa się z tego powodu do obowiązku dyskrecji. Jakaś obłudna, świętoszkowata mania przemilczania i zasłaniania podłości, jeżeli tylko sprawcami ich byli „swoi", rodacy!

Z pamiętnika Janowskiego da się wszelako wypruć jeszcze jedną wiadomość.

[1] J.K. Janowski, *Pamiętniki o powstaniu styczniowym*, t. I, s. 344–345.

Kiedy Stefan Bobrowski prosił o urlop, wszyscy jego koledzy z rządu byli temu przeciwni. Wszyscy – z wyjątkiem Agatona Gillera.

„W tym naleganiu brał także udział i Giller" – pisze pamiętnikarz, a zdanie to następuje od razu po takim zwrocie: Bobrowski „w tak stanowczej zresztą formie żądanie swoje stawiał, że musieliśmy się zgodzić". A więc tekst pamiętnika dopuszcza tylko taką interpretację, że Giller projekt wyjazdu popierał.

Dochodzimy do pierwszej części konkluzji: Komitet Centralny nie wiedział o tym, że jego na wpół ślepy prezes jedzie strzelać się na pistolety. Jeden tylko Agaton Giller tajemnicę znał i zbliżającemu się nieszczęściu pomagał.

Co jednak zaszło w Krakowie, gdzie zbierały się i zasiadały owe sądy honorowe? Kto powziął decyzję, że tylko walka orężna może zakończyć spór polityczny?

Oto kwestia, której nawet współcześni, i to ci najbardziej zainteresowani, rozwikłać nie potrafili. Własna rodzina Stefana nie zdołała ustalić nic pewnego. To także nie wszystkim było wiadome, gdzie odbył się pojedynek. Wymieniano Psie Pole pod Wrocławiem oraz Prusy Wschodnie.

Matka Stefana przeżyła go o dwanaście lat, brat Tadeusz o przeszło trzydzieści. Żadne z nich nigdy nie odwiedziło mogiły pod Rawiczem. Nie wiedzieli po prostu, gdzie leży ciało najmłodszego z rodu Bobrowskich.

Trzeba przyznać, że spraw, w których chodzi tylko o osobistą zniewagę, nie otacza się zazwyczaj aż tak grubą zasłoną tajemnicy.

Sądów honorowych miało się odbyć w Krakowie parę. Pierwszy, pod prezydencją generała Kruszewskiego, uznał się za niekompetentny do rozstrzygania sporów o charakterze wyraźnie politycznym. „Sfabrykowano sąd drugi, rozpoczęto intrygi..." – pisze doktor Łukaszewski, który książkę swoją wydał wcześnie, bo już w roku 1870, w Jassach. Ale on za pierwszy sąd uważa owo zebranie w Hotelu Saskim, pamiętne faktem cofnięcia przez Stefana ręki.

Tomasz Burzyński składa winę na sąd, w którym zasiadali Kruszewski, Wolniewicz i Rogawski. A oto czego zdołał się dowiedzieć Tadeusz Bobrowski:

Stefan miał początkowo odmówić udzielenia satysfakcji, a to zarówno ze względu na sprawowany przez się urząd powstańczy, jak i z tego powodu, że Grabowski oskarżony był o fałsz w sprawie publicznej. Pomimo to hrabia, ufny w poparcie „partii krakowskiej", zwołał aż siedmioosobowy sąd. Przewodniczył mu generał Kruszewski, który wszystko to sam matce Bobrowskich opowiadał i utrzymywał, że był przeciwny pojedynkowi. Jeszcze przed ogłoszeniem werdyktu generał Wysocki nadesłał trybunałowi pismo oskarżające Grabowskiego o niewyliczenie się z wyżej wspomnianych sum. Drugi list skierował do Stefana, zaklinając go na wszystkie świętości, by na żadne wyroki nie zważał i na mecie nie stawał.

Wiemy już, w jaki sposób Grabowski wykręcił się od zarzutu sprzeniewierzenia pieniędzy. Podstawił jakiegoś porucznika K. Teraz sąd orzekł konieczność pojedynku.

Godność sekundanta Stefana piastował hrabia Kazimierz Krasicki. Nie jest dokładnie wiadome, jakie stosunki ich łączyły. Jedni uważali ich tylko za znajomych, inni za przyjaciół. Tej ostatniej wersji Tadeusz Bobrowski przeczy stanowczo, twierdząc, że jego brat mało znał Krasickiego. Możemy się domyślać, że pośpiesznie szukając zastępcy, musiał Stefan zaprosić do tej funkcji osobistość w sprawach honorowych biegłą.

Krasicki był ziemianinem z Poznańskiego, synem generała. Jego matka, z domu Prądzyńska, to siostra sławnego sztabowca z czasów powstania listopadowego.

W wielkopolskich sferach towarzyskich widziano Krasickiego bardzo dobrze. Znał całe lepsze ziemiaństwo tej dzielnicy. Przed powstaniem spotykał się i przyjaźnił z Langiewiczem. Tragiczny finał pojedynku odczuł podobno tak silnie, że bliski był obłędu.

W dziesięć przeszło lat po opisywanych tu wypadkach, jesienią 1873 roku, Teofila i Tadeusz Bobrowscy bawili w Krakowie.

Wiekowa już sędzina kilka ostatnich lat spędziła w tym mieście, a teraz zamierzała przenieść się do Warszawy.

Pewnego dnia rano obydwoje byli w kościele Mariackim na nabożeństwie, po czym Tadeusz poszedł na krótko do swego hotelu i zaraz powrócił do mieszkania matki. Zastał ją bladą i zmienioną do niepoznaki. Na pytanie, co zaszło, odpowiedziała jednym słowem:

– Patrz!

Na stole leżała koszula z plamami zeschłej krwi, pasmo włosów i list pisany własną ręką Stefana.

Rzeczy te podczas nieobecności pani Bobrowskiej przyniosła jakaś nieznajoma dama i zostawiła wraz z listem Kazimierza Krasickiego.

Eks-sekundant donosił, że po długich – dziesięcioletnich! – namysłach i wahaniach postanowił spełnić ostatnią wolę zmarłego i odesłać matce pamiątki. Co do samego pojedynku, pisał – według relacji Tadeusza – że „po najgłębszym zastanowieniu nic sobie do wyrzucenia nie ma i że gdyby był sekundował rodzonemu bratu, inaczej, jak postąpił, postąpić by nie mógł".

Pismo nie nosiło daty ani adresu zwrotnego. Było jasne, że Kazimierz Krasicki nie życzy sobie osobistej styczności z rodziną swego dawnego podopiecznego.

W dwa lata później pamiątki po Stefanie włożono do trumny Teofili Bobrowskiej. Stało się to zgodnie z jej wolą.

Trzeba na chwilę przerwać te dochodzenia dotyczące pojedynku, ponieważ nasuwa się nieco uwag w innej materii.

Pani Bobrowska przemieszkiwała w Krakowie, sprawując opiekę nad młodocianym wnukiem, trojga imion, Teodorem Józefem Konradem. Apollo Nałęcz Korzeniowski już nie żył. Od niejakiego czasu rodzina martwiła się nagle oznajmionym planem przyszłego Josepha Conrada, który postanowił zostać marynarzem. Właśnie w 1873 roku ważyły się decyzje. U schyłku lipca młody człowiek powrócił z podróży zagranicznej do Krakowa.

Gérard Jean-Aubry, autor słynnej książki *Życie Conrada*, niedawno temu wydanej u nas w przekładzie Marii Korniłowiczówny, tak pisze o tajemniczym porywie wielkiego artysty:

> Kiedy się zna wydarzenia, wśród których wzrastał jako dziecko, kiedy się pomyśli, że płonął w nim żar dziedzicznej egzaltacji, a dla swoich wielkich nadziei i pragnień miał drzwi zamknięte, co wynikało z faktu, że jest Polakiem (która to okoliczność nie pozostawiała w owym czasie prawie żadnej nadziei), czyż można się tak bardzo dziwić, że to dziecko karmione podróżniczą lekturą, mając w sobie awanturniczego ducha, ducha, którym od tak dawna odznaczał się jego ród i naród, że ten szesnastoletni chłopiec, na którego dzieciństwie zaciążył tragizm tyranii i żałoby, a który się teraz czuł zewsząd otoczony, osaczony i spętany przez mieszczańską, przezorną rutynę, że ten chłopiec chciał od tego uciec za wszelką cenę? [1]

Grobowe widmo brata matki, którego znał, a może nawet jak przez sen pamiętał, człowieka podstępnie zamordowanego, zagrzebanego nie wiedzieć gdzie, po śmierci po raz drugi moralnie uśmierconego zmową milczenia, oto czym kraj pożegnał ruszającego w świat Conrada.

Mogło go nie być w Krakowie, kiedy babka zastała w domu tragiczną przesyłkę. We wrześniu 1873 wysłano chłopca do Lwowa, gdzie zamieszkał u Antoniego Syroczyńskiego. U tego samego Syroczyńskiego, który jedenaście lat wcześniej wywiózł Stefana Bobrowskiego z Kijowa! Nowy opiekun, romantyk, który sam nie stronił od politycznych pojedynków, na pewno nie taił historii wodza polskich Czerwonych.

Stefan Bobrowski stanął do nierównej, zupełnie beznadziejnej walki, bo chciał bronić honoru własnego oraz powstania. Rewolucjonista do szpiku kości nie przestał być polskim szlachcicem. W bez mała czterdzieści lat później jego siostrzeniec napisać miał przejmującą opowieść o człowieku, który błąkał się pod niebem Południa, moralnie złamany własną ucieczką z pokładu, „w dotkliwym poczuciu utraconego honoru".

[1] G. Jean-Aubry, *Życie Conrada*, Warszawa 1958, s. 58.

Stefan Bobrowski tradycje polskiej szlachty wniósł do rewolucji, Joseph Conrad – do światowej literatury.

Pora wracać do ściślejszego tematu.

Tadeusz Bobrowski informuje nas pokrótce, co zawierał ostatni list powstańczego naczelnika Warszawy.

W serdecznych słowach wyrażał Stefan osieroconej rodzinie swoje uczucia, przepraszał za sprawioną boleść. Nie wątpił więc, że czeka go śmierć. To zupełnie zrozumiałe. Wiedział przecież, że strzelać nie umie i nie dojrzy nawet przeciwnika jak należy. Względności z jego strony, demonstracyjnego strzału w powietrze nie spodziewał się widocznie ani przez chwilę. Kulisy swojej własnej sprawy znał dobrze!

Starannie wymieniał wierzycieli, którym winien był drobne kwoty. Nie mógł przewidzieć, że należności ich nie zostaną w terminie uregulowane i że książę Otto von Bismarck znacznie prędzej pokona Danię, Austrię i Francję oraz utworzy Cesarstwo Niemieckie, niż hrabia Kazimierz Krasicki uzna za stosowne odesłać list pod właściwy adres.

Ton pisma tchnął uroczystym spokojem, głębokim przeświadczeniem o niechybnej śmierci, znużeniem i zniechęceniem. Tak przynajmniej charakteryzuje go Tadeusz Bobrowski, który na tej podstawie domyśla się, że brat zwątpił o „poślubionej" przez siebie sprawie i żyć już więcej nie chciał.

Dokument wyciągnięty ongi przez dońskiego Kozaka z bryczki Zygmunta Padlewskiego pozwala nam zaprzeczyć wnioskowi dziedzica Kazimierówki.

Mowa o jeszcze jednym liście szefa Komitetu Centralnego do przyjaciela. Pismo to, niestety, nie nosi żadnej daty i zdania historyków w tym względzie są podzielone. Obecnie uważa się raczej, że pochodzi ono ze schyłku lutego, dawniej przyjmowało się za niewątpliwy termin późniejszy od momentu ogłoszenia dyktatury Langiewicza, a więc połowę czy nawet drugą połowę marca.

Kwestia daty nie gra jednak decydującej roli. Najważniejszy jest ton wypowiedzi. Bo jedno nie może ulegać wątpliwości: aż do samego końca Stefan Bobrowski działał w myśl zasad, o których pisał do Padlewskiego. Przypomnijmy sobie tylko treść krakowskiej odezwy i fakt nieustannego rozwijania organizacji, wciągania ludzi do służb tak bardzo ryzykownych, jak chociażby Straż Narodowa.

Oto dosłowna treść listu (opuszczony został jedynie ustęp odnoszący się do osób trzecich, niezwiązanych z tematem, i wymagający szerszych wyjaśnień):

Drogi, nieoceniony Zygmuncie! List Twój wzruszył mnie straszliwie! Żebyś Ty, stojący niegdyś na czele ruchu, Ty! tak bohatersko walczący pod Myszyńcem, naraz dał się opanować haniebnej myśli ucieczki za granicę, tego ja, Twój wierny i niezmienny przyjaciel, pojąć nie mogę i nigdy nie zrozumiem. Przypuszczam, że to był tylko obłęd chwilowy, ciężka zmora, której się niebacznie poddałeś, ale nigdy na serio podobny zamiar nie mógł powstać w Twej myśli i sercu. Zostawmy na boku cudze przewinienia, zapomnijmy, co i jak kiedy było, lecz pamiętajmy jedynie, że dla obydwu nas opuszczenie zajętych stanowisk jest po prostu zbiegostwem... Tylko ci, co wytrwają do końca, zasłużą na ludzki szacunek. Co nam do tego, że wkoło nas zachodzą różne niekonsekwencje i podłości, nie takie i nie stąd, skąd wyobrażasz, pochodzące, lecz takie, które nigdy by się stać nie mogły, gdybyśmy, jak przystało, dopełnili naszych świętych obowiązków. Jeżeli zginiemy na swych posterunkach, sprawa nasza liczyć będzie o dwóch nieposzlakowanych ludzi więcej, którzy przykładem swym będą przyświecać drugim. Lecz opuścić stanowisko, zhańbić siebie ucieczką to jedno, co zabić siebie na zawsze i wystawić sobie patent na wieczną bezczynność. Rzuć tę przeklętą myśl wyjazdu za granicę, myśl, która nie powinna była ani na chwilę Cię hańbić! Zdaj władzę Mystkowskiemu lub komu innemu, a sam przyjeżdżaj do Warszawy. Tu wypoczniesz nieco przy mym przyjaznym sercu i wybierzesz, jaką zechcesz, czynność.

I ja także potrzebuję bardzo zobaczyć się z Tobą, uściskać Cię, dla nabrania sił nowych. O! bo strasznie ciernista i trudna to droga walki, którąśmy z Tobą obrali. Wzmocniwszy się nawzajem, potężni naszą przyjaźnią i wiarą w tryumf sprawy, która w końcu mimo głupstw ludzkich musi zwyciężyć, z nowymi siłami i zapałem weźmiemy się do pracy i wytrwamy w niej do ostatniego tchnienia.

Ściskam Cię po tysiąc razy, Twój
Stefan[1]

[1] M.W. Berg., *Zapiski o powstaniu polskim 1863 i 1864 roku...*, t. III, s. 97–98.

Kto zwątpił o sprawie, ten nie pisuje takich listów i nie zatrzymuje innych na polu walki, z którego sam zejść zamierza, chociażby do grobu. Jeżeli istotnie z przedśmiertnego pisma Stefana Bobrowskiego tchnęła depresja, to wynikała ona z nastrojów człowieka beznadziejnie osaczonego. On nie wątpił, że znajduje się na właściwym szlaku. I właśnie dlatego musiał być przekonany o konieczności stoczenia pojedynku.

We wszystkim, co Bobrowski mówił lub pisał, uderza pewna zastanawiająca okoliczność. Przed wiarę w doraźne zwycięstwo powstania daleko wysuwa się troska o to, by nieskalany i niezdeptany sztandar rewolucji przekazać dłoniom spadkobierców. 3 stycznia 1863 roku, przemawiając do Komitetu Centralnego, przestrzegał, że małoduszność zabić może ideę organizacji i stłumić wiarę w sens dalszej walki. Te same akcenty troski o przyszłość znajdujemy w liście do Langiewicza, a także między wierszami listu do Zygmunta Padlewskiego. Bo jakże inaczej mamy rozumieć słowa: „...sprawa nasza liczyć będzie o dwóch nieposzlakowanych ludzi więcej, którzy przykładem swym będą przyświecać drugim"? Albo: „...zhańbić siebie ucieczką to jedno, co zabić siebie na zawsze i wystawić sobie patent na wieczną bezczynność".

Przyszłość – główny motyw uczynków chłopca, który niedawno skończył dwudziestkę.

Kolejny polski rewolucjonista – i w jednej osobie szlachcic z Ukrainy – uważał, że nie wolno dopuścić, aby rozgłaszano, iż na czele Komitetu Centralnego Narodowego stoi tchórz i człowiek bez honoru. Zaprzeczenie posądzeniu wymaga oddania głowy, ale to lepsze od plamy na chorągwi powstania.

Tylko taki sposób myślenia, w którym tradycja i rewolucja stapiają się w jedno, może wyjaśnić zupełnie niebywałe zjawisko: w samej gorączce wojny szef powstańczego gabinetu, człowiek niezastąpiony, nieugięty i najwierniejszy z wiernych, daje się zabić w pojedynku.

W tych wywodach pozornie istnieje pewna wyraźna luka. Przecież Bobrowski mógł odmówić satysfakcji, jak odmówił podania ręki. Przecież mógł powiedzieć: pan Grabowski to kłamca i oszust, który samozwańczo podszył się pod firmę Rządu Narodowego i świadomie wprowadził w błąd innych, chociażby takiego prawego żołnierza jak Bentkowski.

Tego właśnie Stefan Bobrowski uczynić nie mógł. Profesor Adam Szelągowski domyślił się słusznie, że szefowi Komitetu dowiedziono czegoś wręcz przeciwnego: Adam Grabowski nie był ani samozwańcem, ani (tym razem) stuprocentowym oszustem. Działał bowiem w porozumieniu i z upoważnienia dwóch członków rządu – Agatona Gillera i Leona Królikowskiego. A więc w myśl zasad kodeksu honorowego Bobrowski dopuścił się obrazy czci i winien był dać zadośćuczynienie.

Jeśli w warunkach konspiracji ktoś powołuje się na polecenie jednego, a tym bardziej dwóch ministrów, to niepodobna mu nic zarzucić. Żaden emisariusz nie może oczekiwać zaproszenia na posiedzenie pełnego gabinetu.

Jasne, że Grabowski był wtajemniczony w arkana marcowego zamachu stanu. Ale to już jest meritum sprawy. Jej strona formalna przedstawiała się tak, jak powyżej naszkicowano. I tego by najzupełniej wystarczyło do odpowiedniego oszkalowania zarówno Komitetu, jak i samego Bobrowskiego, chociażby za pośrednictwem „Czasu" czy sieci organizacyjnej Białych. Kalumnia i potwarz stanowią ulubioną broń pewnych sfer.

„Miał Grabowski protektorów w zajściu z Bobrowskim" – powiada Tomasz Burzyński. Brat poległego, Tadeusz, zanotował opinię, utrzymującą się w Poznaniu. Nie wątpiono tam, że Grabowski był tylko narzędziem „kliki krakowskiej", pragnącej „pozbyć się człowieka, którego szperanie ją niepokoiło".

Później pomówimy o tym, czy tylko „szperanie" wchodziło w grę. Trzeba teraz przypomnieć, jak w przyszłości ludzie dobrze myślący załatwili sprawę Bobrowskiego.

W książce Stanisława Koźmiana znajdujemy wiele, wiele stronic skrzętnie zapełnionych opisami rozmaitych tajnych wyroków, „morderstw" i temu podobnych nieprawości, spełnianych z rozkazu władz konspiracyjnych. Opowiadanie o śmierci zupełnie wyjątkowej kanalii, Polaka, urzędnika śledczego ze Lwowa, zajmuje przeszło cztery strony. O zgonie Stefana Bobrowskiego napisano tam tyle: „Zajście jego z hrabią Grabowskim i jego śmierć w pojedynku – znane".

Doprawdy, sam Leonidas, wielki wódz spartański, pozazdrościłby tak chwalebnej lakoniczności. Skądże ona? I skąd twierdzenie „znane", kiedy było odwrotnie i własna rodzina poległego nie miała konkretnych wiadomości? Chociaż bez wątpienia byli tacy, co wszystko wiedzieli...

Energiczniej od Koźmiana poczynał sobie Florian Ziemiałkowski. W trzeciej części jego pamiętnika znajdujemy gorzkie biadania nad faktem zamachu na wielkiego księcia Konstantego. Dużo tego, przeszło dwie strony, to i owo warto przytoczyć. Ziemiałkowski pisze o zgrozie, jaka ogarnęła ludzi „głębiej nasz naród znających" na wieść, że znaleźli się w Polsce tacy, co uważają,

> że zabójstwy i terroryzmem, że napaścią na bezbronnych można działać w sprawie kraju. Idea ta nie była polską, przynieśli ją ze sobą z uniwersytetów moskiewskich młodzi zapaleńcy, przynieśli ją z Zachodu uczniowie tamtejszej rewolucyjnej szkoły... Naród wolny brzydził się zawsze terroryzmem, wzdrygał na podobne zamachy. Byliśmy niezwalczonymi w boju, aleśmy się nigdy na bezbronnych nie rzucali... My... strzelanie do bezbronnych, terroryzowanie wszelkiego rodzaju uważaliśmy za niegodne szlachetnego celu naszych wysileń... środki hańbiące na nic się sprawie nie przydadzą... To, co ma zwyciężyć, musi mieć w sobie siłę ducha czystego, wielkiego, musi mieć w sobie świętość.

O jakieś sześćdziesiąt stronic dalej czytamy:

> Bobrowski, który oskarżył Grabowskiego o nadużycie pełnomocnictwa i dyktaturę Langiewicza imieniem Komitetu Centralnego za nieważną ogłosił, został wysłany przez Grabowskiego na tamten świat.

Jak na zwolennika świętości w polityce i siły „ducha czystego, wielkiego" – wcale nieźle powiedziane.

Skoro tak gładko udeptano mogiłę, nie byłoby ceremonii z żywym. Ogłoszono by go za łotra, a sprawę, którą reprezentował, za łajdactwo. Bobrowski znalazł się w potrzasku.

Tadeusz Bobrowski wspomniał „klikę krakowską". Historiografia nasza zna inne, znacznie bardziej salonowe określenie – „grono krakowskie". Termin ten oznacza po prostu późniejszych rządców dusz c.k. Galicji i Lodomerii – stańczyków.

Przy okazji warto może przypomnieć, że gdzieś tam na marginesie politycznego startu „grona krakowskiego" snuje się cień na wpół ślepego człowieka, którego zmuszono do walki na broń palną (podkreślam słowa „na marginesie"; nie zamierzam oskarżać Koźmiana czy Tarnowskiego o bezpośredni udział w zbrodni, będącej wspólnym dziełem stronnictwa, do którego należeli).

Jak zareagowali współcześni?

Według Tadeusza Bobrowskiego Kraków – chyba ten oficjalny – „jak na przebiegłą dewotkę przystało, okrył się żałobą, wyprawiał egzekwic, płakał i modlił się".

Nie jest to zbyt wyczerpująca informacja, o czym zdaje się świadczyć charakterystyczne wydarzenie. Jednym z głównych winowajców w aferze langiewiczowskiej był, jak pamiętamy, Leon Chrzanowski. Co gorętsi Czerwoni krakowscy chcieli go nawet karać śmiercią. W kwietniu 1863 roku Chrzanowski dostał się do więzienia, ale na krótko. Aresztowano go 11 kwietnia – w przeddzień morderczego pojedynku. Może zatem i ma rację Adam Szelągowski, który twierdzi, że „Chrzanowski chwilowo wolał w kozie austriackiej przeczekać parną atmosferę". Nie wszyscy widać w Krakowie byli tego zdania, że płacze, modły i egzekwie wystarczą na zadośćuczynienie.

Warszawę, powstańczą Warszawę, ogarnął szał wściekłości. Dopiero teraz pokazało się, jak bardzo i prawdziwie plebs stołeczny pokochał swego naczelnika, któremu dwa miesiące wcześniej niezbyt ufał. Chórem podniosły się głosy oskarżające rząd. Sytuacja Gillera, w którym miasto widziało sprawcę, stała się wręcz groźna. Toteż w końcu maja, po niezbyt poważnym zamachu stanu, Giller na zawsze uciekł ze stolicy i oparł się aż w Paryżu.

A oto opinia ówczesnej liberalnej inteligencji, przekazana nam na piśmie przez Juliana Łukaszewskiego:

> Jeśli w ogóle zmazanie hańby lub obelgi w naszym stuleciu przez poranienie lub śmierć jest anachronizmem barbarzyńskim, to pojedynek w takich okolicznościach i z takim człowiekiem jak B. był po prostu – wyrafinowanym mordem. Nie cofam wyrazu, dodam jeszcze, że nie tyle przeciwnik, co własny sekundant i przyjaciel B. zasłużył wobec sądu historii i własnego sumienia na wyrok wiekuistego potępienia. Cały ten wypadek tyle w sobie mieści potwornej zbrodni, że pióro wypada z drżącej od oburzenia ręki, a myśl ze wstrętem odwraca się od zagłębiania się w tę ciemnię występku. O! biada narodowi, który obojętnie patrzy na zabójstwa swych bohaterów i przewodników! po trzykroć biada tym, którzy przyczynili się do ich zagłady! Cześć pamięci Stefana B.! Gdy inni ginęli z rąk tłuszczy moskiewskiej – on jeden poniósł śmierć od własnych rodaków, i to wedle wszelkich form usankcjonowanych przez dobrze i wysoko urodzonych[1].

W kilka lat po powstaniu Włodzimierz Milowicz i Tadeusz Orzechowski odwiedzili w Wiedniu posła Kirchmayera. Po niejakim czasie w salonie zjawił się Adam Potocki w towarzystwie Adama Grabowskiego, z którym obaj poprzednio wspomniani nie przywitali się wcale. Potocki pytał ich potem o powód takiego postępowania. Na ich zarzut co do zabójstwa Stefana Bobrowskiego odrzekł, że to był pojedynek odbyty „lojalnie".

Dobrze i wysoko urodzeni nie podzielali widać prostackich wyobrażeń gminu. Z ich punktu widzenia sprawa była zarówno zgodna z zasadami moralności, jak i wysoce opłacalna.

W metodologii historii oraz w codziennej praktyce prokuratorów jest niezastąpiona zasada: *is fecit – cui prodest*. Ten zrobił, kto zyskał.

[1] J. Łukaszewski, *Zabór pruski w czasie powstania styczniowego...*, s. 289.

Na przedwiośniu 1863 roku Biali szeroką ławą ruszyli do powstania. Nie w tym oczywiście znaczeniu, by wszyscy osobiście mieli „jąć się do oręża", chociaż wśród młodych wcale nie brakowało takich, co poszli do lasu. Matadorzy stronnictwa sięgnęli po polityczne kierownictwo ruchu.

16 marca zelektryzowała ich depesza z Paryża, że ambasador austriacki, Ryszard książę Metternich, odbył z Napoleonem III dwugodzinną naradę o sprawach polskich. Zaświtała nadzieja sojuszu dwóch państw katolickich, które rzekomo pragną odbudować na północy trzecie – Polskę. Wobec takiego stanu rzeczy nawet katastrofa Langiewicza nie ostudziła zapałów. Konserwatywni działacze tłumaczyli cesarzowi Francuzów, że klęska niewiele właściwie znaczy, bo przecież wojna nosi charakter partyzancki. Z Hôtel Lambert nadchodziły „naglące zlecenia, iż trzeba popierać powstanie, aby wyzyskać widoki porozumienia się mocarstw co do działania dyplomatycznego, które zawieść je musi dalej, niż chcą i dziś mniemają". Za objaw bez wątpienia krzepiący i świadczący o poważnych zainteresowaniach politycznych Paryża uznano to, że cesarzowa Eugenia najpiękniejszego ze swych wierzchowców nazwała „Langiewiczem" (jak wiemy od Henryka Wereszyckiego, cesarzowa błagała Metternicha, by misji w sprawie polskiej nie rozpoczynał 13 marca, w piątek).

Co prawda, już w tym samym marcu miało się okazać, że zadanie Metternicha nie udało się – Austria ogląda się na Francję, Francja na Anglię, a sfery finansowe o niczym słuchać nie chcą. Rozwiały się marzenia o napoleońskich korpusach lądujących w Trieście i podejmujących marsz do Polski, a także o uderzeniu na wybrzeża Bałtyku. Wielopolski w swej warszawskiej samotni zgryźliwie zapytywał, czy anglo-francuska flota przybyła już pod Częstochowę. Białym pozostawały rachuby tylko na interwencję dyplomatyczną.

Te misterne kombinacje wymagały, rzecz jasna, odsunięcia od władzy czynników niepowołanych. Kierownictwo winno było przejść w ręce sfer, których przedstawiciele od czasu do czasu uzyskują nad Sekwaną posłuchanie u Aleksandra Walewskiego, naturalnego syna Napoleona I, eks-dyplomaty, tytularnego ministra stanu, aktualnie sprawującego wysoce polityczną funkcję zwierzchnika teatrów rządowych w Paryżu. Najczęściej jednak nasze konserwatywne znakomitości rozmawiały nie z Walewskim, lecz z jego małżonką.

W marcu Paweł Popiel uzyskał audiencję u samego Walewskiego. Otrzymał wcale niedwuznaczną instrukcję:

– Powstanie wypadło dla nas niespodziewanie, nawet niewcześnie, ale starajcie się, aby ludzie porządku mieli w nim udział i kierunek, bo jeżeli go pochwyci partia skrajna, rewolucyjna, toć niepodobna, żebyśmy uznawali nad Wisłą tych, z którymi tu walczymy nad Sekwaną.

Zagrzany w ten sposób dziedzic Kurozwęk, wkrótce po Grochowiskach skrzyknął do Krakowa zjazd „najpoważniejszych" ludzi. Przedstawił im sytuację w tym sensie, że „skoro honor oręża polskiego został zakwestionowany, wziąć udział w walce, choćby gardła przyszło nadstawić [historia nie zna przykładu wojny, w której się gardeł nie nadstawia], ale pod warunkiem...", który był bardzo specjalny i zasługujący na uwagę: niech się rozwiąże Komitet Centralny i niech odda władzę ludziom, „którym kraj i zagranica zaufać mogą". Z takim żądaniem wysłano do Warszawy niejakiego Chwaliboga.

W drugiej połowie marca położenie w Komitecie kształtowało się w sposób wielce dla Białych obiecujący. Figurował w nim Giller. Nie brakowało już i Karola Ruprechta, który miał bezpośrednie powiązania z Hôtel Lambert i właściwie zaliczał się do politycznych wasali Władysława Czartoryskiego. Inni członkowie rządu to Janowski, nadający się może na szefa ministerialnej kancelarii, lecz nigdy na polityka, i poczciwy Maykowski (który wkrótce, bo 14 kwietnia, musiał na stałe opuścić Królestwo i przenieść się do Galicji). Droga do opanowania Komitetu lub zepchnięcia go na margines wypadków stałaby otworem, gdyby nie Stefan Bobrowski.

Od samego początku przekreślał on, unicestwiał zamiary Białych. Dzięki niemu, zamiast zbrojnej demonstracji przeciwko poborowi, rozpoczęło się powstanie, akcja polityczna, głęboko sięgająca w strefę ustroju społecznego kraju. Tylko on zapobiegł zgonowi ruchu na paraliż organizacyjny. W okresie polangiewiczowskim powstańczy premier zaczął robić rzeczy, które musiały w najwyższym stopniu niepokoić Białych. Najpierw wykazał zdumiewającą energię, odwagę w działaniu i szybkość orientacji. Decyzję wydania odezwy z dnia 21 marca powziął sam, na własne ryzyko i odpowiedzialność, bez oglądania się na czyjekolwiek upoważnienie. Zapowiedź wysoce niebezpieczna, dużej wagi polityczny precedens. Potem ukazał się dekret określający wszelkie pokuszenia o władzę jako zdradę główną. W początkach kwietnia Bobrowski przystąpił do organizowania tajnej Straży Bezpieczeństwa i spowodował zakaz tworzenia jakichkolwiek klik, kółek czy gron politycznych oraz zwracania się do rządów zagranicznych, co już godziło wprost w Białych, ciągle utrzymujących takie kontakty.

Pisało się dawniej wielokrotnie, że te ostatnie zarządzenia wynikły z obaw przed knowaniami Mierosławskiego. Już to jedno trzeba przyznać, że wielu naszym historiografom i działaczom niefortunny „bohater owdowiałego siodła" służył za coś w rodzaju przysłowiowej *Mädchen für alles*. Najpierw pośpieszono ogłosić dyktaturę Langiewicza, bo Mierosławski... który podziewał się nie wiadomo gdzie i dopiero *post factum* zjawił się w Krakowie. Potem utrzymywano, że Bobrowski powołał do życia straż, bo Mierosławski... który siedział pod Wawelem, zakonspirowany, ogolony, nie bardzo mogąc pokazywać się na ulicy, właściwie bezsilny, całkiem zgrany.

Bardzo by to było oryginalne, gdyby bezpośrednio po groźnym zamachu stanu ze strony Białych tylko myśl o panu Ludwiku spędzała sen z powiek naczelnika Warszawy.

Logika wskazuje na co innego. Nie chcąc odsuwać Białych od służby powstaniu, władzę nad nim zabezpieczał Bobrowski dla Czerwonych. Fakty całkowicie potwierdzają śledcze wynurzenia Awejdy. Zapraszanie Białych, dziwne nominacje

– to wszystko taktyka. Pamiętamy pierwszy list Bobrowskiego do Padlewskiego, słowa o potrzebie zachowania ostrożności. Od czasu skreślenia tego pisma upłynął miesiąc i zaszły wypadki, które bardzo wzbogaciły doświadczenie oraz przyśpieszyły intelektualną ewolucję młodego człowieka.

Ogólna sytuacja polityczna była więc taka, że Biali zdecydowanie do powstania przystąpili i pragnęli co rychlej oczyścić jego władze z elementów radykalnych. Przeszkadzał im w tym człowiek, który mógł rozkazywać Warszawie, tworzył nowe, tajne ramię zbrojne – straż, i był szefem rządu. Właśnie ten człowiek – on, nie kto inny – ginie w pojedynku nakazanym przez politycznych przeciwników, przez sąd honorowy pozostający pod auspicjami partii czy „kliki" krakowskiej. Trzeba wielkiej naiwności, by upatrywać w tym przypadek, ślepą grę sił. Można natomiast i należy podziwiać tempo rozgrywki: 21 marca – wydanie słynnej odezwy, 12 kwietnia – śmierć. Trzy tygodnie!

Is fecit, cui prodest.

Spotkanie w Lesie Łaszczyńskim to nie pojedynek, lecz morderstwo z premedytacją.

Moralna ocena faktu nie pozostawia wątpliwości. Teraz jednak wypada stwierdzić znaną prawdę, że zabójstwo z motywów politycznych zalicza się do wydarzeń raczej normalnych. Cóż zwyklejszego od usuwania niewygodnych ludzi? Stefan Bobrowski nie był ani pierwszy, ani ostatni. Pora więc po prostu sprawdzić, jak wyzyskano jego zgon, co uczynili ludzie, którym ubył z drogi główny przeciwnik.

Od 12 kwietnia wpływ Białych na powstanie, już i przedtem znaczny, stał się decydujący. Tego samego dnia nadzwyczajny, naprawdę niebywały zbieg okoliczności otworzył przed nimi szlak, który z punktu widzenia ich własnego programu wiódł prosto do wrót zbawienia. Car ogłosił amnestię. Koła, którym poprzednio nieobca była myśl o wystąpieniu przeciwko powstańcom na czele własnych chłopów, ramię w ramię z żandarmami, teraz w przeciągu kilku godzin zdecydowały się odrzucić ofertę Aleksandra II. Zatrzasnęły furtkę, na nic nie czekając.

Tradycyjne zapatrywania każą uważać amnestię za chytry wybieg. Nieraz już wzmiankowane studium profesora Riewunienkowa zawiera mnóstwo materiału obalającego ten pogląd. Autor sięgnął do archiwów rosyjskich, gdzie spoczywają istne skarby wiedzy – w postaci niewyzyskanych dotychczas rękopisów. To wszystko, co Riewunienkow pisze o stanowisku mocarstw zachodnich wobec powstania, jest od dawna znane. Profesor Henryk Wereszycki w dwóch książkach o polityce Anglii i Austrii pierwszy dowiódł, iż nikt tam nie myślał o ratunku dla Warszawy. Archiwa londyńskie, paryskie i wiedeńskie głoszą na ten temat dokładnie to samo co moskiewskie. Dzieło W.G. Riewunienkowa przynosi istne rewelacje z innego zakresu. Maluje niezwykłą słabość militarną ówczesnej Rosji. Autor opiera swe sądy między innymi na niedrukowanym dotychczas pamiętniku carskiego ministra wojny, Dymitra Milutina.

Zaraz po wybuchu powstania Petersburg powziął decyzję postawienia armii na stopie wojennej. Było to potrzebne nie tylko i nie tyle dla walki z Polakami, co w celu pokazania zębów Europie. Należało więc powołać do szeregów sześćset dwanaście tysięcy ludzi, a tymczasem w całym imperium było dwieście czterdzieści dwa tysiące wyszkolonych rezerwistów. Napychanie pułków nic nieumiejącymi rekrutami to czynność mało podobna do ideału stawiania armii na stopie wojennej.

Służba wojskowa trwała w Rosji bardzo długo: za Mikołaja I dwadzieścia pięć lat, później o dziesięć mniej. Ten system sprawiał, że rezerwistów fizycznie zdolnych do ponownego powołania było mało. Carat jeszcze się nie zdobył na to, co Prusy wprowadziły w samych początkach XIX wieku: względnie krótka służba czynna, lecz długa w rezerwie.

Jeszcze gorzej niż z ludźmi było z bronią. Więcej niż połowa wojska po dawnemu miała stare karabiny o gładkich lufach, które już podczas kampanii krymskiej wykazały swą niższość wobec gwintowanych sztucerów francuskich. Braki mogły być wyrównane nie wcześniej niż w roku 1865. Na bliższy termin nie pozwalała nikła wydajność przemysłu. Najbardziej rozpaczliwie przedstawiała się artyleria. Plan na rok 1862 przewidywał przeróbkę sześciuset dwudziestu dział na gwintowane. A tymczasem trzeba ich było... trzy tysiące sześćset.

„Z dubeltówkami bijącymi na sto kroków – u nogi – stali pod ogniem rotowym nieprzyjaciela, co w nich celował, jak do tarczy, z karabinów niosących na tysiąc pięćset metrów" – pisał Żeromski w *Wiernej rzece* o bitwie pod Małogoszczą. Tak się to istotnie przedstawiało z punktu widzenia polskich powstańców, uzbrojonych po domowemu. Rzecz zaczynała wyglądać zupełnie inaczej, jeśli się brało pod uwagę, jako przeciwnika, wojsko francuskie lub angielskie.

Minister Milutin trzeźwo oceniał położenie.

> Było dla nas koniecznością – pisał – w jakikolwiek sposób (*wo cztoby to nie stało*) uchylić możliwość wojny, która w tym czasie przyniosłaby nam zgubę. Nasze siły zbrojne nie były przygotowane do walki. Dlatego nasi dyplomaci musieli wyczerpać wszystkie środki, by – chroniąc nienaruszoną godność Rosji – nie wplątać się w wojnę ze znaczną częścią Europy.

Aleksander II też wykazał znaczną przezorność. Kazał sprawdzić stan wojennego pogotowia rejonu bezpośrednio przylegającego do stolicy państwa. Petersburg leży wszak nad morzem, ewentualnym zaś przeciwnikiem miała być Wielka Brytania. Już podczas wojny krymskiej znaczne siły ubezpieczały wybrzeża Bałtyku.

Powołano specjalną komisję, która doszła do niezbyt wesołych wniosków: „Wobec środków, jakimi w roku 1863 rozporządzają nasi przeciwnicy na morzu, Kronsztadt – na wypadek ataku ze strony morza – nie może być ocalony; wobec natarczywości i sprawności przeciwnika i sama stolica nie może uchodzić za bezpieczną".

Minister spraw zagranicznych, Aleksander Gorczakow, też nie popadał w przesadny optymizm. 18 kwietnia – w sześć dni po manifeście o amnestii – pisał do rosyjskiego posła w Londynie,

Brunnowa: „Według mnie, dla Kronsztadtu uczyni się wszystko, co możliwe. Jeśli chodzi o Petersburg, specjaliści twierdzą, że nawet w wypadku ataku na Kronsztadt potrafimy poważnie zagrodzić drogi dostępu do stolicy. Najważniejsze polega na tym, byśmy sami nie opuścili naszych spraw"[1].

Tak wyglądało ogólne położenie, z którego się narodził manifest o amnestii. Najlepszy sposób zapobieżenia wojnie polegał na usunięciu pretekstu do niej.

Rząd carski od samego początku powstania zachowywał się dość powściągliwie. Nadal jeszcze działało charakterystyczne prawo tamtych lat – niepokoje nad Wisłą skłaniały Petersburg do oględności, politykowania. 27 stycznia Gorczakow pisał do Brunnowa: „Jego Cesarska Mość nie utożsamia większości polskiego narodu (*massy polskoj nacji*) z przestępstwami wrogów wszelkiego porządku i nadal uprawiać będzie w Królestwie ten sam system sprawiedliwości i pogodzenia"[2]. W tym samym liście wyrażał nawet zadowolenie, że rewolucja zrzuciła maskę, wystąpiła jawnie i bez wątpienia zostanie pokonana. Jego zdaniem, problem polegał tylko na tym, czy uda się stłumić ruch od jednego zamachu, czy też opanuje on rozleglejsze tereny, a zwłaszcza lasy, i przetworzy się w małą wojnę. Jak widzimy, wydany przez generała Ramsaya rozkaz koncentracji armii nie tylko przekreślał rachuby Wielopolskiego i wielkiego księcia, ale był też sprzeczny z planami Petersburga.

Mijało dwa lata, odkąd car zaczął się liczyć z czynnymi wystąpieniami Polaków. Ale koniunktura zbliżała się już do kresu.

Wielki książę Konstanty zaczął się domagać amnestii w lutym. Otrzymał odpowiedź, że jeszcze nie czas. W marcu to samo żądanie zgłosił Gorczakow i car ustąpił wobec jego „natarczywych rad", wywołując żywe niezadowolenie Berlina, który dopatrzył się w manifeście objawu szkodliwej słabości. Aleksander nie bardzo

[1] W.G. Riewunienkow, *Polskoje wosstanije 1863 g. i jewropiejskaja dipłomatija*, s. 128.
[2] *Ibidem*.

zresztą wierzył w skuteczność swego kroku. Jednakże ministra posłuchał i spróbował drogi kompromisu. Oczywiście, że uczynił to z obawy przed możliwymi komplikacjami międzynarodowymi, pragnąc uprzedzić wystąpienie mocarstw zachodnich. Postępki polityków rzadko kiedy płyną z dobroci serca i szlachetnych porywów. Kto czeka na taki ewenement, ten sam siebie skazuje na bezczynność. Własne, dobrze zrozumiane interesy skłaniały cara do oględności.

Manifest o amnestii wolno uznać za ofertę pokojową. Aleksander wyraźnie proponował kompromis na warunkach możliwych do przyjęcia i korzystnych dla silniejszego, to znaczy dla siebie, ale ze skromnym uwzględnieniem potrzeb strony słabszej. Poddania się na łaskę i niełaskę nie żądał. Powstańcy mieli więc możność zachowania twarzy... oraz wszystkich korzyści politycznych zdobytych przez naród od lutego 1861 do kwietnia 1863 roku. Manifest wyraźnie zapowiadał utrzymanie dotychczasowej autonomii Królestwa, a nawet zastrzegał carowi prawo „jej dalszego rozszerzania, kiedy praktyka wykaże jej korzyść, i zgodnie z potrzebami czasu i kraju". Przyjmijmy za pewne, że obietnica nie zostałaby dotrzymana i Królestwo niczego więcej by nie dostało, a z czasem nawet wiele straciło (co osobiście uważam za absolutnie nieuniknione). Część chociażby zdobyczy minionej doby, w połączeniu z dokonanym już przez powstanie uwłaszczeniem chłopów, to chyba szczyt tego, co w ogóle można było osiągnąć w zaborze rosyjskim.

Niemiło pisać o amnestii, jeszcze bardziej przykro ją przyjmować. Przywódcy oraz ci powstańcy, którzy poprzednio służyli w armii carskiej, musieliby uchodzić za granicę, bo do nich przebaczenie się nie odnosiło. Ale Polska nie była wtedy suwerenna, jako państwo nie istniała. Największe mocarstwa, kiedy widzą beznadziejność lub bezowocność dalszej walki, przyjmują pokój, ratując co się da. W 1905 roku Rosja też nie czekała na dalsze popisy japońskie.

Tak długo wyglądane przez Białych noty Zachodu zawierały treść znamienną. Najostrzej wypowiadało się mocarstwo leżące za morzem i najmniej, a właściwie wcale niepodejrzane o wojowniczość: Anglia. Chodziło jej o popsucie stosunków Paryża z Rosją i o nic więcej. Najbardziej mdło brzmiały słowa tego państwa, które jedno jedyne z całego towarzystwa graniczyło z caratem – Austrii. Ani ton, ani cel żądań uzgodnione nie były.

„Są bardziej umiarkowane, niż można było oczekiwać" – depeszował car o notach bratu do Warszawy. Gorczakow także nie dopatrzył się w nich ani cienia pogróżki wojennej. Jego odpowiedź była odmowna, lecz utrzymana w tonie oględnym. Mosty nie zostały spalone. Odpowiedzi tej udzielono 26 kwietnia, zaledwie w dwa tygodnie po ogłoszeniu manifestu o amnestii. Do wyznaczonego przez nią terminu brakowało jeszcze dwóch dalszych. Nic zupełnie nie może usprawiedliwić pośpiechu redakcji „Czasu".

Fakt niepodlegający dyskusji: nominację Murawjowa na wileńskiego generał-gubernatora podpisał Aleksander w dniu wygaśnięcia amnestii – 13 maja.

Pierwsze wydanie *Dwóch dróg* ukazało się w listopadzie 1960 roku, a w grudniu autor przeżył chwilę przerażenia. Profesor Henryk Wereszycki wydał – nakładem PWN – *Pamiętnik* Władysława Czartoryskiego, obrazujący polityczną działalność księcia w latach 1860–1864. Niezwykle cenny tom zawiera ponadto protokoły posiedzeń Biura Paryskiego oraz spisane po francusku relacje z rozmów politycznych. Powódź wiadomości, w której łatwo mogły utonąć dotychczasowe tezy.

Oto całkiem wiarygodne fakty:

11 kwietnia 1863 roku Władysław Czartoryski widział się z księciem Plon-Plon. Usłyszał, że cesarz Napoleon III waha się nadal i jest niezadowolony z postawy Austrii, a zwłaszcza Anglii. W osiem dni później – 19 kwietnia – znowu rozmowa z księciem Plon-Plon, który doradza stworzenie faktu dokonanego, na przykład zajęcie Odessy. To by dopiero porwało opinię publiczną i „pociągnęło" rząd paryski! Nazajutrz Czartoryski przynosi spisany projekt: statek wiozący broń wypłynąłby z Marsylii,

Generał Władysław Bentkowski ze sztabem powstańczym,
fot. 1863.
Biblioteka Narodowa w Warszawie

Atak powstańców na konwój rosyjski pod Kozłową Rudą w Augustowskiem,
1 kwietnia 1863,
drzeworyt („Illustration. Journal Universel” z 25 kwietnia 1863),
rys. Janet Lange, ryt. Best, Cosson, Smeeton.
Muzeum Niepodległości w Warszawie

Wymarsz powstańców z Grodna,
drzeworyt, 1863–1864,
Kolekcja Rapperswilska.
Biblioteka Narodowa w Warszawie

Pochód na Sybir, akwarela Jana Kasprzyckiego, 1889
(kopia rys. Zygmunta Grottgera z 1865 pod tymże tytułem).
Muzeum Niepodległości w Warszawie

POWSTANIE STYCZNIOWE (1863 r.)

skala 1: 4 500 000

- Wystąpienia powstańcze 21 – 25 I 1863 r.
- Miejsca ważniejszych bitew i potyczek
- Ważniejsze bitwy po 25 I 1863 r. (25 V)
- Główne linie kolejowe i miejsca ważniejszych akcji sabotażowych
- Granice i numery korpusów wojsk powstańczych (IV)
- Tereny, na których dłużej utrzymywały się oddziały powstańcze
- Rejon działania oddziału ks. Stanisława Brzóski (do X 1864 r.)

po drodze zabrałby z Konstantynopola dowódcę akcji, z Dobrudży zaś żołnierzy. Odessa ma podobno słabą załogę i mogłaby paść. Na początek trzeba dwustu tysięcy franków.

Chimeryczny pomysł rozpatrywano „na serio". Tak zupełnie, jakby wieść o cudzym sukcesie mogła wciągnąć Francuzów do wojny. W przedstawiającym rzecz tekście ani śladu, ani cienia tego, co się zdarzyło 12 kwietnia, pomiędzy pierwszą ze wspomnianych rozmów a drugą.

Oferty cara jakby nie zauważono. Projektowano za to działanie, którego sama próba musiałaby rozjątrzyć Rosję, dostarczyć atutu czynnikom skrajnie nacjonalistycznym.

We wstępie do wspomnianego tomu mówi profesor Wereszycki, że Czartoryski zamierzał podkreślić w swym pamiętniku winę Napoleona III, który zwiódł Polskę i pozostawił ją własnemu losowi. Na pewno taki był cel subiektywny. Ale pokazane w pamiętniku fakty ciężko oskarżają również samego Czartoryskiego i jego towarzyszy politycznych.

Nieco wcześniej, bo 26 marca, Czartoryski rozmawiał z Napoleonem III, od którego usłyszał dosłownie: „Nie, w tej chwili nie ma mowy o wojnie... kwestia winna być rozwiązana przez interwencję dyplomatyczną". Zapytany o cel tej interwencji oraz o projekt koronacji wielkiego księcia Konstantego na króla Polski, Napoleon III powiedział rzeczy mocno interesujące:

> Wielki książę od dawna o tym myśli. W zeszłym roku odbyła się, wiadomo mi o tym, tajna narada, w której uczestniczyli wielcy książęta Michał i Konstanty, margrabia Wielopolski oraz pewna wybitna osobistość rosyjska, która mi o tym opowiadała (prawdopodobnie był to hr. Mikołaj Orłow, dyplomata – przypisek w protokole). Podczas tej narady była mowa o stworzeniu z Polski niepodległego królestwa z wielkim księciem Konstantym jako monarchą. Projekt dyskutowano, wielki książę Michał poparł go całkowicie; Konstanty również się przyłączył; zapytano Wielopolskiego; odpowiedział, że może się tylko cieszyć z takiej kombinacji, ale zanim się pomyśli o podobnej zmianie w położeniu Polski, trzeba wcześniej oczyścić kraj z wszelkich elementów nieporządku i anarchii. To był pierwszy po-

mysł branki. Wielki książę Konstanty przyłączył się całkowicie do zdania margrabiego.

Charakterystyka Wielopolskiego wzbogaciła się o nowy szczegół. Decyzji o koronacji Konstantego jeszcze nie było, cała rzecz pozostawała najwyżej w sferze luźnych projektów. O prawdziwej niepodległości śmiesznie by rozprawiać. Ale polityk z prawdziwego zdarzenia popierałby te projekty ze wszystkich sił, widząc, że daleko jeszcze do granic legalnego działania z jednej, a uspokajania umysłów z drugiej strony. Wielopolski wolał sprowokować kraj.

Jakie znaczenie miało jednak to opowiadanie? Pamiętajmy, że mówił Napoleon III, 26 marca 1863 roku. Rozumieć jego słowa należało chyba tak: trwajcie, wojny nie będzie, ale interwencja dyplomatyczna dopomoże wam do osiągnięcia jakiegoś kompromisu z Rosją; szczyt waszych marzeń to brat cara na podporządkowanym Rosji tronie w Warszawie.

Wkrótce ambasadorowie Austrii i Anglii powiedzieli Czartoryskiemu w sposób jak na dyplomatów nawet dość rzetelny, że o wojnie próżno marzyć w danej chwili, można najwyżej skłonić Rosję do ustępstw. 12 kwietnia car rosyjski sam zaproponował kompromis.

Czartoryski mówił, owszem, o amnestii, lecz dopiero w rok później, 18 kwietnia 1864 roku. Próbował skłonić Napoleona III do zabiegów o łaskę cara dla mieszkańców kraju bezwarunkowo pokonanego.

Na co więc przydała się Białym śmierć Stefana Bobrowskiego? Objąwszy władzę nad powstaniem, szli dalej, ale już na ślepo, po tej samej linii, którą poprzednio jak najostrzej potępiali i na której żadnych więcej zdobyczy nie było można osiągnąć.

Kwiecień 1863 roku stanowi w dziejach powstania styczniowego granicę bardzo wyraźną. To, co nastąpiło później, było moralnie piękne, jak na przykład czyny i zgon Romualda Traugutta. Politycznych ani ustrojowych korzyści nie przynosiło.

14 lipca Gorczakow pisał do Brunnowa:

Politycznie jest to sceniczne widowisko, mające oddziałać na Europę. Hasłem komitetów działających z zewnątrz jest podtrzymywać je wszystkimi środkami, ażeby dostarczyć dziennikarstwu przedmiotu do deklamacji, oszukiwać opinię publiczną, napierać na rządy, narzucając im sposobność i pozór do interwencji dyplomatycznej, która by doprowadziła do działania wojennego.

Jeszcze w marcu Walewski komunikował przez Ruprechta Komitetowi Centralnemu: „...jedyną kwestią może być tylko termin całkowitego zerwania [Francji] z Rosją, które w każdym razie nastąpić może nie później niż na wiosnę 1864 roku".

Do tej pory, jak wiemy, powstanie posłusznie przetrwało, podtrzymywane i kierowane przez Białych. 18 kwietnia 1864 roku Napoleon III przyjąć raczył księcia Władysława Czartoryskiego, co się już od dawna nie zdarzało. Oświadczył, „że wszystko w sprawie polskiej skończone, i wyraźnie a stanowczo zalecił zaniechanie powstania, nie widząc już w nim nic innego prócz źródła klęsk i ruiny kraju".

Polski arystokrata okazał się naiwnym politykiem, ale potrafił zachować godność. Warto przytoczyć cały fragment jego pamiętnika:

Cesarz: „Ależ zawsze tak nieszczęśliwie i nie w porę porywacie się do broni. W czasie wojny krymskiej cicho siedzieliście, a teraz powstaliście w chwili spokoju w Europie". Ja: „W czasie wojny krymskiej cesarz wie, kto nas wstrzymał i co zaszło. Sam cesarz żądał, by nie było powstania, a jego rząd ciągle nam oświadczał, że naszej sprawy się nie tknie. Co zaś do dzisiejszego powstania, cesarz także wie, kto nam radził, by trwać i rozszerzać ruch zamiast go stłumić". Powtórzyłem w tym względzie wyrazy na to mi powiedziane. Rozmowa zakończyła się kwaśno i cesarz nie zapomniał mi tej gorzkiej prawdy z boleścią wypowiedzianej przeze mnie[1].

[1] Władysław Czartoryski, *Pamiętnik 1860–1864. Protokoły posiedzeń Biura Hotelu Lambert, cz. I i II. Entrevues politiques*, Warszawa 1960, s. 200.

Odtąd Napoleon III przyjmował księcia tylko na publicznych audiencjach. Rozmowy w cztery oczy skończyły się raz na zawsze.

Czartoryski natychmiast uwiadomił swych politycznych przyjaciół o stanowisku Francji. Wszelkie komitety i grona w Galicji niezwłocznie zaprzestały akcji, skwapliwie pozbywając się pieczątek, z których pomocą słały przedtem polską młodzież pod kozackie szable.

Gdybyż to jeszcze rachunek zbytecznych strat dało się ograniczyć do przelanej krwi...

Aż do interwencji mocarstw zachodnich nawet urzędowa prasa petersburska wyrażała się o Polsce i Polakach powściągliwie, bez nienawiści. Pojawiały się nawet artykuły nacechowane czymś w rodzaju sympatii. Organ Ministerstwa Spraw Wewnętrznych, „Petersburskije Wiedomosti", prostował pogłoskę o rzekomym obrabowaniu przez powstańców pewnego generała z pieniędzy. „Russkij Wiestnik" komentował zdarzenia w ten sposób, że Polak broni sprawy polskiej, a Rosjanin rosyjskiej i tak dalej. Tak pisała oficjalna, cenzurowana prasa. Demokraci, z Hercenem na czele, stali po naszej stronie, a szerokie masy uważały walkę z powstaniem za kwestię, która może obchodzić tylko rząd.

Interwencja dyplomatyczna mocarstw zmieniła wszystko w sposób radykalny. Przyjaciele Polski zostali izolowani. Buchnął w Rosji podjudzony szowinizm. Rzecz była oczywiście rozdmuchiwana odgórnie. Nie zapomnijmy jednak o szczególnej okoliczności: był rok 1863 – osiem lat wcześniej angielskie, francuskie i włoskie pułki ekspedycyjne wojowały na Krymie. Teraz więc zaczęło się mówić o ponownym zamachu na całość i nierozdzielność państwa, o tym, że Polacy ułatwili roszczenia nieprzyjaciół do tych czy innych dzielnic ojczyzny, przede wszystkim do Ukrainy.

Dopóki Polacy sami walczyli z caratem – korzystając co najwyżej z pomocy rosyjskich i zachodnich rewolucjonistów – kwestia była dla każdego, nawet niechętnego im Rosjanina bądź co bądź prosta, nie zanadto jątrząca. Odważna słabość czasem rozbraja moralnie. Wszystko zaczęło inaczej wyglądać, kiedy wmieszały się mocarstwa. W przeciągu poprzedniego półwiecza obce wojska dwa razy wchodziły do Rosji.

Pamiętniki dają wyraz oryginalnemu zjawisku. Przez Cesarstwo popłynęła fala niewczesnej trwogi. Niektóre wypowiedzi aż śmieszą. W Moskwie na przykład byli tacy, co obawiali się powrotu XVII stulecia i nowego najścia Lachów na Kreml. Gdzie indziej przepowiadano, że kosynierzy, jak się dobrze rozmachają – wykoszą połowę Rosji. Fiasko dyplomatycznej interwencji mocarstw zachodnich ustawiło rzeczy we właściwych proporcjach. Mgły opadły i okazało się, że na placu – zamiast groźnej koalicji – są tylko słabiutcy, uzbrojeni w dubeltówki powstańcy.

Wspomnienie o własnym lęku nie należy do miłych. Strach przed wojną wyładował się w tym surowszych represjach.

Czerwoni nie liczyli na pomoc Zachodu. Bobrowski zaraz na początku mówił Komitetowi Centralnemu, że z tej strony niczego spodziewać się nie można i nie należy. Interwencja dyplomatyczna, której akt pierwszy nastąpił w kwietniu 1863 roku, stała się dla Polski istnym nieszczęściem.

Paweł Popiel w dość bezceremonialny sposób scharakteryzował Czerwonych:

> Szumowiny polskiego społeczeństwa, ludzie bez stanowiska, z nauką typową kodeksu rewolucyjnego, bankruci moralni albo majątkowi, aplikanci po urzędach, dependenci, technicy, pseudoliteraci, wojskowi niższych stopni, zbiegi od ołtarza i kilku szlachetnych entuzjastów, jak Frankowski, Padlewski, oto, z czego składał się Komitet i jego organizacja... Dostarczyła mu głównie żywiołów ludność miejska, fabryczna, rzemieślnicza i liczna bardzo w kraju klasa oficjalistów ekonomicznych, słowem, stan średni, który przyszedł do poczucia narodowego, a przez rodzaj i stopień wykształcenia łatwo mógł być pozyskanym i uwiedzionym...

Gdy tymczasem – ciągle zdaniem Popiela – „w każdym kraju, tym bardziej przeważnie rolniczym, o losie jego orzekać mogą tylko ci, co są panami ziemi".

Jakim cudem stać się mogło, że „szumowiny" wybrały bez porównania mądrzejszą linię polityczną od tej, po której kroczyła elita? Trudno przeczyć – w Komitecie zasiadali ludzie młodzi, pozbawieni doświadczenia, a nieraz i wykształcenia. Wśród Białych pełno było takich, co znali Europę na wylot. Chociażby sam Paweł Popiel – jeszcze przed powstaniem listopadowym dłuższy czas bawił na Zachodzie, odbywał tam studia. Kiedy wybrał się do Londynu, czekało go tam mieszkanie wynajęte za jego pieniądze, ale z polecenia angielskiego ambasadora we Francji. Poznał takie osobistości, jak lord Wellington, sir Stratford Canning, Palmerston, prowadził z nimi rozmowy na tematy polityczne. Wybitny publicysta Crooker, redaktor „Quarterly Review", wyjaśnił mu przy okazji, na czym polega „ustrój arystokracji angielskiej, który jest taki, że nie tylko najwyższe zdolności, ale każda zasługa i siła w niej miejsce znaleźć mogą". Stanisław Koźmian przez ojca, Andrzeja Edwarda, miał przystęp do najwyższych sfer politycznych, biesiadował z ministrami.

A jak co do czego doszło, elita zachowała się niczym stado naiwnych dudków. Studencina Bobrowski okazał się mądrzejszy od niej.

W 1957 roku ukazała się w Londynie praca młodego historyka, doktora Stanisława Bóbr-Tylingo: *Międzynarodowe koła finansowe wobec powstania styczniowego*. Autor w sposób ściśle naukowy pokazuje działalność środowisk, o których wielu lubi rozprawiać szeroko, lecz mętnie. Finansjera europejska była stanowczo przeciwna wojnie o Polskę. Sam wybuch powstania był sprzeczny z jej interesami. W roku 1862 dom Rotszyldów pożyczył Rosji piętnaście milionów funtów szterlingów, a wybuch w Królestwie spowodował gwałtowny spadek akcji. Po wojnie krymskiej carat przystąpił do rozbudowy sieci kolejowej, co od razu otworzyło olbrzymie możliwości przed kapitałem zachodnim.

Z jego punktu widzenia wojna byłaby klęską. Za to doraźne naprężenie stosunków politycznych dawało pokaźne zyski. Rosjanie musieli na gwałt kupować uzbrojenie, zwłaszcza działa i płyty pancerne dla Kronsztadtu, robić zapasy. Przytoczona przez doktora Bóbr-Tylingo statystyka obrotów portu petersburskiego dowodzi, jakie korzyści przypadły zachodnim eksporterom, kupcom i przemysłowcom. Liczby umieszczone na pierwszych miejscach odnoszą się do pierwszego kwartału 1862 roku, dalsze są późniejsze o dwanaście miesięcy. Bawełna: 1 850 000 kg wobec 9 330 000 kg; żelazo: 2 485 000 kg i 5 875 000 kg; jedwab: 2 700 000 kg i 15 370 000 kg; ołów: 1 300 000 kg i 4 120 000 kg, i tak dalej, i tak dalej. Wybuch wojny radykalnie zakończyłby kokosowe interesy.

Za wojną byli właściwie tylko duńscy hodowcy koni, dostawiający wierzchowce dla jazdy rosyjskiej. Jednakże wpływy ich nie grały decydującej roli. Rotszyld znaczył więcej. W październiku 1863 roku Beniamin Disraeli zwięźle podsumował wyniki minionej rozgrywki: „Obecnie pokój świata został uratowany nie przez mężów stanu, ale przez kapitalistów. W ostatnich trzech miesiącach toczyła się zacięta walka między tajnymi organizacjami a europejskimi miliarderami. Na razie zwyciężył Rotszyld".

Nie on jeden. Cała finansjera była w tej mierze zgodna. Angielska City szła ręka w rękę z Achillesem Fouldem[1], jednym z najbogatszych bankierów paryskich, długoletnim francuskim ministrem skarbu. Książę Karol de Morny, przyrodni brat Napoleona III, działał bardzo energicznie. Był on członkiem rady nadzorczej „Crédit Mobilier", która to organizacja zgarniała krocie na budowie carskich kolei. Głosił teorię, że Rosja jest „kopalnią dla kapitalistów". W końcu lutego 1863 roku jeździł do Petersburga, gdzie zapewne ułożył z ministrem Gorczakowem sposoby porozumiewania się i współdziałania. W ten sposób carska dyplomacja rozporządzała wiadomościami płynącymi z pierwszorzędnego źródła, z samego dworu francuskiego, i to w znacznej mierze tłumaczy jej sukcesy.

[1] „Minister Fould – opowiada Czartoryski – nic nie wiedział o Polsce. Pytał się, co to traktat wiedeński. Musiałem mu tłumaczyć".

Co o tym wiedzieli nasi Biali? Andrzej Edward Koźmian napisał: „Ale giełda, giełda! ta nasza największa nieprzyjaciółka, a chęć oszczędzania jej nad wszystkie względy przeważa". Biadania pochodzą z października 1863 roku. Kilka miesięcy wcześniej, na wiosnę, jeszcze przed interwencją dyplomatyczną, książę Władysław Czartoryski rozmawiał z Napoleonem III:

– Czy Najjaśniejszy Pan mniemasz, że trwanie powstania jest jeszcze potrzebnym?

– Tak jest, i nawet upoważniam do powiedzenia, że tak.

Nasze najbardziej karmazynowe sfery już od dawna nawykły zachowywać się wobec cudzoziemców z Zachodu niczym dzikus, który spotkawszy możniejszego pada na twarz i woła trwożnie: aka! aka! aka! Mamy tego tysiączne przykłady w obyczajach kulturalnych i towarzyskich, w sądach i wartościowaniach – nie brakuje ich i w polityce. Postępowanie Białych podczas powstania styczniowego zalicza się do tej właśnie dziedziny zjawisk. Trzeba przyznać bezstronnie, że pod tym względem Aleksander Wielopolski wyróżniał się bardzo dodatnio. „Markgraf" bił czołem przed idolem własnej potęgi magnackiej, lecz przed niczym więcej. Od serwilistycznego dziedzictwa był wolny. Nie hołdował zakorzenionemu przekonaniu, że sama niebotyczna szlachetność Zachodu, nakazy honoru, będące tam rzekomo jedynym drogowskazem, skłonią Francję i Anglię do przyjścia Polsce na odsiecz.

Ulegamy zresztą sugestiom pozorów. Zanadto się przejmujemy wiadomościami, że Czartoryski gawędził z Napoleonem, a Popiel obiadował u Wellingtona przy obrusie przedstawiającym plan bitwy pod Waterloo. Wszystko to bardzo nam przeszkadza ocenić dystans, który dzielił naszych karmazynów od czynników naprawdę rozstrzygających o polityce europejskiej.

We *Wspomnieniach* Leona Sapiehy, dziada niedawno zmarłego kardynała, jest opis wizyty, którą pamiętnikarz, w towarzystwie Aleksandra Fredry, złożył raz w Wiedniu Rotszyldowi. Do „króla finansowego" poszło dwóch przedstawicieli najwyższej arystokracji polskiej. Warto przeczytać ową relację, za długą, by ją tu cytować, i sprawdzić, z jaką słabo maskowaną pozorami uprzejmości butą traktował ich Rotszyld, jak się przed nim płaszczyło najlepsze towarzystwo wiedeńskie, co za grzeczności świadczyli mu habsburscy arcyksiążęta[1].

„Znaj proporcje, mociumpanie!" – napisał w *Zemście* Aleksander Fredro, gniewny gość Rotszylda. Stronnictwo Białych nie posłuchało zbawiennej rady. Chciało politykować w towarzystwie takich, dla których nasi „panowie ziemi" byli zwyczajnym zerem.

Biali nie stanęli na wysokości zadania, bo przestali być sobą, polskim stronnictwem konserwatywnym, które buduje plany, opierając się na rodzimych, a nie importowanych z zagranicy motywach rozumowania. Rzecz doprawdy paradoksalna – chwila wymagała od nich wierności ich własnemu, białemu programowi, który wyrzekał się walki zbrojnej, uważanej przez to stronnictwo za beznadziejną. Biali zgodzili się oddać ster spraw krajowych Paryżowi i właśnie dlatego od kwietnia 1863 roku aż do końca powstania Polska niepotrzebnie i strasznie dopłacała do korzyści zdobytych wcześniej przez Czerwonych za cenę stosunkowo umiarkowaną.

Co prawda, te same korzyści można było otrzymać prawie za darmo, ale tej klęsce narodowej skutecznie zapobiegł Aleksander Wielopolski.

Odpowiadając na noty mocarstw, Gorczakow przypisał powstanie machinacjom partii rewolucyjno-kosmopolitycznej (profesor Riewunienkow powiada, że oskarżenia o kosmopolityzm były ulubionym chwytem ówczesnej reakcji; chodziło jej o spotwarzenie przeciwników, których przedstawiała jako ludzi bez ojczyzny i poczucia patriotyzmu). Mniej więcej tego samego zdania był Paweł Popiel wraz ze swymi duchowymi braćmi. Według niego partie przewrotu wszędzie działały solidarnie, poznając się po strzępku szarpi z czerwoną kroplą pośrodku.

[1] L. Sapieha, *Wspomnienia (z lat od 1803 do 1863 r.)*, Lwów [b.r.], s. 205–206.

Rozporządzamy świadectwami osób doskonale poinformowanych, które przeczą oskarżeniom o uleganie obcej inspiracji.

Karol Blind, osobistość wśród ówczesnych rewolucjonistów bardzo wybitna, napisał w roku 1888: „Mazzini uważał powstanie za przedwczesne i bardzo je odradzał. *Początek jego miał tylko i wyłącznie polskie przyczyny*".

Konsul francuski rozmawiał raz z Wielopolskim o posądzeniach, że to Paryż prowokuje niepokoje. Margrabia odrzekł: „Nie, te polskie niepokoje nie są kierowane ani przez was, ani przez nikogo z zagranicy, *to wyszło samo z Polski*".

Rozmowa odbyła się 23 grudnia 1861 roku. Wielopolski doskonale więc i zawczasu wiedział, że ma do czynienia z ruchem rdzennie polskim, wynikłym z rzeczywistych warunków kraju. Promotorów takiego ruchu pragnął wyprawić nad Bajkał.

Istota różnic między Czerwonymi a Białymi jest jasna. Ci pierwsi szli po polskiej drodze. Biali sprzątnęli Bobrowskiego i tego samego dnia zepchnęli z niej powstanie.

POSŁOWIE

Dopuściłem się w tej książce grubej samowoli. Chodzi o rozbieżność tytułu i treści. Rozważania o powstaniu, trwającym cały rok 1863, urywają się na wiośnie, z czterech kwartałów roku uwzględniają właściwie tylko jeden. Sięgają za to wstecz.

Uniwersytecki historyk nigdy by sobie nie mógł pozwolić na takie poczynania. Lekki autorament dziejopisarski jest wprawdzie wykluczony z towarzystwa górnego znaku, przez to samo posiada jednak pewne przywileje. Wolno mu literackimi sposobami kształtować materiał i uwypuklać poglądy.

Wydaje mi się, że najważniejszy, decydujący o przyszłości okres powstania niewiele przekracza pierwsze trzy miesiące, licząc od daty wybuchu. Podkreśliłem to bezceremonialnie, do nich tylko ograniczając opowiadanie.

Nasze dwa wielkie powstania XIX wieku różnią się między sobą bardzo znamiennie. Działania zbrojne listopadowego studiowano w akademiach wojskowych. Przydawały się do szkolenia dowódców na szczeblu operacyjnym. Taktyczne użycie artylerii w bitwie pod Ostrołęką budzi liczne refleksje w dobie, która wprowadziła czołgi i działa samobieżne, czyli artylerię zdolną do szarż na siłę żywą. Epoka napoleońska pozostawiła nam w spadku znakomitych fachowców wojskowych. Ksiądz Antoni Mackiewicz, żmudzki przywódca z 1863 roku, zasługuje na pamięć i cześć jako bohater. Ale w starciu pod Birżami zawiódł. Nie ze złej woli oczywiście. On po prostu nie znał podstawowej zasady wojowania: „*Marcher au canon!*". Słyszał strzelaninę i zamiast od razu jak najszybciej pójść Sierakowskiemu z pomocą – spóźnił się. Potem jego czyny pełne były samozaparcia, ale dwustu ludzi i ich potyczki to w ogóle nie jest problem militarny. Nie były nim zresztą ani Birże, ani Grochowiska.

Najważniejsza uchwała sejmu w roku 1831 polegała na ogłoszeniu detronizacji Mikołaja I. Utrzymała się w mocy, dopóki Paskiewicz nie zdobył Warszawy, czyli kilka miesięcy. W roku 1864, kiedy powstanie było już złamane, a opór zbrojny dogorywał, zwycięzca zabrał się do urządzania stosunków wewnętrznych i od razu musiał stwierdzić, że w najważniejszej sprawie jest pozbawiony swobody poczynań, o czym za chwilę nieco obszerniej. Komitet Centralny Narodowy już był bowiem wyznaczył drogę, po której carscy pełnomocnicy musieli pójść. I to drogę korzystną dla Polski, a nie dla caratu.

Różnice są bardzo jaskrawe i literatowi wolno podkreślać je każdym sposobem, jaki mu tylko przyjdzie na myśl.

Jednakże wszelkie swobody, a więc także i pisarskie, mają swe wyraźne granice logiczne i moralne. Mogę oczywiście doprowadzić opowiadanie tylko do wiosny 1863 roku, lecz nie przysługuje mi prawo uchylenia się od dyskusji na temat ogólnych skutków powstania. Takie postępowanie oznaczałoby właściwie lekceważenie tematu i dawało zwolennikom przeciwnych poglądów znakomitą broń do ręki. Ataki na powstanie styczniowe trwają już niemal pełne stulecie i metoda ich prowadzenia jest znana. Polega ona na odmowie badania konkretu i na podkreślaniu skutków, rzekomo wyłącznie ujemnych. Słyszeliśmy wiele razy i nadal słuchamy: polskie szaleństwo! margrabia Wielopolski uzyskiwał ulgi, oni mu wyrwali grunt spod nóg, skrwawili kraj, znowu zaludnili Sybir Polakami, spowodowali represje, ostrą rusyfikację, ułatwili grę Bismarckowi. Niektórzy mówią nawet o popowstaniowym kryzysie poczucia narodowego oraz o upadku piśmiennictwa.

Dałem już wyraz przekonaniu, że powstanie zostało niepotrzebnie przeciągnięte, co przyniosło dodatkowe i zbyteczne straty.

Pragnę o tym przypomnieć, zabierając się do próby bilansu całego ruchu, rozpoczętego rewolucją lutową 1861 roku, a zakończonego w chwili śmierci Romualda Traugutta. Ostatnie, jeszcze późniejsze echa powstania nie miały już istotnego wpływu na los kraju.

*

Powstanie styczniowe było ostatnim w Europie ruchem wywodzącym się z Wielkiej Rewolucji Francuskiej. W centralnej dzielnicy Polski utrwaliło te same zdobycze, które inne kraje osiągnęły znacznie wcześniej. Za cenę krwi z powrotem przyłączyło nas do Europy.

> Naród... składa się z różnych stanów, źle spojonych, i z ludu, którego członkowie mają między sobą bardzo niewiele węzłów, wskutek czego każdy zajęty jest jedynie swymi interesami prywatnymi.

W wykropkowanym miejscu powinien się był znajdować przymiotnik „francuski". Cytat wywodzi się bowiem od ministra Turgota, który sformułował swój pogląd przed rokiem 1789, przed Wielką Rewolucją.

W biednym, zacofanym i ciemnym Królestwie Polskim okazała się aktualna diagnoza pochodząca z Francji, ze wspaniałej epoki racjonalizmu. Najważniejsza, centralna dzielnica Polski doszła do momentu, w którym koniecznością stał się wielki krok naprzód, dokonany we Francji niemal o wiek, a w Anglii o dwa stulecia z okładem wcześniej. Królestwo znalazło się na samym przedprożu rewolucji mieszczańskiej. Przekroczenie Rubikonu było niezbędne, jeżeli naród miał się rozwijać, a może nawet w ogóle żyć.

Konieczność dziejowa nie oznacza, moim zdaniem, bezwzględnego przymusu postępowania w określony sposób. Stanowi po prostu główny problem do rozwiązania, które może wypaść dobrze lub źle. Przeznaczenie wcale nie dyktowało, że dnia 22 stycznia 1863 roku wybuchnie powstanie, które od razu ogłosi dekret o uwłaszczeniu i zdoła wprowadzić go w życie. Wypadki mogły potoczyć się inaczej, a końcowy rezultat równać zachowaniu przestarzałych porządków, czyli złemu rozwiązaniu „konieczności dziejowej". (W XVI stuleciu Polska musiała dokonać reformy parlamentarnej, polegającej na wprowadzeniu głosowania większością. Musiała oczywiście tylko w tym sensie, że brak owej reformy prowadził do katastrofy. Poszliśmy drogą wiodącą do *liberum veto*).

Tuż przed Wielką Rewolucją we Francji Emanuel Józef Sieyès rzucił słynne pytanie: „Czym jest stan trzeci?". Dosłownie ta sama kwestia stała się niezmiernie, paląco aktualna w przedpowstaniowym Królestwie Polskim. Odpowiedź wypadłaby na razie też identycznie: niczym.

27 grudnia 1788 roku minister Necker spowodował uchwałę o zwołaniu francuskich Stanów Generalnych. Czytamy w jej tekście:

> Istnieje mnóstwo spraw publicznych, które tylko jemu [stanowi trzeciemu] są znane, jak transakcje handlu wewnętrznego i zagranicznego, stan rzemiosł, najstosowniejsze środki pobudzenia ich, kredyt publiczny, procenty i obieg pieniądza, nadużycia przy pobieraniu podatków, nadużywanie przywilejów i tyle innych dziedzin, w których jedynie on posiada doświadczenie.

Mniej więcej to samo mógłby powiedzieć każdy przedsiębiorca czy kupiec w Królestwie w roku 1860.

Liczby odnoszące się do przemysłu przekonywają o szybkim rozwoju jego nowych gałęzi, w znacznej mierze pracujących dla odległych rynków Cesarstwa. Tak zwane sfery gospodarcze coraz więcej znaczą i coraz wyższe miejsce zajmują w rzeczywistej społecznej hierarchii kraju. Fabrykant polskiego, żydowskiego czy niemieckiego pochodzenia da sobie radę ze skomplikowanymi zadaniami nowoczesnej gospodarki. Ale wszechstronnie uprzywilejowany jest tylko ziemianin – najzupełniej tym problemom obcy, truchlejący na samą myśl o takiej operacji, jak przejście od pańszczyźnianej do parobczańskiej metody na folwarku. W pamiętniku Tadeusza Bobrowskiego możemy znaleźć interesujące opisy żałosnych prób rozwoju cukrownictwa na Ukrainie. Szlacheckie usiłowania to jeden łańcuch beznadziejnych katastrof. Odmiana nastąpiła nie wcześniej, aż do dzieła zabrał się przemysłowiec z prawdziwego zdarzenia – Szwajcar.

Podobnie, identycznie nawet jak we Francji w stuleciu XVIII, samo pojęcie stanu trzeciego pozostawało mętne i niesprecyzowane. Zaliczało się doń niby wszystko, co nie należało do ziemiaństwa i duchowieństwa i walczyło dopiero o zdobycie „ostróg obywatelskich". Ale taki społeczny konglomerat dzielił się bardzo wyraźnie na poszczególne warstwy i klasy. W działaniu miało się natychmiast ujawnić, że odmienne interesy posiada i czego innego chce wielki potentat finansowy Leopold Kronenberg, czego innego szewc ze Starego Miasta, robotnik, bezrobotny lub wykonujący pracę inteligent.

W polskiej historii lat sześćdziesiątych z wielką wyrazistością wystąpiło to samo zjawisko, które obserwujemy we Francji w okresie Wielkiej Rewolucji czy – znacznie wcześniej – czasu Wielkiej Rebelii brytyjskiej. Nie było u nas wypadków równie efektownych i mających znaczenie ogólnoeuropejskie. Ale przecież i tu, nad Wisłą, szczyty stanu trzeciego dokładały usilnych starań, aby ruch nie posunął się zbyt daleko i przycichł, zagasł na granicy ich interesów. I tutaj, u nas, elementy radykalne rwać się będą dalej, w tym swoim dążeniu natrafiając na opór ze strony niedawnych sprzymierzeńców z obozu stanu trzeciego. Już w 1862 roku najbogatsze warszawskie i w ogóle krajowe mieszczaństwo, reprezentowane przez Kronenberga, wesprze szeregi ziemiańskiego stronnictwa Białych. Znane w dziejach Europy zjawisko kompromisu pomiędzy kapitałem i arystokracją wystąpi także u nas, i to szybko oraz w wyrazistej formie.

Rozwój gospodarki i układ sił społecznych Królestwa pozostawał zatem w jaskrawej kolizji z istniejącym porządkiem oficjalnym. W państwie niepodległym prowadziłoby to prostą drogą do rewolucji i późniejszy historyk miałby łatwiejszą robotę z uporządkowaniem, poklasyfikowaniem jej wydarzeń. Całkiem podobnie jak dzisiejszy angielski dziejopis, który się nie gubi w chaosie walk „żelaznych żeber" i „krągłych głów" z „kawalerami", wie, wzdłuż jakich frontów toczyły się starcia „independentów", „prezbiterianów" i „levellerów". W niepodległym państwie ziemiaństwo niedwuznacznie opowiedziałoby się po stronie monarchy z Bożej łaski. Cała trudność na tym jednak polega, że Polska nie była wtedy państwem niepodległym, a ów monarcha tronował w dalekim Petersburgu. Okoliczność ta gmatwała i komplikowała sprawę, nie pozwalała na ostateczne wykrystalizowanie się podziałów, a nawet sprawiała, że powstawały warunki całkowitego prześlepiania wewnętrznych frontów narodowej insurekcji.

Wszystko to wpłynęło na dość zasadnicze wypaczenie potocznych wyobrażeń o powstaniu styczniowym, które zmierzało do celów niepodległościowych i społecznych, traktowanych na równi. A w rozumieniu niektórych przynajmniej jego wodzów cele społeczne zdecydowanie dzierżyły prym.

Takie to były skomplikowane czasy, że kto tylko pragnął walczyć w Polsce o postęp socjalny, kulturalny i cywilizacyjny – ten musiał wojować z żołnierzem mówiącym po rosyjsku. I to nie tylko dlatego, że najwyższy przełożony tego żołnierza, cesarz rosyjski, Polskę podbił, lecz także dlatego, że władca ów gwarantował i ochraniał zacofany, szkodliwy ustrój nad Wisłą.

Stosunek Białych i Czerwonych do zachodu Europy był różny, i to w sposób mocno interesujący. Pierwsi zezowali na rządy. Marzyli, że dwa państwa katolickie – Francja i Austria – pomogą zbudować trzecie, Polskę. W gronie europejskich monarchów chętnie by zobaczyli polskiego. Nie budziło w nich za to entuzjazmu to wszystko, co się wywodziło z Deklaracji Praw Człowieka i Obywatela. Z Czerwonymi było wręcz przeciwnie. Oni pragnęli przenosić do Polski zachodnią demokrację.

I w tej sprawie „szumowiny" okazały się mądrzejsze od elity. Sięgały po to, co okazało się wartością trwałą.

Był rok 1863. Cesarstwo francuskie miało jeszcze przed sobą siedem lat życia, tyleż Państwo Kościelne, w stosunku do którego taki Paweł Popiel żywił wiernopoddańcze uczucia. Monarchia habsburska potrwała jeszcze pół wieku, ale jak się rozpadła, to już na dobre. Tymczasem zdobycze ustrojowe, wywodzące się od Wielkiej Rewolucji, okazały się zdumiewająco żywotne. Obroniły się przed niebezpieczeństwem skostnienia, dowiodły wielkiej zdolności rozwoju i przystosowania do zmieniających się form bytu.

Można skompletować piękną bibliotekę z książek poświęconych wymyślaniom na republikę francuską. Zajmowały się tym pióra naprawdę świetne. To wszystko w niczym nie zmienia faktu, że spośród dużych państw kontynentu właśnie ta republika okazała się ustrojem najbardziej trwałym. Poczynając od daty jej narodzin, Włochy, Hiszpania i Niemcy po kilkakroć zmieniały formy rządów, i to nieraz bardzo gruntownie. *La République* żyje. Przetrwała Panamę, dwie wojny światowe i okupację. Od dawna nie ma już w Europie nikogo, kto by pamiętał jej początek, i bez względu na to, co się w przyszłości stanie, rekord już został pobity.

Przyczyn tego zjawiska szukać należy w przemianach dokonanych u schyłku XVIII wieku przez Wielką Rewolucję. Chodzi nie tylko o hasła i zasady. Rozprzedaż dóbr państwowych i kościelnych, a później również należących do emigrantów, pomiędzy chłopów i mieszczaństwo to – zdaniem Józefa Feldmana – „największa zmiana w posiadaniu ziemi, jaką przeżyła Francja od czasów wędrówki ludów". Nowi posiadacze, w trosce o zabezpieczenie zdobyczy, najpierw popierali despotyzm Napoleoński, potem utworzyli fundament w miarę zachowawczej, laickiej republiki.

Naszej połaci Europy w ogóle nie stać było na trwałe budowle polityczne. Mimo to w popowstaniowych dziejach Polski wyraźnie widać zjawisko analogiczne do wspomnianych przed chwilą.

Powstanie styczniowe tylko o pół wieku wyprzedziło wybuch pierwszej wojny światowej. Zaraz po jej zakończeniu, zanim jeszcze zawarto traktat wersalski i zatwierdzono nasze granice, w Polsce odbyły się pierwsze wybory sejmowe. Badając te czasy, profesor Henryk Jabłoński stwierdza objaw dość nieoczekiwany w państwie, które dopiero co zdobyło niepodległość, a dawniej słynęło z warcholstwa. Mowa o zdecydowanym, silnym dążeniu do wytworzenia władzy centralnej. Odzyskanie wolności nastąpiło w listopadzie 1918 roku, wybory do Sejmu Ustawodawczego w dwa miesiące później, w styczniu.

Wybory do Sejmu były bardzo ożywione i odbyły się bez awantur. Nieomal wszędzie zwyciężyły listy narodowe, lecz z olbrzymią przewagą chłopstwa.

Byłem zawsze i pozostanę stanowczym przeciwnikiem przywilejów stanowych, a zatem i chłopskich. Tymczasem inteligencja weszła do Sejmu niejako dodatkowo, ukradkiem. Na listach wyborczych trzeba ją było sztucznie przemycać, jak gdyby inteligencja była przeciwieństwem „demokratyzmu". Jestem pewien, że za kilka lat wstydzić się będziemy takiego dobrowolnego wyzbycia się naturalnego prawa człowieka oświeconego do rządzenia krajem.

Cytat pochodzi z książki Stanisława Karpińskiego *Pamiętnik dziesięciolecia 1915–1924*, będącej właściwie dziennikiem. Autor, który w gabinecie Paderewskiego był ministrem skarbu, to świadek zasługujący na uważne wysłuchanie. Mniejsza o jego poglądy na rzekome wytwarzanie się chłopskiego przywileju stanowego. W ponad dwa lata po pierwszych wyborach sejmowych zabójca prezydenta Gabriela Narutowicza wołał podczas rozprawy sądowej: „Nie mogłem znieść, by fornale i parobki w osobie Witosa rządziły Polską".

Stanisław Karpiński przedstawiał miodowe miesiące niepodległości w barwach niezbyt różowych, ale prawdziwych. 9 maja 1919 roku pisał:

Praca olbrzymia i wysoce niewdzięczna, bo odbywa się w niesłychanie trudnych warunkach: wojna na trzech frontach, chaos pieniężny (marki polskie, niemieckie, korony austriackie, ruble carskie, rewolucyjne, okupacyjne!), zanik przemysłu, brak żywności, mnóstwo bezrobotnych, utrzymywanych przez pusty skarb, bezustanne strajki, maszyna rządowa jeszcze niezmontowana, stronnictwa roznamiętnione, sejm gadający, krytykujący, rządzący i panujący, granice państwa nieustalone[1]...

Kiedy w roku 1915 carskie wojska cofały się przed Niemcami, po wsiach wielu starszych gospodarzy mówiło: „nasi odchodzą", bezwiednie naśladując swych przodków, którzy w roku 1831 – jak świadczy Leon Sapieha – w ogóle nie zdawali sobie sprawy, kto z kim i o co wojuje, a w 1863 trwożnie zapytywali: czy przyjdą do nas te Polaki? Zdawało się, że w opisanych przez Karpińskiego warunkach właśnie chłop odniesie się z rezerwą, nawet niechętnie do powstającego państwa. Żadne przyjemne wspomnienia nie łączyły go z dawną Rzecząpospolitą. Dodatnich tradycji brakło, za to wiele wysiłku włożono w szerzenie poglądu, że Polska to powrót pańszczyzny.

W styczniu 1919 roku chłop poszedł do urn, wziął tłumny udział w plebiscycie na rzecz niepodległości, bo na tym polegała istota pierwszych wyborów sejmowych. Silna i na wskroś dodatnia tendencja do wytworzenia – i to jak najszybciej – władzy centralnej znalazła w nim zwolennika.

W styczniu 1863 roku chłop, główna figura polskiego stanu trzeciego, nareszcie przestał być niczym. Dekret powstańczego rządu ustabilizował go jako samodzielnego właściciela, pana na zagrodzie. Z tą chwilą byt narodu stanął na trwałym fundamencie. Z ogromnym opóźnieniem zaszło u nas zjawisko w swej najistotniejszej treści zbliżone do tego, co się stało we Francji po zniesieniu praw feudalnych w roku 1789, a krańcowo różne od dobrodziejstw cara Aleksandra, który siłą zatrzymał rosyjskiego wieśniaka w niewoli „miru".

Pozory mało znaczą. Carscy działacze uprawiali po powstaniu politykę swoistego popierania polskiego chłopa, widząc w tym „...dla Rosji najpewniejszą gwarancję przeciw odnowieniu się zaburzeń w kraju i przeciw próbom odłączenia go od Cesarstwa". Uwłaszczenie było już nie próbą, ale dokonanym faktem odłą-

[1] S. Karpiński, *Pamiętnik dziesięciolecia 1915–1924*, Warszawa 1931, s. 207, 211–212.

czenia – chociaż na razie tylko w dziedzinie struktury społecznej i gospodarczej. Chłop awansował na obywatela tego kraju, w którym mieszkał. Brak wolności politycznej bił teraz w jego własne interesy, to leżało w naturze rzeczy.

Upłynęło wiele czasu i przestaliśmy pojmować, jak dalece w dobie popowstaniowej Królestwo wyodrębniło się od Cesarstwa. I to nie tylko tym, że Warszawa uchodziła za jedyne – obok Petersburga – prawdziwe miasto w imperium. Wspomniana w pierwszym rozdziale książka Ludwika Cybulskiego została napisana pod wrażeniem coraz częściej się powtarzających w Rosji klęsk głodowych. Dawały się one we znaki tym silniej, że rząd hamował społeczną akcję pomocy. W dalszym ciągu obowiązywała bowiem zasada „odgórna", w myśl której tylko władzy wolno działać (a społeczeństwo winno *słuszat' i nie razsużdat'*). Cybulski rozważał, jakim cudem to się dzieje, że Królestwo – gęściej wszak zaludnione i posiadające gleby przeważnie mierne – ma więcej dobrobytu niż czarnoziemne gubernie Cesarstwa.

Faktyczne wyodrębnienie Królestwa odnosiło się jednak tylko do dziedziny gospodarczej i społecznej. Granice imperium trwały nienaruszenie, Warszawa była zwykłym miastem gubernialnym. Ten stan rzeczy otwierał bardzo złe widoki. Cybulski, pisząc w roku 1904, wyraźnie widział niebezpieczeństwo:

> Tymczasem zubożenie mas włościańskich w Rosji postępowało dalej i doprowadzało do coraz częstszych głodów. Statystyczne dane wskazują, że ono ekscentrycznie się rozszerza, rozszerza nieubłaganie, i klęski głodowe, które dzisiaj dziesiątkują ludność w głębi Rosji, za lat kilka lub kilkanaście mogą dosięgnąć nas, zostających pod tymi samymi rządami[1].

Niepodległość, własne państwo – to był jedyny sposób zabezpieczenia pozycji chłopa i całego odmienionego przez powstanie społeczeństwa. Tak się przedstawiają fakty, które tłumaczą, dla-

[1] L. Cybulski, *Przyczyny upadku rolnictwa i głodów w Rosji*, Kraków 1904, s. 350.

czego w roku 1919 plebiscyt na rzecz wolności wypadł pomyślnie. Powstanie styczniowe przygotowało jego wynik.

Patriotyzm, wiara, język – nie zapomniałem o żadnej z tych wielkich rzeczy. Zwracam tylko uwagę na zjawiska, których istnienie łatwo przeoczyć.

Czy polski wieśniak rozumiał, że stosunki panujące w carskiej Rosji nic dobrego mu nie zapowiadają? Chyba tak. Odbywała się od nas emigracja do rozmaitych krajów europejskich i za ocean, ale nic nie słychać o zarobkowym wychodźstwie chłopa na wschód. Szła tam tylko inteligencja i ci w ogóle, którym fachowe umiejętności ułatwiały pracę, niemożliwą w Polsce ze względu na brak własnego państwa. Chłop wiedział lub wyczuwał, że w pobliżu stolicy cara nic przyjemnego dla siebie nie znajdzie.

Przeznaczenie nie kierowało losami narodu i można sobie wyobrazić inny przebieg wypadków. Załóżmy, że Wielopolskiemu udała się branka. Albo że powstanie od razu po wybuchu zmarło na organizacyjny paraliż. W Królestwie, zgodnie z planami margrabiego, przeprowadzone więc zostaje oczynszowanie zamiast uwłaszczenia. Obliczano, że skup czynszów, jedyna droga do własności, trwać będzie około czterdziestu lat, czyli do początków XX wieku. W takim razie rok 1918 zastałby nad średnią Wisłą stosunki zupełnie odmienne od tych, jakie znamy z urzeczywistnionej historii, i musiałby mieć przebieg zupełnie inny. Niepodległość miała trudne początki, ale stała się faktem. Obeszło się przynajmniej bez wojny domowej.

Gdyby nie rok 1863, w chwili zakończenia pierwszej wojny światowej dzielnice Polski miałyby różne ustroje społeczne, całkiem do siebie niepodobne formy władania ziemią. Jak by wtedy wypadł wiadomy plebiscyt? Czy Wielkopolska, Pomorze, Śląsk, Galicja – bądź co bądź szmat Europy – potrafiłyby się tak szybko i bezboleśnie zrosnąć z obszarami o obliczu najzupełniej różnym? A nawet – czy zapragnęłyby tego zrośnięcia? Jak wiemy, objawów dzielnicowego separatyzmu i tak nie brakło.

W roku 1918 stosunki agrarne były u nas dalekie od ideału. Chłop nic nie miał przeciwko reformie rolnej i parcelacji folwarków. Najpierw jednak wybrał Sejm, który winien był to uchwalić.

Piszę tu o rzeczach, które zostały znakomicie zilustrowane, i to wkrótce po powstaniu. Bolesław Prus zaczął ogłaszać *Placówkę* w roku 1885. Przecież takich chłopów jak Ślimak, Grzyb i Grochowski przed powstaniem wcale w Królestwie nie było. Przemiany musiały zachodzić bardzo szybko, skoro w dwudziestolecie śmierci Traugutta pisarz mógł już wykańczać ich artystyczny wizerunek. Temat wymagał nie tylko znajomości przedmiotu, lecz i perspektywy.

Maciek Owczarz spotkał po nocy kulig ziemiański i udzielał Znajdzie pouczeń:

– Widzisz tego, co mu blacha wyziera spod algery, a na głowie ma mosiężny kociołek? To wielgi rycerz!... Tacy zawojowali pół świata dawnymi czasy, ale dziś już ich nie ma...

– Widzisz, widzisz, jaki idzie ułan?... O! tacy dużo wojowali... Przeszli z Napolionem cały świat, zbili wszyćkie narody. Ale dziś już i tych nie ma...

Za to na pierwszej linii był już obywatel Józef Ślimak i on rozstrzygał, czyj ostatecznie będzie grunt nad rzeką Białką w województwie lubelskim (wtedy jeszcze zwanym gubernią). A syn jego pierworodny, Jędrek, dziwnie szybko wyzbywał się ojcowskiej potulności i pokory.

Tłumacząc, dlaczego nie chce sprzedać ziemi, Ślimak mówił do starego Hamera: „...mój ojciec dostali ten grunt z ukazu na własność, i to jest opisane w komisji".

Całkiem niezależnie od autorskiej oceny skutków powstania, w roku 1885 inaczej niż o „ukazie" pisać nie było można. Carska cenzura pilnowała tego w sposób wystarczająco gorliwy. Zadziwiające, jak trwałe okazały się skutki jej pedagogicznych zabiegów. Aż do dzisiejszego dnia wielu Polaków upiera się przy twierdzeniu, że chłopów w Królestwie uwłaszczył rząd carski.

Nie wszyscy na szczęście jesteśmy tego zdania, ale nawet bardzo wybitni pisarze poświęcają swe talenty przyoblekaniu wspomnianych tez carskiej cenzury w szatę wysoce artystyczną.

Utarło się mniemanie, że cokolwiek działo się w dawnej Polsce, wszystko koniecznie musiało być pańsko-szlacheckie, a chłopom wrogie. Najuczciwsi ludzie nie mogli się zdobyć na rewizję tego poglądu. Piotr Kropotkin rzetelnie przedstawił w pamiętniku, jak reformy Aleksandra II wtrąciły rosyjskiego wieśniaka w nędzę, lecz bezpośrednio potem napisał:

> Taki stan rzeczy dawał polskiemu rządowi rewolucyjnemu szerokie pole do modyfikacji niekorzystnego dla chłopów rosyjskiego prawa. Powinien był spełnić akt sprawiedliwości w stosunku do chłopów (położenie ich było równie złe, a w niektórych wypadkach nawet gorsze niż w Rosji) i wypracować doskonalsze i bardziej dokładne prawa uwłaszczenia poddanych. Nic podobnego się nie stało. Partia czysto nacjonalistyczna i szlachecka wzięła przewagę i wielką sprawę oswobodzenia ludu usunięto na drugi plan[1].

Od początku do końca nieprawda. Nigdy, ani przez jeden moment, nawet w XVII i XVIII wieku, chłop polski nie potrzebował zazdrościć rosyjskiemu. Faktów ucieczki z Polski na wschód nie było, kierunek odwrotny stanowił regułę. Ale wydawca pamiętnika Kropotkina nie prostuje – w przypisach – błędnych poglądów. Można to było uczynić bez trudu. Naukowa książka profesora Stefana Kieniewicza wyszła w 1953 roku i jest łatwo dostępna. W jej zakończeniu czytamy: „...obóz Czerwonych przeprowadził uwłaszczenie w sposób rewolucyjny i tym samym sforsował rękę Komitetowi Urządzającemu".

Przewodniczącym tego Komitetu Urządzającego został Mikołaj Milutin, brat ministra wojny. Aleksander II miał mu powiedzieć: „Jedź pan do Polski i tam zastosuj przeciwko ziemiaństwu swój czerwony program". Milutin pojechał i zaraz stwierdził, własno-

[1] P. Kropotkin, *Wspomnienia rewolucjonisty*, Warszawa 1959, s. 192.

ręcznie napisał, że „buntownikom udało się spełnić część swych obietnic".

Rosyjski historyk przedrewolucyjny, A. A. Korniłow, bez obsłonek głosił:

> ...przy rozważaniu projektu Milutina w Komitecie... wzięto pod uwagę okoliczność, wykazaną przez Milutina, że włościanie w Królestwie Polskim od początku powstania nie odbywali i nie płacili na rzecz dziedziców żadnych powinności i że grunta, będące we władaniu włościan, są już dekretem rządu rewolucyjnego ogłoszone jako ich własność bez wszelkiego wykupu.
>
> Stąd uważano za rzecz bardzo celową nadać moc prawną faktowi dokonanemu, a dla wynagrodzenia dziedziców znaleźć inne źródło, podwyższając przede wszystkim podatki od posiadłości ziemskich, zarówno włościańskich, jak wszelkich innych kategorii. Odbił się w tym bez wątpienia jak najwyraźniej wpływ dekretów i cyrkularzy Rządu Narodowego na prawodawstwo Milutina[1].

Dobitniej nie można! Komentarze Korniłowa są idealnie zgodne z przytoczoną poprzednio tezą Oskara Awejdy, że od 1 kwietnia 1863 roku dekret o uwłaszczeniu stał się faktem, którego żadna moc nie była w stanie obalić.

Sprawa, zdawałoby się, jasna jak boży dzień: skoro rząd carski pragnął przeciągnąć na swoją stronę chłopa, to pod żadnym pozorem nie mógł cofać tego, co już dali powstańcy, bo takie postępowanie równałoby się skutecznej propagandzie właśnie na rzecz powstania. (Mógł najwyżej podnieść podatki chłopskie, co też gorliwie uczynił). Rząd carski, który własnych włościan zrujnował i siekł rózgami, po prostu ukradł polskiemu powstaniu jego zasługi, przywłaszczył je sobie. Niektórzy Polacy dotychczas nie chcą tego przyjąć do wiadomości. Dekrety Milutina ogłaszano uroczyście, przy trąbach i bębnach. Widocznie echa ich nadal przeszkadzają myśleć.

[1] A. Korniłow, *Oczerki po istorii obszczestwiennogo dwiżenija i kriestanskogo dieła w Rossii*, S. Petersburg 1905, s. 395.

Zupełnie niebywałe widowisko! Powstanie sforsowało carowi rękę nie tylko w stosunku do Królestwa Polskiego. Również Ukraina, Białoruś i Litwa – wszystkie wschodnie terytoria dawnej Rzeczypospolitej Obojga Narodów – otrzymały ziemię „na warunkach korzystniejszych niż gdziekolwiek indziej w środkowej Europie". Inaczej być nie mogło, bo Czerwoni i tam ogłosili uwłaszczenie. Na Litwie Zygmunt Sierakowski porzucił partyzancką metodę przemykania lasami. Maszerował gościńcami, przez wsie i miasteczka, wszędzie ogłaszając dekret Warszawy o uwłaszczeniu. Trzeba podnosić tę zasługę, widzieć w niej to, czym ona naprawdę była, to znaczy historyczne zadośćuczynienie za grzechy królewiąt.

Na szczęście osoby bezpośrednio zainteresowane rozumowały trzeźwiej. Po śmierci „cara oswobodziciela" stawiano mu pomniki. Gospodarze pewnej białoruskiej wioski, wezwani do zapłacenia po tyle to kopiejek od dymu, wysłali do urzędu delegację. Najstarszy wiekiem dziadźka skłonił się i zapytał:

– Panok, a czy hetogo odsiedzieć by nie można?

Głębokie poczucie praworządności podszeptywało mu, że areszt zastępuje grzywnę.

Ostatnio przybył nowy argument przeciwko powstaniu. Ma mu się za złe, że nie przeprowadziło reformy rolnej do końca i oszczędziło folwarki. Dziwne poczucie rzeczywistości. Kto i gdzie w Europie XIX wieku przeprowadził całkowitą parcelację większej własności ziemskiej? Okazuje się, że pozbawiona niepodległości Polska winna była bić rekordy świata, wyprzedzać historię o liczne lat dziesiątki.

Mikołaj Milutin z rozkazu cara miał działać przeciwko polskiemu ziemiaństwu. Wykonując ten program, podwyższył chłopom podatki, aby otrzymać sumę potrzebną na odszkodowania dla dziedziców. Trzysta trzydzieści dwa tysiące morgów rozdzielił pomiędzy stu dwunastu rosyjskich dostojników, zasłużonych przy *„usmirienii polskogo miatieża"*. Polskiego chłopa na Rosjanina nie przerobił, osiągnął za to rezultaty, które pilnie obserwował

Paweł Popiel, przepowiadający rozkwit największych latyfundiów magnackich:

> Majątki wielkich panów – pisał – zwykle źle administrowane przynosiły małe intraty, ale indemnizacja pańszczyzny z tych dóbr ogromnych zaopatrzyła wielkich panów w kapitały, których przedtem nigdy nie mieli, a których procenta przewyższają dawne dochody z dóbr pańszczyźnianych[1].

Zapatrzeni w wieś rolniczą zapominamy, że powstanie zmusiło i przemysł krajowy do szybkiej modernizacji. Poprzednio zorganizowany on był na wzór doskonale znany z czasów Stefana Batorego i wtedy stanowiący cenną nowość. Nieliczne grupy prawdziwych robotników wykonywały prace kwalifikowane, a wszystkie inne spełniał pańszczyźniany chłop. Przywoził opał, surowiec, sypał groble, kopał kanały... Za czasów Batorego płacono mu zresztą za to, i około jednej trzeciej kapitału obrotowego „kuźnic" przesiąkało na wieś, znacznie podnosząc jej dobrobyt. Od XVII wieku to całkowicie ustało i chłop za darmo obsługiwał przemysł. Takie praktyki w stuleciu XIX równały się narodowej klęsce, bo zwalniały właścicieli od troski o postęp techniczny. Na Śląsku już w XVIII wieku zastosowano węgiel kamienny, a huty Staropolskiego Okręgu Przemysłowego – czyli dzisiejszego województwa kieleckiego – były opalane nadal drewnem. Dekret o uwłaszczeniu zakończył sielankę. Uciął jak nożem.

W dawnych bilansach powstania po stronie „ma" wpisywano przede wszystkim, a niekiedy jedynie – jego moralną wielkość. *Gloria victis!* Strona kosztów wyglądała strasznie. Doświadczenia XX wieku pozwalają, niestety, na trochę inną ocenę. Stefan Żeromski wspominał w *Biczach z piasku* rządy Austriaków, które „pozwalały wywieszać i wytępić pół Serbii, rzucić w grób pół Bośni, a połowę «Galicyi» zastawić taką ilością szubienic, iż zaiste stary oprawca Wilna, «Wieszatiel», zakryłby z trwogi przed

[1] P. Popiel, *Pamiętniki...,* s. 185.

tym widokiem krwawymi dłońmi oblicze". Tyle patosu, a mowa dopiero o pierwszej wojnie światowej.

Niczyjego cierpienia nie wolno lekceważyć czy zapominać. Michał Murawjow kazał powiesić sto dwadzieścia osiem osób. Na każdą z nich wydały przedtem wyrok prawomocne sądy carskie.

Trzeba zazdrościć ludziom XIX stulecia, którzy koszty powstania styczniowego uważali za okropne, lecz nie wolno pożyczać od nich okularów.

W działaniach zbrojnych po stronie polskiej nigdy nie uczestniczyło więcej niż kilka tysięcy żołnierzy jednocześnie i oczywiście w partyzanckim rozproszeniu. Bitew naprawdę dużych nie staczano (dla przypomnienia i porównania: w 1807 roku w boju pod Pruską Iławą poległo czterdzieści tysięcy Francuzów). Liczby uwięzionych, skazanych i wywiezionych nigdy ściśle nie ustalono. Jedni mówili o kilkunastu tysiącach, inni o ćwierci miliona. I pierwsi, i drudzy nie mieli racji.

Ostatnio przybyła nam cenna praca Władysława Jewsiewickiego: *Na syberyjskim zesłaniu*. Liczbę zesłanych na Syberię za udział w powstaniu – „łącznie z dużą ilością dobrowolnych wygnańców, członków rodzin, nie wyłączając dzieci" – należy, zdaniem autora, zaokrąglić do trzydziestu tysięcy osób. Odnosi się to do samej Syberii, co Jewsiewicki podkreśla. Rachunek jego nie obejmuje tych, których wyrok zesłał do europejskich guberni Rosji, więc na przykład pod Archangielsk, nad Peczorę, do jakiejś Wiatki czy Permu. Niemało ich było[1].

Losy zesłańców bywały najrozmaitsze. Jak kto trafił... Żadnej przeciętnej chyba nie ustalimy. W Nerczyńsku, Akatui, nad Bajkałem było piekło. A gdzie indziej... zresztą niech przemawiają fakty.

Jakub Gieysztor, pierwszy szef powstańczego rządu na Litwie, aresztowany w Wilnie 31 lipca 1863 roku, w roku 1865 otrzymał wyrok: dwanaście lat ciężkich robót na Syberii. W roku 1868

[1] W. Jewsiewicki, *Na syberyjskim zesłaniu*, Warszawa 1959, s. 45–47.

mieszkał już w Irkucku, gdzie zajmował się handlem obuwiem. W grudniu 1872 roku pozwolono mu powrócić do kraju, najpierw do Suwałk, potem do Warszawy. Gieysztor w śledztwie zachowywał się bardzo dzielnie, nikogo nie wydał i nie upokorzył się wcale. Zmarł w Warszawie, pochowany na Powązkach.

Zupełnie podobne były losy i postępowanie przyjaciela Gieysztora, Aleksandra Oskierki, litewskiego ministra wojny. Aresztowany nieco wcześniej, skazany został na piętnaście lat katorgi. Przebywał na niej do 1868 roku, w cztery lata później zamieszkał w Warszawie. Umarł w Wilnie w roku 1911, pochowany na Rossie.

Oskierka i Gieysztor odbywali karę w Usolu, na wyspie Angary opodal Irkucka. Według własnych relacji Oskierki roboty tylko z nazwy zaliczały się do ciężkich. Komendant Usola, pułkownik Turow, bardzo przyzwoicie traktował więźniów politycznych, a raz nawet zdobył się na nie lada wyczyn.

Narzeczona Oskierki, panna Teodozja Grabowska, zwróciła się do cesarza z prośbą o zezwolenie na wyjazd do Usola i ślub ze skazańcem, pozbawionym przez wyrok praw stanu szlacheckiego. W wileńskim archiwum zachował się ten papier. U dołu był dopisek: „Pozwalamy. Aleksander". Dowiedziawszy się o podróży panny Grabowskiej, pułkownik Turow wyruszył jej na spotkanie, które odbyło się gdzieś pośrodku Syberii.

Porządnych ludzi nie brakowało nawet w syberyjskiej administracji. To tylko ustrój był podły. Kropotkin ma słuszność, kiedy twierdzi, że Petersburg demoralizował Sybir.

Wracając do ściślejszego tematu – przeciętnej nie ustalimy. Jedni cierpieli nieludzko, innym uchodziło lżej. Benedykt Dybowski o mały włos nie trafił na szubienicę obok Traugutta. Skazany na katorgę, mógł się zajmować pracą naukową. Przeniesiony w roku 1868 na osiedlenie, położył olbrzymie zasługi, badając faunę Bajkału i przyrodę kraju.

Represje za powstanie były ciężkie, ale XIX stulecie stało jeszcze daleko od umiejętności, które zdobył i rozwinął dopiero wiek następny.

Jedna okoliczność szczególnie obciążyła pamięć powstania styczniowego i uchodziła za nieodparty argument przeciwko niemu. Autorzy dawnych rachunków jak najsilniej podkreślali, że rok 1863 zmniejszył tak zwany polski stan posiadania na wschodzie. Wiele majątków skonfiskowano, kontrybucje zmuszały właścicieli do ich sprzedaży, a Polakom zabroniono nabywać ziemię. Późniejsza historia niezbicie dowiodła błędności tego bilansu. Polskie ziemiaństwo na wschodzie było skazane wcale nie przez carat, lecz razem z nim. Nie przetrwało Mikołaja II ani o jeden rok. Podzwonne biło mu nie tylko na sowieckiej Ukrainie czy Białorusi. Litwa zaraz po 1918 roku zabrała się do radykalnej reformy rolnej, zostawiając dziedzicom ośrodki folwarczne i po trzydzieści hektarów pola. Trudno dziś chyba przeczyć, że prawdziwy polski stan posiadania jest tam, gdzie w masie siedzi polski chłop. Była już mowa o tym, co powstanie dla niego zrobiło.

Klęska zdegradowała Królestwo na Priwislinskij Kraj. Panujące w nim porządki symbolizował sobór na placu Saskim. „*Goworit' po polski wosprieszczajetsia*". Rusyfikacja urzędów, gmin, szkół.

Powieść obrazująca wysiłki rosyjskiego szkolnictwa w Polsce nazywa się *Syzyfowe prace*.

Poszperajmy w znakomitej książce profesora Juliana Krzyżanowskiego *Henryk Sienkiewicz. Kalendarz życia i twórczości*. Na stronie 33 znajdziemy przedruk świadectwa maturalnego przyszłego autora Trylogii. Jest to przekład z rosyjskiego, ale wśród przedmiotów na pierwszym miejscu po religii figuruje język polski. Nie brak stopnia z historii Rosji i Polski. Wstępując jesienią tegoż 1866 roku na uniwersytet, musiał Sienkiewicz zdawać egzamin także i z polskiego (znowuż pierwsze miejsce na świadectwie).

Okres najgorszej rusyfikacji szkolnictwa w Polsce zwie się „erą Apuchtinowską"; Aleksander Apuchtin został kuratorem warszawskiego okręgu szkolnego w roku 1879*. Byłoby ogromnie

* Lata urzędowania Apuchtina (1879–1897) przeszły do historii pod nazwą „noc Apuchtinowska" (przyp. red.).

dziwne, gdyby wspomnienia sprzed szesnastu lat stanowiły jedyny i istotny powód zwiększenia ucisku.

Kreśląc obraz niewątpliwie ponury, z reguły zapomina się o potrzebie wprowadzenia poważnej poprawki. Całe zło – mówi się – wynikło z powstania. Gdyby nie ono, rozpoczęta przez Wielopolskiego polonizacja administracji czyniłaby postępy i może nawet przewyższyła galicyjskie wzory.

Finlandia powstania nie robiła. Zapowiadało się nawet, że polskie niepokoje dodatnio wpłyną na jej los, spokój i umiar zostaną przez cara wynagrodzone. Aleksander II urządził przecież istną demonstrację – osobiście przybył w 1863 roku na otwarcie sejmu fińskiego.

Kraj ten, przyłączony w roku 1809 do Rosji jako autonomiczne Wielkie Księstwo, miał swą starą konstytucję z 1772 roku i wiele innych godnych zazdrości przywilejów, nawet szczątek armii – odrębny batalion karabinierów gwardii. Kiedy w roku 1878 wprowadzono w Cesarstwie powszechny obowiązek służby wojskowej, fińskie siły zbrojne rozrosły się do ośmiu batalionów piechoty oraz regimentu dragonów. Marszałek Gustaw Mannerheim rozpoczął karierę w krajowym korpusie kadetów. Stało się to w roku 1882. Zanim upłynęło XIX stulecie, znikły z powierzchni ziemi zarówno korpus kadetów, jak piechota i kawaleria fińska, a wraz z nimi wiele autonomicznych, spisanych i zatwierdzonych praw Wielkiego Księstwa. I tam nastał kurs ostrej rusyfikacji – pomimo braku powstania, manifestacji, Czerwonych i temu podobnych specyficznie polskich obłędów, wbrew nadziejom stworzonym przez wspaniałomyślne gesty Aleksandra i samej logice. Bo przecież Finlandia to nie Królestwo Polskie. Ona nie była zawadą na drodze, nie miała wiekowych tradycji walk z caratem i nie groziła możliwościami międzynarodowych powikłań. Pomimo wszystko – została boleśnie uderzona.

Przykład Finlandii ma nieodpartą wymowę. Okazuje się, że spokój i oględność, nawet pójście caratowi na rękę w chwili dla niego trudnej nie zabezpieczały przed bezprawiem.

Czy sobór nie stanąłby na placu Saskim i bez powstania styczniowego?

W swej schyłkowej epoce carat zapadł na najostrzejszy nacjonalizm, co było w ogóle niezależne od poczynań Polaków czy innych podbitych ludów. Gnębiono nie tylko nas, Żydów, Ukraińców, Litwinów i nacje kaukaskie. Zalano sadła za skórę Niemcom bałtyckim, pretorianom ustroju, najwierniejszym z wiernych! Odwiecznie niemiecki uniwersytet w Dorpacie uległ przymusowej rusyfikacji. Rosyjska *narodnost'* oraz prawosławie zostały uznane za jedyne ostoje porządku i dobra w państwie liczącym blisko pięćdziesiąt procent „mniejszości". Wszystko pozostałe z samej swej natury tchnęło rozkładem i winno było ulec nawróceniu.

Zwrot w tym kierunku znajdował przyczyny w wewnętrznych chorobach rdzennej Rosji i jest szczytem niedorzeczności przypuszczać, że cokolwiek zdołałoby uchronić Polskę przed atakiem. Z powstaniem czy bez powstania, musieliśmy pójść na pierwszy ogień jako główna, najlepiej historycznie skrystalizowana, a przez to siłą faktu najbardziej dokuczliwa „mniejszość" w imperium.

Nacjonalizmu i przedtem nie brakło, ale w schyłkowej epoce caratu doszedł on do granic obłędu. Olbrzymi, tępy i głupi Aleksander III imponował, zdobywał się na gesty wprawiające tłum w stan euforii. Minister dworu odszukał go raz na wybrzeżu, gdzie car łowił ryby. Doniósł, że paru ambasadorów czeka na posłuchanie. Cesarz bez pośpiechu napluł na przynętę, zarzucił wędkę i jeszcze trochę pomilczał: *„Kogda Wsierossijskij Impierator udit rybu, Jewropa może podożdat'"*. Europa znosiła to wszystko, płaszczyła się obrzydliwie.

Kiedy powstanie styczniowe dogasało, kraje położone na zachód od Polski czekały jeszcze trzy poważne wstrząsy. Były to wojny: duńska, prusko-austriacka i francusko-niemiecka. Potem nastało przeszło czterdzieści lat niebywałej pomyślności. Nie otwarły się wrota żadnego raju, istniejące porządki wiodły prosto do dwóch wojen światowych (które zresztą wcale nie oszczędziły Wschodu). Ale zwykły człowiek mógł żyć w sposób godniejszy niż dawniej. Stworzono rzeczy i pojęcia naprawdę wielkie. Jeśli się wtedy nie zapobiegło nowym nieszczęściom, to przynajmniej wymiotło część starego śmiecia. Społeczeństwo wymusiło ustępstwo na rządzących. We Francji ostatecznie uniewinniono Dreyfusa, zwyciężyła laicka koncepcja państwa. Anglia nałożyła hamulce własnej purytańskiej zaciekłości, dopuściła nonkonformistów do Cambridge i Oksfordu, zaczęła zakładać szkoły bezwyznaniowe. Późno tego dokonała, ale bez krwi, zwyczajną uchwałą parlamentu. W carskiej Rosji aż do roku 1905 obowiązywała dzika zasada, że władza państwowa rozstrzyga, w jakim wyznaniu mają być chrzczone dzieci z małżeństw mieszanych. Tutaj rząd nadal w butach z ostrogami właził w sumienia poddanych.

Aleksander II zmarnował „odwilż". Mogąc wybierać, wybrał nie społeczeństwo, lecz swój dwór. Rosję czekały więc czasy, Wbrew zewnętrznym pozorom, straszne. Powstanie styczniowe odgrodziło Polskę od warunków wewnętrznego życia Cesarstwa, pomimo politycznej niewoli zapewniło krajowi byt rzeczywiście odrębny. W roku 1863 drogi Petersburga i Warszawy rozeszły się na dobre. Nad Wisłą znowu żywiej zaczął bić puls własnej kultury. Atmosfera *Biesów* tu nie sięgała.

W samo dwudziestolecie powstania styczniowego zaczęło się w Warszawie ukazywać *Ogniem i mieczem*. Niechętni powieści Sienkiewicza niech sobie przypomną, że te same czasy obdarzyły nas – oprócz Trylogii – także *Placówką*, *Lalką*, *Dziurdziami* oraz *Nad Niemnem*, a *Meir Ezofowicz* wyszedł znacznie wcześniej, bo w roku 1878. Wszystkie te książki powstały w zaborze rosyjskim, w dobie ucisku.

Fakt niemal zapomniany: Michał Bobrzyński napisał swe *Dzieje Polski w zarysie* w Krakowie, ale wydrukował w Warszawie, w roku 1879. Przed chwilą wymieniałem powieści, ponieważ wiedzą o nich wszyscy. Ale przecież w dobie popowstaniowej wyrosła „warszawska szkoła historyczna", która ogromnie wzbogaciła nasze dziejopisarstwo. Różniła się ona od krakowskiej między innymi nowoczesnością metody oraz znacznie słabszym tonem pesymizmu.

Zagadkowe zjawisko! Powstanie styczniowe było rzekomo ostateczną klęską zrodzoną z szaleństwa – i oto zaraz po jego stłumieniu, na tych samych skrwawionych ziemiach, rozpoczyna się najświetniejszy okres dziejów prozy polskiej. Czyżby przypadkowa powódź talentów? Zdolnych ludzi bodaj nigdy nie brakuje. To warunki, w jakich im żyć przychodzi, decydują o rozkwicie lub uwiądzie nawet geniuszu.

Powstanie styczniowe usunęło skrzepy, na które chorowaliśmy od stuleci, przetworzyło Polaków na mniej więcej normalne społeczeństwo europejskie. Upośledzone pod wieloma względami, lecz niewątpliwie zdolne do uczestniczenia w rozpoczynającym się właśnie nowym rozdziale dziejów kontynentu.

Rok 1914 stworzył niebywałe pokusy. Niezbyt duża liczba Polaków poszła do legionów Piłsudskiego lub do walczącego po przeciwnej stronie Legionu Puławskiego. Zdecydowana większość narodu wolała poczekać na dalszy rozwój wypadków, nawet za przymusową zresztą cenę dania żołnierza armiom zaborczym, i dopiero w roku 1918 w lot uchwyciła historyczną sposobność. Styl postępowania typowo europejski, trzeźwy i rachujący się z okolicznościami. Do szaleństw i ryzyka nie są skłonne te społeczeństwa, w których życie zbiorowe i jednostkowe przedstawia istotną wartość. Ten styl myślenia i odczuwania przeważył w Królestwie Polskim dopiero po powstaniu styczniowym, wbrew pozorom wyniknął nie z jego klęski, lecz z ustrojowych zdobyczy.

Skorośmy już dotknęli spraw pierwszej wojny światowej, nie pomińmy czasem teorii ogłaszającej powstanie za dobroczyńcę Bismarcka, niemal za rodzica jego kariery. Przyszły żelazny kanclerz miał rzekomo skorzystać z jedynej i niepowtarzalnej okazji, jakiej mu dostarczył fatalny błąd Polaków, pozyskać przyjaźń cara i w piorunującym tempie, zanim się tamten połapał, pokonać Austrię oraz Francję. Samo zestawienie dat wydaje się ostatecznym argumentem: rok 1863 – powstanie i konwencja rosyjsko-pruska, rok 1866 – klęska Austrii, 1870 – Francji, 1871 – utworzenie Cesarstwa Niemieckiego.

Wybuch walk w Polsce i znane nam już zachowanie się Prus musiały jeszcze przyjaźniej nastroić cara względem Berlina, nikt temu nigdy nie przeczył. Ale fakty, przytoczone w poprzednich rozdziałach, dobitnie świadczą, że ta przyjaźń nie narodziła się w styczniu ani w lutym 1863 roku. Generał Alvensleben – trzeba powtórzyć – przyjechał z Berlina całkiem jak do gotowego warsztatu: prosto z dworca ruszył do cara, a potem osobiście dyktował artykuły konwencji zgrzytającemu zębami rosyjskiemu ministrowi spraw zagranicznych. Takie fenomeny nie rodzą się z chwilowych nastrojów, wywołanych przez polski bunt. Są przejawami dążeń stałych, które w danej chwili tylko uzewnętrzniły się wyraźniej.

Dla jasności obrazu wypada przypomnieć, że w każdej setce wyższych wojskowych carskich było wtedy około osiemdziesięciu Niemców. Wiedziała o tym cała Europa, przytoczona statystyka pochodzi od ówczesnych publicystów.

W lipcu 1870 roku, kiedy dopiero zaczynała się wojna Prus z Francją, mająca rozstrzygnąć o losach Europy, minister Gorczakow widział się w Petersburgu z pewnym dyplomatą, jadącym do Paryża. „Proszę prosić cesarza Francuzów, żeby zechciał być umiarkowanym"[1] – powiedział mu dosłownie. Nie należy węszyć ironii w tym zdaniu. Taka była naprawdę opinia sfer politycznych – spodziewano się klęski Prus.

„Rosja nie może obawiać się potęgi Prus" – oświadczył Gorczakow na krótko przed wybuchem tej wojny, i o tyle wyraził rzecz bardzo istotną, że straszne dla Rosji stały się dopiero zjednoczone Niemcy. Prawdę o tym, co się stało w latach 1870–1871, najdobitniej określił Jakub Bainville, pisząc:

[1] J. Klaczko, *Dwaj kanclerze: książę Gorczakow, książę Bismarck*, s. 174.

Można powiedzieć, że związek trzech mocarstw predestynowanych do roli sprzymierzeńców [czyli Anglii, Francji i Rosji] – oraz ich konflikt z Cesarstwem Niemieckim zostały wpisane do ksiąg przeznaczenia tego samego dnia, kiedy odbudowano Wielkie Niemcy[1].

Powstanie styczniowe nie miało decydującego wpływu na politykę międzynarodową, ani na jotę nie zmieniło tego na przykład faktu, że przedmiot pożądań Petersburga stanowiły Bałkany i Morze Czarne, a nie Poznań i Kraków. Tak było przed powstaniem, identycznie działo się i po nim.

Nawiasem mówiąc, trudno w ogóle zrozumieć sposób myślenia tych Polaków, którzy jeszcze dziś, rozporządzając wiedzą o dalszym przebiegu wypadków, miotają gromy na powstanie za decydujące, ich zdaniem, ułatwienie gry Bismarckowi. Ależ jeśli nawet tak było, jeśli rok 1863 istotnie umożliwił spełnienie roku 1871, to tym samym przybliżył wybuch pierwszej wojny światowej i naszą niepodległość. Prusy nieodgrywające roli w polityce światowej, niezagrażające interesom nikogo z wielkich, mogłyby sobie trzymać Gdańsk i Poznań nie do dzisiaj, lecz do sądnego dnia. „Po roku 1870 – pisze Bainville – kiedy dokonała się niemiecka jedność i stworzone zostało Cesarstwo Niemieckie, znikły ostatnie gwarancje, chroniące Europę przed gwałtem..."[2]. Prędzej czy później Europa musiała wystąpić przeciwko temu cesarstwu, co dawało nam historyczną szansę.

Próba ogólnej oceny powstania styczniowego, dokonywana kolejno z rozmaitych punktów widzenia, prowadzi do jednego i tego samego wniosku: rok 1863 pracował na rzecz 1918.

Jak już wiemy, 3 stycznia 1863 roku Stefan Bobrowski powiedział do Komitetu, zgromadzonego w Warszawie przy placu Trzech Krzyży: „Prawa ogłoszone staną się podstawą przyszłych prac narodowych czy w tej samej, czy w innej for-

[1] J. Bainville, *Histoire de deux peuples continuée jusqu'à Hitler*, Paris 1935, s. 233.
[2] *Ibidem*, s. 318.

mie". Przewidywanie młodego człowieka okazało się zupełnie słuszne. Można najwyżej „prawa ogłoszone" zastąpić przez „fakty dokonane".

Tyle na temat dyskusji zasadniczej.

*

Powstanie styczniowe oglądane z literackiego raczej punktu widzenia przedstawia się niebywale.

Usiłowałem dość szczegółowo pokazać życie i działalność Stefana Bobrowskiego. Oskar Awejde powiedział o nim w śledztwie: „Drugiego Bobrowskiego powstanie nie miało". Nie mylił się, jak zresztą wiele razy. Bez tej postaci rozpoczęta walka mogła się łatwo przeistoczyć w artyleryjski niewypał, przy którym strzał pada, granat zostaje wyrzucony w kierunku celu, lecz nie wybucha. Jeden Bobrowski umiał zorganizować władzę nad powstaniem i upilnować jej. Na całej scenie roku 1863 nie widać nikogo, kto by go potrafił zastąpić w tej roli.

A przecież osobisty los Bobrowskiego i jego możność udziału w akcji zależały od drobiazgów. Wszystko wisiało na włosku. Troszkę uważniejsze spojrzenie żandarma, jakaś lekkomyślność ze strony Syroczyńskiego, słabsze nerwy u Fortunata Miłkowskiego... Zamiast powstania mógł się wszak rozpocząć tylko odruchowy „opór zbrojny przeciwko brance". Tak zwana konieczność dziejowa zostałaby oczywiście rozwiązana, bo to musiało nastąpić. Ale rozwiązana źle.

Inny wariant: nie ma wsypy w kijowskiej drukarni, Bobrowski nadal działa w „Trojnickim" i rok 1863 spędza na Ukrainie. Człowiek zdolny do pokierowania całym ruchem marnuje się na prowincji, pozbawiony jakiejkolwiek możliwości prawdziwego wpływania na wypadki. Podobnych „trafów" – to znaczy zaprzepaszczania zdolności ludzi, którzy nie napotkali w życiu szansy wybicia się – w każdej epoce jest mnóstwo. Historia jest nieopisanie marnotrawna – podobnie zresztą jak przyroda.

Drugi, dłuższy, lecz o wiele mniej ważny okres powstania wniósł jednak w nasze dzieje ton, którego pod żadnym pozorem nie wolno lekceważyć. Krytycy styczniowego „szaleństwa" używali, co się zmieści. Wykpieni zostali wszyscy Frankowscy, Dąbrowscy, Chmieleńscy. W najlepszym razie ogłaszano ich za uczciwych głupców. Ale nikt ze wspomnianych krytyków nie poważył się tknąć Romualda Traugutta. Cóż za nielogiczność! Przecież właśnie on powinien być najostrzej potępiany. Bo tamci, poprzednio wzmiankowani, to ludzie młodzi, jeśli nie chłopaczkowie, a Traugutt to dzieciaty pan pod czterdziestkę, rozważny podpułkownik inżynierii.

Romuald Traugutt ocalił moralną wielkość powstania styczniowego. Inaczej by wyglądał spadek po nim, gdyby zabrakło finałowego akordu w samej Warszawie. Wobec Traugutta chóry potępień ścichały. To on sprawił, że tak prędko po pozornej klęsce mogła się dokonać pełna rehabilitacja polskiej historii. Postawa, z jaką spotkał śmierć, obdarzyła współczesnych moralnym prawem do uznawania dawnej chwały za własną. Traugutt był jednym z nich. Nosił zwyczajny surdut i okulary w drucianej oprawie.

Romuald Traugutt przystąpił do powstania wbrew własnym poprzednim poglądom i całej linii życiowej. Zawsze postępował uczciwie, ale miał własne bezinteresowne zapatrywania na dobro kraju, różne od programu Czerwonych. Z Petersburga na wieś poleską wypchnęło go osobiste nieszczęście – zgon żony i konieczność zajęcia się wychowaniem córek. Dowództwo oddziału objął wtedy, kiedy chłodny rozum polityczny nakazywał raczej myśleć o zakończeniu całej akcji, w kwietniu 1863 roku. Człowieka, który dzięki cechom swego charakteru tak silnie zaważył na ogólnym wyniku walki, wciągnął do niej czynnik zupełnie nieobliczalny – los.

Dwa razy wmieszał się on w decydujący sposób w dzieje powstania styczniowego, obdarzając je dwoma niezastąpionymi ludźmi. Wtedy, kiedy trzeba było wybuchającymi siłami politycznie pokierować, oraz wtedy, gdy już tylko heroiczny finał mógł nadać sens zbyt długo trwającej walce. Obaj wybrańcy losu przypłacili swą rolę życiem.

Że Traugutt doczekał się sławy, a Bobrowski zapomnienia, to już całkiem logiczne, skoro odpowiedzialni za główne błędy (oraz ich duchowi spadkobiercy) stali się naczelnymi prokuratorami. Ostatni dyktator powstania poległ z ręki wroga zewnętrznego. Czerwony premier zginął na wewnętrznym froncie, którego samo istnienie wygodniej było przemilczeć.

Warszawa 1959–1960

Książka ta powraca do spraw przedstawionych w *Białym froncie* siedem lat temu. Większość jego wywodów zmieściła się tutaj w zmienionym układzie lub innej formie. Obok nich – rzeczy nowe: fakty wtedy jeszcze nieznane lub pominięte, szersze tło, a zwłaszcza komentarze i wnioski.

Nie wyobrażam sobie niebeletrystycznej książki na tematy historyczne, która by zadowoliła własnego autora. Wyrażone poglądy zmienia się chyba zawsze, niekiedy już nazajutrz – albo się je odwołuje, albo potwierdza, wzmacniając lepszą argumentacją. Stać na miejscu nie sposób. Należałoby w tym celu przestać myśleć.

Poglądy na powstanie styczniowe zmieniłem. Oceniam je obecnie jeszcze wyżej niż w chwili pisania *Białego frontu*.

Paweł Jasienica

NOTA WYDAWNICZA

Niniejszą edycję monografii *Dwie drogi. O powstaniu styczniowym* oparto na wydaniu drugim, przejrzanym i uzupełnionym przez autora, które ukazało się nakładem Państwowego Instytutu Wydawniczego w 1963 roku (wydanie pierwsze: PIW 1960). Do kolejnego wznowienia doszło dopiero po 25 latach (PIW 1988, następnie Czytelnik 1992).

Dwie drogi to w znacznej mierze kontynuacja, a właściwie nowa wersja *Białego frontu*, wydanego przez PIW jeszcze w 1953 roku, którego tekst Jasienica znacznie zmienił.

Jak sam pisze w zakończeniu: „Książka ta powraca do spraw przedstawionych w *Białym froncie*... Większość jego wywodów zmieściła się tutaj w zmienionym układzie lub innej formie. Obok nich – rzeczy nowe: fakty wtedy jeszcze nieznane lub pominięte, szersze tło, a zwłaszcza komentarze i wnioski. Nie wyobrażam sobie niebeletrystycznej książki na tematy historyczne, która by zadowoliła własnego autora. Wyrażone poglądy zmienia się chyba zawsze... – albo się je odwołuje, albo potwierdza, wzmacniając lepszą argumentacją. Stać na miejscu nie sposób. Należałoby w tym celu przestać myśleć. Poglądy na powstanie styczniowe zmieniłem. Oceniam je obecnie jeszcze wyżej niż w chwili pisania *Białego frontu*".

Przy opracowywaniu tekstu poprawiono drobne nieścisłości w cytatach, a także nieliczne ewidentne pomyłki w datach bądź pisowni nazwisk oraz nazw geograficznych, zachowując charakterystyczne dla pisarstwa Jasienicy formy językowe. Niektóre nieścisłości sprostowano w indeksach, w kilku wypadkach dodano przypisy. Przypisy autora, głównie bibliograficzne, oznaczone zostały numerkami, redakcyjne – gwiazdkami.

INDEKS OSÓB

INDEKS NAZW GEOGRAFICZNYCH I ETNICZNYCH

SPIS RZECZY

Dotychczas ukazały się wznowienia następujących dzieł Pawła Jasienicy:

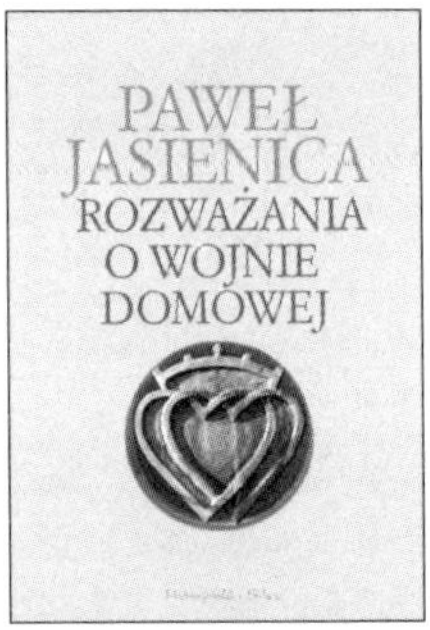

Tablica poświęcona pamięci Pawła Jasienicy (Leona Lecha Beynara) na domu przy ul. Dąbrowskiego 75B w Warszawie. Uroczystego odsłonięcia tablicy w dniu 10 listopada 2007 roku dokonali Ewa Beynar-Czeczott, córka pisarza, prof. Władysław Bartoszewski oraz Maciej Łukasik, prawnuk pisarza.

Fundatorem tablicy jest wydawnictwo Prószyński i S-ka